티무르 승전기

티무르 승전기

샤라프 앗딘 알리 야즈디 지음
이주연 옮기고 엮음

서문

세계정복자.

티무르(Tīmūr, 1336~1405)를 설명하는 가장 명쾌한 정의를 찾기 위해 관련 자료를 뒤져보면 어김없이 서두를 장식하는 단어이다. 물론 자료의 성격에 따라 '유라시아의 마지막 정복자', '칭기스 칸에 버금가는 정복자', '잔인한 정복자' 등 다양한 수식어가 따라붙기는 하나, 티무르를 설명하는 가장 명료한 단어가 정복자, 그것도 세계정복자라는 점에는 누구나 동의한다.

나 역시 오랫동안 티무르를 설명할 때 세계정복자 이외의 다른 접근법을 찾지 못했다. 내가 티무르조 연구를 하겠다며 세상에 처음 내놓은 결과물인 박사논문이 그의 원정과 승리의 기록인 『승전기』였기에 더욱 그랬다. 이 책을 읽다 보면 티무르만큼 완벽한 정복자는 다시없을 것처럼 느껴진다. 스무 살 남짓 되었을 무렵, 동쪽에서 몽골제국의 후예인 칸이 그의 고향을 쳐들어왔을 때 티무르는 황급히 달아나는 부족장 삼촌을 대신하여 백성들을 보살피고 적군의 약탈을 저지했다. 힌두쿠시산맥 속에 살고 있는 적을 공격할 때는 휘하의 군사를 파견하는 데 그치지 않고 스스로 전위를 자처하여, 산꼭대기에서 계곡 아래까지 눈으로 뒤덮인 비탈길을 나무 상자에 실려 내려가기도 했다. 심지어 유라시아 초원 지대를 관통했던 킵차크 원정에서는 생소한 지형과 기후, 식량 부족에 시달리면서도 적이 매복할 만한 곳을 짐작하여 진격로를 바꾸는 기민함을 발휘했다. 이 사서를 번역하면서 가장 어려웠던 점은 사서에 매몰되지 않고 객관적인 입장을 취하는 것이었다.

그런데 연구를 진행할수록 『승전기』 속에서 다른 점들이 눈에 띄기 시작했다. 사서에 매몰되지 않으려 노력한다는 것은, 역설적으로 사서의 내용이 그만큼 흡인력이 있음을 방증한다. 어릴 때부터 세상만사에 의심이 앞서는 성향을 타고났고, 거기에 직업적 습관까지 더해져 어떠한 매체를 보아도 의구심의 잣대를 들이대는 내가 『승전기』를 읽으면서 티무르의 영웅적 면모에 한 번도 의심의 촉을 세우지 않았다니, 정말 훌륭한 역사서가 아닐 수 없었다. 그렇게 생각하게 되니 책 속의 여러 내용이 새삼 신기하고 놀랍게 여겨졌다. 이 역사서에는 한때 내가 천문학자를 꿈꿨다는 사실이 무색할 만큼 이해하기 어려운 천문학과 역법 지식이 너무나 당연하게 녹아 있었다. 또한 화려한 수사와 비유 속에 저자의 진의를 마치 암호처럼, 과하지 않게 녹여내는 고도의 서술 방식이 모든 문장을 지배하고 있었다. 이러한 관점으로 『승전기』를 보니 티무르제국과 관련하여 최근에 회자되는 '티무르 르네상스'라는 개념이 새삼 와닿았다.

그간 티무르제국에 대한 일반적인 인식은 서구의 시각을 그대로 따라가는 경향이 컸다. 티무르가 소위 '절름발이'라는 사실은 『승전기』를 비롯한 당대의 페르시아어 사료에는 등장하지 않는다. 물론 여러 차례 부상을 당한 기록이 있기는 하지만, 그에게 영구적인 장애가 있었고 이로 인해 '절름발이 티무르'(Timur-i Lang)라는 별명이 생겼다는 이야기는 스페인 사절 루이 곤살레스 데 클라비호의 기록에서 비롯했다. 이로부터 유럽에서 오랫동안 그의 이름 대신 쓰인 '타멀레인'(Tamerlane)이라는 별칭이 탄생했다.

마찬가지로 티무르가 '아틸라와 칭기스 칸을 잇는 세계정복자 계보의 마지막'이라는 인식도 사실 유럽의 관점이다. 유라시아에서 강력한 군사력을 내세워 대대적인 정복 전쟁을 벌인 이가 티무르의 이전과 이후에도 적지 않았지만, 아틸라나 칭기스 칸이나 티무르는 모두 유럽의 문턱까지 쇄도했던 이들이기 때문이다. 티무르를 예술의 소재로 사용한 유럽 최초의 작품으로 일컬어지는 16세기 후반 크리스토퍼 말로의 연극 〈티무르 대왕〉(Tamburlaine the Great)에서 티무르가 스키타이인으로 그려지는 것도, 스키타이가 유럽인들에게 각인된 최초의 '동쪽 야만인'이었기 때문이다.

16세기 후반에 이 연극이 제작된 이래로 17~18세기에는 티무르를 예술 작품의 소재로 사용하는 유럽 예술가들이 종종 등장했다. 게오르크 프리드리히 헨델의 오페라, 앙드레 테베의 초상화와 명사집, 에드거 앨런 포의 시집처럼 이들은 티무르를 소재로 다양한 작품을 만들었다. 이때 가장 유명한 소재는 크리스토퍼 말로의 연극에서도 나타나듯 오스만의 술탄 바야지드 1세와의 대립이다. 헨델의 오페라 〈타메를라노〉(Tamerlano)의 주요 줄거리도 바야지드를 포로로 잡은 티무르가 그의 딸을 차지하려 하는 내용이다. 여기에는 당시 유럽에 가장 위협적이었던 이교도 세력인 오스만에 대한 부정적 인식이 반영되었다. 유럽과의 전투에서 수백 년간 우위를 차지했던 오스만을 한때 무력으로 압도했고 심지어 술탄을 포로로 잡아 죽음에 이르게 한 강력한 정복자에 대한 향수. 결국 '세계정복자'라는 인식은 티무르 사후 근세 내내 오스만을 이웃으로 두어야 했던 유럽의 애환이 투영된 것이다.

잔인하고 무자비한 세계정복자와는 절대 공존할 수 없을 것 같은 '티무르 르네상스'란 개념은, 티무르제국 시기에 발전한 문화와 예술, 학문과 지식이 이슬람 문화 부흥의 시발점이 되어 이후 여러 이슬람권 근세 제국의 문화적 발전의 기틀이자 모범이 되었음을 설명한다. 물론 이 관념 또한 유럽의 르네상스에 대한 비서구권의 비교군으로 등장했음을 부정할 수 없다. 그러나 이 관념이 '잔인한 정복자'로만 이해하던 티무르제국에 새로운 관점을 제시하는 것도 사실이다. 또한 서구가 아닌 이슬람권 내에서 티무르제국이 역사적으로 어떠한 위상과 영향력을 가지고 있었는지 생각할 수 있는 단서이기도 하다.

내가 티무르제국의 문화적 위상에 대해 생각하게 된 계기는 매우 단순했다. 수년 전 국제 학회에서 티무르조를 주제로 발표한 적이 있었는데, 그 자리에 참석한 영국국립도서관의 한 연구원이 인도의 비하르주 문서고에서 일했던 경험을 이야기하며 나에게 『히다야』라는 책의 사본이 잔뜩 나왔다고 알려주었다. 중세 페르시아어 사료를 연구하는 입장에서 인도 문서고의 아랍어 종교 문헌, 그것도 사본만 수백 권이 넘는 『히다야』에 관한 소식은 그리 흥미롭지 않았다. 그러나 잠시 생각해보니 '왜 『히다야』였을까?' 궁금해졌다. 우즈베키스탄 동부 페르가나 지역의 소도시 마르길란 출신의 12세기 법학자가 저술한 이 이슬람 율법서가 이슬람권에서 주요 저서로 자리매김한 데는 티무르조의 영향이 적지 않았다. 순간 맘루크 술탄에게 『히다야』를 선물로 주었던 티무르의 아들 샤루흐의 사례나, 『히다야』를 기반으로 아들에게 교훈서를 만들어준 무굴제국의 시조 바부르의 사례 등이 머릿속에 스쳤다.

  티무르제국이 인도에 미친 영향으로 1398년 델리 원정(혹은 학살) 사건만 유일하게 회자되지만, 티무르의 원정로를 따라 중앙아시아와 이란에서 인도로 향했던 수많은 이주자들이 티무르제국의 종교와 문화, 학문과 예술을 인도에 소개했고, 그 결과 델리보다 훨씬 동쪽에 위치한 비하르의 한 문서고에서 중앙아시아 법학자의 율법서가 무더기로 발견된 것이다.

  이슬람권의 근세인 16~18세기에 정치나 종교, 문화와 예술 등 각종 분야에서 티무르제국을 선례이자 모범으로 삼는 사례는 어렵지 않게 찾을 수 있다. 가장 독특한 사례는 두 번째 티무르를 자임하며 인도 델리와 중앙아시아 오아시스 도시를 원정한 이란의 마지막 정복자 나디르 샤이다. 그의 원정은 근세 말 침체기에 허덕이던 동부 이슬람권의 우즈벡칸국과 무굴제국에 결정적인 타격을 입혔다. 그러나 이는 티무르라는 존재가 인종의 차이, 종파의 차이, 지역의 차이에도 불구하고 동부 이슬람권, 즉 페르시아 이슬람권의 구성원에게 선례와 모범이 되었음을 보여주는 대표 사례이다.

  그 외에도 티무르제국에서 발전한 천문학과 수학, 건축 양식, 종교 이론, 세밀화 등이 후대에 끼친 영향에 관해 꾸준한 연구와 논의가 이루어지고 있다. 하다못해 『승전기』의 서술 방식인 화려한 수사와 풍부한 비유 또한 티무르제국의 대표적인 유산이 되어 후대에 계승되었다. 『승전기』가 동시대의 다른 역사서에 비해 오랜 시간 동안 독자를 확보했던 것에는 이러한 서술의 특징도 한몫했다고 볼 수 있다. 전근대 이슬람권에서 유려한 문체로 글을 읽고 쓰는 것은 자신의 지식을 가감 없이 드러낼 수 있는 교양의 바로미터였기 때문이다.

이러한 점에서 『승전기』는 티무르와 티무르제국에 대한 상반된 두 가지 인식을 모두 반영하고 있는 책이다. 티무르의 '세계정복자'적 면모를 티무르조 당대의 학문과 예술, 종교적 요소를 이용하여 효과적으로 그려낸 책이기 때문이다. 다만 15세기 페르시아어 사서의 특징에 익숙하지 않은 경우, 이 책의 여러 장점과 매력을 발견하기 어렵다는 맹점이 있다. 이에 역사서의 내용 전개와 서술 방식상의 특징을 조금 살리되, 화려한 수사와 풍부한 비유 부분을 축소하는 방식으로 축약본을 작성했다.

이 책이 15세기 튀르크-몽골계 유목 군주인 아미르 티무르뿐 아니라 15세기 동부 이슬람 세계의 일면을 독자들에게 보여줄 수 있기를 바란다.

2025년 11월
이주연

차례

서문 ·· 4

프롤로그. 아미르 티무르의 탄생 ·· 15
사힙키란의 축복받은 탄생 ·· 16
이 책의 특수성, 그리고 몇 가지 이점 ·· 20

1장. 혼란의 중앙아시아, 티무르의 등장

중앙아시아의 당시 상황 ·· 27
모굴칸국 투글룩 티무르 칸의 공격과 티무르의 대응 ·················· 32
카라우나스부 아미르 후세인과의 동맹, 유랑 생활 ······················ 36
꼭두각시 칸 카불 샤 오글란의 등극, 모굴칸국과의 진흙탕 전투 ··· 42
아미르 후세인과의 분열과 갈등 ·· 46
후라산으로 피신한 아미르 티무르와 그의 반격 ···························· 51
아미르 후세인과의 화해와 바닥샨 원정 ·· 56
아미르 후세인에 대한 최종 승리와 마와라안나흐르 장악 ············ 61

2장. 중앙아시아를 넘어 주변 지역으로

티무르의 등극과 쿠릴타이 ·· 69
아무다리야강 남쪽과 모굴칸국 공격 ·· 72

호라즘 공격과 화해, 아들 자항기르와 호라즘 왈리의 딸 칸자다의 혼인 ····· 74
모굴칸국의 아미르 카마르 앗딘 공격 ····· 78
주치울루스 톡타미쉬에 대한 후원 ····· 83
후라산 서부 공격과 헤라트 점령 ····· 88
마잔다란과 시스탄, 아프간 공격 ····· 93
이란 서부로의 첫걸음 ····· 102

3장. 아제르바이잔을 놓고 패권 경쟁을 시작한 3년 원정

아제르바이잔으로의 출정과 조지아 원정 ····· 111
카라 무함마드·무자파르조 원정과 사마르칸트 귀환 ····· 116
호라즘과 자타 공격 ····· 122
킵차크 원정의 시작 ····· 127
군대의 열병과 톡타미쉬 칸 추적 ····· 131
톡타미쉬군과의 결전과 승리, 그리고 귀환 ····· 135

4장. 이란 남서부와 이라크, 캅카스를 넘은 5년 원정

5년 원정의 시작과 마잔다란 점령 ····· 143
시라즈로의 진격과 무자파르왕국의 멸망 ····· 148
이라크 바그다드로의 진격과 산악 유목민 원정 ····· 153
디야르바크르 원정과 아미르자다 우마르 셰이흐의 사망 ····· 159
아나톨리아 동부 원정과 아미르자다 울룩벡의 탄생 ····· 164
조지아 원정과 이브라힘 술탄의 탄생 ····· 167
톡타미쉬 칸 원정과 러시아 공격 ····· 172

호르무즈 원정과 사마르칸트로의 귀환 ······································ 176
정원과 성의 보수 및 모굴칸국과의 혼담 ·· 182

5장. 인더스강을 넘어
델리와 갠지스강까지, 인도 원정

티무르가 인도를 원정한 이유와 아프간으로의 진격 ························ 191
델리로 향하는 길에서 이교도와의 전쟁 ·· 196
델리술탄국의 수도로 ·· 201
델리를 넘어 갠지스강 유역 원정 ·· 206
티무르의 귀환 결정과 카슈미르로의 진격 ······································· 209
티무르의 귀환과 사마르칸트 건설 계획 ·· 214

6장. 이슬람권의 왕좌를
차지하기 위한 결전, 7년 원정

티무르가 이란 7년 원정을 시작한 이유 ··· 225
티무르의 조지아 원정과 자니 벡 그루지의 항복 ······························ 230
티무르의 룸 원정 ··· 233
티무르의 시리아 원정 ·· 238
디야르바크르를 거쳐 이라크의 바그다드 원정 ································ 244
동영지인 아제르바이잔 카라바그에서 겨울나기 ······························ 248
오스만 술탄 바야지드와의 일전 ·· 253
티무르가 오스만 술탄 바야지드를 포로로 잡다 ································ 257
룸의 유럽 세력 공격과 후계자 술탄 무함마드의 죽음 ······················· 264
룸에서 귀환하여 조지아로 진격 ·· 269
이란의 각 지역에 대한 조사와 바일라칸 건설 ································· 274

7년 원정의 끝과 사마르칸트 귀환 279

에필로그. 중국 정벌의 꿈과 사후의 혼란 284
키타이 원정을 계획한 이유와 티무르의 출정 284
티무르의 사망과 지배층의 이해관계 289
티무르의 관과 부인들은 사마르칸트로, 왕자들과 아미르들은 부하라로 293
아미르자다 할릴 술탄의 사마르칸트 입성과 자손들의 동향 297
사힙키란의 가계 300

티무르왕조 계보도 304
연대표 305

해제

쿠레겐과 사힙키란, 티무르의 두 칭호 314
야즈디가 그린 사힙키란 티무르 335
야즈디 『승전기』의 사료적 가치 재고 371
번역에 이용한 사본과 기왕의 연구 399

『승전기』의 주요 등장인물 418
지명 찾아보기 424

일러두기

- 지명, 인명, 고유명사 등은 국립국어원의 외래어 표기법을 따랐고, 외래어 표기법에 명시되지 않은 바는 『라시드 앗딘의 집사』(전 5권)와 『유라시아 유목제국사』 등에서 김호동이 밝힌 용례를 따랐다.
- 다만 통상적으로 학계나 종교, 그 밖의 일상생활에서 잘 알려진 용례가 있는 단어는 익숙한 방식으로 표기했다.
- 단 위의 용례들을 따를 수 없는 경우에는 국립국어원의 외래어 표기법 아랍어 시안을 참고하여 표기했다.
- 본문에서 【 】로 표시한 구절은 쿠란이나 하디스의 인용, 혹은 그 밖의 유명 고전에서 차용한 문구로, 본래의 원전에 포함된 내용이다.
- 본문에서 ( )로 표시한 부분은 글의 내용 이해를 돕기 위해 엮은이가 추가한 설명이다.
- 『승전기』 원전은 연대를 622년을 원년으로 하는 이슬람력을 기준으로 하되 동아시아의 12간지 동물력과 페르시아 태양력인 잘랄리력을 병기하는 경우가 많다. 이 책에서는 독자의 이해를 돕기 위해 서력으로 변환하되, 동물력이 있는 경우 병기했다. 월과 일의 경우는 이슬람력을 먼저 쓰고 괄호 안에 서력을 표기했다. 예) 1371년 돼지해, 1370년 라마단월 12일 수요일(4월 9일)

프롤로그
아미르 티무르의 탄생

거대하시고 위대하시며 훌륭하신, 자비로우시고 자애로우신 신의 이름으로, 【당신은 당신의 뜻대로 권능을 주시기도 하고 권능을 빼앗기도 하십니다!】[1] 예언자의 봉인이신 무함마드와 그의 가족과 벗과 동료를 위해 기도하며.

   과거 신의 은총이 분배의 펜으로 상황이란 페이지 위에 선택하신 바를 기록했을 때, 목표와 열망의 열쇠를 그의 강력한 손에 맡기셨다. 그리고 신의 의도가 지배의 드높은 단계에 연결되었을 때, 높은 단계에 오르는 일이 그의 능력 있는 발 덕분에 쉬워졌다. 신의 도움이라는 태양의 광선이 행운의 상서로운 뜰 위를 비추었을 때 그 영향을 받아 생겨난 빛은, 적의 착각의 열기로 인해 불가능한 생각이라는 창공의 문을 닫았던 구름의 그림자로도 가려지지 않았다. 그리하여 신의 너그럽고 자비로운

---

[1] 이슬람권의 서적은 예언자 무함마드와 그의 후손을 비롯하여 예언자들, 역사 속 훌륭한 인물 등을 지칭할 때 그들의 영혼을 위해 잠시 기도하는 아랍어 문구를 삽입하곤 한다. 그중에 가장 유명한 것이 예언자 무함마드를 위한 기도 "신께서 그에게 축복과 안녕을 내려주시기를!(S.A.W)"이다. 이 책에서는 문맥상 필요한 경우가 아니면 기도 문구는 생략할 것이다.

미풍이 축복받은 행운의 초원 위에 불어오면, 세계를 그리는 봄의 신선함은 차가운 숨을 내쉬며 질투를 일으키는 가을의 맹공으로도 위축되거나 고사하지 않았다. 또한 신의 은총이라는 개울에서 자라는 행운의 묘목은 누대에 걸친 재앙인 차가운 바람에도 상처를 입지 않으며, 끝없는 은총으로 세운 드높은 궁전은 속임수라는 투석기로도 무너지지 않았다.

이에 대한 증거가 곧 사힙키란[2]의 일생이다. 그에 대한 설명을 시작하겠다.

사힙키란의 축복받은 탄생

예언자 무함마드【그에게 가장 훌륭한 경배와 가장 완전한 축복이 있기를!】께서 말씀하신 바에는 【사실 사람의 구원이란, 모든 거울이 '일곱 번째 내면'(고귀한 본성)을 얻는 것과 같다.】 진실로 명확한 원인과 이유가 있으니, 이것이 가리키는 바가 곧 사힙키란의 부친이 겪은 일이다. 『무깟디마』[3]에서 이야기했듯이 천성이 관대한

---

2 Ṣāḥib Qirān. 티무르의 별호로, '합의 군주'(Lord of the Auspicious Conjunction)라는 뜻이다. 합(合, Qirān)이란 황도 12궁을 사용하는 이슬람권의 천문학 및 점성술에서 12궁 중 하나의 성좌 혹은 한 단계(Daraja, 각 궁은 각기 30단계로 나뉘어 있고 각 단계는 1일 동안 태양이 이동하는 만큼에 해당한다)에 두 천체가 위치하는 것을 의미한다. 사힙키란은 그중에서도 목성과 토성의 합에 태어난 사람을 말하는데, 그가 세계정복자가 될 운명을 타고난다는 믿음은 중세 페르시아 문학에서 그 기원을 찾을 수 있을 정도로 오랜 관념이다. 이것이 일부 강력한 정복 군주에게 별호로 붙었다가 티무르에 의해 유명해지면서 그의 별호로 받아들여졌다.

3 Muqaddimah. 『승전기』의 사본 중 일부는 『무깟디마』(서론이라는 뜻)를 포함하고 있다. 이는 아미르 티무르를 다루는 『승전기』와 그의 아들 샤루흐

아미르 타라가이는 신을 경외하는 현명한 이들에게 애정을 가지고 있었고, 일생 동안 그 훌륭한 이들의 상서로운 이웃이자 동료가 되리라는 바람을 갖고 있었다. 그러나 그의 은둔자적인 습관이나 버릇이 결국 【창조된 생명들이 군대를 이루고, 무리 지어 모여드는】 세계정복군을 소집할 만한 능력과 친화력을 갖기에 적절하지 못했음은 의심할 바 없는 사실이다.

카잔 술탄 칸의 재위 시기, 장엄한 아침 햇빛이 신성한 은총의 지평선에서 떠오르기 시작했다. 세계를 수호하는 별빛이 신성한 호의의 정점에서 반짝거리기 시작할 즈음, 몽골 역법에서의 한 주기가 시작되는 1336년 쥐해의 샤반월 25일 화요일 밤(4월 9일), 키시(현 우즈베키스탄 샤흐리사브즈)라는 아름다운 땅의 외곽에서 신성한 샤리아(이슬람 율법)에 따라 신앙을 키워낸 그 노얀과 혼인했던 타키나 카툰의 순결한 장막에서 사힙키란이라는 태양이 상서로운 탄생의 땅에 떠올랐고, 그 세계를 밝히는 초승달은 상서로운 성좌에서 영원히 빛났다.

그렇게 티무르의 영아 시기가 지나고 그의 영광스러운 나이가 처음으로 사물을 분별하게 되었을 때, 그의 행동이라는 정원에서 통치와 세계정복의 향기가 마치 봄철 산들바람 속 식물의 향기처럼 불어왔고, 그의 말과 행동의 흐름에서 통치와 승리의 빛이 마치 어자르월[4]의 구름 속에서 빛나는 번개 광선처럼 번쩍였다.

【우리가 분배한】 장부 안에 있던 【우리가 원하는 자에게

및 손자 이브라힘 술탄을 다루는 두 권의 후속작을 아우른 전체의 서론으로 쓰인 것으로 보인다.

4 Āẕār. 페르시아 태양력의 아홉 번째 달로, 가을의 마지막 달에 해당한다.

은혜를 부여하는] 은총의 명령서에 [그에게 왕국을 주어라]라는 행운의 명령이 세계를 아름답게 하는 서명으로 장식되어 있었다. 그의 훌륭한 마음은 빠른 발을 지닌 말들의 발굽과 기병의 훈련, 전투 무기와 도구의 수집만을 원했으니, 그는 열 살부터 청년기 내내 사냥과 전술 연습에 매진했다.

그의 관대한 천성은 신의 끝없는 친절을 상징했으며, 그의 밝은 마음은 훌륭하고 좋은 것만을 바랐다. 일찍이 그는 사람들에게 지배와 처벌의 영향을 분명히 알려주고자 세계의 몇몇 추종자에게 세계정복과 국가 개창의 필요성을 알리기 위해 이크타[5]를 제공했는데, 이에 대해서는 추후에 설명할 것이다.

한편 그의 축복받은 후손 중에 정의를 확산시킬 한 사람이 '칼리프의 왕좌'에 앉게 될 것이니, 그분 덕택에 개미 한 마리도 한평생 괴로움을 겪지 않았다고 하며, 사방에 거주하는 세계의 모든 백성은 영원히 그의 나라를 신뢰했다고 한다.

그분께서는 휴식과 발전을 위한 도구, 행운과 요행을 위한 수단을 수없이 많이 가지고 있었지만, 행운과 지위에 취하거나 유흥과 오락으로 자기의 시간을 조금도 더럽히지 않았다. 도리어 그는 상서로운 나날들을 오롯이 신에게 복종하기 위한 의무와 쿠란 독경, 세계와 세상 사람들의 슬픔을 거두는 일을 하는 데 사용했다.

파리둔의 위대함과 이스판디야르의 용기에 예언자 유누스의 영예와 말릭 디나르[6]의 신실함을 한데 합친 것과 같은 이

---

5 Iqtā'. 이슬람권에서 칼리프, 술탄 등 군주가 관료에게 임금을 대신하여 지급하는 토지. 관료들은 이 토지에서 얻은 수익으로 업무를 처리하고, 휘하의 막료에게 임금을 지급하고, 자신의 생활을 영위한다.

'칼리프의 피난처'는 승리자인 왕의 위대함과 강력함으로 통치권을 내세우며, 사방에 자리한 수많은 추종자와 함께 은총의 길에 질서를 부여했다.

그는 명령을 내리는 위대한 왕이시며, 복종해야 할 완벽하고 정의로운 카간이다. 정의와 훌륭함으로 칼리프의 깃발을 높이 들었고 시공간이란 책장에 자비와 친절의 문구를 기록했다. 이 아부 알나스르 샤루흐 바하두르 술탄[7]에 관해 검은 터번을 쓴 펜촉은 향후, 특히 두 번째 장에서 향기로운 그분의 뛰어난 미덕과 지위에 대해 이야기할 때 그분을 향해 설명이라는 고삐를 이끌 것이다.

또한 술레이만 왕의 후계자, 그 중간 이름은 할릴 알라흐만, 하늘의 후원을 받는 분이자 적에게 승리를 거두는 아불 파트흐 이브라힘 술탄[8]에 대해, 지고하신 천국의 신께서는 그 왕의 업적에 만족하시어 그의 훌륭함과 아름다움을 세상에 널리 퍼뜨리신다.

표현이라는 비단 천을 그분의 영광과 영향력이라는 빛나는 보석으로 장식할 곳은 세 번째 장이다. 그러나 우선 펜이라는 고삐를 세계정복자 사힙키란의 소식과 업적을 기록하는 방

---

6 파리둔과 이스판디야르는 이란 고대 전설의 영웅이고, 유누스는 고대의 예언자(성경의 요나), 말릭 디나르는 8세기에 인도와 남아시아에서 포교했던 인물이다.

7 아미르 티무르의 막내아들. 티무르가 1405년에 사망한 후 4년의 계승 분쟁에서 승리하여 티무르조를 계승한 인물로, 『승전기』가 작성될 때 티무르조의 전 영역을 장악한 군주였다.

8 샤루흐의 아들이자 15세기 전반 당시 이란 남부 지역인 파르스를 통치했던 왕자로, 『승전기』의 저자 샤라프 앗딘 알리 야즈디는 그를 위해 일하며 그의 명령으로 『승전기』를 작성했다.

향으로 돌릴 필요가 있다. 그러므로 우선 이 책의 설계와 구성의 특징, 그리고 기록과 연구의 방법을 살펴볼 것이다.

이 책의 특수성, 그리고 몇 가지 이점

펜이 다시금 그의 상서로운 이름을 읊을 수 있게 된 '백성들의 피난처'(이브라힘 술탄)께서는, 고귀한 천성으로 이 글의 집성과 정리에 관해 이전에 베푸신 호의를 더욱 확대하셨다. 그리하여 과거에 기록된 튀르크어와 페르시아어 산문과 운문 사본 일체를 왕국 전역에 요구하여 모으고 준비했다. 그리고 그 상서로운 업무를 행하게 되었을 때 세 부류의 사람들, 즉 읽는 자와 아는 자와 쓰는 자들이 봉사의 의무를 다하여, 튀르크 박시[9]들과 페르시아 이야기꾼들이 그 사본을 하나하나 읽었다. 그리고 배석해 있는 이들 중에 누군가가 만일 어떤 상황을 직접 보았다면 그것을 보고했다. 그렇게 정보를 가진 이들에게 사본의 내용을 반복해서 질문하고 조사하여 정보를 얻은 후, 그분의 향기로운 마음이 올바르다고 여기는 바를 보석을 흩뿌리고 진주를 던지는 혀로 말씀하신 것을 기록하는 자가 책으로 엮었다. 그리고 그것을 반복하여 읽고 명확하게 밝혀, 만일 어떤 사건의 세부 내용이 잘못되었거나 모호하거나, 또는 사본과 아는 자 사이에 다른 점이 있다면 사신들이 주변 왕국에 소식을 전하여 그 사건에 관해 믿

---

9 Bakhshī. 한자어 박사(博士)에서 유래한 단어인데, 몽골제국 시기에는 불교 승려들을 지칭했다가 점차 행정부나 군대에서 서기로 일하는 이들을 가리키는 단어가 되었다. 티무르조에서도 후자로 쓰였다.

을 만한 정보통에게 질문했다. 이런 식으로 사건을 하나하나 조사하여 축복받은 모임 '마즈리스'[10]에서 기록하고 여러 차례 다시 읽어 교정했다. 그 결과 이 역사서의 집성 및 그 구조와 체계의 형태, 그리고 각 기사의 서술이 온전히 그분의 훌륭한 호의와 자비로운 마음을 반영하기에 적절한 상태가 되었다.

그 후, 명령에 따라 정해진 바를 기록했고 다시 한번 훌륭한 어전에서 낭독할 기회를 얻었다. 첫 번째 원고와 1차 사본을 대조한 다음, 그것을 교정하기 위해 노력을 다했고 축복받은 그분의 뇌리에 떠오른 수정 사항을 첨가했다. 그때 지켜야만 하는 바는 이와 같았다. 앞서 훌륭한 모임에서 기록한 첫 번째 원고의 내용은 그 상태 그대로 인용하며, 그 이야기의 근간을 바꾸는 변화는 조금도 있어서는 안 된다. 또한 그 원고에 상황마다 상세한 내용, 즉 여행하는 대목이라면 말에 오를 때부터 내릴 때까지, 그리고 머무는 곳이나 역참 사이의 거리까지 모조리 다시 기록하도록 했다.

세계의 사건들은 서로 관계를 맺고 있으므로, 사힙키란의 초기 상황을 연구하기 위해서는 여러 제반 상황에 대한 설명이 필요하다. 그러므로 우선 그에 관해 설명할 것이다.

---

10 Majlis. '사람들이 앉는 곳'이라는 뜻으로, 페르시아 연대기에서는 주로 군주와 휘하의 관료들이 모여 국가의 업무를 처리하기 위해 상의하는 모임을 지칭한다. 현재는 의회를 의미한다.

1장.

혼란의 중앙아시아, 티무르의 등장

14세기 중후반 유라시아의 형세

14세기 중반 중앙아시아의 서부 오아시스 지대에서 몽골제국 차가타이울루스가 쇠퇴하며 혼란이 발생했다. 차가타이울루스가 강성했을 때는 울루스에 예속되어 투만(만호군), 하자라(천호군)를 이끌던 여러 부족 및 군사 집단의 아미르(장군)들이, 칸에게 사여받은 이크타(영지)에서 독자 세력을 구축하기 시작한 것이다. 그중 카라우나스부의 아미르 카즈간이 두각을 드러냈다.

카라우나스부는 훌레구 칸이 13세기 중반 이란으로 파견되기 전에 이란과 인도 변경에 파견된 군사 집단에서 비롯되었다. 이들은 차가타이울루스와 훌레구울루스 사이를 오가며 복속했으나, 어느 쪽에도 완전히 장악되지 않았다. 14세기 전반 두 울루스가 쇠퇴하자 아미르 카즈간은 차가타이울루스의 마지막 칸인 카잔 술탄 칸을 살해하고 중앙아시아의 권력자로 자리매김했다.

아미르 카즈간이 친족에게 살해된 후, 중앙아시아는 다시 혼란에 휩싸였다. 이때 차가타이 칸의 후예인 투글룩 티무르 칸이 옛 수도인 알말릭과 모굴리스탄초원을 근거로 세력을 넓혔다. 동시에 아미르 카즈간의 손자인 아미르 후세인과 차가타이울루스에 속해 있던 바룰라스부의 아미르 티무르도 두각을 나타냈다. 두 사람은 주변을 정복한 뒤 동맹을 맺고 칸에 대항했다. 얼마 후 둘의 동맹이 깨졌고, 1370년 아미르 티무르가 아미르 후세인을 몰아내고 중앙아시아 서부의 마와라안나흐르 일대를 통일했다.

중앙아시아의 당시 상황

이순 오글란의 아들 카잔 술탄 칸[1]이 1332~1333년 닭해에 차가타이울루스에서 칸의 자리에 오른 뒤, 압제의 손을 펼치고 정의와 공정의 길을 걷지 않았으므로 백성들은 그의 폭정으로 인해 지쳐 있었다. 당대의 대(大)아미르 중에 투비야트 부족 출신의 아미르 카즈간은 차가타이울루스의 일부 아미르와 함께 반기를 들어, 살리사라이[2]에서 군대를 모아 전투에 나섰다. 1345~1346년의 전투에서는 아미르 카즈간은 카잔 술탄 칸의 화살에 맞아 시력을 잃고 패배했다. 그러나 그 겨울에 큰 추위가 찾아와 카르시에 있던 칸의 군대의 가축이 대부분 사망했다. 이에 아미르 카즈간이 다시 군대를 모아, 1346년에 칸과의 전투에

---

1 하피즈 아브루의 『역사의 정수』에 의하면 카잔 술탄 칸은 '칭기스 칸의 아들 차가타이의 아들 부리의 아들 카다카이 세첸의 아들 부카 티무르의 아들 말릭 티무르의 아들 야사우르의 아들'이다. 이 중에서 부카 티무르까지는 『집사』에 등장하는데, 『집사』에서 그의 두 아들은 우룩 티무르와 울제이이다. 한편 카샤니의 『울제이투사』에 남아 있는 야사우르의 계보를 보면 카다치 세첸-토가 티무르-우룩 티무르-야사우르로 이어진다. 그러나 야즈디는 그를 13세기 말 차가타이울루스 칸인 두아 칸의 손자, 이순 티무르 칸의 아들로 보았다.

2 아무다리야강 이남, 바닥샨에 있던 아미르 카즈간과 그 후손의 거점이다. 정확한 지점은 확인할 수 없다.

서 승리하고 그를 제거했다. 카잔 술탄 칸은 마와라안나흐르[3]와 투르키스탄[4]을 태양력[5]으로 14년간 통치했다. 그 후 그 왕국은 아미르 카즈간의 소유가 되었고, 그는 우구데이 카안의 후손인 다니시만드차 오글란을 칸의 자리에 앉혔다. 그러나 2년 후에 칸을 시해하고, 두아 칸의 아들 수르그두의 아들 바얀 쿨리 오글란을 칸의 자리에 앉혔다. 이후 10년 동안 아미르 카즈간은 샤리아에 따라 공정하고 관용적으로 통치했다.

　　(1335년 훌레구울루스의) 술탄 아부 사이드가 죽은 뒤 칭기스 칸의 자손 중에 누구도 이란의 왕좌에서 나라와 백성을 제대로 다스리지 못했고, 차가타이울루스에서는 카잔 술탄 칸이 과도한 처벌로 인해 민심을 잃었다. 이에 말릭 기야쓰 앗딘의 아들 말릭 무이즈 앗딘 후세인[6]이 헤라트에서 큰 세력을 얻었고, 1342년 사파르월 16일(7월 21일)에 셰이흐 하산 주리와 아미르 바지흐 앗딘 마스우드 사르베다르 등의 사르베다르[7] 세력

3　우즈베키스탄 남북을 흐르는 아무다리야강(그리스어로 옥서스, 아랍어로 제이훈, 페르시아어로 아무야)과 시르다리야강(그리스어로 작사르테스, 아랍어로 세이훈) 사이의 오아시스 지대를 지칭하는 아랍어로, 두 강 사이라는 뜻이다. 라틴어로는 옥서스강 너머라는 뜻의 트란스옥시아나라 지칭한다.

4　튀르크인들의 땅이라는 뜻으로 마와라안나흐르 북부, 시르다리야강 유역 및 그 북부의 초원을 의미한다.

5　이슬람력은 태음력으로 1년이 354일 남짓인데, 동물력과 페르시아력은 모두 태양력으로 1년이 365일 남짓이다. 여기서 태양력을 명시한 이유는 1년을 365일로 계산했다는 의미이다.

6　케르트조의 군주. 케르트조는 13세기 중반 구르조의 타직계 가신이었던 말릭 누르 앗딘 아부 바크르에 의해 건국되어 티무르조에 의해 멸망할 때까지 후라산에 있던 국가로, 수도는 헤라트였으며 몽골제국이 이란을 장악했을 때 가신국이 되었다. 이후 독립을 모색했다가 티무르에 의해 멸망했다.

7　14세기 중후반에 훌레구울루스가 사라진 틈을 타 후라산 서부의 도시 사브제바르를 중심으로 세력을 떨쳤던 과두제 집단. 지도 세력이 시아파 종교인

을 대파하고 약탈했다. 그는 자신의 조상이 칭기스 칸계 왕자들의 호의를 얻어 헤라트를 통치하게 되었음에도 불구하고, 독립을 꿈꾸며 여러 차례 군대를 이끌고 안드후드와 샤부르간을 침공했다. 이에 말릭 후세인과 친족 관계였던 잠[8]의 대(大)셰이흐 중 일부가 그의 움직임에 불만을 갖고 아미르 카즈간에게 가서 불평했다. 또한 말릭 후세인에게 패배한 아룰라트와 아파르디의 아미르들도 아미르 카즈간의 귀에 나쁜 말을 전했다. 말릭 후세인의 상황을 알게 된 아미르 카즈간은 타바치[9]들을 왕국의 사방으로 파견하여, 군대로 하여금 아무다리야강을 건너 정해진 시간에 발흐에 모이게 했다.

아미르 카즈간의 군대는 헤라트까지 진격했고, 말릭의 군대는 대패하여 도시로 들어갔다. 포위망이 좁혀오자 말릭은 도시의 대인 및 귀족들과 상의하여 화해를 청했고, 아미르 카즈간은 백성들을 생각하여 평화협정 체결에 만족했다. 이 사건은 1351~1352년 토끼해에 발생했다. 이후 군대의 수장인 구르인[10]들이 말릭 후세인을 몰아내고 그의 동생 말릭 바키르를 그의 자리에 앉히려는 음모를 꾸몄다. 말릭 후세인은 1352~1353년에

(셰이흐 하산 주리)과 토착 지배층(아미르 바지흐 앗딘)의 조합으로 구성됐다.
8 이란 북동부의 토르바트 잠. 12세기 종교인 아흐마드 자미의 성묘를 기반으로 한 성지 도시로 아흐마드 자미의 후예가 대셰이흐(셰이휼이슬람)로 도시와 주변 지역에 종교적, 정치적 영향력을 행사했다.
9 Tavāchī. 군대의 징집과 배치, 병력을 점검하는 업무를 담당하는 관리이다.
10 아프가니스탄 중부의 산지, 힌두쿠시산맥 서쪽 끝의 헤라트와 카불 사이에 위치하는 구르 지역 거주자들을 지칭한다. 12세기의 구르조를 세운 이들로 본래는 페르시아계 주민이었지만, 가즈니조-셀주크조 등과 접하며 튀르크 노예병들을 받아들인 결과 민족 혼합이 강하게 발생했다.

구르인들에게 바드기스 바자르의 말을 약탈하라고 사주하고, 그 틈을 타 마와라안나흐르로 가서 아미르 카즈간을 만나고 돌아와 헤라트 통치자 자리를 되찾았다.

아미르 카즈간은 겨울에는 살리사라이에 거주의 천막을 세웠고, 봄에는 카라누르의 습지에 들어갔으며, 여름과 가을에는 도시 문크[11]에 거주의 깃발을 세우고 사냥으로 시간을 보냈다. 어느 날 비무장 상태로 살리사라이에서 말을 몰고 아무다리야강을 건너 아르항[12]에서 사냥을 하고자 매를 날렸다. 이때 오로나우트부 출신이며 아미르 카즈간의 인척이었으나 그에게 적의를 갖고 기회를 엿보고 있던 보롤타이[13]의 아들 쿠틀룩 티무르가 그를 살해했다. 이 사건은 1358년 개해에 발생했다.

아미르 카즈간이 죽자 사마르칸트에 있으면서 호라즘[14]까지 차지했던 아미르자다 압둘라가 부친의 자리를 맡게 되었다. 그는 근거지를 옮기는 것에 반대하는 부친의 아미르와 정부의 중진들을 물리치고 바얀 쿨리 칸을 데리고 사마르칸트로 향했다. 그리고 칸을 살해한 다음, 이순 티무르 칸의 아들 티무르 샤 오글란을 칸의 자리에 앉혔다.

이에 아미르 바얀 술두스가 군대를 모아 샤드만[15] 성채

---

11 타지키스탄 하틀론주 쿨랍강의 두 지류 중 왼쪽에 있는 키질수 하안에 위치한다.
12 '아르항사라이'라고도 한다. 바닥샨의 마을 중 하나로 아프가니스탄 북부의 도시 탈리칸 동북부에 있다.
13 타르마시린 칸 휘하에서 투만을 이끈 카라우나스 아미르 보롤타이이다.
14 아무다리야강 하류 일대를 지칭하는 역사 지명이다. 예부터 페르시아 문화권이었으며 오아시스 도시를 중심으로 문명이 발달했다.
15 타지키스탄 하틀론주 카보디온 부근에 자리했던 옛 성채이다.

에서 사마르칸트로 향했다. 키시 부근에서 카라차르 노얀의 아들 이수게이의 아들 누물흐의 아들 보르굴의 아들 아미르 핫지 바룰라스¹⁶가 합류하여 아미르자다 압둘라를 몰아내고 칸인 티무르 샤를 제거했다. 아미르자다 압둘라는 아무다리야강을 건너 바글란 북부를 통해 안다라브¹⁷로 가서 사망할 때까지 그곳에서 지냈고, 아미르 카즈간의 예속민들은 모두 흩어졌다. 이후 아미르 바얀 술두스와 아미르 핫지 바룰라스가 일대의 여러 왕국을 통치했으나, 다른 아미르와 노얀들은 독립을 모색했다.

이때 키시는 샤입키란과 아미르 핫지 바룰라스의 소유였다. 호젠트는 아미르 바야지드 잘라이르의 소유였고, 일부 지역은 아미르 카즈간의 아들 무살라의 아들 아미르 후세인의 소유였다. 울제이 부카 술두스는 발흐에서, 나이만부 출신인 무함마드 호자 아파르디는 샤부르간에서 독립을 모색했다. 바닥샨의 샤들은 그들의 산지에서, 카이쿠스라우와 울제이투 아파르디는 쿠틀란¹⁸과 아르항에서 다른 세력에게 머리를 숙이지 않았다.

16 아미르 티무르의 부친 타라가이(카라가이)의 형제이다. 티무르 선조의 계보에 대해서는 구르 에미르의 석관 명문, 야즈디의 『무깟디마』, 티무르조 계보를 정리한 『계보의 영광』, 울룩벡이 기록했다고 알려진 『네 울루스의 역사』의 축약본인 『튀르크들의 계보』, 그리고 16세기 역사가 혼데미르의 통사 『전기(傳記)들의 벗』 등에 관련 기록이 있다. 이 계보를 정리하면 칭기스 칸의 4대조인 툼비나 칸의 아들 카출리 바하두르의 후손인 바룰라스부는 에르템치 바룰라스-수그치친-카라차르 노얀-이젤-일란기르-보르굴-카라가이-티무르로 이어진다. 카라차르 노얀은 차가타이 칸이 칭기스 칸에게 사여받은 네 천호 중 하나인 바룰라스 천호를 이끌었다.

17 카불에서 북쪽으로 약 118킬로미터 떨어진 도시로, 중앙아시아에서 힌두쿠시산맥을 넘어 인도로 가는 길목인 하와크 통로 및 여러 고개로 통하는 관문과 같은 도시이다.

18 과거에는 타지키스탄의 바흐시강과 아무다리야강 상류(판즈강) 사이의 산악 지역을 지칭했으나, 현재는 타지키스탄 남부의 하틀론주를 지칭한다.

그리고 사마르칸트 근교인 사리풀과 타트켄트에 오랜 유르트가 있던 아미르 히즈르 야사우리는 모든 야사우리 무리를 모으고 있었다.[19]

요약하자면, 차가타이울루스의 혼란으로 인해 재앙의 불길이 커지고 혼돈이 확산되었다. 그리고 가련한 백성들은 혼란과 분열이라는 재앙을 맞닥뜨렸다.

모굴칸국 투글룩 티무르 칸의 공격과 티무르의 대응

이때 차가타이 칸의 후예인 두아 칸의 아들 이밀 호자의 아들 투글룩 티무르 칸이 자타[20]의 왕위를 계승했다. 그는 군대를 갖추어 1360년 쥐해의 라비 알타니월(2~3월)에 마와라안나흐르로 진격했다. 타르마시린 칸의 사망 시점부터 이때까지 33년이 지났는데, 그사이에 여덟 명의 칸이 차가타이울루스 왕위에 올랐다.[21]

19 이 구절에 등장한 세력들은 당시 중앙아시아의 각 지역을 차지했던 부족·비부족 집단이다. 잘라이르, 술두스, 나이만, 그리고 티무르조의 바를라스는 몽골제국에서 유래한 부족이며, 야사우리는 차가타이울루스의 케벡 칸과 갈등을 빚었던 야사우르가 이끄는 군대에서 유래했다. 바닥샨의 샤는 해당 지역의 페르시아계 토착 세력이다.

20 '자타'는 차가타이울루스의 서부인 마와라안나흐르에서 동부인 모굴리스탄 초원 사이에 사는 이들을 지칭하는 멸칭이다. 반대로 차가타이울루스의 동부에서는 서부 세력을 카라우나스(혼혈아)라 불렀다. 티무르조 사서에서는 모굴칸국을 줄곧 '자타'라 칭했다.

21 훌레구울루스와 티무르조 연대기 및 칙령이나 서신, 동전의 증거를 조합하여 두아 이후 차가타이울루스의 계보에 대해 연구한 미하일 비란(Michal Biran)은 케벡-엘지기데이-두라 티무르-타르마시린-부잔-장시-이순 티

투글룩 티무르 칸이 타슈켄트의 황야를 흐르는 시르다리야강 주변의 자낙 불락에 이르렀을 때, 아미르 핫지 바룰라스는 키시와 카르시 및 그 주변의 군대를 모아 그들을 격퇴하기로 했다. 그러나 자신의 결정에 대한 확신이 없었으므로 양측의 병사가 만나기 전에 후라산[22] 방향으로 고삐를 돌렸다. 반면에 사힙키란은 그해에 부친이 사망했고, 삼촌까지 후라산으로 간다면 대대로 세습된 영역이 무너질 것이라는 판단에 따라 키시로 돌아갔다. 후자르에 이르렀을 때 핫지 무함마드 샤 야사우리를 보았는데, 그는 자타군의 선봉을 안내하고 있었다. 사힙키란은 그를 진정시킨 뒤 키시로 가서 자타의 아미르들을 세 차례 만났다. 그들은 사힙키란의 이마에서 신성한 영예가 빛나는 것을 보고 그를 반겼다. 그리고 그가 칸에게 복종한 일을 칭찬하고, 아미르 카라차르의 투만과 키시의 영역 및 예속민과 추종자들을 모두 그에게 배정했다.

사힙키란은 귀환하여 울루스의 보호와 장악을 위해 노력했고, 키시에서 아무다리야강 사이에 흩어져 있던 군대를 단시간 안에 모은 후 아미르 히즈르 야사우리에게 합류했다. 그동안 자타의 아미르들 사이에 반목이 발생하여, 각자 군대와 함께 되돌아가 투글룩 티무르 칸의 오르도에 합류했다. 한편 아미르 바야지드 잘라이르도 자기 백성을 이끌고 와서 사힙키란과 아

무르-(우구데이계) 알리 술탄-무함마드 풀라드/할릴 아타(카잔 술탄) 순으로 이어졌다고 설명했다. 카잔 술탄 칸 이후 몇몇 꼭두각시 칸을 합하면 8인이 된다.

[22] 이란 동북부와 아프가니스탄 서북부, 투르크메니스탄 남부를 아울러 지칭하는 역사 지명이다.

미르 히즈르 야사우리의 군대에 합류했다.

　　이때 아미르 카즈간의 손자인 아미르 후세인이 카불에서 아미르 바얀 술두스와 전쟁을 하기 위해 사신을 보내 사힙키란과 아미르 바야지드 잘라이르와 아미르 히즈르 야사우리에게 도움을 청했다. 그들은 아미르 후세인의 요청을 받아들이기로 했고, 아미르 바야지드는 투글룩 티무르 칸에게 가서 혹시나 있을지 모를 자타 아미르들의 침입을 견제하기로 했다. 그러나 아미르 바야지드가 호젠트에 도달했을 때, 투글룩 티무르 칸이 모든 군대와 함께 추강[23] 강변에 있는 자신의 유수진[24]으로 돌아갔다는 소식을 들었다. 그는 그곳에 머물고, 사힙키란과 아미르 히즈르는 아미르 후세인을 도우러 갔다. 철문이라 부르는 카할카[25]를 통과하여 아미르 후세인과 함께 샤드만으로 갔다. 아미르 바얀 술두스는 그들에게 맞설 힘이 없었으므로, 다급히 바닥샨으로 달아났다. 사힙키란과 아미르 후세인이 그의 뒤를 쫓아 바닥샨에 이르렀을 때 그곳의 왈리(통치자)였던 샤 바하 앗딘이 달아났고, 왕국은 아미르 후세인의 소유가 되었다. 그들은 카이쿠스라우 쿠틀라니의 형제 카이코바드를 (칭기스 칸이 정한 법인) 야사(사형)[26]에 처한 후 각자의 자리로 귀환했다.

23　톈샨산맥에서 발원하여 지금의 키르기스스탄과 카자흐스탄 국경을 따라 흐르는 강. 투글룩 티무르 칸의 유수진은 이식쿨과 알마티 사이의 산사면에 있었을 것으로 추정된다.

24　Aghruq의 번역어. 이 단어는 짐과 물자라는 뜻을 가지고 있는데, 주로 군대가 진격할 때 뒤에 남겨진 물품을 지칭한다. 더 나아가 군대의 식솔을 의미하기도 한다.

25　Qahlgha. 우즈베키스탄 카슈카다리야주와 수르한다리야주 사이에 있는 산맥의 협곡. 현 지명은 데르벤드이다. 카스피해 서안에도 동명의 도시가 있다.

한편 후라산에서 귀환한 아미르 핫지 바룰라스는 사힙 키란과 아미르 히즈르 야사우리가 키시로 귀환하고 있음을 알고 병사들을 모아 전투를 준비했다. (키시 인근의 평원인) 아키야르에서 곧 양측의 군대가 만났다. 사힙키란의 군대가 승리했고, 아미르 핫지는 사마르칸트의 아미르 바야지드에게 도망쳤다. 사힙키란은 그의 뒤를 쫓았으나, 도중에 키시의 군대가 아미르 핫지에게 합류하여 카라차르 노얀의 아들 샤리아의 아들 카단의 아들 투간의 아들 무바락의 아들인 아미르 자쿠를 제외하고는 모두 떠났다. 이에 아미르 히즈르가 계약이 바뀌었다고 여겨 우애를 저버리자, 사힙키란도 아미르 자쿠와 함께 아미르 핫지에게 합류했다. 이후 사힙키란은 아미르 바야지드, 아미르 핫지와 함께 군대를 정렬하여 아미르 히즈르에게 승리를 거두었다. 그런데 곧 아미르 바야지드가 사힙키란에 대한 책략을 꾸몄고, 이를 알게 된 사힙키란은 티르미드로 가서 그에게 맞섰던 셰이흐 알리 주르주리를 몰아낸 후, 티르미드-쿠흐나에 병영을 세웠다.

투글룩 티무르 칸은 다시 한번 군대를 모아 1361년 소해 주마다 알아왈월(3~4월)에 마와라안나흐르로 향했다. 호젠트에 이르렀을 때, 아미르 바야지드 잘라이르와 아미르 바얀 술두스는 복종했고, 아미르 핫지 바룰라스는 처음에는 저항하였으나 결국 칸의 어전으로 갔다. 그런데 칸이 아미르 바야지드를 붙잡아 죽이라고 명하자 아미르 핫지 바룰라스는 키시로 달아나

26 Yāsā. 몽골제국과 그 후속 국가에서 칸이 세운 법령을 의미한다. 특히 군사들을 통제하고 관리하기 위한 목적으로 세운 법령인데, 조문의 내용이 남아 있지 않아 성문법인지, 불문법인지 확실하지 않다. 본문과 같이 "야사에 처하다"라는 표현은 그를 처형했다는 뜻이다.

자신의 울루스 중 일부를 아무다리야강 건너로 이동시켰다. 카슈미르의 자타군이 그를 추격했고, 전투가 발생하여 주감 바룰라스가 살해되었다. 아미르 핫지는 사브제바르 영역 중 주베인에 속한 마을 후라샤에 이르렀는데, 그곳의 무리 중에 일부가 갑자기 그와 그의 형제인 이드쿠를 잡아 살해했다. 사힙키란은 칸의 부름을 받고 어전으로 갔다. 칸은 쿠를쿠트부 출신의 아미르 하미드의 충고를 받아들여 키시 영역의 통치권과 세습 투만, 예속민과 추종자들을 그에게 사여했다.

칸은 그 겨울에 아미르 후세인에 대한 전투를 결의하여 바흐시강 강변으로 진격했다. 칸의 군대가 승리했고, 그들은 패주한 아미르 후세인을 따라 아무다리야강을 건너 쿤두즈까지 갔다. 힌두쿠시산맥까지 행군하여 그 지역의 울루스를 약탈한 뒤 봄과 여름을 그곳에서 지냈다. 그리고 가을이 되었을 때 칸은 사마르칸트로 향했고, 길에서 명령을 내려 아미르 바얀 술두스를 야사에 처했다. 칸이 마와라안나흐르의 전 왕국을 정복하니 모든 아미르와 노얀들이 칸의 칙령을 향해 머리를 조아렸다. 이후 반항이 우려되는 일부 무리는 야사에 처하고 믿을 만한 무리는 보호했으며, 자신의 아들 일야스 호자 오글란이 그 지역을 통치하게 했다.

카라우나스부 아미르 후세인과의 동맹, 유랑 생활

투글룩 티무르 칸은 마와라안나흐르를 떠나기 전에 자타의 아미르와 백성들의 수장직을 아미르 벡직에게 맡겼고 왕국 주민들에 관한 업무는 사힙키란에게 맡겼다. 그러나 아미르 벡직은 칸의 명령에 따르지 않았다. 사힙키란은 칸의 야사가 이행되지 않아 왕국이 혼란스러워지는 것을 보고 아미르 후세인을 따르기로 결정했다. 그의 상황을 조사하기 위해 황야로 나아가, 히바 맞은편의 사그즈 우물 입구에서 그를 만났다. 그리고 그곳에서 함께 히바의 하킴 투칼에게 갔다. 그러나 하킴은 그들을 붙잡으려 했고, 그들은 60명과 함께 파이얍(파리얍)[27]으로 달아났다. 진다 히샴이 그들의 뒤를 쫓아와 전투가 벌어졌다. 결국 60기의 기병 중 일곱 명만 살아남아 황야로 들어갔는데, 그중 후라산 출신 세 명은 달아났다.

　　　　　나머지는 황야 바깥으로 나와 한 투르크멘 무리의 유르트와 마주쳤는데, 그들은 사힙키란에게 세 마리의 말과 필요한 물품, 안내인을 제공했다. 그 후 아미르 후세인과 사힙키란은 마흐무디라는 장소로 가서 머물렀는데, 아르군 샤 자운쿠르바니[28]의 아들인 알리 벡이 그들이 처한 상황을 알게 되었다. 그는 60명의 무장한 기병을 파견하여 아미르 후세인과 사힙키란을 공격했고, 그들을 잡아 마한[29]으로 데려가 벼룩이 많은 어두운 집에 가두었다. 이를 안 알리 벡의 큰형 무함마드 벡은 투스에서

27　아프가니스탄 북부 지역으로 안드후드, 마야마나 등의 도시를 포함한다.
28　자운쿠르바니는 후라산에 주둔했던 군사 집단이다. 아르군 샤는 훌레구가 이란으로 파견되기 전에 이란에 주둔했던 오이라트부 출신 아르군 아카의 손자로, 자운쿠르바니는 아르군 아카의 휘하에 있던 '열 명마다 세 명의 병사를 뽑아서 구축한' 탐마군에서 유래했다고 한다.
29　현 투르크메니스탄 마리(메르브) 근교에 위치한 파리운 마을 근처이다.

아미르 후세인과 사힙키란에게 선물을 보냈고 동생에게는 사신을 파견하여 즉시 그들을 풀어주고 용서를 구하라고 질책했다. 그러나 알리 벡은 그 선물을 차지하고 62일 후에야 두 사람을 풀어주며 야윈 말과 낙타를 내어주었다.

그 후 아미르 후세인과 사힙키란이 상의하여, 아미르 후세인은 히르만(헬만드강)의 갸름시르로 가고 사힙키란은 자신의 울루스로 귀환했다가 갸름시르로 가기로 약속했다. 이는 아미르 후세인이 투만이라는 인물과 함께 과거 네구데르[30]의 천호장이었기 때문이다. 사힙키란은 부하라에서 부인인 울제이 타르칸 아가와 재회하고, 아무다리야강에서 하영한 후 사마르칸트로 가서 큰 누이인 쿠틀룩 타르칸 아가의 집에서 지내다가 약속 장소로 갔다.

이때 시스탄[31]의 왈리가 적과 혼자서 맞서 싸우는 것이 불가능했으므로 아미르 후세인과 사힙키란의 옷자락에 매달렸다. 그들은 전사 1000명과 함께 시스탄으로 향했다. 왈리는 지원군을 환영하고, 만일 적을 몰아낸다면 값비싼 물자와 봉사를 대가로 제공하기로 했다. 그리하여 두 사람은 왈리의 적을 칼로 파괴했다. 두 사람이 돌아왔을 때 시그즈[32] 병사들이 그들에게 대

30 뭉케 카안이 훌레구를 이란으로 파견했을 때, 각 울루스 왕자들의 군대 중 10분의 2를 선발하여 훌레구와 동행케 했다. 이때 주치울루스에서 파견된 군대가 1262년에 훌레구울루스에서 도주하여 힌두스탄 변경에 자리하는데 그들의 수장이 네구데르였다. 이후 이 튀르크-몽골계 군사 집단을 네구데르라 불렀다.

31 『승전기』에서는 시스탄이 지역명과 도시명으로 병용된다. 지역명인 시스탄은 현 이란-파키스탄-아프가니스탄 경계 지역을 일컬으며, 도시명일 때는 자란즈에 해당한다.

32 칸다하르와 가즈니 사이에 위치한 거대한 산지의 이름. 그곳에 사는 이들을

항했고, 전투 도중에 사힙키란은 손에 화살을 맞고 상처를 입었다. 그러나 결국 시그즈 병사들이 흩어져 퇴각했고, 아미르 후세인과 사힙키란은 갸름시르로 귀환했다. 사힙키란은 손을 치료하기 위해 투만의 천막에 머물렀고 아미르 후세인은 90명을 이끌고 바글란으로 향했다. 그러나 그곳에 도착했을 때, 벡직의 동생인 아주니가 대병을 이끌고 와서 아미르 후세인의 앞을 막았다. 수적 열세였던 아미르 후세인 군대는 적에게 패배했으며, 그는 12명과 함께 시바르투로 달아났다.

  사힙키란은 상처가 아물자 티무르 호자 오글란 및 다른 24명을 이끌고 아미르 후세인을 만나러 아르사프로 향했다. 도중에 사디크 바룰라스, 하산의 아들 카잔치, 투글룩 호자 바룰라스, 시르 바흐람 등이 무리를 이끌고 합류했다. 아르사프에서 만난 사힙키란과 아미르 후세인은 울라주 성채에 있는 멩글리 부카 술두스를 공격하기로 결정했으나 그는 달아났다. 쿨름의 천호군인 둘란자운 부족과 투만의 아들 암라스가 합류했다. 아미르 후세인과 사힙키란은 수프계곡을 떠나 가즈계곡으로 들어가 울제이 부카 광장에 안착했다. 아미르 술레이만 바룰라스와 아미르 무사, 아미르 자쿠 바룰라스, 아미르 잘랄 앗딘 바룰라스, 아미르 힌두카 바룰라스가 사힙키란의 소식을 듣고 자타에 반기를 들고 빠져나와 티르미드에 도착했다는 전갈을 받았다. 툴란 부카를 파견하여 그들에게 상황을 알린 뒤 그곳을 출발하여 발흐평원으로 들어갔다. 그곳에서 타이구의 아들 아미르 아부 사이드, 울라주 성채에서 달아나 그의 사위 아부 사이드에게

시그즈인이라 부른다.

합류했던 멩글리 부카 술두스, 하이다르 안드후디 등이 이끄는 6000명의 병사와 전투를 벌여 승리했다. 그 후 정탐병을 보내 아무다리야강 건너편 강변에 병영을 세우게 했으나, 벡직의 동생 아주니의 습격을 받고 후퇴했다. 한 달간 적과 강을 사이에 두고 대치하다가 사힙키란은 강변을 떠나 쿤두즈로 갔으며, 그곳에서 보롤타이 무리들을 모아 바닥샨으로 향했다. 타이칸(탈리칸)에서 바닥샨의 샤들과 타협하고 아르항으로 되돌아갔다. 다시 쿠틀란으로 가고자 황야로 들어가 쿨락에 병영을 세웠는데, 그곳에서 당시 상황에 불만을 갖고 있던 시르 바흐람이 발주안[33]으로 갔다.

그때 투글룩 술두스와 카이쿠스라우가 자타의 군대를 앞세워 수많은 아미르와 함께 진군했으며, 부이칸의 아들 티무르 및 사리크와 셍굼 등도 2만 명을 이끌고 사르잘라에서 풀 상긴[34]으로 이동했다. (반면에) 사힙키란의 병력은 6000명을 넘지 않았다. 이에 사힙키란은 아미르 무사와 아미르 무와야드 아룰라트와 우츠 카라 바하두르를, 바즈나후르디 천호 중 500명과 함께 파견하여 풀 상긴의 초입에서 적의 대병을 막게 했고, 자신은 1500명의 기병과 함께 강의 상류에서 아산 광장으로 향했다. 그곳에서 한밤중에 헤엄쳐서 강을 건너 산으로 갔고, 그 산 위에 큰 불을 피우도록 명했다. 적의 병사들은 그것을 보고 두려움과 공포에 사로잡혀 달아났다. 다시 2000명을 이끌고 카할

---

33 타지키스탄 두샨베에서 동남쪽으로 79킬로미터 떨어진 곳에 있다. 20세기 초 러시아의 학자 바실리 바르톨트(V. V. Bartold)에 의하면 앞서 언급한 각주 11번 문크와 같은 곳이다.

34 타지키스탄의 두샨베와 쿠르곤 텝파를 가르는 바흐시강에 세워진 다리이다.

카에 이르자 키시와 그 주변 사람들이 속속 합류했다. 사힙키란은 200명의 기병에게 각각 두 묶음의 나무막대기를 말의 양쪽에 매달아 먼지를 일으키며 키시의 평원으로 달려가게 했다. 그 먼지를 본 자타의 다루가[35]는 대군이 몰려온다고 생각하여 도시로 도망쳤다.

일야스 호자 칸의 병영은 키시에서 4파르상[36] 떨어진 타시 아리기에 있었다. 그때 투글룩 티무르 칸이 자신의 왕좌에서 사망했고, 울룩 툭 티무르와 아미르 하미드가 와서 일야스 호자 칸을 부친의 자리에 세웠다. 사힙키란은 100명의 기병과 함께 나아가 후자르와 키시 군대의 징집을 명했고, 병사들과 함께 자그달릭[37]으로 되돌아갔다. 이때 바얀 술두스의 아들 셰이흐 무함마드가 7쿠슌(부대)과 함께 사힙키란에게 합류하여 7일 동안 머물렀다. 이후 아미르 후세인 및 후방에 남겨둔 군대가 합류했고, 쿨락의 황야에서 자기 무리에게 돌아갔던 시르 바흐람도 쿠틀란의 군대와 함께 다시 합류했다. 아미르 후세인과 사힙키란은 전군을 이끌고 자그달릭을 출발하여 후자르로 향했다. 그곳에서 호자 라스마스의 성묘로 들어가 성스러운 영혼에 도움을 청했다.

---

35 Daruğa. 몽골제국의 각급 관청 및 지방행정 단위에서 관인을 보유하고 행정 전반의 최종 결정권을 지닌 관료. 티무르조도 지방마다 다루가를 파견하여 그곳의 행정을 담당하게 했다.

36 페르시아 이슬람권의 길이 단위이다. 1파르상은 약 5.5~6킬로미터이다.

37 아무다리야강의 지류인 수르한다리야강의 지류이다.

꼭두각시 칸 카불 샤 오글란의 등극, 모굴칸국과의 진흙탕 전투

어느 날 아침 사힙키란이 전장에서 수적 열세를 걱정하다 잠들었는데, 소리가 내려와 "기뻐하고, 슬퍼하지 말라. 지고하신 신께서 너에게 승리의 기적을 베푸실 것이다"라고 했다. 그는 잠에서 깨 주변에 물었다. "지금 어떤 사람이 이곳에서 무언가 이야기를 하지 않았느냐?" 모두 대답했다. "아닙니다." 신비로운 계시가 그 목소리를 통해 그의 귀에 닿은 것임이 분명해지자 그의 믿음이 굳건해졌고, 아미르 후세인의 어전으로 가서 꿈에 대해 이야기했다.

　　　아미르 후세인과 사힙키란은 신에게 감사드린 후, 부대를 둘로 편성했다. 아미르 후세인은 우익을, 사힙키란은 좌익을 담당하여 대열을 갖추고 진격했다. 타시 아리기에 있던 칸의 군대도 같은 방식으로 부대를 설정하여, 좌익은 일야스 호자와 아미르 하미드가, 우익은 아미르 툭 티무르와 아미르 벡직이 맡았다. 카바 마탄에서 양측의 병사가 만나 격렬히 싸웠는데 결국 사힙키란과 그의 군사에 의해 적이 사방으로 흩어졌다. 일야스 호자 칸과 아미르 벡직과 이스칸다르 오글란과 아미르 하미드와 아미르 유수프 호자는 붙잡혔다. 그러나 튀르크인의 천성인 충정이 칸을 도왔으므로, 칸을 알아본 군사 몇몇 사람이 사령관에게 소식을 알리지 않고 그를 벡직과 함께 말에 태워 풀어주었다. 이 승리는 1364년 용해에 발생했다. 사힙키란은 적의 뒤를 쫓아 시르다리야강을 건너 타슈켄트에 병영을 세우고자 했으나, 자신과 아미르 후세인에게 예기치 못한 병이 발생하여 귀환해야 했다. 그들은 아키야르에서 며칠간 유희를 즐기고 사마르칸트로 돌아왔다.

마와라안나흐르와 투르키스탄의 여러 왕국이 자타의 지배에서 해방되었을 때, 대아미르와 노얀 등의 귀족들, 대부족의 지도자들은 모두 타인에게 복종하지 않았다. 그리하여 세력이 통합되지 않고 무질서해지자 아미르 후세인과 사힙키란은 차가타이 칸의 후손 중에 한 사람을 칸으로 세우기로 했다. 이 결정을 이행하기 위해 1364년에 아미르와 노얀 무리들을 모아 쿠릴타이를 열고 통치의 방책과 왕국의 주요 업무에 관해 이야기했으며, 당시의 전쟁에서 피해를 입을까 두려워 다르비시[38]의 옷을 입고 성채에 들어와 있던 두아 칸의 아들 엘지기데이의 아들 도르지의 아들 카불 샤 오글란을 왕좌에 앉히기로 했다. 튀르크 군주들의 관례에 따라 그에게 컵을 주었고, 모든 이가 일제히 아홉 번 무릎을 꿇었다. 감옥에 있던 아미르 하이다르 안드후디는 진다 히샴에게 맡겨 처형했고, 아미르 하미드와 이스칸다르 오글란도 처형했다. 사힙키란이 아미르 후세인을 위해 준비한 연회가 끝나자, 그는 살리사라이로 귀환했다.

봄이 되었을 때, 자타의 군대가 다시 마와라안나흐르를 향해 진격하고 있다는 소식이 전해졌다. 자기 영역에서 휴식을 취하고 있던 사힙키란은 군대를 징집하고 사람을 파견하여 아미르 후세인에게 적의 침입을 알렸다. 아미르 후세인은 풀라드 부카와 무함마드 호자 아파르디의 아들 진다 히샴과 말릭 바

---

38 이슬람 신비주의 종교인인 수피 수행자, 혹은 한곳에 머무르지 않고 떠돌며 청빈의 계율을 지키는 이슬람 종교인을 지칭한다.

1장. 혼란의 중앙아시아, 티무르의 등장

하두르에게 최대한 빨리 병사를 이끌고 사힙키란에게 가라고 명령했다. 얼마 후 사힙키란은 그들과 더불어 적에게 나아갔다. 무리와 가축의 상태를 고려하여 며칠 동안 아키야르의 초원에 머무른 후, 다시 출발하여 시르다리야강을 건넜다. 아미르 후세인도 대병력을 모아 서둘러 출진했다. 사힙키란은 적군의 전위와 가까워지자 치나즈와 타슈켄트 사이의 강가에 병영을 세웠다. 그리고 병사들에게 명령하여 가림막[39]과 방어용 울타리[40]로 자기 자리를 보호하고 상황을 살피도록 했다. 아미르 후세인은 후방의 모든 군대와 함께 시르다리야강을 건너 약속된 병영으로 들어갔다. 적군도 바담강 강변에 도달했다.

자타는 지난 전쟁에서 크게 패배했으므로, 신성한 돌 '자다'로 비바람을 일으켰다. 자타군은 선 채로 펠트를 머리 위에 펼쳐 의복과 무기를 비에서 보호하다가, 사힙키란의 군대가 도달하자 펠트를 내던지고 싸웠다. 이때 사힙키란이 누케르를 아미르 후세인에게 파견하여 전장 앞으로 나오라고 요청했으나 아미르 후세인은 나오지 않았다. 사힙키란의 분전으로 자타의 군대가 퇴각했지만, 자타의 아미르 샴스 앗딘[41]의 툭[42]을 발견한 사힙키란의 군대가 그를 추적하자 칸의 병사들이 다시 모여 일제히 반격했다. 결국 사힙키란의 군대가 패배하여 1만 명이 사망했다. 이 사건은 <u>1365년 뱀해의 라마단월 첫날(5월 22일)</u>에 일

---

39 진 후방의 궁수부대를 보호하는 천막을 지칭한다.
40 군대의 정면을 지키기 위해 나무 말뚝을 엮어서 만든 도구이다.
41 모굴칸국의 울루스 벡 가문이던 두글라트부의 아미르로, 카마르 앗딘의 다섯 형제 중 셋째이다.
42 튀르크-몽골 유목 부족에서 사용한 깃발로, 말꼬리로 그 끝을 장식했다.

어났다.

아미르들이 전장에서 후퇴하여 키시에 이르렀을 때, 각자 자기 무리에게 아무다리야강을 건너도록 했다. 아미르 후세인이 사힙키란에게 "무리가 강을 건너도록 하는 것이 옳은 방책인가?"라고 묻자, 사힙키란은 대답했다. "그들은 건너기로 결정했으나, 나는 외부인이 왕국을 짓밟게 두지 않을 것이다. 다시 한번 병사를 모아 적에 맞설 것이다." 그 말을 듣고 아미르 후세인은 살리사라이로 갔다가 강을 건너 시바르투로 갔고, 만일 자타의 병사들이 온다면 힌두스탄까지 가고자 했다. 반면에 사힙키란은 군대를 징집하여 12쿠슌을 모았고, 그중 7쿠슌을 전위로 삼아 사마르칸트로 파견했다. 그러나 중간에 전위를 이끌던 차우르치가 술을 먹고 실언하여 휘하의 다우드 호자와 힌두샤를 협박하는 사건이 생겼다. 이 일로 두 사람은 배반하여 자타군과 함께 사힙키란의 전위를 몰아냈다. 사힙키란은 애를 써도 소용이 없음을 알고는 아무다리야강을 건너 발흐에 병영을 세웠다. 그리고 자신의 투만과 케벡 칸의 투만, 울제이 부카 술두스의 투만을 모으고 상황을 신중히 살피면서, 전위의 수장이었던 티무르 호자 오글란을 처벌했다.

자타의 군대가 사마르칸트에 이르렀을 때, 그곳에는 성채가 없었으므로 마울라나자다 사마르칸디, 마울라나 후르닥 부하리, 아부 바크르 킬리비 나다프가 도시 주민들을 격려하여 작은 골목을 막고 도시를 보호했다. 그들은 한동안 자타군에 용감하게 맞서 방어했으나, 포위가 장기화됨에 따라 결국 궁지에 몰렸다. 그런데 이때 자타 진영에서 말 역병이 발생하여 기병 네 명에게 당나귀 한 마리도 남지 않을 정도로 많은 말이 죽었다.

1장. 혼란의 중앙아시아, 티무르의 등장　　　　　　　　　　45

그리하여 자타는 급히 되돌아갔는데, 그들의 상당수가 화살통을 등에 묶고 걸어서 귀환해야 했다.

자타의 군대가 귀환할 무렵, 사힙키란은 적의 상황을 탐색하기 위해 압바스 바하두르를 카할카로 파견했다. 그는 돌아와서 자타의 상황을 보고했다. 사힙키란은 즉시 아미르 후세인에게 사람을 파견하여 상황을 알리고 적을 향해 진격해야 한다고 주장했다. 그 소식을 들은 아미르 후세인은 즉시 시바르투를 출발하여 살리사라이로 향했다. 사힙키란은 자기 무리를 옛 유르트로 보내고 자신은 아미르 후세인을 맞이하러 갔다. 두 사람은 바글란평원의 입구에서 만난 후, 초봄에 함께 사마르칸트로 가기로 결정했다. 사힙키란은 귀환하여 아무다리야강을 건너 카르시로 들어갔고, 겨울 내내 그곳에 성채를 건설했다. 카르시는 케벡 칸이 나사프[43]에서 2파르상 거리에 지은 궁정이 있는 곳으로, 모굴인들이 그 궁정을 '카르시'라 불렀다.

아미르 후세인과의 분열과 갈등

봄이 되자 아미르 후세인과 사힙키란은 사마르칸트로 진군했다. 외곽에 병영을 세우고 반역자 사르베다르 세력의 축출을 모색했다. 사힙키란은 사마르칸트의 마울라나자다가 아미르 후세인의 지배에서 벗어날 수 있도록 도왔으나, 도시의 다른 이들은 병

---

43 부하라와 발흐를 잇는 길목의 도시. 고대에는 나흐샤브, 이슬람화된 후에는 나사프라 불렀다.

영이 있던 캉굴[44]에서 처벌의 칼에 맡겨졌다.

　　이때 아미르 후세인이 탐욕을 부려 물자 수집과 창고 비축을 요구했고, 아미르 자쿠와 아미르 사이프 앗딘 등 사힙키란의 수행원들에게 많은 금액을 부과한 후 징세관을 파견했다. 그러나 그들은 진흙탕 전투에서 많은 물자를 소모한 터라 그 금액을 납부하기에는 역부족이었다. 이에 사힙키란이 그들을 돕고자 다량의 금은을 제공했는데, 그중에는 사힙키란의 부인이자 아미르 후세인의 남매인 울제이 타르칸 아가의 귀걸이와 목걸이도 있었다.

　　그 후 아미르 무사와 그의 처남이자 바야지드 잘라이르의 아들인 알리 다르비시, 그리고 파르하드가 우르다 카툰을 사주해서 거짓 글을 아미르 후세인에게 보냈다. 우르다 카툰은 타르마시린 칸의 카툰 중 하나였으며 알리 다르비시의 모친인 그의 딸은 당시 아미르 후세인의 하렘에 있었다. 글의 내용은 사힙키란이 칸과 아미르 후세인을 상대로 역모를 꾸미고 있다는 것이었다. 아미르 후세인은 칸과 상의한 뒤 야를릭(칙령)으로 사람을 파견하여 사힙키란 및 그 내용을 보고한 무리 일체를 사마르칸트의 우르다 카툰 어전에 모이게 했다. 사힙키란은 걱정 없이 곧장 사마르칸트로 향했다. 그러나 아미르 무사와 알리 다르비시, 파르하드는 사힙키란이 오고 있다는 소식을 듣고 불명예와 보복에 대한 공포, 부끄러움에 휩싸여 서둘러 호젠트로 피신했다.

　　이 문제에 대해 고심하던 사힙키란은 아미르 후세인을

[44] 사마르칸트 동쪽 근교에 위치한 황야이다.

신뢰하지 않던 시르 바흐람과 바흐람 잘라이르의 주장을 받아들여 반역을 일으키기로 결의하고 계약을 맺었다. 그 후 시르 바흐람은 쿠틀란의 자기 유르트로 돌아가 저항을 선언하고 군대를 징집했으나, 결국 아미르 후세인에게 복종했다. 이에 사힙키란은 바흐람 잘라이르와 아미르 자쿠, 압바스 바하두르를 호젠트 방향으로 파견하여 잘라이르 무리를 장악하고 아미르 무사와 알리 다르비시를 붙잡게 했다. 그들은 한 발 먼저 달아났고, 바흐람은 잘라이르울루스를 징집하여 하킴이 되었다. 그러나 칸과 아미르 후세인에 대한 반역의 책임 때문에 문제가 생길 수 있음을 두려워한 그는, 사힙키란 몰래 자기에게 충성을 바치는 무리와 함께 알리 다르비시의 사람들을 살해한 후 자타 방향으로 갔다.

한편 사힙키란은 사마르칸트로 가서 군대를 징집했는데, 이때 아미르 히즈르 야사우리가 사망하면서 모든 야사우르들이 사힙키란의 가신이 되었다. 그러나 사힙키란이 사마르칸트에 다루가로 둔 힌두카 바룰라스는 아미르 후세인에게 복속했다. 사힙키란이 출발할 무렵에는 아미르 후세인의 남매이자 술탄 바흐트 베이굼을 낳은 울제이 타르칸 아가가 사망했다.

1366년 말해 가을, 사힙키란이 수많은 군대를 정렬하여 아미르 후세인을 향해 출진하고 아미르 사이프 앗딘을 전위로 삼아 선두에 파견했다. 아미르 후세인은 시르 바흐람을 속여 복종시켰던 것처럼, 사힙키란에게도 같은 방법을 쓰고자 말릭 바하두르와 압둘라 비러우를 계약서와 함께 파견했다. 이들은 사힙키란의 군대가 카할카를 지나 바이순에 병영을 설치했을 때 도착하여 아미르 후세인의 메시지와 계약서를 전하고 평화와 화해를 청했다. 이에 야사우르들이 타협이 이루어질 것을 두려워하자 사힙키란은 그들과 다른 군대의 귀환을 허락한 후 카르시로 갔다.

아미르 후세인은 히즈르 하자나다르 편에 과거 맹세에 이용했던 문서를 사힙키란에게 보내 조약의 갱신을 제안했다. "이쪽 군대는 차가나[45]에 머무를 것이니 너희는 후자르에 머물러라. 그리고 각기 100명의 사람을 데리고 탕 차크착에서 만나 친애와 우정의 조약을 갱신하고, 이후 선동가들이 우리 사이에 끼어들어 혼란을 일으킬 여지를 남기지 말자."

사힙키란은 그 조약을 믿을 수 없음을 알고 있었으나, 아미르들은 전적으로 타협이 올바른 방책이며 발전은 동맹에 있다고 여겼다. 그들의 판단에 따라 아미르 후세인과 조약을 맺기로 하였으니, 군대를 후자르에 두고 300명을 선발하여 탕 차크착으로 갔다. 그러나 아미르 후세인은 시르 바흐람을 살해하고 3000명의 기병으로 사힙키란을 기습했다.

사힙키란은 그들보다 일찍 조약 장소로 갔다가 변고를 알게 되었다. 즉시 그곳을 벗어나 탕 하람에서 적의 길을 봉쇄하고 전투에 돌입했으나 중과부적이었다. 이 소식이 후자르에 이르렀을 때 그곳에 있던 군대는 뿔뿔이 흩어졌고, 사힙키란은 남아 있던 소수만을 이끌고 카르시에 안착했다. 그는 아미르들과 상의하여 가족을 마한에 있는 산자르인들에게 보내기로 결정했다. 다음 날 아미르 후세인의 군대가 카르시에 도착했다. 아미르

---

45 사산조 말에 '차간 쿠다흐'라는 인물이 다스려 '차가니얀'이라 불린 지역으로, 현재 우즈베키스탄 남부의 데나우 일대를 일컫는다.

무사와 아미르 힌두샤가 곧장 성채를 장악했다. 사힙키란은 이스학 우물에 한동안 머무르다 귀족과 일반 백성들을 모아 마한 방면으로 출발했다. 그들은 아무다리야강을 건너 황야로 들어갔고, 그곳에서 헤라트의 말릭과 무함마드 벡 자운쿠르바니에게 사신을 파견하여 상황을 파악하기로 한 후, 사신이 돌아올 때까지 슈랍 우물에 병영을 세웠다. 또한 후라산에서 마와라안나흐르로 가는 모든 카라반을 막아 세우고 사힙키란이 헤라트로 갔다는 소문을 퍼뜨려 아미르 무사에게 전해지도록 했다.

      그때 사힙키란의 수행원은 243명에 불과했으나, 카르시에는 1만 2000명의 기병이 주둔해 있었다. 사힙키란은 밤을 틈타 아무다리야강을 건너 시르켄트까지 갔고, 그곳에서 두 사람을 데리고 직접 카르시를 정탐했다. 그는 해자의 통로를 통해 대문과 방벽에 접근했고, 방벽의 높이가 낮은 곳을 찾아 전투용 사다리를 둘 장소를 정한 다음 군대에 합류했다. 그리고 그 밤에 다시 카르시로 와서 바로 그곳에 사다리를 두고 100명을 성채로 올려보냈다. 병사들은 방벽을 넘어가 대문의 자물쇠를 칼로 부수고 성채를 장악했으며, 아미르 무사의 처자와 예속민을 붙잡았다. 아미르 무사와 말릭 바하두르는 군대를 모아 성채를 포위했으나, 사힙키란 군대가 성채에서 나와 그들을 급습하여 도시를 장악했다. 적의 군대는 달아났고, 사힙키란은 겨울 동안 카르시에 머무르며 백성들을 위로하고 그 지역의 건설과 경작을 지시했다. 또한 마흐무드 샤를 부하라로 파견하여 도시를 통치하게 하고, 그곳의 토지세와 정세를 창고로 운반케 했다.

      패배한 병사들이 아미르 후세인에게 가서 상황을 설명하자, 그는 최대한 빨리 자기 군대를 징집하여 살리사라이를 떠났다. 사힙키란은 야습을 시도했으나 실패한 후 카르시에서 부하라로 피신했고, 부하라의 마흐무드 샤를 신뢰하지 않았던 아미르 자쿠 등은 마한으로 갔다. 며칠 후 아미르 후세인과 아미르 무사와 아미르 울제이투의 전위가 수많은 군대와 함께 부하라 근처에 도달했다는 소식이 전해졌다. 사힙키란은 알리 야사우리와 마흐무드 샤에게 야습을 제안했으나, 그들이 두려워하고 있음을 알고는 곧장 그곳을 떠나 후라산으로 향했다. 그는 아무다리야강을 건너 황야로 들어갔다가, 메르브를 지나 마한에서 유수진에 합류했다.

후라산으로 피신한 아미르 티무르와 그의 반격

아미르 후세인이 알리 야사우리와 마흐무드 샤에게 퇴각 전술을 사용하여 부하라를 점령하자, 그들 또한 마한으로 가서 사힙키란에게 합류했다. 아미르 후세인은 부하라에 며칠간 머문 후, 아미르 할릴과 많은 군대를 남겨 그곳을 지키게 하고는 살리사라이로 귀환했다. 사힙키란은 마한의 갈대숲에 불을 질러 태우고, 다시 싹이 났을 때 그것을 말에게 먹여 살찌웠다.

한편 아무야[46]와 그 주변에는 과거 사힙키란의 호의를 얻어 그곳을 통치하게 되었으나 곧 복종을 철회했던 니크파이샤가 있었다. 사힙키란은 600명을 이끌고 아무다리야강을 건너

---

46 아무야는 강의 이름으로 쓰일 때는 아무다리야강을 지칭하고 지역명으로 쓰일 때는 부하라에서 메르브로 연결되는 길이 아무다리야강과 만나는 지점을 지칭한다. 그곳은 현재 투르크메나바트에 해당한다.

아무야 주변을 포위하고 그를 붙잡았다. 또한 카라우나스[47] 군대가 부하라 주변에 자리하고 있음을 확인하고 밤새 달려가, 피르마스에서 그들에게 도달했다. 카라우나스 군대의 수장 아미르 할릴은 패배하고 병사들은 뿔뿔이 흩어졌다.

사힙키란은 마한에서 아미르 자쿠를 헤라트의 왈리인 말릭 후세인에게 사신으로 파견했다. 이에 말릭은 사락스에서 동맹의 계약을 맺자고 제안했다. 그러나 사힙키란은 과거에 그 가문이 저지른 속임수, 즉 (훌레구울루스) 가잔 칸 시기에 말릭 후세인의 삼촌인 파흐르 앗딘이 (오이라트부 출신의) 아미르 노루즈와 계약을 맺었으나 결국 그를 살해한 일이나, 술탄 아부 사이드 시기에 말릭 후세인의 부친인 기야쓰 앗딘이 아미르 추판 술두스와 계약을 맺었으나 결국 그를 살해한 일을 알게 되었다. 이에 말릭과의 만남에 자기 대신 아들인 아미르자다 자항기르를 파견했다. 그리고 자신은 600명과 함께 마와라안나흐르로 길을 나섰다.

그는 아무다리야강을 건너 밤새 달려가, 후자르 방향에서 카르시를 포위했다. 아미르 무사의 누케르 중에 일부가 그곳에 있었는데, 모두 붙잡아 감옥에 집어넣었다. 또한 카라우나스 군대 5000명이 쿠지 만다크에 주둔해 있었는데, 사힙키란은 적은 수로 그들을 공격하여 기적의 승리를 거두고 적의 전위를

---

47 몽골제국 시기에는 훌레구가 이란에 도착하기 전에 아무다리야강과 인더스강 사이에 자리했던 몽골 군사 집단을 지칭했다가, 점차 차가타이울루스의 동부인 모굴칸국에서 마와라안나흐르와 그 너머의 서부 세력을 지칭하는 멸칭으로 사용되었다. 본문에서는 몽골제국 시기의 의미로 쓰인다. 아미르 카즈간의 손자 아미르 후세인이 이 군대를 이끌었으므로, 그를 카라우나스부로 칭하기도 한다.

몰아냈다. 그 후 곧바로 600명을 7쿠슌으로 편성하고 자신은 정탐병이 되어 나아갔다. 적이 가까이 이르자 사힙키란은 군대를 좌익·우익·중군으로 정렬하여 전투에 돌입했다. 마울라나 바드르 앗딘과 알리 야사우리 등 일부 아미르가 달아났으나, 사힙키란은 적의 수장을 붙잡아 전리품을 얻었다.

　　이 승리 후에 사힙키란은 적에게 기회를 주지 않고 히사르평원(현 타지키스탄 두샨베 부근의 히소르 일대)까지 몰아낸 후, 그곳의 군대를 모아 아미르 후세인과 전투를 하고자 했다. 그러나 아미르들은 사마르칸트로 고삐를 돌리자고 제안했으며, 이에 사힙키란은 키시와 그 주변의 군대를 모아 사마르칸트로 향했다. 그는 투르마주크 위구르와 타가이 샤를 키시 지역에 남겨 (세금) 장부를 기록하고 백성들을 해방하도록 했다. 그리고 그가 사마르칸트 부근에 이르렀을 때, 우츠 카라 바하두르가 아미르 무사의 병사와 함께 밖으로 나와 라흐마트강 기슭에 서 있었다. 사힙키란은 군대를 정렬하고 좌우익을 배치한 후 단번에 상대를 패주시켰다. 악크 티무르 바하두르는 우츠 카라의 뒤를 쫓아갔지만, 우츠 카라는 도검으로 악크 티무르 바하두르의 말을 내리쳤다. 이에 악크 티무르의 말이 쓰러졌고, 그사이 우츠 카라는 도시로 달아났다. 사힙키란이 라틴에 안착하자 우츠 카라가 1500명을 이끌고 바깥으로 나왔지만, 그의 군대는 극도의 공포로 인해 전투가 시작되기도 전에 도망쳤다.

　　사힙키란은 며칠간 소그드[48]의 프린켄트와 사가르즈

---

[48] 사마르칸트와 그 주변 일대를 지칭하는 옛 이름이다. 프린켄트와 사가르즈는 그곳의 마을이다.

에 머물렀다. 이 와중에 울제이투와 풀라드 부카가 카라우나스 군대와 함께 몰려오고 있다는 소식이 전달됐다. 또한 키시에서 달아난 타가이 샤가 사힙키란에게 합류하면서, 투르마주크가 살해된 소식을 전했다. 사힙키란은 그곳을 출발하여 얌강 강변에 도달했는데, 정탐병으로 파견했던 아르군 샤 부르달리기가 한 사람을 붙잡아 데려왔다. 그는 울제이투와 풀라드 부카가 벌써 툼강에 진을 폈고, 아미르 후세인이 많은 군대를 거느리고 카르시에 도착했음을 알려주었다. 사힙키란은 키시와 주변의 군대에게 귀환을 허락한 후 600명의 기병과 함께 사마르칸트의 강[49] 하류로 가서, 쿠칼다르 아치기에서 전투를 준비하고 있던 아미르 무사와 우츠 카라 바하두르를 공격했다. 그들은 천신만고 끝에 사마르칸트로 들어갔다. 사힙키란은 사가르즈를 출발하여 시르다리야강을 건너 타슈켄트까지 나아갔는데, 이는 자타 칸에게 가 있던 카이쿠스라우와 바흐람 잘라이르가 쿠춘 티무르와 시라울을 수장으로 삼고 7000명의 자타인과 함께 타슈켄트에 와 있었기 때문이었다. 그중 바흐람 잘라이르는 옛 계약을 잊고 사힙키란의 개인 몫을 빼앗기까지 했으나, 아미르 카이쿠스라우는 사힙키란의 도착을 기뻐하며 그를 집으로 데려가 연회를 베풀었다. 사힙키란은 아미르자다 자항기르를 위해 카이쿠스라우의 딸이자 이순 티무르 칸의 외손녀인 루키야 카니카에게 청혼했다.

　　이때 칸과 아미르 후세인은 카라우나스 군대와 함께 샤흐리사브즈를 통과하여 살라르불락에 병영을 세웠으며, 아

---

[49] 사마르칸트를 관통하는 강은 타지키스탄의 자라프샨산맥에서 발원하여 서쪽으로 흐르다가 사마르칸트를 관통하는 자라프샨강이다. 얌강과 툼강, 쿠하크강 등은 그 강의 지류이다.

미르 무사와 바얀 술두스의 아들 셰이흐 무함마드, 아파르디의 아들 울제이투 등을 2만 명의 기병과 함께 파견하여 사힙키란을 공격하게 했다. 그들은 사마르칸트를 지나 불룬구르강 강변에 안착했다. 그들은 과거에 여러 번 사힙키란에게 붙잡힌 적이 있었으므로, 세 무리의 군대를 먼저 파견하여 각기 길을 지키게 했다. 말릭 바하두르는 3000명의 병사와 수잔가란을 지켰고, 자한 샤는 1500명의 기병과 라바트 물크에 있었으며, 하르만은 1000명과 함께 디자크(현 우즈베키스탄 지자흐)의 예티 쿠두크 길을 지키고 있었다.

   사힙키란은 카이쿠스라우와 함께 자타군 2000명을 이끌고 출발했으며, 그중 500명과 먼저 진격하여 시르다리야강 건너의 자한 샤를 야습했다. 같은 날 디자크를 공격하여 하르만을 몰아냈고, 다시 말릭 바하두르에게 진격하여 그들을 몰아냈다. 달아난 이들이 아미르 무사와 셰이흐 무함마드와 울제이투에게 도달하자, 모두 함께 후퇴하여 아미르 후세인에게 갔다. 이때 자타의 군대가 무슬림을 약탈하자, 사힙키란은 60명의 전사를 산 위로 보내 무슬림 포로를 구출했다. 그 후 사힙키란은 시르다리야강을 건너 훔라크로 갔다. 아미르 후세인은 패배한 아미르와 군사들을 힐난한 후 칸과 함께 친히 진격했다. 아크 쿠탈에서 군사 1만 명을 전위로 임명하고 시르다리야강을 건너 사힙키란을 공격하라고 명했다.

아미르 후세인과의 화해와 바닥샨 원정

아미르 후세인의 군대가 진격하고 있다는 소식이 전해진 그 밤에 눈이 많이 내렸다. 아미르 카이쿠스라우가 500명과 함께 파르신[50] 통로를 장악하고 부르구(피리)를 불자 상대는 전투도 없이 퇴각했다. 이때 바흐람 잘라이르가 자타군을 이끌고 타슈켄트에서 사이람으로 되돌아갔으며, 그와 함께 있던 사힙키란과 카이쿠스라우의 유수진과 군대도 사이람으로 향했다. 사힙키란은 쉼켄트에서 유수진을 되찾았으나, 바흐람 잘라이르는 사힙키란이 도착하기도 전에 쉼켄트를 떠났다. 사힙키란은 사르 부카와 악크 부카 바하두르를 자타의 아미르 샴스 앗딘과 핫지 벡에게 파견하여 군대를 청했고, 동영지를 모색하여 카이쿠스라우는 오트라르로 가고 사힙키란은 600명의 근신과 함께 타슈켄트에 머물기로 했다. 칸과 아미르 후세인은 풀라드 부카에게 사마르칸트를 장악하게 하고, 자신들은 아르항사라이로 가서 겨울을 보냈다.

초봄에 자타의 군대가 사힙키란을 돕기 위해 오고 있다는 소식이 들려왔을 때, 아미르 후세인은 호젠트와 타슈켄트의 울라마와 셰이흐에게 사힙키란과의 화해를 중재해달라고 요청했다. 그들은 사힙키란의 어전으로 와서 고했다. "사힙키란과 아미르 후세인 사이의 반목과 갈등으로 왕국이 황폐해지고 백성이 고향을 잃고 있습니다. 당신이 외부 군대에게 길을 내어주

---

50 타슈켄트와 지자흐 사이에 있었으며, 아항가란-치나즈와 더불어 티무르 재위 후기의 동영지였다.

고, 이교도의 손이 무슬림의 피와 물자에 닿게 함으로써 혼란이 발생했습니다. 만일 그들이 승리한다면 이교도들은 당신에게도 신의를 지키지 않을 것입니다. 그러나 양측이 화해한다면, 군대와 백성의 건강과 안전이 이루어질 것입니다."

이때 사힙키란이 꿈을 꾸었다. 시르다리야강에서 발생한 홍수에 휩쓸려 졸도했다가 깨어보니 사마르칸트 강변에 있었다. 그는 바라는 바가 있으면 사마르칸트 방향에서 성과를 거둘 것이라고 해몽하여, 자타에 대한 신뢰를 거두고 누케르 판즈샨베를 아미르 후세인에게 파견했다. 그리고 뒤이어 친히 사마르칸트로 갔는데, 도중에 어떤 사람이 아미르 후세인의 거짓 사망 소식을 그에게 전했다. 이에 사힙키란은 샤드만으로 갔고, 그곳에서 아미르 후세인의 군대와 마주쳐 그들을 격퇴한 후 얌강으로 돌아왔다. 이번에는 아미르 무사가 자신의 개인 소유였던 가나치 천호[51]와 함께 다가왔고, 양측은 다시 전투에 돌입했다. 아미르 무사의 군대는 뿔뿔이 흩어졌고, 사힙키란은 아미르 후세인이 이끄는 카라우나스군 30쿠슌과 대치하다가 방향을 돌려 쿠하크강을 건너 카이나르 샤크샤르에 자리했다. 이때 판즈샨베가 아미르 후세인의 사신인 투란 샤와 함께 돌아왔고, 사힙키란은 압바스 바하두르를 투란 샤와 함께 파견하여 아미르 후세인과의 계약을 보강했다. 이에 아미르 후세인은 아미르 무사와 아미르 울제이투를 파견하여, 양측이 각각 200명씩 이끌고 만나

51　Hazāra Ghānachī. 가나치는 유목민이 기르는 가축들을 가두는 울타리를 건설하고 이들을 돌보는 역할을 담당한 직업군을 의미한다. 이들이 이룬 천호는 칸이나 제왕의 사적 가축들을 돌보는 특수 집단이다. 아미르 무사가 이끈 가나치 천호는 차가타이울루스와 티무르제국에서 줄곧 카툰 가문이 되었다.

우정의 계약을 갱신하기로 했다. 그 후 그들은 군대를 돌려보냈고 사힙키란은 키시로 향했다.

그때 바닥샨의 샤들이 칸과 아미르 후세인에게 저항했다. 아미르 후세인은 군대를 이끌고 그들에게 갔고, 샤들 또한 군대를 모아 진군하여 양측의 군대가 대치하게 되었다. 이때 헤라트의 왈리인 말릭 후세인이 이 상황을 알고 발흐 방면으로 대군을 파견하여 그곳의 무리와 울루스를 약탈했다. 사힙키란이 키시에서 그들을 격퇴하기 위해 진군했다. 말릭의 군대는 사힙키란의 이동 소식을 듣고 샤부르간과 발흐에서 쿨름까지 진격했다가 서둘러 되돌아갔다. 사힙키란은 티르미드 통로를 건넜으나 후라산인들이 되돌아갔으므로 칸과 아미르 후세인을 만나기로 결정했다. 아미르 후세인은 먼저 바닥샨의 샤들과 평화 협정을 맺고 돌아와 쿤두즈에서 사힙키란을 만났다. 며칠 동안 연회를 즐긴 뒤 아미르 후세인은 하영지인 아시카미시로 갔고 사힙키란은 마한으로 사람을 파견하여 아미르자다 자항기르를 유수진과 함께 키시로 불러들였다.

이때 풀라드와 악크 부카가 카불에서 아미르 후세인에게 저항했으므로, 아미르 후세인과 사힙키란은 힌두쿠시를 넘어 카불로 가서 성채를 점령하고 적을 제압했다. 그 후 아미르 후세인은 발흐에 머무르며 힌다완 성채를 재건하려는 뜻을 내세웠다. 사힙키란은 아미르 후세인의 삼촌인 아미르 압둘라가 본거지가 아닌 사마르칸트를 거점으로 삼았다가 나쁜 결과를 맞이했음을 이야기하여 그를 깨우치고자 했으나, 아미르 후세인은 결국 발흐로 가서 힌다완 성채 건설과 해자 착굴에 나섰다. 이때 발흐 도시의 주민을 모두 성채로 데려왔으므로, 도시는 파괴된

채 남겨졌다. 이 사건은 1368년 원숭이해에 발생했다.

자타 군대가 다시 마와라안나흐르를 향해 오고 있다는 소식이 도달했다. 아미르 후세인은 사힙키란을 마와라안나흐르로 급파했다. 자타 군대는 타슈켄트에 도착하여 겨울을 보냈는데, 아미르들 사이에 갈등이 발생했다. 즉 두글라트부였던 카마르 앗딘, 케벡 티무르, 시라울이 핫지 벡 올쿠누트를 잡기 위해 연합했는데, 핫지 벡이 이를 알게 되자 카마르 앗딘과 케벡 티무르는 달아났고 핫지 벡은 살해당한 것이다. 이 때문에 적들이 흩어져 되돌아갔다. 자타 군대에 대한 걱정에서 벗어나게 된 아미르 후세인과 사힙키란은 군대를 정렬하여 쿤두즈를 약탈했던 바닥샨의 샤들에게 진격했다. 그들은 아무다리야강을 건너고 타이칸과 칼라우칸(칼라프칸)을 통과하여, 바닥샨에 속한 키심에 병영을 세웠다. 그리고 사힙키란과 아미르 후세인의 아들 자한말릭이 먼저 나아가, 카르카스와 주름산맥을 지나 바닥샨 상류에서 샤 셰이흐 알리 바닥샤니를 붙잡았다. 이에 바닥샨인들은 사힙키란에게 토쿠즈[52] 등 여러 조공을 바치며 복속했다. 이때 아미르 후세인이 셰이흐 무함마드 술두스와 카이쿠스라우의 반란을 막기 위해 사람을 파견하여 사힙키란의 귀환을 재촉했고, 자신은 칸과 함께 살리사라이로 돌아갔다.

사실 셰이흐 무함마드와 카이쿠스라우는 과거 사힙키란에게 서신을 써서 그들의 생각을 밝히고 도움을 요청한 적 있다. 그러나 그 서신이 아미르 후세인의 손에 들어갔던 것을 이때

---

52 Tuqūz. 튀르크어에서 숫자 9를 뜻하는 단어로, 선물을 아홉 개의 항목으로 맞추는 전통 방식이다.

사힙키란이 알게 되었다. 사힙키란이 아르항에 도달하여 아미르 후세인을 만났을 때 아미르 후세인은 그에게 존중을 표했으나 그 서신에 대해서는 밝히지 않았다. 그리하여 사힙키란의 마음에 껄끄러움이 생겼다. 그 후 사힙키란이 거주지로 돌아왔을 때, 세 사람이 들어와 아미르 후세인의 속임수를 간언했다. 사힙키란은 이 간언을 조금도 고려하지 않았으나, 뒤이어 어떤 사람이 와서 당시 칸이었던 아딜 술탄[53]의 서신을 전했다. 거기에는 "아미르 후세인이 아미르 무사와 공모하여 사힙키란을 붙잡고자 한다"라고 쓰여 있었다. 사힙키란은 아미르 후세인을 직접 만나 대화와 질문으로 걱정을 없애고자 아무다리야강 강가로 나아갔다. 그런데 때마침 아미르 후세인에게 반란 소식이 전해졌고, 아미르 후세인은 사힙키란을 파견하게 된 것이다. 카이쿠스라우는 달아나 키르티킨 방면의 길을 통해 알라이산맥으로 갔고 셰이흐 무함마드 (이븐) 바얀 술두스는 두르지 길을 통해 호젠트 방향으로 달아났다. 사힙키란은 셰이흐 무함마드를 추격하여 몰아냈고, 그는 시르다리야강을 건너 타슈켄트와 오트라르 방향으로 도망쳤다. 이후 사힙키란은 키시로 돌아왔으며, 아미르 후세인은 발흐의 힌다완 성채에 머물렀다.

---

53 티무르조의 역사가 무인 앗딘 나탄지의 『무인 선사(選史)』의 기록에 의하면 아미르 후세인은 카불 샤를 등극시킨 지 1년 4개월 만에 살해했다고 한다. 카불 샤의 즉위는 이슬람력 765년(1363~1364)경이므로, 이슬람력 770년(1368~1369)은 카불 샤가 이미 살해되고 아딜 술탄이 칸으로 즉위한 이후이다.

아미르 후세인에 대한 최종 승리와
마와라안나흐르 장악

이때 아미르 후세인은 심적 변화를 겪은 데다, 친척이었던 풀라드 부카와 아미르 할릴의 선동으로 인해 기왕의 약속과 맹세를 제쳐두고 책략을 모색했다. 즉, 사람을 파견하여 사힙키란의 울루스에 속한 이들 가운데 이름 있는 자들을 전부 발흐로 이주하게 했다. 예를 들면 아미르 무와야드 아룰라트가 술에 취한 끝에 차우르치의 아들을 때려죽이고 달아났다는 이유로 사힙키란의 누이였던 그의 부인 시린 벡 아가를 발흐로 데려갔다. 또한 사힙키란이 그의 어전에 두었던 아미르자다 자항기르를 파견하여 아미르 무사와 그의 가문을 발흐로 보내라고 명했다. 사힙키란은 더 이상 아미르 후세인을 온건하게 대하는 것은 옳은 방책이 아니라고 생각하고, 아미르 무사 및 가신들과 대책을 논의했다. 아미르 무사와 다른 아미르들, 즉 아미르 다우드와 아미르 사르부카와 아미르 자쿠와 아미르 무와야드와 후세인 바하두르와 아미르 사이프 앗딘과 압바스 바하두르와 아미르 악크 부카와 일치 바하두르와 셰이흐 알리 바하두르와 다울라트 샤 박시 위구르는 사힙키란의 의견에 찬성했으며, 이에 사힙키란은 아미르 후세인에 대한 저항을 선포하고 병사를 징집했다.

사힙키란은 오트라르로 달아났던 셰이흐 무함마드 (이븐) 바얀 술두스를 소환했고, 키시를 출발하여 후자르로 갔다. 후자르에서 아미르 무사가 전투에서 물러나 사마르칸트로 되돌아갔지만, 그를 신경 쓰지 않고 전위를 티르미드로 파견했다. 이들과 마주친 아미르 후세인의 전위가 발흐로 달아났고, 사힙키란은 티르미드에서 3파르상 떨어진 비야에 안착했다. 그곳에서 예언자 가문에 속하는 사이드였던 사이드 베르케가 사힙키란에게 왕권과 왕위를 상징하는 북과 깃발을 헌상했다. 사힙키란은 사이드 베르케의 방문을 경의로 맞이했고, 사이드 베르케는 사힙키란을 주인으로 삼아 동행하기로 했다. 두 사람은 사망한 후에도 같은 묘지에 잠들었으며, 사힙키란의 얼굴은 여전히 그를 향하고 있다.[54]

사힙키란은 (아무다리야강의 지류인) 차간강(수르한다리야강) 상류로 나아가 주변 군대의 징집을 명했고, 아미르 자쿠는 술두스와 쿠틀란의 군대를 소집했다. 쿨름의 천호, 쿤두즈의 아미르 울제이투, 바닥샨의 왈리 샤 셰이흐 무함마드도 합류했다. 차가타이울루스의 모든 아미르와 노얀이 모이자, 양측의 전위가 한 차례 전투를 벌였고, 사힙키란의 군대는 가즈계곡의 우르부즈 성채 가까이에 자리했다. 사힙키란은 소유르가트미쉬 오글란을 칸이라 부르게 했으며, 군대를 정렬하여 발흐로 향했다. 샤부르간에 있던 무함마드 호자 멩글리의 아들 진다 히샴도 아파르디 군대와 함께 합류했고, 모든 군대가 발흐의 힌다완 성채를 포위했다.

성채에서 기병과 보병이 나와 전투가 시작됐다. 아미르자다 우마르 셰이흐는 16세의 나이에도 불구하고 용감하게 전투에 뛰어들었으며 발바닥에 화살을 맞는 부상을 당하고도 마음속에 두려움을 갖지 않았다. 다음 날 다시 한번 전투를 치렀

---

54 현재 두 사람은 사마르칸트의 구르 에미르에 나란히 매장되어 있다. 티무르 사망 이전까지 사이드 베르케는 안드후드에 매장되어 있다가, 티무르 사후 이곳으로 이장됐다.

는데, 아미르 후세인은 전황을 지켜보다 자신이 궁지에 몰렸음을 알게 되었다. 이때 사힙키란이 아미르 후세인에게 사람을 파견하여 바깥으로 나올 것을 촉구했다. 아미르 후세인은 큰아들과 칸을 파견하여 자신이 복종할 테니 (메카의) 카바로 갈 수 있게 해달라고 요구했다. 사힙키란은 그가 바라는 대로 맹세하고, 다음 날 그가 바깥으로 나와 무사히 갈 수 있도록 조치했다. 그러나 아미르 후세인은 그 말을 믿지 않았고, 그날 밤 두 명의 누케르와 함께 몰래 성채 바깥으로 나갔다. 그러나 발흐의 옛 도시에서 길을 잃었고 아침이 되자 금요 모스크의 미나렛(첨탑)에 올라가 숨었는데, 어떤 이가 말을 찾기 위해 미나렛으로 올라왔다가 아미르 후세인을 보았다. 아미르 후세인은 그에게 주먹 크기의 진주를 주면서 누구에게도 말하지 말라고 부탁했지만, 그는 사힙키란에게 가서 사실을 고했다. 사힙키란의 병사들이 모스크로 가서 아미르 후세인을 붙잡아 끌고 왔다.

사힙키란은 맹세를 저버리고 싶지 않았으므로, 아미르들에게 그의 피를 흘리지 않을 것이라고 말했다. 아미르 카이쿠스라우 쿠틀라니가 형제를 죽인 아미르 후세인을 샤리아의 동해보복[55]에 따라 처리하게 해달라고 청했으나 사힙키란이 만류했다. 사힙키란이 부인이자 아미르 후세인의 남매인 울제이 타르칸을 떠올리고 눈물을 흘리자, 경험 많은 아미르 울제이투는 아미르 후세인을 살려둔다면 언젠가 후회로 손을 깨물게 될 것이라 생각하여 몰래 아미르 카이쿠스라우와 아미르 무와야드에

---

[55] 이슬람 율법인 샤리아에 규정되어 있는 동해보복법(同害報復法), 즉 죄인이 저지른 죄와 유사한 처벌을 행하는 방식으로, 키사스(Qiṣāṣ)라 부른다.

게 지시를 내렸다. 그들은 바깥으로 나와 사힙키란 몰래 아미르 후세인을 살해했다. 아미르 후세인은 호자 우카샤의 돔[56]에 매장되었고, 사힙키란의 군대는 힌다완 성채를 차지했다. 아미르 후세인의 두 아들 한드 사이드와 노루즈 술탄은 살해되었고, 다른 두 아들 자한 말릭과 할릴 술탄은 힌두스탄 방향으로 도망친 뒤 사라졌다. 아미르 후세인이 임명하였던 칸 또한 살해되었다.

    아미르 후세인의 부인과 예속민들, 그가 모았던 창고의 물자가 모두 사힙키란의 어전으로 왔는데, 사힙키란은 아미르 후세인의 부인 중에 카잔 술탄 칸의 딸인 사라이 말릭 하눔, 바얀 술두스의 딸 울루스 아가, 히즈르 야사우리의 딸 이슬람 아가, 타가이 타르칸 카툰을 취했다. 아미르 후세인의 대부인인 타르마시린 칸의 딸 순즈 쿠틀룩 아가는 바흐람 잘라이르에게 주었고, 딜샤드 아가는 진다 히샴에게, 카이코바드 쿠틀라니의 딸 아딜 말릭은 아미르 자쿠에게 주었다. 그 외의 부인들도 여러 사람에게 주었으며, 아미르 후세인의 딸은 타반 바하두르의 형제일치 부카에게 주었다. 그리고 아미르 후세인과 함께 힌다완 성채로 온 도시 주민들에게 다시 옛 도시로 돌아가라고 명령한 뒤 성채를 약탈하고 파괴했다.

---

56 발흐 도심 동쪽에 위치한 우카샤 이븐 모흐센 아사다라는 인물의 성묘이다. 예언자 무함마드의 사하바(동료)이며 이슬람의 전파를 위해 발흐로 왔다는 전설이 전해진다.

2장.

중앙아시아를 넘어 주변 지역으로

티무르는 마와라안나흐르를 통일한 후 쿠릴타이를 열고 꼭두각시 칸을 세웠다. 곧이어 아무다리야강 남쪽의 군사 집단과 마와라안나흐르 동북부의 차가타이 아미르들을 겨냥했고, 원정 영역을 확장하여 투글룩 티무르 칸 사후 모굴칸국의 실권을 장악한 두글라트부의 카마르 앗딘을 여러 차례 공격했다.

티무르는 아무다리야강 하류 호라즘에 자리한 쿵그라트부의 수피 가문도 공격했다. 주치울루스의 부마(쿠레겐)였던 쿵그라트부는 13세기 후반부터 호라즘에 정착했다. 그중 수피 가문은 주치울루스의 세력이 약해지자 호라즘 북부를 통치하다가 점차 남부까지 세력을 확장했다. 티무르는 이 호라즘 남부가 차가타이울루스의 강역이라는 명분으로 호라즘을 침공했다.

1380년대는 후라산 서부에 자리한 케르트조의 수도 헤라트를 공격했다. 케르트조는 훌레구의 이란 원정 직전에 후라산에 건국된 토착 왕조로, 이후 훌레구울루스에 복속했다가 현재는 독자 권력을 펼치고 있었다. 티무르는 케르트조를 시작으로 종교인과 토착 지배층의 과두 정권인 사르베다르, 마잔다란 베수트부의 아미르 왈리, 과거 몽골제국에서 파견한 군사 집단 출신의 자운쿠르바니를 공격했다. 그리고 남쪽으로 방향을 돌려 시스탄의 토착 세력 미흐라반왕조, 헬만드강 유역의 튀르크-몽골계 군사 집단 네구데르, 술레이만 산지의 아프간, 칸다하르의 토착 세력도 복속시켰다.

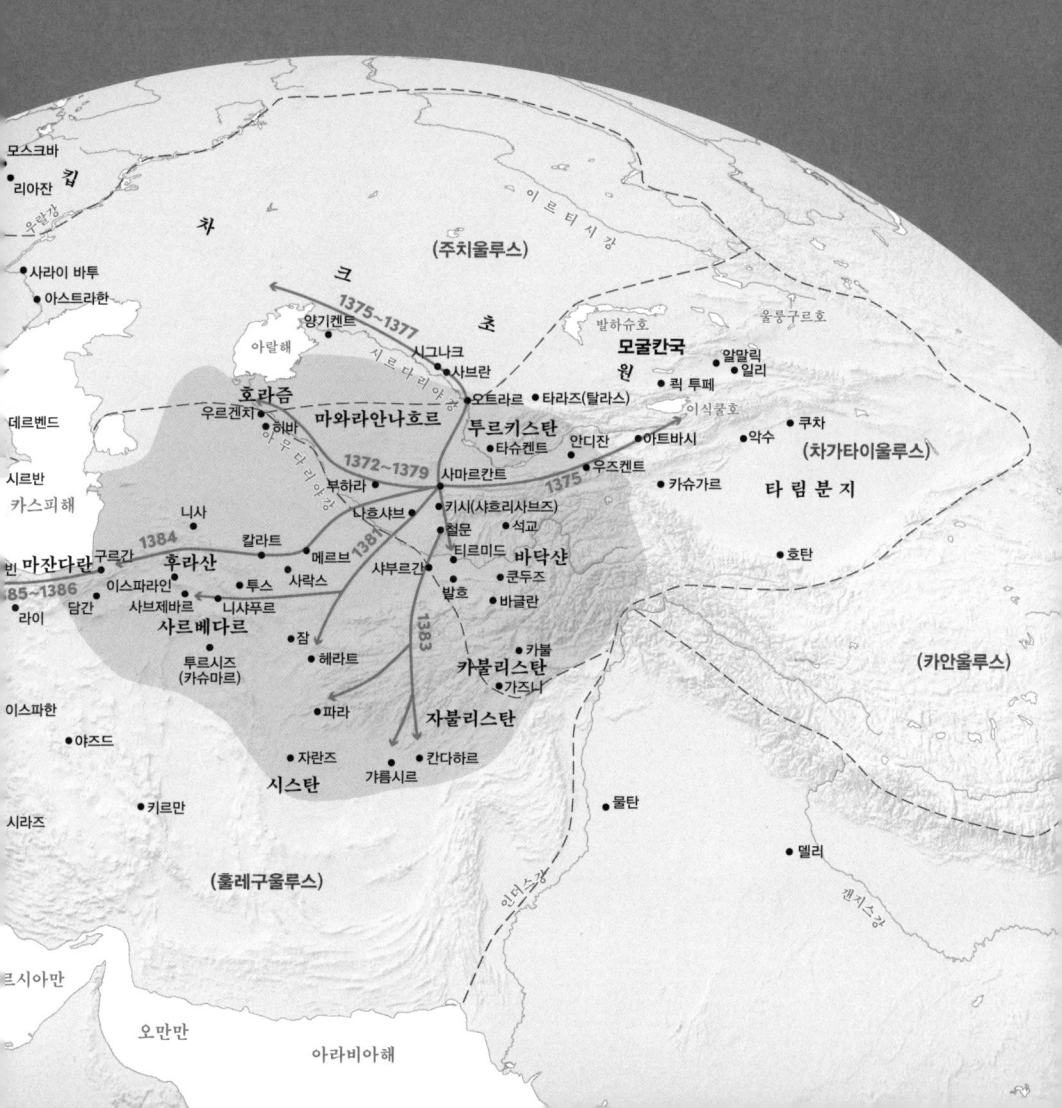

티무르의 등극과 쿠릴타이

발흐에서의 승리 이후 그곳에 모여 있던 차가타이울루스의 모든 아미르와 노얀들, 아미르 셰이흐 무함마드 술두스와 아미르 카이쿠스라우 쿠틀라니와 아미르 울제이투 아파르디와 아미르 다우드 두글라트와 아미르 사르 부카 잘라이르와 아미르 자쿠 바룰라스와 진다 히샴 아파르디와 아미르 무와야드 아룰라트와 바닥샨의 왈리 샤 셰이흐 무함마드와 후세인 바하두르 및 다른 아미르와 사령관들, 그리고 당대의 훌륭한 사이드인 사이드 베르케와 티르미드의 후다반드자다[1]인 아부 알마알리와 그의 형제 알리 아크바르 등은 한마음 한뜻이 되어, 신앙을 강화하고 무슬림을 인도함에 있어서 당대의 여타 왕들보다 뛰어난 사힙키란이 세계의 통치와 수호에 적합하다고 보고 계약을 새로이 맺었다.

그렇게 겨울이 지나고 봄이 되었을 때, 사힙키란은 세계 지배의 왕위에 앉기 위해 전문가들로 하여금 천문표[2]를 통해

---

[1] Khundāvand-zāda. 티르미드에 거점을 둔 사이드 가문. 9세기 사이드 하산 알 아미르를 시작으로 티르미드의 토착 명사가 되어 지금까지도 계보가 이어지고 있다. 특히 13~14세기에 그 세력이 정점에 달하여 지역 통치자로 군림했으며 이븐 바투타의 여행기에도 관련 기록이 보인다.

상서로운 날짜를 산출하고 아스트롤라베[3]로 별의 고도를 탐색하게 했다. 1370년 개해 라마단월 12일 수요일(4월 9일) 왕위에 올랐을 때 그의 나이는 태양력으로 34세였다. 사힙키란은 차가타이울루스의 모든 아미르와 정부 중진들에게 아미르 후세인의 모든 물자와 귀중품을 아낌없이 사여한 후 귀환을 허가했다.

   사힙키란은 주감 바룰라스의 아들 무라드에게 발흐와 그 주변 지역의 통치를 맡긴 후 키시로 향했다. 배를 연결한 다리를 만들어 아무다리야강을 건넌 뒤 키시의 초원에 병영을 세웠다. 두 달 동안 휴식을 취하면서 가신과 지지자들에게 각자의 지위와 급에 맞는 다양한 선물, 군대, 관복을 제공했다. 아미르 다우드에게 사마르칸트의 지배와 다루가직, 디반의 수장직 등을 사여했고, 아미르 자쿠와 아미르 셰이흐 앗딘과 아미르 압바스와 이스칸다르와 알람 셰이흐와 알라카 카우친과 아르다시르 카우친과 티무카 카우친의 형제 카마리 에이나크는 튀르크인을 통솔하는 두 번째 지위인 '군대의 아미르'직과 '타바치'직에 임명했다. 또한 아미르 사르 부카와 후세인 바룰라스와 아미르 악크 부카와 핫지 마흐무드 샤와 일치 바하두르와 다울라트 샤 박시는 '디반의 아미르'로 세웠다. 키타이 바하두르와 셰이흐 알리 바하두르와 악크 티무르 바하두르와 타반 바하두르와 두크나와 바크티 샤와 카라 힌두와 타크니크와 아파치 킬타와 카잔 부카

---

 2 이슬람권에서 천문학 계산을 위해 만든 매뉴얼 서적. 계산에 필요한 해와 달, 행성과 주요 별들의 위치가 기록되어 있으며, 그를 위한 수학 이론, 그리고 이슬람권에서 이용되는 여러 달력 간의 환산 방법 및 그 환산표 등이 수록되어 있다.

 3 Asṭrulāb. 유럽과 이슬람권에서 사용한 전근대 천문 관측 및 역법 계산 도구이다.

아르슬란과 두라 바하두르를 '군대의 수장'으로 삼았으며, 키타이 바하두르와 셰이흐 알리 바하두르와 악크 티무르 바하두르는 '바하두르의 대인'과 '칼란타르'(무리의 수장)를 겸하게 했다.

그 후 사힙키란은 사마르칸트로 가서 그 도시를 수도로 삼았다. 그곳에 성채와 왕궁을 짓도록 명했으며 아미르 악크 부카로 하여금 이 업무를 총괄하게 했다. 사힙키란이 자비와 친절, 정의를 베풀자 사마르칸트가 빠르게 번영하고 주민들의 거주지가 늘어났으며 세계 각지에서 수입과 수출이 증가하여, 이집트와 바그다드에서도 질투할 정도였다.

이때 사힙키란은 대오를 이탈하여 투르키스탄으로 가 있던 아미르 무사를 소환했으나, 그는 아무다리야강을 건너 샤부르간에 있는 진다 히샴에게 달아나서 그를 선동했다. 이에 그 해 티르월[4]에 만호장과 이하 사람들을 불렀고, 무함마드 호자 아파르디의 아들 진다 히샴에게도 사신을 파견하여 쿠릴타이에 소환했다. 그는 사신에게 복종을 선언하고 뒤따라가겠다고 약속했지만 지키지 않았다. 이때 한 사람이 그의 상황을 전했다. 과거 아미르 후세인과 적대 관계였던 아미르 바이람 샤 아룰라트와 그의 아들 틸란지가 사힙키란을 따르기 위해 가고 있었는데, 진다 히샴이 그들에게 술을 먹이고 부자의 발을 끈으로 묶어 비밀리에 처단했다는 것이다. 이에 사힙키란은 아미르 울제이투의 아들 호자 유수프를 파견하여 그를 질책하고 데려오도록 했다. 그러나 진다 히샴은 친척인 호자 유수프마저 구류했다.

---

4 Tir. 페르시아 태양력으로 네 번째 달, 서력으로 6~7월경이다.

아무다리야강 남쪽과 모굴칸국 공격

사힙키란이 키시에서 샤부르간으로 진격하자 진다 히샴은 사피드 디즈 성채로 피신했다. 이후 그는 아미르 울제이투를 중재자로 세워 용서를 구했으며, 아미르 무사를 사힙키란의 가신들에게 맡겼다. 사힙키란은 키시로 귀환했고 아미르 무사를 용서했다. 그러나 진다 히샴은 재차 후다반드자다 아부 알마알리와 함께 발흐와 티르미드를 약탈했고, 사힙키란은 이번에는 키타이 바하두르와 아르군 샤 부르달리기를 파견했다. 두 장수는 티르미드의 아무다리야강 강변에서 진다 히샴을 공격했고, 그는 대패하여 샤부르간으로 도망갔다. 사힙키란이 아미르 자쿠에게 포위를 명하자, 그는 군대와 함께 강을 건너 샤부르간 성채 주변을 장악한 후 겨울을 보냈다. 진다 히샴은 아미르 자쿠와의 우정을 핑계 삼아 성채 바깥으로 나왔으며, 아미르 자쿠는 그를 사힙키란에게 데리고 갔다. 사힙키란은 그를 다시 용서했다.

  1371년 돼지해, 사힙키란은 자타 방면으로 공격을 개시했다. 시르다리야강을 건넜을 때 쿠마즈와 우룽 티무르가 복속했고, 사힙키란은 이 아일과 울루스[5]에 케벡 티무르를 임명하고 귀환했다. 그런데 얼마 지나지 않아 케벡 티무르가 반란을 일으켰다는 소식이 전해지자, 사힙키란은 바흐람 잘라이르와 아미르 압바스, 키타이 바하두르와 셰이흐 알리 바하두르를 파견하여 케벡 티무르를 진압했다.

---

5 아일과 울루스, 두 단어 모두 다른 집단과 구분되는 특정 유목 집단을 지칭하는 용어이다.

아미르와 바하두르들은 명령에 따라 길을 나섰고, 서로의 맞은편에 대열을 펼쳤다. 그러나 잘라이르의 아일에서는 백호장 티즈크치가 바흐람 잘라이르에게 모반을 획책했고, 키타이 바하두르와 셰이흐 알리 바하두르는 전투 방책에서 이견을 보였다. 결국 아미르들은 아이샤카툰강[6]에서 적과 평화를 맺고 귀환했으며, 도중에 바흐람 잘라이르을 속이려 한 잘라이르 무리를 야사에 처했다. 사힙키란은 그들의 귀환과 타협에 분노하여 친히 그 방향으로 진격하기로 했다. 그가 징집에 관한 야를릭을 반포하자 사방에서 군대가 움직였다.

사힙키란은 사이람과 양기(타라즈)를 통과하여 산카즈 야가즈 지역까지 갔는데, 적의 군대는 진격의 소문만으로도 흩어져 달아났고 사힙키란은 많은 포로와 전리품을 얻었다. 그러나 아둔 쿠지라는 장소에서 아미르 무사와 진다 히샴이 히즈르 야사우리의 아들 아부 이스학과 계약을 맺고 사힙키란이 카라수만에 도달하면 사냥 때에 속여 잡기로 했다. 여기에 후다반드자다 아부 알마알리 티르미디와 셰이흐 아부 알라이쓰 사마르칸디도 동맹에 합류했다. 그러나 이 사실을 알게 된 어떤 자가 사힙키란에게 알렸고, 사힙키란은 명을 내려 그들을 소환하고 심문했다. 사힙키란은 그들의 적개심과 책략을 확인했으나, 부인 사라이 말릭 하눔이 아미르 무사의 조카였으며 딸인 아카 베키가 그의 아들과 약혼한 상태였으므로 죄를 용서했다. 또한 후

6 현재의 지리적 상황에서는 키르기스스탄의 탈라스 지방에서 발원하여 모윤쿰사막에서 사라지는 탈라스강이 아이샤카툰강의 후보가 될 수 있다. 이 강은 타라즈 인근을 지나는데, 이곳에 11세기 카라한조 시기에 건설된 아이샤 비비와 바바지 카툰 성묘가 있다.

다반드자다는 예언자 가문의 계보에 있다는 이유로 그를 용서하되 앞으로는 튀르크인들의 일에 참견하지 말라고 경고했다. 셰이흐 아부 알라이쓰에게는 히자즈로의 여행[7]을 명했다. 한편 히즈르 야사우리의 아들은 아미르 셰이흐 앗딘의 부인과 형제였으므로 그의 중재와 간청으로 해방되었으나, 진다 히샴은 사마르칸트로 데려가 감옥에 가두었다. 그리고 샤부르간의 통치권과 진다 히샴의 영역을 악크 부카의 아들 바얀 티무르에게 주었다.

호라즘 공격과 화해, 아들 자항기르와 호라즘 왈리의 딸 칸자다의 혼인

사힙키란이 차가타이울루스를 지배하게 되었을 무렵, 쿵그라트 출신의 호라즘 왈리로 탄가다이의 아들인 후세인 수피가 카트(현 우즈베키스탄 베루니)와 히바를 점유하고 있었다. 사힙키란은 알라파 타바치를 사신으로 파견하여 서신을 보냈다. "카트와 히바는 차가타이울루스에 예속되어 있었는데, 근래에 그곳에 주인이 없었으므로 그대가 소유했다. 지금은 마땅히 그 두 곳을 구성원들과 함께 우리 대리인에게 돌려주어야 한다." 알라파 타바치가 호라즘에 이르러 사신임을 알리고 서신의 내용을 여러 차례 보고했으나, 후세인 수피는 사힙키란이 거느린 기사들의 뛰어남을 알지 못하여 이처럼 대답했다. "나는 이 지역을 칼로 점령했

---

7 중세 무슬림이 이슬람의 주요 성지인 메카와 메디나가 있는 히자즈로 가는 이유는 여러 가지인데, 그중에서 권력을 상실한 왕가나 고위 관료들은 사실상 귀양인 경우가 많았다.

소. 그러니 그대 또한 나에게서 칼로 빼앗아 가시오." 마울라나 잘랄 앗딘 키시가 다시 후세인 수피에게 가서 훈계하고 충고했으나, 후세인 수피는 받아들이지 않고 오히려 그를 감옥에 가두었다.

1372년 쥐해에 사힙키란은 군대를 소집하고 사여를 내렸다. 그 후 사마르칸트를 출발하여 카르시의 황야에서 사냥을 하고, 카바 마탄에 병영을 세웠다. 이때 헤라트와 구르와 쿠히스탄[8] 및 그 주변 지역의 하킴인 말릭 무이즈 앗딘 후세인의 아들 말릭 기야쓰 앗딘 피르 알리가 말, 노새, 낙타 등의 선물과 함께 핫지 와지르를 파견했다. 그중 금색 안장을 얹은 은색 말 한 마리가 있었는데, 항 오글란이라 불렸다. 사힙키란도 말릭에게 서신과 예복 등을 답례했다. 사힙키란은 자쿠 바룰라스를 쿤두즈와 바글란과 카불 및 그 주변의 통치를 위해 파견했고, 일부 군대와 보롤타이 무리를 그에게 주었다. 그리고 사마르칸트 수비를 위해 아미르 사이프 앗딘을 남겨두고 자신은 호라즘으로 출발했다.

아무다리야강 강변의 시-파야에서 적의 정탐병을 붙잡아 야사에 처한 후 카트 성채에 도착하니, 다루가였던 바이람 야사울과 카디 셰이흐 무와야드가 그곳을 방어하고 있었다. 사힙키란 군대는 땔나무를 모아 해자를 메우고 그곳으로 들어간 다음, 담장을 넘어 성채를 정복했다. 다음 날 사힙키란은 포로들

8　Kūhistān. '산악 지대'라는 뜻의 일반명사이나 페르시아어권의 여러 곳에서 지명으로 사용되기도 한다. 후라산의 쿠히스탄은 이란 후라산 지역의 남부 일대로 시스탄과 키르만주의 북쪽에 있다.

의 해방을 명하고 호라즘[9]으로 이동했다. 사힙키란은 칭기스 칸이 타르칸[10]으로 삼았던 키실릭의 후예 중에 기야쓰 앗딘 타르칸과 호자 유수프 이븐 울제이투 두 사람을 군대의 전위로 세워 다른 바하두르들과 함께 먼저 파견했다. 전위가 적을 패주시키고 말에서 끌어 내린 다음, 모든 군대가 나아가 호라즘의 전 지역을 약탈했다.

후세인 수피는 호라즘 성채로 들어가 안전을 요청했다. 그러나 카이쿠스라우 쿠틀라니가 비밀리에 후세인 수피에게 사신을 보내어 문을 열지 말고 자기의 투만과 협공하자고 제안했다. 후세인 수피는 이 말에 속아 다시금 바깥으로 나와 카운 강에서 저항하기 시작했는데, 사힙키란의 군대가 말을 탄 채로 강을 건너 그들을 몰아내고 성의 대문까지 몰아붙였다. 적들은 성채로 피신하여 대문을 닫았고, 사힙키란의 군대는 도시를 둘러쌌다. 후세인 수피는 성채 안에서 후회로 나날을 보내다 사망했고, 그의 형제 유수프 수피가 그의 자리를 이어받았다.

그의 형제인 탄가다이의 아들 아크 수피에게는 (주치 울루스) 우즈벡 칸[11]의 딸 시키르 벡에게서 낳은 딸 세빈 벡이 있었는데, '칸자다'(칸의 자녀라는 뜻)로 유명했다. 사힙키란은 아미르자다 자항기르와 칸자다 두 사람을 혼인시키기로 하고, 유수

---

9 여기서 호라즘은 지역명이 아니라 도시명인데, 현재 투르크메니스탄 북동부의 도시 코냐-우르겐치를 일컫는다. '옛 우르겐치'라는 뜻이다.

10 Tarkān. 유목 아미르에게 내리는 칭호 중 하나로, 전공을 세우거나 뛰어난 업적을 남긴 이에게 이 칭호를 사여하면 그는 면세, 칸과의 직접 소통, 면죄 등 아홉 가지의 은사를 얻게 된다.

11 주치 칸의 둘째 아들인 비투 칸의 후예로, 1313년부터 1341년까지 주치울루스 칸의 자리에 있었다. 그는 등극 이전에 호라즘으로 추방된 적이 있다.

프 수피가 파견한 사신들의 복종 선언을 받아들였다. 사힙키란은 귀환한 후 자신의 평원으로 들어가 카이쿠스라우 쿠틀라니를 마달림 디반[12]에 소환하여 노얀들과 야르구[13] 아미르들에게 심문케 했다. 그의 죄가 확정되자 그를 사마르칸트로 보내 아미르 후세인의 누케르에게 맡겨 동해보복으로 살해했다. 그리고 카이쿠스라우의 친척인 시르 바흐람의 아들 무함마드 미르카에게 쿠틀란의 투만을 사여했다.

　　　카이쿠스라우 쿠틀라니의 아들 술탄 마흐무드, 히즈르 야사우리의 아들 아부 이스학, 그리고 마흐무드 샤 부하리가 호라즘으로 가서 유수프 수피를 선동하고 계약을 파기하게 했다. 그들이 가을에 카트 지역을 파괴했으므로, 사힙키란은 1373년 소해 라마단월(2~3월)에 카르시의 외곽에서 주변의 군대를 모았다. 사힙키란의 군대가 호라즘으로 진격하자 유수프 수피는 후회하며 중재를 청했다. 이에 사힙키란은 그를 용서하고 사마르칸트로 돌아갔다.

　　　1374년 범해 샤왈월 봄(3~4월)에 사힙키란은 카라차르 노얀의 아들 랄라의 후예인 아미르 야디가르 바룰라스와 아미르 다우드 및 우준 울제이투를 호라즘으로 파견하여 칸자다

12　Dīvān-i Maẓālim. '마달림'은 압바스 칼리프조 초기에 설립된 칼리프의 법정으로, 일반인이 국가 관료의 행정 처분에 불만을 제기하면 이를 해결하는 업무를 담당했다. 본래 '압제를 행한 자'라는 뜻으로, 마달림 디반은 압제를 행한 자를 다스리는 관청이 된다. 지금도 일부 이슬람 국가에 마달림 디반이 존재한다.

13　Yarghū. 몽골어로 재판 혹은 심문을 뜻한다. 왕가의 구성원부터 아미르, 여타 관료들의 과오를 심판하는 재판정을 의미한다. 야르구의 법관을 야르구치라 부르는데, 본문에서는 야르구 아미르라 했다.

를 사마르칸트로 데려오게 했다. 그들은 호라즘으로 가서 칸자다를 데려왔으며, 사힙키란은 카이두 칸[14]의 아들의 부인인 코르티카 카툰에게 칸자다의 환영 의식을 행하도록 명했다. 사이드와 카디 등의 종교인들과 대인과 귀족 등이 카트까지 마중을 나왔으며, 금화를 뿌리고 비단을 바닥에 까는 관습을 비롯한 각종 의식을 연이어 행했다. 수많은 오르도와 천막과 차양이 줄지어 늘어섰고, 다양한 카펫이 펼쳐졌다. 상서로운 날을 선택하여, 공주는 대인과 근신들로 가득 찬 모임에서 아미르자다 자항기르와 샤리아에 의거하여 혼인 계약을 맺었다. 사람들은 입으로 찬사를 읊고, 손으로 보석을 뿌렸다.

모굴칸국의 아미르 카마르 앗딘 공격

1375년 토끼해 샤왈월초 월요일(3월 5일)에 사힙키란은 군대를 정렬하여 자타로 향했다. 아미르자다 자항기르를 전위로 파견했으며, 셰이흐 무함마드 이븐 바얀 술두스와 부친 바흐람 잘라이르의 사후 사힙키란에게 잘라이르 아일의 통치권을 받은 아딜샤를 함께 파견했다. 그들이 사이람을 통과하여 자룬 지역에 이르렀을 때 자타 한 사람을 붙잡아 사힙키란의 어전으로 보냈다. 그에게 두글라트 출신 카마르 앗딘[15]의 상황을 묻자, 포로는 카

---

14 몽골제국의 두 번째 카안인 우구데이의 후손으로, 쿠빌라이와 30년에 걸쳐 전쟁을 했다.

15 카마르 앗딘은 모굴칸국의 유력 부족인 두글라트부 출신으로 모굴칸국의 일야스 호자 칸에게 반란을 일으켰으며, 칸이 사망한 후 모굴칸국의 영역인

마르 앗딘이 군대를 모아 콱 투페(현 카자흐스탄 알마티 남부 산사면의 콕 토베)에서 핫지 벡을 기다리고 있으며, 사힙키란의 군대가 향하고 있다는 것은 모른다고 대답했다. 그러나 카마르 앗딘은 사힙키란의 군대의 이동을 알고 베르케 구리안이라는 곳의 세 번째 계곡에서 길을 막았다. 샤자다의 군대가 계곡 입구로 달려가 전투를 벌이니 자타의 군대는 다음 날 달아났다. 사힙키란이 도달하여 아미르 다우드와 후세인과 우츠 카라 바하두르에게 진격을 명하니 그들은 명령에 따라 일리강의 저지대로 나아갔다. 곧바로 적들을 약탈하고 물자와 가축을 취했으며, 복속한 천호들을 사마르칸트로 보냈다. 사힙키란은 파이타크까지 나아갔고, 아미르자다 자항기르를 파견하여 카마르 앗딘을 잡아들이도록 했다. 샤자다는 명령을 받고 나아가, 우치 파르만[16]이라는 곳에 있었던 자타의 천호들을 약탈하고 카마르 앗딘을 찾아다니면서 그의 모든 영토를 공격했다. 그 가운데 아미르 샴스 앗딘의 카툰, 부얀 아가와 그의 딸 딜샤드 아가를 붙잡았는데, 샤자다는 사람을 파견하여 이를 사힙키란에게 보고했다. 사힙키란은 카라카스막 상류로 올라갔고, 아미르자다 자항기르는 귀환하여 부친에게 물자와 말과 양 등 많은 전리품을 바쳤다. 사힙키란은 아트바시로 들어가 아르파야지의 황야에 머물렀다. 이때 천호장이자 사힙키란의 옛 지지자였던 무바락 샤 메크리트가 연회와 토쿠즈 의식을 행했다. 사힙키란은 살라르 오글란과 후세인의 무리를 후자의 아들인 후다이다드에게 사여했고, 딜샤드 아가와

모굴리스탄초원을 실질적으로 장악했다.
16 현재 중국 신장위구르자치구 카슈가르 서북쪽에 위치한 우차현(烏恰縣)으로 비정된다.

혼인한 후 야시 다반을 건너 우즈켄트에 자리했다. 쿠틀룩 타르칸 아가와 여러 귀족, 노얀들이 마중 나와 축하하며 금화를 뿌리고 연회를 베풀었다. 시르다리야강에 이르자 아딜 샤가 사힙키란을 맞이하여 연회를 열었지만, 그는 일전에 셰이흐 무함마드 이븐 바얀 술두스, 타르칸 아룰라트 등과 맹약을 맺고 기회가 생기면 사힙키란을 붙잡기로 한 적이 있었다. 사힙키란은 그들의 속임수를 꿰뚫어 보고 즉시 오르도로 귀환했으며, 군사들에게도 귀환 허가를 내렸다. 겨울에 카르시에서 두 역참 거리에 있던 잔지르사라이에서 동영했으며, 이때 찾아온 아딜 샤를 용서했다. 겨울 막바지에 사힙키란은 야를릭을 반포하여 호라즘과의 전투를 위한 군대를 소집했으며, 셰이흐 무함마드 이븐 바얀 술두스를 체포하여 하리 말릭 술두스에게 동해보복 방식으로 살해하게 했다. 그리고 술두스 투만은 악크 티무르에게 맡겼다.

1376년 용해 봄의 첫날(3월 12일), 아미르 악크 부카를 사마르칸트에 남겨 두고, 사르 부카와 아딜 샤 잘라이르와 키타이 바하두르와 일치 부카와 다른 천호의 아미르들을 3000명의 기병과 함께 자타 방향으로 파견하여 카마르 앗딘을 제거하게 했다. 그리고 사힙키란 자신은 호라즘으로 향했다. 타르칸 아룰라트는 자신의 유르트가 있는 쿠르주반 쪽으로 달아났는데, 사힙키란은 풀라드를 파견하여 그의 뒤를 쫓게 했다. 그들은 파리얍 강변에서 타르칸에게 이르렀는데, 풀라드는 타르칸을 땅에 때려눕혀 살해했고, 그의 형제 투르무시도 아만 사르베다르에 의해 사망했다.

사힙키란이 자타로 파견한 아미르 무리 중에 사르 부카와 아딜 샤는 모반하여 키타이 바하두르와 일치 부카를 붙잡앗고, 사힙키란이 안디잔에 다루가로 배치한 하미디도 그들에게 합류했다. 그들은 자기 무리인 잘라이르와 킵차크를 모아 사마르칸트로 가서 성채를 포위했다. 사힙키란의 군대가 카트를 통과하여 카스에 이르렀을 때 이 소식이 전해지자 그는 그곳에서 바로 방향을 돌렸다. 아미르자다 자항기르를 전위로 세워 먼저 파견하고, 자신은 중군과 함께 뒤따라갔다. 샤자다는 카르마나에서 적과 전투에 돌입했다. 결국 상대는 킵차크초원으로 달아나 우루스 칸에게 피신했지만, 칸이 하영을 위해 이동했을 때 칸의 대리인 우지 비이를 살해하고 다시 달아나 카마르 앗딘에게 갔다. 사힙키란은 잘라이르울루스를 아미르들에게 분배하여 흩어놓았고, 안디잔의 통치를 위해 아미르자다 우마르 셰이흐를 파견했다.

　　　　사르 부카, 아딜 샤와 합류한 카마르 앗딘은 안디잔으로 진격했고, 샤자다는 산으로 피신한 후 사힙키란에게 상황을 고했다. 사힙키란이 진격하자 카마르 앗딘은 되돌아갔으나, 아트바시에서 4000명의 기병과 함께 매복했다. 사힙키란이 그곳에 도착했을 때는 그의 곁에는 병사가 200명뿐이었다. 카마르 앗딘의 군대가 사힙키란을 기습했으나, 그의 군대가 적을 모두 쳐부쉈다.

　　　　그날 사힙키란은 꿈에서 셰이흐 부르한 앗딘 킬리치[17]의 얼굴을 보고, 병으로 사마르칸트에 머무르던 아미르자다 자항기르를 위해 도움을 청했다. 그러나 셰이흐는 "신과 함께 있을 것이다"라고 이야기했다. 그는 불안한 마음에 개인 서기인 율

17　12세기 페르가나 우즈켄트에서 활약했던 유명 종교인이다.

쿠틀룩을 송쿨로 파견하여 소식을 알아 오도록 했다. 그리고 다시 진격하여 산카즈 야가즈에서 카마르 앗딘과 전투를 벌여 다시 쫓아냈다.

사힙키란이 (타슈켄트에서 동쪽으로 약 158킬로미터 떨어진) 아타캄에서 귀환하여 시르다리야강을 건너 사마르칸트에 이르렀을 때 정부의 중진과 왕국의 아얀(도시의 토착 귀족)과 대인과 귀족들이 개선식을 열었는데, 백성들이 모두 머리를 풀고 검은 펠트를 목에 매단 채로 곡을 하며 도시 바깥으로 나왔다. 사힙키란은 사망한 샤자다의 영혼을 위해 자선 물품을 와크프[18] 관리인에게 전하고, 가난한 자들을 위한 죽과 구호품을 제공하게 했다. 그리고 샤자다의 시신을 키시로 운반하여 그곳에 매장지를 세우고 건물을 완성했다. 당시 그의 나이는 20세였으며, 두 아들이 있었다. 아미르자다 무함마드 술탄은 칸자다에게서, 아미르자다 피르 무함마드는 일야스 야사우리의 딸 바호트 말릭 아가에게서 태어났다. 그는 1376년 용해에 사망했다. 이로 인해 세상의 일에 원망을 갖게 된 아미르 사이프 앗딘은 사힙키란에게 허락을 구하고 히자즈로 향했다.

사힙키란은 카라주크산 일대를 떠돌고 있던 아딜 샤 잘라이르를 잡아 야사에 처했으며, 사르 부카는 용서하여 자기 부족을 통치하게 했다. 그리고 아미르자다 우마르 셰이흐를 아미르 악 부카 및 키타이 바하두르 등과 함께 파견하여 카마르 앗딘을 공격했다. 그들은 카라타우의 황야에서 카마르 앗딘에게

---

18 Waqf. 와크프란 신탁의 방식으로 운영되는 이슬람식 자선 제도를 의미하며, 주로 부동산 등 고정적 수입원을 신탁하여 그 수입으로 자선을 베풀거나 종교 시설의 비용을 충당한다.

다다랐는데, 카마르 앗딘은 달아났고 사힙키란의 군대는 그의 울루스와 무리들을 약탈한 뒤 수많은 물품 및 노예를 챙겨서 귀환했다. 사힙키란은 그해에 다시 자타로 진격했으며, 아미르 무사의 아들 무함마드 벡과 아미르 압바스와 악크 티무르 바하두르를 전위로 파견했다. 그들은 부감 이식쿨에서 카마르 앗딘에게 도달하여, 그를 몰아내고 그의 무리를 포로로 잡았다. 사힙키란도 쿠즈카르까지 추격했는데, 이때 톡타미쉬 오글란이 우루스 칸을 두려워하여 사마르칸트로 왔다는 소식이 전해졌다. 사힙키란은 투만 티무르 우즈벡을 보내 톡타미쉬를 맞이했으며, 자신도 사마르칸트로 귀환했다.

주치울루스 톡타미쉬에 대한 후원

사힙키란은 연회를 베풀고 금과 보석부터 동물과 노예 등 여러 가지 물자를 톡타미쉬 오글란에게 주고 그를 아들이라 불렀으며, 그에게 사브란과 시그나크[19]를 사여했다. 톡타미쉬가 그곳에 자리 잡았을 때, 우루스 칸의 아들 쿠틀룩 부카가 대군을 이끌고 쳐들어왔다. 전투에서 쿠틀룩 부카가 전사했으나, 결국 톡타미쉬가 패배하여 사힙키란에게 달아났다. 사힙키란은 그에게 모든 도구를 갖추게 한 뒤 돌려보냈다. 톡타미쉬가 사브란에 도달했을 때, 맞은편에서 우루스 칸의 장남 톡타키야가 주치 가문의 여

---

[19] 현재 카자흐스탄의 투르키스탄과 키질로르다 사이에 위치한 시르다리야강 강변의 '수낙 아타'이다.

러 샤자다 및 아미르들과 함께 보복을 위해 왔다. 전투가 발생했고, 톡타미쉬 오글란은 패배하여 달아나다가 시르다리야강에 몸을 던졌다. 그리고 강을 헤엄쳐 평원으로 들어갔는데, 사힙키란이 파견한 이드쿠 바룰라스가 그의 신음을 우연히 듣고 그를 찾아 치료한 후 부하라 외곽에 있던 사힙키란에게 데려갔다. 이때 우루스 칸의 사신인 케펙 망쿠트와 툴루잔이 사힙키란에게 와서 톡타미쉬를 내놓지 않으면 전쟁이 일어날 것이라고 경고했다.

　　사힙키란은 그 제안을 거절하고 사신들을 돌려보낸 후, 군대를 정렬하고 장비를 갖추었다. 아미르 자쿠를 수도 사마르칸트 수비대로 남겨두고, 차가타이울루스의 병사를 모두 모아 1377년 용해 말(1월경)에 우루스 칸을 향해 진격했다. 시르다리야강을 통과하여 오트라르의 황야에 병영을 세웠을 때, 우루스 칸은 주치울루스의 모든 군대를 이끌고 와 시그나크에 안착했다. 양측은 혹독한 추위 속에 세 달간 대치했다. 사힙키란이 야룩 티무르, 키타이 바하두르 등을 파견하여 야습을 감행했고, 이때 우루스 칸의 아들인 티무르 말릭 오글란과 마주쳐 전투에서 승리를 거두었다. 이들이 귀환한 후에 상황을 조사하니, 우루스 칸이 카라 카삭을 남겨두고 돌아간 상태였다. 사힙키란이 진격하자 카라 카삭 또한 사라졌다.

　　사힙키란은 키시로 귀환하여 오르도에서 7일간 머문 다음, 우루스 칸을 공격하기 위해 톡타미쉬 오글란을 길잡이로 삼고 진격하여 15일 만에 지란 카미시에 도착했다. 후방에 남아 있던 주치울루스의 무리를 약탈하다가 우루스 칸과 그의 큰아들인 톡타키야가 사망했음을 알게 되었다. 사힙키란은 톡타미쉬 오글란에게 전 킵차크초원과 주치울루스의 왕권을 사여했다. 그

티무르 승전기　　　　　　　　　　　　　　　　　　　　84

리고 털이 흰 명마 한 오글란을 비롯한 여러 통치 도구를 제공한 후 그의 왕국으로 돌려보냈다. 그리고 자신은 1377년 뱀의 해 초(2~5월)에 사마르칸트로 귀환했다.

　　초원에서는 티무르 말릭이 칸의 자리에 앉아 톡타미쉬 칸에게 진격했는데, 대대적인 전투 끝에 톡타미쉬 칸이 패배했다. 그는 사힙키란이 사여한 말 덕분에 목숨을 건져, 천신만고 끝에 홀로 돌아왔다. 사힙키란은 1377년 봄에 투만 티무르 우즈벡과 그의 아들 바흐티 호자, 우즈벡 티무르와 기야쓰 앗딘 타르칸과 양기 쿠치 등의 아미르와 함께 톡타미쉬를 시그나크로 파견하여 칸의 자리에 앉혔다. 한편 1377년 뱀의 해 중반인 라비 알타니월 14일 목요일(8월 20일)에 사마르칸트에서 '칼리프의 피난처'[20] 샤루흐가 탄생했다.

　　과거 톡타미쉬 오글란이 사힙키란에게 피신했을 때 우즈벡 티무르가 톡타미쉬와 함께 왔고, 우루스 칸은 그의 천호를 차지했다. 이후 톡타미쉬가 티무르 말릭에게 패배했을 때 우즈벡 티무르는 전투에서 붙잡혔고, 티무르 말릭에게 용서를 얻었다. 그러나 티무르 말릭에게 자기 천호를 돌려달라고 청했을 때 그는 승인하지 않았다. 우즈벡 티무르는 그해 겨울 사힙키란에게 와서 티무르 말릭의 상황을 보고했다. 이 보고를 듣고 사힙키란은 톡타미쉬에게 사람을 파견하여 카라탈[21]에서 동영 중인 티

20　'칼리프의 피난처'는 이슬람권에서 사용되는 수식어로, 칼리프 체제를 지지하는 사람 혹은 직책을 지칭한다. 티무르조 시기에는 압바스 칼리프의 후예가 경쟁 국가인 맘루크술탄국에 있었으나, 티무르조에서 복무했던 페르시아계 역사가들은 관습적으로 티무르조 군주들에게 이러한 수식어를 사용했다.

21　Qarātāl. 발하슈호로 흘러드는 여러 강의 유역을 지칭하는 세미레치에(제티수) 지역 중 동부에 해당한다.

무르 말릭을 공격하라고 명령했다. 결국 톡타미쉬 칸이 전투에서 승리하여 킵차크초원의 왕좌에 올랐다. 그해에는 시그나크에서 동영하고 다음 해 봄이 되자 군대를 정렬하여 사라이 지역[22]과 마마이[23]의 무리들을 점령했다. 이로써 주치울루스 전역이 톡타미쉬 칸의 소유가 되었다. 한편 사힙키란이 겨울에 오트라르에서 우루스 칸과 대치했을 때, 호라즘의 유수프 수피가 부하라 방면으로 군대를 파견하여 공격하고 약탈했다. 사힙키란은 유수프 수피에게 사신을 파견했으나, 그는 사신을 가두었다. 또한 투이 부카를 파견하여 부하라 지역에 있었던 투르크멘의 낙타들을 훔쳐 갔다.

  1378년 말해에 아미르 핫지 사이프 앗딘이 히자즈 여행에서 귀환하여 이란 지역 여러 왕의 상황을 보고했다. 그해에 사힙키란은 샤리아에 따라 아미르 무사의 자녀인 투만 아가와 혼인했으며, 부인을 위해 사마르칸트 서쪽에 있었던 열두 개의 정원을 하나로 만들고 그곳에 훌륭한 궁정을 세워 '베헤슈티 정원'이라 이름 붙였다. 겨울에는 잔지르사라이에서 동영했고, 1379년 양해 샤왈월(2월)에 호라즘과의 전투를 위해 군대를 정렬했다. 호라즘에 도달한 군대는 에스키 오쿠즈를 건너 도시를 포위한 뒤 사힙키란의 명에 따라 성채를 세워 사방으로부터 스스로를 보호했다. 이어서 그 일대를 공격하여 수많은 전리품과 포로를 획득했다. 유수프 수피는 서신을 파견하여 다른 무슬림

---

22 카스피해 북부, 볼가강 유역에 주치울루스의 바투와 아바카가 건설한 수도이다.

23 Mamāq. 우루스 칸이 주치울루스 전역을 잠시 통일했을 때 서쪽(우익)을 담당했던 사령관 마마이의 영역이다.

의 피를 보지 말고 수장인 두 사람이 전장에서 결전을 치르자고 제안했다. 사힙키란은 그 제안에 응해 도시로 향했다. 그리고 해자 가까이에서 유수프 수피를 소리쳐 불렀지만 그는 나오지 않았다. 사힙키란은 티르미드에서 이제 막 수확해 온 (멜론과 과일) 하르보제를 유수프 수피에게 보내기도 했으나, 그는 그것을 강물에 던져 버리고는 군대를 출진시켰다. 아미르자다 우마르 셰이흐가 바하두르들과 함께 응전했고, 결국 호라즘 군대가 패주하여 도시 안으로 도망쳤다. 이후 3개월 16일 동안 포위가 지속되자 결국 유수프 수피는 정신병에 사로잡혀 사망했고, 사힙키란의 바하두르들이 도시의 성채를 뚫고 들어갔다. 살해와 약탈을 벌인 뒤 지식인과 물라들, 하피즈(쿠란 독경자)와 다양한 장인들을 가족과 함께 키시로 데려갔다. 이 승리는 양해인 1379년의 일로, 사힙키란은 그 겨울에 잔지르사라이에서 동영했다.

  1380년 봄에 사힙키란은 샤흐리사브즈 성채를 지으라고 명했다. 그곳은 과거 대울라마들의 본산으로, 저명한 세 명의 무하디스[24]인 아부 무함마드 압둘라 이븐 하미드 이븐 나스르 알 키시,[25] 압둘라 이븐 압둘라흐만 알 다리미 알 사마르칸디,[26] 압둘라 무함마드 이븐 이스마일 알 부하리[27]의 고향이며 아불

---

24 Muhaddith. 예언자 무함마드와 초기 교우들의 언행인 하디스를 집성하고 연구하고 해석하는 학자들을 지칭한다.

25 791~870년에 살았던 키시 출신의 하디스 집성자이다.

26 802~876년에 살았던 이슬람 학자로 『다리미의 서술』이라는 하디스 선집을 편찬했다.

27 815~877년에 살았던 이슬람 학자로 『알 부하리의 선집』이라는 하디스 선집을 편찬했다.

후세인 무슬림 이븐 히자즈 알 카시리 알 니샤푸리[28] 같은 지식인들이 배움을 위해 방문했던 '지식과 문화의 카바'였다. 그 성채의 이름은 악크 사라이였다.[29]

후라산 서부 공격과 헤라트 점령

사힙키란은 동영지에 머무르면서, 헤라트의 말릭 기야쓰 앗딘 피르 알리에게 사신을 파견하여 초봄에 열릴 쿠릴타이에 참석하라고 요구했다. 말릭은 아미르 핫지 사이프 앗딘의 파견을 요청했고, 사힙키란은 1379~1380년에 그를 파견했다. 말릭은 사신을 환영했지만, 선물과 여행 도구를 준비한다는 이유로 그를 붙잡아 두면서 주변의 곡식을 성채로 끌어왔고, 1년 전부터 헤라트 주변에 짓기 시작한 2파르상 길이의 도시 울타리를 이때 완성했다. 아미르 핫지 사이프 앗딘은 사마르칸트로 귀환하여 말릭의 상태를 보고했다. 한편 알리 벡 이븐 아르군 샤 자운쿠르 바니가 사힙키란의 지시를 받고 왕궁으로 왔다. 사힙키란은 그를 용서하고 그의 딸을 아미르자다 무함마드 술탄의 부인으로

---

28 '무슬림 니샤푸리'라는 이름으로 유명한 9세기 하디스 학자로, 하디스를 수집하여 6대 하디스 선집 중 하나인 『무슬림의 선집』을 저술한 후라산 출신의 인물이다.

29 우즈베키스탄 샤흐리사브즈의 악크 사라이 궁전이다. 현재 궁전 건물은 사라지고 사마르칸트를 향해 있는 거대한 정문만 남았다. 본래는 정문 뒤에 아치로 된 회랑, 안뜰과 정원, 호화로운 방들이 있는 거대 왕궁이었다. 현존한 건물에 완성 연도인 1395~1396년과 건축가 무함마드 유수프 타브리지의 이름이 적힌 비문이 남아 있지만, 스페인 사신 클라비호에 따르면 1404년에도 여전히 공사 중이었다고 한다.

받아들였다. 그리고 초봄에 헤라트 공격에 참여하도록 명했는데, 그는 이를 의무로 받아들여 계약을 맺고 돌아갔다.

그 시기에 이란 자민[30]의 여러 왕국은 각기 독립의 깃발을 세웠다. 사힙키란이 투란왕국의 점령을 완료하여 차가타이 울루스 및 주치 울루스의 전역이 그의 대리인들의 소유가 되었을 때, 그의 마음은 이란 점령으로 기울었다. 그리하여 1380년 원숭이해 가을에 14세의 자녀 아미르자다 미란샤를 후라산의 지배자로 임명했다. 그리고 아미르 핫지 바룰라스의 형제 아미르 자항기르와 아미르 핫지 사이프 앗딘과 아미르 악크 부카와 아미르 우스만 이븐 압바스와 무함마드 이븐 술탄 샤와 티무카의 형제 카마리와 타반 바하두르와 사르 부카의 형제 우루스 부카와 피르 후세인 바룰라스와 아미르 무사의 아들 함자와 무함마드 카즈간과 사룩 카와 우츠 카라의 아들 무자파르 및 다른 아미르들을 50쿠슌의 기병 및 그들의 가족과 함께 후라산으로 파견했다.

샤자다는 가을과 겨울을 발흐와 샤부르간에서 보냈고, 겨울이 끝날 무렵 말릭의 영역 중에 바드기스를 공격했다. 해가 물고기자리 가운데에 이르렀을 때[31] 알리 벡이 사신을 파견하여 헤라트로 향하는 군대를 안내하기로 했다. 1381년 닭해 초에 사

---

30 이란의 땅이라는 뜻이다. 사산조는 고대 전통을 차용하여 전통적인 자국의 강역(이란 샤흐르)과, 페르시아 문화권이지만 자국의 강역에 속하지 않는 지역(투란)을 구분했다. 그 경계는 대체로 아무다리야강이었으며 이 관념이 이슬람화 이후에도 줄곧 사용되었다.

31 물고기자리에 태양이 있는 것은, 당시의 페르시아 태양력에서 마지막 달을 지칭한다. 즉 페르시아력으로 마지막 달인 이스판드월의 중순에 해당한다고 볼 수 있다.

힙키란은 이란으로의 진격을 결정했고, 군대와 함께 아무다리야강을 건너 안드후드에 도착했다. 이곳에서 사힙키란은 신의 벗[32]인 바바 산쿠를 방문했는데, 그는 사힙키란에게 고기의 가슴살을 던졌다. 사힙키란은 그 행동을 신께서 지상의 중심인 후라산을 자신에게 사여하셨다는 좋은 징조로 여기고 진격했다. 사락스 성채에 있었던 말릭 기야쓰 앗딘의 형제인 말릭 무함마드는 사힙키란에게 복종했으며, 사힙키란은 다시 무르갑강(무르갑 지역을 통과하고 메르브를 지나는 아무다리야강의 지류)을 건너 헤라트에서 11파르상 떨어진 자그달릭에 도착했다. 그리고 그곳에서 알리 벡을 소환했으나, 그는 사힙키란의 사신을 구류했다. 그전에 말릭 기야쓰 앗딘이 니샤푸르를 사르베다르인에게서 떼어놓고자 군대를 파견한 상태였으므로, 사힙키란은 우선 잠과 쿠스비야[33]로 가서 군대가 말릭에게 합류할 수 없도록 막았다. 그리고 타이부드에서 은둔하던 대(大)마울라나 자인 앗딘 아부 바크르 타이부디를 만나 충고를 듣고 되돌아왔다. 다시 헤라트로 향한 사힙키란은 푸샨지[34] 성채를 포위했다. 바하두르들이 담벼락을 올라 대문을 열었고, 군대는 성채 사방에 구멍을 뚫고 들어갔다.

32 '신의 벗'(Awliya)은 종교인 중에 신앙이 깊고 경건한 사람들로, 신이 선택한 이들이므로 기적을 행하거나 타인을 위해 신에게 기도할 수 있다고 알려졌다. 이로 인해 그들에 대한 숭배 관습이 생겨났으며, 이슬람권 각지의 그들의 무덤을 비롯한 기념 건물이 순례 장소로 활용된다. 신의 벗은 성자로 번역되기도 하며, 예언자도 신의 벗이라 할 수 있으나 모든 신의 벗이 예언자는 아니다.

33 Kūsviyyah. 헤라트 도시 서북부에 위치한 헤라트 지역의 일부로 현재는 쿠샨(Kuhsan)이라 지칭한다.

34 Pūshanj. 헤라트 도시 서쪽에 위치한 헤라트 지역의 일부로 현재는 진다 잔(Jinda Jan)이라 칭한다.

푸샨지를 점령한 사힙키란은 헤라트로 방향을 돌렸고, 말릭 기야쓰 앗딘은 저항을 준비했다. 사힙키란의 군대는 정원을 파괴하고 벽을 무너뜨리면서 도시를 포위했다. 그리고 성채 맞은편에 해자를 파서 방어 진지를 구축했다. 여러 차례 전투와 공성전이 벌어진 후, 일부 용사가 안질강이 도시로 유입되는 통로를 통해 마르가니 궁정[35] 가까이로 갔다. 결국 사힙키란의 군대가 성채 안으로 들어가 말릭의 군대 2000명을 붙잡았다. 말릭은 내성으로 피신하여 백성들에게 성벽을 보호하라고 명했으나 아무도 그의 명령을 따르지 않았다. 결국 말릭은 모친이자 토가 티무르 칸[36]의 딸인 술탄 카툰과 큰아들 아미르 피르 무함마드, 그리고 비잔[37]의 계보에 속한다고 알려진 이스칸다르 셰이하를 사힙키란에게 파견했다. 사힙키란은 말릭에게 바깥으로 나오라고 요구했고, 결국 말릭은 다음 날 밖으로 나가 용서를 구했다. 사힙키란은 헤라트 동쪽의 쿠호디스탄초원에 며칠 동안 머무르면서 구르의 왕들이 수년간 저장한 물자를 취하고 헤라트 내외 성채를 파괴하게 했다. 그리고 그 왕국의 이맘과 울라마의 수장이던 마울라나 니잠 앗딘의 아들 마울라나 쿠틉 앗딘과 저명한

---

35 마르가니는 케르트왕조의 와지르 가문의 이름으로, 따라서 이 궁정은 그 가문의 저택으로 볼 수 있다.

36 칭기스 칸의 동생 주치 카사르의 후손으로, 그의 조부 시기에 아스타라바드 인근으로 이주했다. 홀레구울루스의 아부 사이드 칸이 사망한 후 등장한 칸 후보 중 하나로, 후라산 총독 셰이흐 알리에 의해 등극했으나 동시대에 나타난 훌레구울루스의 후속 정권 잘라이르나 추반조에 비해 열세였다. 훗날 후라산에서 사르베다르의 공격을 받아 1353년에 살해되었다.

37 비잔은 이란의 옛 영웅의 계보에 있는 인물로 구다르즈의 손자인 기유의 아들이자 루스탐의 조카이다. 카이쿠스라우 시기의 영웅으로 페르시아의 역사·문학 작품인 『샤나마』에 그의 일대기가 기록되어 있다.

가문의 수장 200명을 집안 전체와 함께 샤흐리사브즈로 이주시켰다. 또한 말릭의 차남 아미르 구리가 지키던 이쉬칼차도 항복시켰다. 이 사건은 1381년 닭해 무하람월(3~4월)에 발생했다.

　　헤라트 점령을 마무리한 후, 사힙키란은 아미르 자한샤 이븐 자쿠를 병사들과 함께 파견하여 니샤푸르와 사브제바르를 공격하도록 했고, 자신은 알리 벡을 목표로 칼라트와 투스 방향으로 향했다. 가는 도중에 아부 무슬림 마르바지[38]의 성묘를 순례했다. 알리 벡은 사힙키란의 군영으로 와서 항복했으며, 호자 알리 무와야드 사르베다르 사브제바리 또한 사힙키란에게 나아갔다. 이에 사힙키란은 아미르 왈리[39]의 대리인이 있던 이스파라인으로 가서 모든 건물을 부수고 도시를 파괴했다. 그리고 마잔다란[40]에 있는 아미르 왈리에게 사신을 파견했는데, 아미르 왈리는 복종을 선언하고 사힙키란에게 갈 것이라 회신했다. 사힙키란은 하영지인 오굴자투로 가서 군대와 말, 다른 가축들을 쉬게 한 후, 과거 아미르 핫지 바룰라스와 그의 형제 이드쿠를 살해한 후라샤의 죄인들을 처형했다. 그리고 이드쿠의 아들과 아미르 핫지의 손자에게 그곳을 사여했다.

　　사힙키란은 후라산의 왕국들을 장악한 후 헤라트의 말릭과 다른 이들을 본래의 자리로 돌려보냈으며, 몇 년간 사힙키

38　8세기 초반에 메르브(혹은 이스파한)에서 태어나 압바스 가문의 해방 노예로 후라산 군대를 이끌며 압바스혁명의 선봉에 섰던 인물이다. 이후 압바스 칼리프에 의해 처형되었다.

39　토가 티무르 칸이 아스타라바드에 임명했던 셰이흐 알리 힌두의 아들로, 당시에 아스타라바드와 마잔다란 일부 지역을 장악하고 사르베다르와 대립하고 있었다.

40　카스피해 남부 해안 지대를 지칭하는 지명이며, 현재의 행정 구역이기도 하다.

란과 동행했던 아미르 셰이흐 다우드 사브제바리에게 사브제바르의 군주 자리를 주었다. 또한 타반 바하두르를 그 지역의 다루가로 세우고 사마르칸트로 귀환했다. 주민들에게 사여를 베풀고, 겨울에 부하라에서 동영했다. 한편 사락스로 갔던 아미르자다 미란샤는 말릭 기야쓰 앗딘의 형제 말릭 무함마드를 붙잡아 사마르칸트로 파견하고 그곳에서 동영했다.

그해에 아카 베키라는 애칭으로 불리며 사힙키란의 총애를 받던 딸 타가이 샤가 사망했다. 생전에 아미르 무사의 아들 무함마드 벡과 혼인하여 아들을 낳았으니, 그 이름은 술탄 후세인이다. 그때 후라산에서 알리 벡이 아미르 왈리와 동맹을 맺고 사브제바르의 문까지 군대를 이끌고 가서 알리 무와야드 사르베다르를 포위했다는 소식이 전해졌다. 사힙키란은 딸의 죽음으로 인해 모든 일에서 손을 놓고 있었는데, 사힙키란의 손위 누이인 쿠틀룩 타르칸 아가가 사힙키란에게 마잔다란과 칼라트로 진격하여 저항하는 자들을 처단해달라고 촉구했다. 이에 사힙키란은 후라산과 마잔다란으로 출발했다.

마잔다란과 시스탄, 아프간 공격

사힙키란은 한겨울에 병사들의 징집을 명했고, 군대를 정렬하여 부하라에서 이란으로 향했다. 군대가 아무다리야강에 이르자, 다리를 세우고 강을 건넜다. 사힙키란의 군대가 마한의 길을 통과하여 칼라트에 병영을 세웠을 때, 아미르자다 미란샤는 사락스에서, 말릭 기야쓰 앗딘은 헤라트에서 군대와 함께 합류했다.

알리 벡은 사힙키란이 도착하기 전, 자기 예속민과 지역 주민들을 데리고 칼라트 성채로 들어가 있었다. 사힙키란은 우선 알리 벡에게 사람을 파견하여 항복을 요구했으나, 알리 벡은 산의 견고함을 믿고 항복을 거부했다. 사힙키란은 방향을 돌려 아비바르드의 예속 지역인 카른으로 가서 아미르 왈리를 공격하겠다고 선언하고는 갑작스럽게 칼라트로 달려갔다. 알리 벡은 사힙키란이 마잔다란으로 향한다는 소문을 듣고 가축들을 성채 바깥에 풀어놓았는데, 그 모두를 사힙키란이 차지했다. 사힙키란의 군대는 14개의 대문으로 유명한 칼라트를 사방에서 에워싸고 대문 맞은편에 자리했다.

알리 벡은 용서를 청하러 나갈 용기가 없다는 핑계로 사힙키란에게 몇몇 사람과 함께 대문으로 와달라고 요청했다. 사힙키란이 기병 다섯만 데리고 갔더니 알리 벡이 매복 공격을 시도했다. 그러나 사힙키란이 약속 장소에서 한참 머물다 귀환했음에도 불구하고 계획은 실패했다. 사힙키란은 1382년 개해 라비 알아왈월 초순 화요일(5월 20일) 밤에 야를릭을 반포하여 전투를 명했고, 특히 산악에 익숙했던 메르키트인들과 바닥샨 군대로 하여금 성벽을 올라가게 했다. 또한 바하두르와 근신들은 산 위로 올라가 맞은편에 있는 적의 머리를 창으로 겨누도록 했다. 이에 알리 벡은 군대를 거두면 다음 날 바깥으로 나가겠다고 재차 탄원하면서, 자운쿠르바니 아미르들인 닉 루즈와 무함마드 셰이흐 핫지, 아미르자다 무함마드 술탄의 정혼자였던 한드 술탄을 파견했다. 사힙키란은 이를 승인했으나, 알리 벡은 밤이 되자 성채로 통하는 길과 통로를 막고 조약을 파기했다. 사힙키란은 14일 후에 그곳에서 아비바르드와 칼라트 사이의 카흐

카하 성채로 가서 파괴된 도시를 재건했다. 그리고 칼라트로 향하는 모든 길을 막고 사방과 단절시켰다.

사힙키란은 칼라트를 떠나 야시 다반과 하부샨을 거쳐 투르시즈[41]로 진격했다. 말릭 기야쓰 앗딘이 임명한 아미르 알리 사디디를 비롯한 구르계의 사디드인들이 수많은 물자와 무기 및 군대를 가지고 투르시즈를 지키고 있었는데, 말릭 기야쓰 앗딘이 충고해도 성채 아래로 내려오지 않았다. 이에 사힙키란의 군대가 성채를 완전히 포위하고 투석기와 노포를 설치했다. 나큡치[42]들은 해자에 터널을 파서 물을 비웠다. 이에 성채의 방벽과 담이 파괴되었고, 사디드인들은 문을 열고 나와 안전을 요청했다. 사힙키란은 그들에게 투르키스탄 변경 성채를 보호하라고 명령한 뒤, 사룩 아트카를 투르시즈의 다루가로 임명했다.

이때 무자파르 가문의 수장인 파르스의 왈리 잘랄 앗딘 샤 슈자가 아미르인 우마르 샤를 통해 복종과 충성을 선언하는 서신과 함께 수많은 선물을 보냈다. 사힙키란은 그에게 가신을 답사로 보내고 그의 딸을 아미르자다 자항기르의 아들 아미르자다 피르 무함마드와 약혼시켜 양측의 관계를 강화하기로 했다.

사힙키란은 마잔다란의 카부드 자메[43]와 샤스만[44]에

41 Turshiz. 니샤푸르에서 남서쪽으로 110킬로미터에 위치하는 도시 카슈마르(Kashmar)의 옛 이름이다.
42 Naqbchī. 땅을 파는 업무를 담당하는 이들을 의미한다. 특히 『승전기』에서는 공성전 때 성벽 아래를 파서 성벽을 무너뜨리는 이들을 가리킨다.
43 마잔다란의 옛 지명으로 몽골과 티무르의 공격을 받아 파괴된 도시이다. 현재 정확한 위치는 파악되지 않고 여러 가능성이 있는 도시들만 언급된다.
44 현재 이란 골레스탄주의 주도 구르간에 속한 지명이다.

병영을 세웠다. 아미르 왈리는 가신과 함께 토쿠즈 및 여타 선물로 구성된 조공을 파견하여 용서를 청했다. 그때 칼라트에서 소식이 전해졌다. 그곳을 포위하고 있던 셰이흐 알리 바하두르가 계곡과 성채의 통로들을 조사한 뒤 누케르들과 함께 칼라트 성채로 들어갔다. 그러다 밤중에 적이 이를 알아채어 전투가 발생했다. 이후 전투에 관해 조약을 맺고 알리 벡과 타협했다는 내용이었다. 이에 사힙키란은 마잔다란 왈리의 청원을 받아들여 귀환을 결정하고 라드칸 초지[45]에 거대한 오르도를 세웠다. 이때 셰이흐 알리 바하두르가 알리 벡을 데려와 용서를 청하자 사힙키란은 이를 받아들였으며, 셰이흐 알리 바하두르에게 라드칸을 소유르갈[46]로 사여했다. 사브제바르는 알리 무와야드 사르베다르에게 수여했고, 말릭 기야쓰 앗딘과 자녀들, 알리 벡과 그 예속민은 사마르칸트로 데려가도록 했다. 또한 자운쿠르바니 무리를 아미르들에게 나누어주고, 그 가문 전체를 마와라안나흐르로 이전시켰다.

  사힙키란은 후라산의 각 도시에 아미르자다 미란샤의 대리인들을 세운 후, 군대에게 각자의 영역으로 되돌아가도 된다고 허락했다. 사마르칸트에 도착한 사힙키란은 알리 벡과 말릭 기야쓰 앗딘의 아들 아미르 구리, 형제 말릭 무함마드를 묶어서 안디잔의 아미르자다 우마르 셰이흐에게 보냈고, 자운쿠르바

---

[45] 이란 동북부 후라산의 성지 도시인 마슈하드 북쪽에 펼쳐진 초원을 지칭한다.

[46] Suyūrghāl. '상속인', 혹은 통치자가 누군가에게 내리는 보상으로 군주의 은혜의 증거라 한다. 몽골어에서 유래했으며, 주로 칸이 친족이나 아미르들에게 영토 중 일부를 영지로 제공하는 것을 의미한다. 상황에 따라 일부 항목이 면세되며, 세습되는 경우도 있다. 무굴, 사파비 등 근세 제국에도 이 제도가 이어졌다.

니 무리는 타슈켄트에, 말릭 기야쓰 앗딘과 큰아들 피르 무함마드는 사마르칸트에 두었다. 그리고 헤라트는 말릭 파흐르 앗딘의 아들인 말릭 무함마드에게 사여했으며, 말릭 기야쓰 앗딘에 의해 투옥된 아부 사이드 이스파흐보드를 해방시켰다.

1383년 3월경에 아미르자다 미란샤가 아미르들과 함께 무르갑강의 판즈디흐에서 동영하고 있었을 때, 말릭 무함마드가 구르인들과 함께 헤라트로 향했고, 아부 사이드 이스파흐보드도 합류했다. 그런데 거기에 헤라트의 몇몇 악한이 섞여 있었다. 그들은 사힙키란의 다루가와 징세관, 아미르와 누케르들이 자리를 비운 틈을 타 이크티야르 앗딘 성채로 들어가 혼란을 일으켰다. 이에 성채에 있던 타르칸 무리가 스스로 목숨을 끊기까지 했다. 이 소식이 아미르자다 미란샤에게 도달했을 때, 그는 우선 아미르 핫지 기야쓰 앗딘 타르칸과 악크 부카를 헤라트로 파견했고 자신도 군대를 이끌고 따라갔다. 아미르들이 도착하여 구르인들과 전투를 벌였는데, 구르인들이 패배하여 일부는 살해되고 일부는 도시로 도망갔다. 이 소식을 들은 사힙키란은 야를릭을 반포하여 사마르칸트 요새에 갇혀 있었던 말릭 무함마드와 아미르 구리, 그리고 안디잔에 갇혀 있는 알리 벡 자운쿠르바니를 처형했다.

1383년 돼지해에 사힙키란의 부인 딜샤드 아가가 사망했다. 그리고 며칠 후, 일생 동안 자선을 베풀고 종교 건축물 건설에 노력했던 사힙키란의 누이 쿠틀룩 타르칸 아가가 사망했다. 시신은 샤자다 쿠삼 이븐 알압바스의 성묘[47] 가까이에 매

---

47 사마르칸트로 이주했다고 여겨지는 예언자 무함마드의 사촌 쿠삼 이븐 압

장했다. 사힙키란이 이를 슬퍼하여 통치 업무를 멀리하자, 사이드와 울라마와 셰이흐와 종교 지도자들, 예를 들면 사이드 베르케와 호자 압둘 말릭과 셰이흐자다 사가르지 등이 사힙키란의 어전으로 가서 충고와 설교로 마음을 위로했다.

  사힙키란은 같은 해에 아미르자다 알리를 파견하여 카마르 앗딘을 잡아들이게 한 뒤 자신은 키시로 향했다. 그런데 아미르자다가 바아린 부족의 매복 공격에 패배하여 돌아왔다. 사힙키란은 셰이흐 알리 바하두르와 아미르 핫지 사이프 앗딘의 아들 사이프 알물룩과 아틸미쉬와 아르군 샤 아크타치 등을 다시 보냈고, 그들에게서 소식이 없자 재차 아미르 자한 샤 자쿠와 일치 부카, 샴스 앗딘 우츠 카라와 사인 티무르 바하두르를 파견했다. 그들이 아타캄에 도달했을 때, 앞서 갔던 이들이 바아린을 붙잡아 돌아오고 있었다. 아미르 자한 샤는 진격하여 이식쿨을 건너 쾩 투페까지 갔으나 카마르 앗딘은 찾지 못했고, 가을에 사마르칸트로 돌아왔다.

  사힙키란은 가을에 마잔다란으로 출발했다. 티르미드에 다리를 놓아 강을 건넜고, 무르갑에서 카불리스탄 통치를 담당했던 아미르 자쿠의 보고를 받았다. 이때 소식이 도달했는데, 갸름시르의 네구데르 수장인 투만이 저항을 모색했고, 사힙키란이 사브제바르에 임명한 셰이흐 다우드 사브제바리도 다루가였던 타반 바하두르를 살해하고 반란을 일으켰다는 것이다. 이에 아미르자다 미란샤가 헤라트에서 아미르 악크 부카와 아미르 핫

  바스의 무덤을 의미한다. 그 주변에 티무르조의 왕실 부인들과 일부 아미르의 공동묘지가 형성됐다. 현재 사마르칸트의 주요 유적인 '샤히진다'가 바로 이곳이다.

지 사이프 앗딘을 파견했는데, 그들은 사브제바르 도시를 점령했으나 셰이흐 다우드 사브제바리가 산 정상에 있는 바드르아바드 성채로 올라가서 다시 그곳을 포위했다는 소식이었다. 게다가 이때 시스탄에서도 반란이 발생했으므로, 사힙키란은 셰이흐 알리 바하두르와 우즈 카라 바하두르를 아미르 왈리에게 파견하고, 자신은 시스탄으로 향했다. 1383년 라마단월 초(10월 28일)에 사힙키란이 헤라트에 도착했는데, 헤라트인들은 복종하며 안전을 담보하는 세금을 보냈다. 이에 사힙키란의 군대는 사브제바르로 가서 성채에 굴을 파서 무너뜨렸다. 그들은 2000명의 포로를 산 채로 쌓아 미나렛을 세운 다음 시스탄[48]으로 향했다.

파라의 왈리인 샤 잘랄 앗딘이 성채 바깥으로 나와 사힙키란을 맞이했다. 사힙키란은 악크 티무르 바하두르에게 시스탄의 여러 지역을 약탈하게 했고, 자신의 군대는 자라[49] 성채에 도착하여 바로 그날 점령한 후, 살해된 이들로 언덕을 쌓고 그들의 머리를 잘라서 미나렛을 세웠다.[50] 그 후 사힙키란은 군대를

48 이 당시 시스탄의 수도는 이란과 아프가니스탄의 변경 도시인 자볼에서 동남쪽으로 약 20킬로미터 떨어진 '옛 자헤단'이다.

49 요새나 성채에 대해서는 알려져 있지 않으나, '자라'라는 이름을 가진 호수는 현재 아프가니스탄 남서부 님루즈주에 속한 하문호이며, 파라에서 남쪽으로 103킬로미터 떨어져 있다.

50 티무르의 두개골 첨탑은 그의 잔인함을 드러내는 증거이기도 하지만, 효과적인 정복 수단이자 고도의 심리 전술이기도 했다. 『승전기』에서는 1383년 티무르의 아들 미란샤의 헤라트 원정 때부터 "살해된 이들의 머리로 미나렛을 세웠다"는 표현이 등장하는데, 그 목적은 '본보기' 즉 향후 정복 대상에게 복속하지 않으면 이와 같은 비참한 상황을 맞이할 것이라는 경고였다. 그 이후 시스탄-자불리스탄 원정에서는 각 도시마다 미나렛을 세웠고, 이란 3년 원정 중 1387년에 이스파한 주민 7만 명의 머리로 미나렛을 세운 것이 가장 유명한 사건이다. 야즈디의 동시대 역사가인 하피즈 아브루는 원정의 역사를 기록하는 서기로 참전했다가 실제 미나렛을 본 경험을 기록하기

양익 형태로 정렬하여 시스탄으로 향했다. 샤 샤한 타즈 앗딘 시스타니가 샤 쿠틉 앗딘[51]의 어전에서 나와 애원하며 지세와 관세를 수용하겠다고 했다. 그러나 이때 적이 군대를 정렬하여 대문 바깥으로 쏟아져 나왔다. 사힙키란은 무함마드 이븐 술탄 샤에게 명령하여 도망치는 척하며 우측으로 가서 2000명이 매복한 곳으로 적을 유인하게 했다. 적군의 다수가 죽고 나머지는 대문으로 도망갔는데, 사힙키란이 군대를 정렬하여 성채를 에워쌌다. 밤이 되자 2000명의 적이 야습을 시도했는데, 사힙키란은 그들이 해자를 건널 때까지 기다렸다 화살비를 내려 몰살했다. 다음 날 낮에도 사힙키란의 군대가 도시로 나아가 대대적인 전투를 벌였다. 샤 쿠틉 앗딘은 더 이상 맞설 수 없음을 알고 성채 바깥으로 나와 항복했다. 그러나 그가 사힙키란의 진영에 있는 동안에도 시스탄인 2000~3000명이 사힙키란의 군대를 공격했다. 이에 사힙키란의 군대는 시스탄 도시를 차지하여 성채를 넘어뜨리고 거주지를 파괴했으며, 며칠간 그곳의 물자와 창고를 약탈했다. 이 승리는 <u>1383년 돼지해 샤왈월(11~12월)</u>에 발생했다.

사힙키란은 샤 쿠틉 앗딘과 그 지역 칼란타르들을 사마르칸트로 보내고, 카디와 울라마와 종교 지도자들은 파라 성

도 했다. 그는 티무르가 이스파한 주민의 머리로 탑을 쌓은 그날, 도시 바깥에서 그 탑을 지나게 되었다. 그는 "이스파한 성채의 한 벽을 이루는 투크치 대문에서 타바르크 성채까지, 머리로 쌓은 탑 28개를 보았다"고 기록했다. 각 미나렛마다 1000~2000개 이상의 머리가 있었으며, 도시의 다른 방향에도 이러한 미나렛이 있었다는 것이다. 그 후에도 종종 "머리로 미나렛을 세웠다"는 표현이 등장하며, 1401년 바그다드에서는 적의 머리로 미나렛을 세운 후 사체의 부패로 인해 도시에서 철수하기도 했다.

51 시스탄 일대를 1236년부터 16세기 중반까지 통치했던 미흐라반왕조의 당대 군주(말릭)이다.

채로 파견했다. 이후 사힙키란은 탁 성채를 점령하고 히르만 강변에 주둔했는데, 이때 네구데르의 투만이 키즈와 마크란[52] 방면으로 갔다는 소식을 듣고 아미르자다 미란샤를 파견했다. 카른 평원에서 두 군대가 만나 전투를 했고, 투만은 살해되었다. 한편 사힙키란은 히르만강 상류로 나아가 맘카투 성채와 수르크 성채를 점령했고, 하자르-파즈 성채를 포위하여 무슬림을 괴롭히던 투만 무리인 투카이 백호 3000명을 생포했다. 또한 타가지 무리가 차지하고 있던 다흐나 성채로 가서 그들을 살해한 뒤 머리로 미나렛을 만들었다. 이후 술레이만산에 있던 아프간인들과 전투를 벌여 성채를 점령했고, 그들을 모두 끌어내 야사에 처했다. 사힙키란은 다시 칸다하르로 향했는데, 먼저 파견된 전위가 칸다하르 도시를 강제로 열었다. 뒤이어 사힙키란은 자한 샤를 콸랏 성채로 파견했는데, 자한 샤는 그곳을 포위하고 나쿱치를 동원해 성채를 무너뜨린 후 사힙키란의 군영에 합류했다.

시스탄과 자불리스탄 전역이 사힙키란에게 점령되었을 때, 그 지역의 통치와 지배 및 질서 유지를 사이풀 바룰라스 칸다하리에게 맡겼고, 투만 무리는 사이풀 네구데리에게 사여했다. 각 군대에게 귀환을 허락한 후, 사힙키란은 산과 강을 건너 14일 만에 사마르칸트로 돌아왔다. 이때 사힙키란에게 술탄 이브라힘이라는 아들이 태어났다.

---

52 마크란은 이란과 파키스탄의 변경에 해당하는 발루치스탄 지역 중에 오만만 연안에 면한 지역으로 시스탄의 남쪽에 해당한다. 마크란의 주요 도시가 키즈였다.

이란 서부로의 첫걸음

사힙키란은 사마르칸트에서 3개월을 보내고 1384년 쥐해에 마잔다란으로 진격했다. 일전에 사힙키란이 우준 울제이투와 핫지 호자를 사신으로 파르스에 파견하여, 그곳의 왈리인 샤 슈자의 손녀를 피르 무함마드 이븐 자항기르의 약혼녀로 데려오도록 한 적이 있었다. 진격 중에 발흐에서 며칠 머물렀을 때 그들이 도착했고, 샤 슈자의 손녀와 샤자다는 사라이 말릭 하눔과 투만 아가와 다른 아가들의 환대를 받으며 혼인했다.

병사들이 모두 집결하자 사힙키란은 사열을 받고 군대를 정렬한 후 발흐를 출발했다. 무르갑강에 도달했을 때 아미르 미란샤의 부인 칸자다가 태어난 지 두 달 된 아미르자다 할릴 술탄과 함께 헤라트에서 왔다. 사라이 말릭 하눔은 칸자다에게 큰 연회를 베풀어주고, 아미르자다 할릴 술탄을 양육하게 되었다. 사힙키란은 투만 아가를 오르도에 두고 사라이 말릭 하눔과 다른 부인들을 사마르칸트로 돌려보냈으며, 비르카타시 길로 나아가 사락스에 안착했다. 다시 사락스를 떠나 아비바르드를 통과한 후 니사[53]에 도착했다. 아미르 왈리의 경비대가 내성에 자리하고 있음을 확인한 사힙키란은 전위를 파견했고, 가브카라시에서 아미르 왈리의 정탐병과 싸웠다. 그중 무바샤르는 화살이 목구멍을 관통하는 상처를 입고도 적을 패주시켜 가브카라시 지역을 소유르갈로 얻었다. 군대는 내성을 포위하고 아미르 왈리

---

53 Nisā. 니사는 본래 파르티아제국의 수도였던 고대 도시로, 현재 투르크메니스탄 아시가바트 부근의 바기르라는 곳에 신·구 니사 유적지가 존재한다.

의 경비대와 군사를 모두 살해했다.

　　사힙키란은 그곳을 출발하여 주르잔강[54]을 건너 샤스만으로 들어갔다. 개울과 강, 덤불이 많은 곳에 다리를 세우거나 덤불의 나무를 잘라 길을 만들며 매일 반 파르상씩 이동했다. 양측의 정탐병은 20일 동안 매일 전투를 벌이다가, 20일째에 사힙키란의 군대가 다르비시 다리를 건너 아미르 왈리와 만났다. 아미르 왈리는 패주했으나, 그날 밤에 야습을 위해 성채 바깥으로 나왔다. 사힙키란은 만호와 천호들에게 자기 자리를 보전하고 경계하며 해자와 담장, 말뚝을 세우라고 지시했고, 또한 30쿠슌을 매복시켜 놓았다. 아미르 왈리의 군대는 해자에 떨어졌고, 매복군을 피해 퇴각하다가 자기가 만든 우물에 빠져 사망했다. 이 공격은 1384년 샤왈월(11~12월)에 발생했으며, 사힙키란의 군대는 아스타라바드[55]에 도착했다. 달아난 아미르 왈리는 가족과 함께 담간 방향으로 가서 부인들과 자녀들을 기르드 쿠흐 성채에 두고 자신은 라이로 피신했다. 사힙키란은 군대를 파견하여 그를 추격했지만, 그는 정글과 높은 산이 있는 루스탐다르[56]로 달아나 목숨을 건졌다.

　　본래 아미르 왈리는 타가이 티무르 칸의 아미르였던 셰이흐 알리 베수트[57]의 아들이었는데, 사르베다르인들이 칸을 살

54　현재 이란 골레스탄주를 흐르는 강이다. 이 강은 곤바데 카부스를 통과하여 카스피해로 들어간다.

55　Astarābād. 현재 이란 골레스탄주의 주도인 구르간의 옛 이름이다.

56　Rustamdār. 카스피해 남부 해안지대인 마잔다란의 해안 도시. 누르와 누샤흐르 등지의 옛 명칭이다.

57　『집사』에 의하면 베수트는 니룬 몽골 중에서도 일반 니룬의 16개 부 중 하나이다. 툼비나 칸의 아홉 번째 아들의 후손이라 알려져 있으며, 몽골제국

해했을 때 아미르 왈리는 니사로 달아났다. 왈리는 니사에서 힘을 기른 뒤 아스타라바드를 차지했고, 타가이 티무르 칸의 아들 라크만 파디샤는 그를 피해 달아나 사힙키란에게 합류했다. 그리하여 사힙키란은 아스타라바드를 파디샤에게 사여한 것이다.

  그 후 사힙키란은 아미르 악크 부카와 아미르 우츠 카라로 하여금 유수진 및 군대와 함께 아스타라바드에서 동영하게 한 후, 병사 열 명당 세 명을 선발하여 라이로 갔다. 사힙키란이 라이의 평원에 도달했을 때 술탄 아흐마드 이븐 셰이흐 우와이스 잘라이르가 술타니야[58]에 있다가, 아들 악크 부카 및 일부 세력을 성채에 두고 타브리즈로 달아났다. 우마르 이븐 압바스가 60명의 기병과 함께 술타니야 측으로 향하자, 남아 있던 이들 역시 타브리즈로 달아났다. 이들은 요새를 장악한 후 라이에 승리의 소식을 전했으며, 사힙키란은 그 겨울을 라이에서 보냈다. 그리고 봄이 되었을 때 사힙키란은 술타니야로 향했으며, 1384년 샤반월 21일의 일요일(10월 8일)에 사망한 샤 슈자의 아들 술탄 자인 알아비딘을 섬기고 있던 대아미르 사룩 아딜을 소환했다. 그는 시라즈에서 술타니야로 왔는데, 사힙키란은 술타니야의 지배를 그에게 명했다. 또한 술탄 샤의 아들 무함마드를 배치하여 그곳을 통제하도록 했다.

  1385년 소해에 사힙키란은 방향을 돌려 루스탐다르

의 제베와 바이주 노얀이 이 부에 속한다.

58 Sulṭāniyya. 이란 북서부의 도시로 테헤란에서 북서쪽으로 약 248킬로미터 떨어진 곳에 있다. 이곳에 훌레구울루스 울제이투 칸의 성묘인 거대한 돔이 있으며, 훌레구울루스 후기부터 티무르조 초기까지 군주가 머무는 주요 동영지 중 하나였다.

산지로 들어갔다. 아미르 왈리가 찰루스에서 달아났으므로 사힙 키란은 아물과 사리 점령을 새 목표로 삼았다. 그 지역의 하킴과 왈리였던 사이드 카말 앗딘과 사이드 라지 앗딘[59]이 사힙키란에게 복종한 뒤, 조공과 지세를 바치고 동전과 쿠트바에 사힙키란의 이름을 새겨 넣었다.[60] 사힙키란은 그들로 하여금 라크만 파디샤에게 복종하게 했으며, 아무다리야강을 건너 수도인 사마르칸트로 귀환했다. 여름을 그곳에서 보내고, 겨울에는 잔지르사라이에서 동영했다.

그 겨울에 톡타미쉬 칸이 주치 가문의 열두 오글란과 9투만의 군대를 데르벤드 길을 통해 타브리즈로 파견했다. 그들이 시르반을 통과하여 아제르바이잔으로 와서 타브리즈 영역을 장악하였을 때, 그곳을 지킬 하킴이 없었으므로 주민들은 아미르 왈리, 마흐무드 칼칼리와 연합하여 저항했다. 그러나 칸의 군대가 도시를 점령했고, 도시를 약탈한 후 포로와 함께 겨울에 본거지로 돌아갔다. 이 소식을 들은 사힙키란은 이제 분열된 이란의 모든 도시를 지배하고 무슬림 백성을 보호하는 것이 자신의 책임이라 여겼다.

---

59 사리의 하킴이었던 사이드 카말 앗딘과 아물의 하킴인 사이드 라지 앗딘은 14세기 중반부터 마잔다란을 통치했던 시아파 마라시왕조의 군주였다. 이 국가는 16세기 중반 사파비에 의해 멸망했다.

60 이슬람권에서는 특정 지역을 통치하는 군주의 이름을, 그 도시의 자미 모스크에서 이루어지는 금요기도의 강연(쿠트바) 첫머리에 부르는 관습이 있다. 또한 동전에도 군주의 이름을 새기게 되어 있다. 그러므로 티무르 같은 정복자가 특정 지역을 정복했을 때 "동전과 쿠트바에 이름을 새긴다"는 것은 그 지역의 복종을 의미한다.

3장.

아제르바이잔을 놓고 패권 경쟁을 시작한 3년 원정

1386년 이란 서부를 향한 장기 원정을 시작했다. 이란 3년 원정의 주요 목표는 훌레구울루스가 사라진 자리에 등장한 여러 세력이었다. 아제르바이잔 동부와 이라크 일대를 차지한 몽골의 예속 부족 출신 잘라이르술탄국, 아제르바이잔 서부에서 아나톨리아반도 동부 사이에 자리한 투르크멘 연맹 카라코윤루, 현재의 조지아 강역에 자리한 조지아왕국, 그리고 이란 서남부 무자파르왕국의 여러 오아시스 도시를 공격했다.

과거에는 주치의 두 아들 오르다(좌익)와 바투(우익)의 후손이 주치울루스의 동서를 지배했지만, 이들이 쇠퇴하고 주치의 막내아들 토가 테무르의 계보가 세력을 키웠다. 이 계보의 우루스 칸이 좌우익을 모두 장악했고, 톡타미쉬는 부친을 잃고 1375년 무렵 사마르칸트로 도망쳤다. 이후 티무르의 도움을 받아 우루스 칸을 몰아내고 좌익을 차지한 뒤, 1381년 우익의 마마이 세력을 제거하고 울루스를 통합했다. 톡타미쉬는 모스크바공국을 복속시키고, 주치울루스의 또 다른 계보인 시반 가문도 포섭했다.

1385년 겨울 맘루크술탄국으로 향하는 데르벤드로 군대를 보내고 잘라이르조 수도인 타브리즈까지 진격했다. 톡타미쉬는 티무르가 이란 서부로 간 틈을 타서 마와라안나흐르를 공격했다. 티무르는 1388년에 사마르칸트로 귀환해서 곧장 호라즘과 모굴리스탄을 공격했다. 이때 톡타미쉬에게 홀대받던 망쿠트부와 우루스 칸의 후손이 티무르에게 가담했고, 티무르는 이들을 앞세워 킵차크초원을 관통하여 볼가강 유역까지 공격했다.

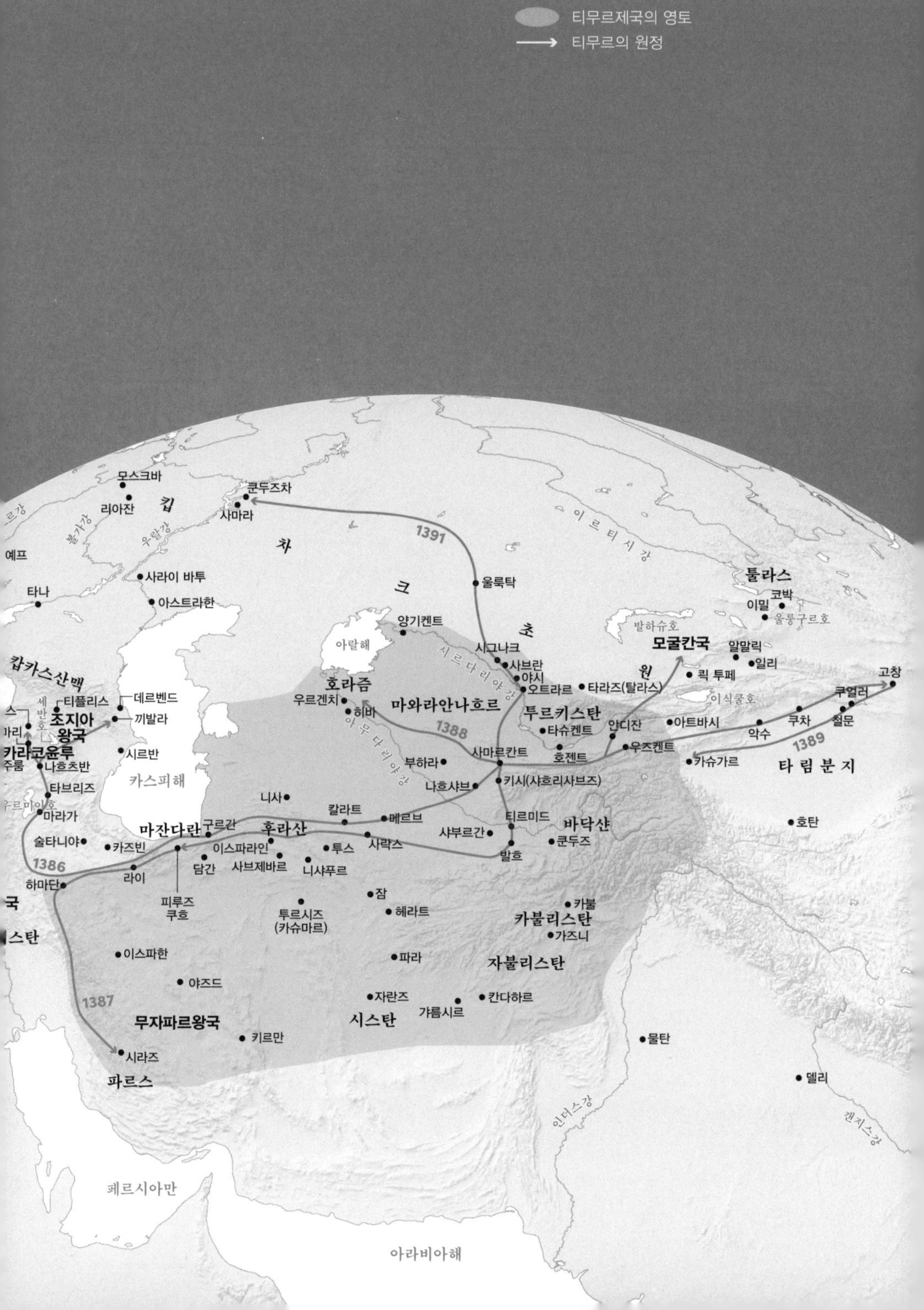

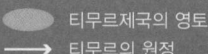

| **아제르바이잔으로의 출정과 조지아 원정** |

1386년 범해에 사힙키란은 이란으로의 진격을 결정하고 군대를 소집하는 야를릭을 반포했다. 마와라안나흐르의 통치를 위해 아미르 다우드의 아들 아미르 술레이만 샤와 아미르 압바스와 다른 아미르들을 사마르칸트에 두고, 자신은 군대를 이끌고 진격하여 피루즈 쿠흐에 도착했다. 사리의 왈리인 사이드 카말 앗딘은 자신의 아들 사이드 기야쓰 앗딘을 사힙키란의 군대에 합류케 했다. 사힙키란은 그에게 주변 상황을 물었는데, 소(小)루르[1]의 하킴인 말릭 아즈 앗딘[2]이 히자즈로 가는 대상단을 약탈했다는 소식을 듣게 되었다. 사힙키란은 각 군대에서 열 명당 두 명씩 전사를 선발하여 루리스탄으로 향했다. 그곳에서 부루지르드와 그 주변을 약탈했으며, 적들의 피난처이자 요새였던 후람아

---

1 루르는 이란의 서부 및 서남부에 걸친 지역에 사는 이란계 유목 부족을 일컫는다. 이들이 거주하는 땅이라 하여 '루리스탄'이라 부르며 그것이 현재 이란 행정 구역 이름으로 이어졌다. 이 집단은 대루르와 소루르로 나뉘는데 그중 소루르의 영역은 현재 루리스탄주의 서부 및 일람주를 아우른다.

2 소루르 아타벡 가문의 16번째 하킴인 말릭 아즈 앗딘 후세인이다. 1349~1350년경에 12세의 나이로 등극했으며, 주변의 무자파르조 및 잘라이르조와 우호 관계를 맺었다. 이때는 티무르에게 공격을 받고 사마르칸트로 이송되었다. 수년 후 귀환하여 티무르의 세금을 받아들였는데, 징세관과 갈등을 겪고 교수형을 당했다.

바드를 점령하여 파괴하고 적을 산 아래로 던졌다. 그렇게 소루르를 점령한 후 니하반드평원에서 뒤따라온 유수진에 합류했다.

　　이때 사힙키란은 술탄 아흐마드 잘라이르가 군대를 모아 바그다드에서 타브리즈로 와 있다는 소식을 접하고, 곧장 그곳으로 달려갔다. 술탄 아흐마드는 사힙키란이 오고 있음을 알게 되자 다시 바그다드로 돌아갔다. 아미르 셰이흐 알리 바하두르의 아들 일야스 호자는 나흐츠반을 건너, 나막자르에서 술탄 아흐마드와 큰 전투를 시작했다. 일야스 호자는 상처를 입었고 술탄 아흐마드는 목숨을 건졌다. 사힙키란의 군대는 나흐츠반을 대대적으로 공격하여 적 500명을 사살했다. 아제르바이잔을 장악한 사힙키란은 샨베 가잔[3] 주변에 자리했고, 타브리즈의 대인과 귀족들은 그에게 와서 복종의 의식을 행했다. 사힙키란은 타브리즈 주민에게 안전을 담보하는 세금을 부과하고 징세관을 통해 거두었다. 그리고 그 여름에 타브리즈와 그 주변에 머무르며 사룩 아딜의 살해를 명하고[4] 타브리즈의 예술가와 장인들을 사마르칸트로 파견했다. 또한 이때 아미르 왈리도 붙잡아 야사에 처했다. 가을이 되자 타브리즈의 지배를 무함마드 이븐 술탄 샤에게 일임하고, 사힙키란은 나흐츠반으로 나아갔다. 그의 군대는 마란드와 데즈계곡을 통과하고 지야 알 물크 다리[5]를 통해

---

[3] Shanb-i Ghazān. 타브리즈에 있는 마할레(구역) 중 하나로 훌레구울루스 초기에 아르구니야라는 이름으로 불리다 가잔 칸 시기에 가자니야로 바뀌었다. 가잔이 이곳에 매장된 이후로 '샨베 가잔', 혹은 '샴이 가잔'이 됐다. 아르군과 가잔의 주요 건물이 있으며 훌레구울루스 정치와 문화의 중심지였다.

[4] 아르메니아의 당대 역사가 토브마 메조페치(T'ovma Metsobets'i)에 의하면 사룩 아딜은 비밀리에 티무르를 살해할 계획을 세웠다가 발각되어 끓는 솥에 산 채로 담겨 살해되었다고 한다.

아라스강을 건넜다. 그리고 재차 이동하여 카르니 성채에서 그곳의 군주 셰이흐 하산의 목을 묶어 사힙키란에게 데려갔고, 수르마리⁶ 성채에서는 투만 투르크멘을 데려갔다. 그리고 다시 출발하여 견고한 성채인 카르스에 이르렀는데, 통치자 피루즈 바흐트가 저항했으나 사힙키란 군대가 그곳을 점령하여 약탈하고 파괴했다.

이후 사힙키란은 성전이라는 목표를 세워 티플리스(트빌리시)로 향했다. 조지아인 이교도들은 전투를 준비했으나, 사힙키란의 군대가 승리하여 그곳 왈리인 말릭 바그라트⁷를 포로로 잡았다. 그를 가두고 티플리스를 지나 도착한 평원에서 사냥을 한 후 이 일대의 수많은 이교도 요새와 성채를 정복했다. 그 후 샤키(셰키) 지역에 병영을 세우고, 군대를 사방에 파견했다. 아미르 자한 샤는 레그지인⁸을 공격했고, 아미르 무함마드 다르비시 바룰라스는 샤키의 산지로 올라가 저항하는 자들을 붙잡았으며, 아르군 샤 아크타치와 라마단 호자는 툰구트로 가서 약탈했고, 아미르 무함마드 벡과 아미르 무사는 아끄자브 지역을 점령했다. 사힙키란은 엘부르즈⁹ 산자락으로 나아가 이교

---

5   현재 졸파 부근 아라스강에 건설된 지야 앗딘 나흐츠바니의 다리를 지칭한다.

6   중세 아르메니아의 지방 거점 도시. 아르메니아 사료에서는 수르브마리(Surbmari)로 되어 있으나 페르시아어와 튀르크어의 영향을 받아 현재는 쉬르멜리(Sürmeli)라 칭한다. 본문에서는 페르시아어를 그대로 음차했다. 예레반에서 서쪽으로 약 63킬로미터 떨어진 아라스강 유역에 있다.

7   조지아왕국의 바그라티오니왕조 바그라트 5세(재위 1360~1393)이다.

8   캅카스산맥의 남부 다게스탄에 거주하는 부족 중 하나이다.

9   조지아 북서쪽, 캅카스산맥의 스바네티 산악 지역에 있는 휴화산이다. 다만 『승전기』에서는 캅카스산맥을 '엘부르즈산맥'으로 지칭하기도 한다. 이란의 엘부르즈산맥과는 별도이다.

도 영역을 점령했으며, 모든 군대는 전리품을 가지고 끼빌라(게벨레) 지역에서 사힙키란의 오르도에 합류했다.

이후 수르호 요새를 점령하고 파괴한 후 카라바그-수르캅으로 갔다가 쿠라강[10]에 안착했다. 땔나무로 다리를 세워 강을 건넌 후, 바르다(베르데)로 가서 도시를 점령했다. 이후 카라바그[11]에서 조지아의 왕 바그라트 티플리시가 사힙키란의 초대에 응하여 신앙 고백을 읊었고, 예언자 다우드의 갑옷을 바친 후 왕국의 통치권을 사여받았다. 한편 시르반의 왈리, 아미르 셰이흐 이브라힘도 사힙키란의 어전으로 와서 토쿠즈 의례를 행했고, 사힙키란은 그에게 시르반왕국을 사여했다. 길란왕국 또한 사람을 파견하여 복종하고 관세와 지세의 납부를 받아들였다. 사힙키란은 카라바그로 온 유수진과 합류하여 겨울에 아라스강 유역에서 동영했다.

1387년 토끼해 봄에 톡타미쉬 칸이 다시 모반하여 데르벤드 길로 군대를 파견했다는 소식이 전해졌다. 소식에 따르면 주치울루스의 대아미르 중 알리 벡 쿵그라트와 우룽 티무르와 악크 부카 바아린 등은 사힙키란과의 연대를 주장했다. 그러나 그들이 사망하고 톡타미쉬 칸의 근신인 망쿠트인들이 득세하자 그들의 선동으로 인해 톡타미쉬 칸이 반란을 일으켜 군대를 아제르바이잔으로 파견한 것이다. 쿠라강에 있던 정찰대가

10 캅카스산맥의 남산 사면을 흘러 카스피해로 합류하는 강으로, 현재의 조지아와 아제르바이잔을 관통한다. 하류에서 아라스강과 합류한다.
11 아제르바이잔 남서부와 아르메니아 동부를 아우르는 지명으로, '검은 정원'이라는 튀르크어에서 유래되었다. 그중 동쪽에 있는 대초원이 훌레구울루스의 동영지이자 티무르의 이란 원정 때도 동영지 역할을 했다. 전술한 베르데 및 티무르가 훗날 개간 사업을 하는 바일라칸 등을 포함한다.

강 맞은편에 나타난 병사 무리에 대해 보고하자, 사힙키란은 셰이흐 알리 바하두르와 이쿠 티무르 및 다른 아미르를 파견하여 상황을 조사하되, 톡타미쉬 칸의 군대라면 전투를 서두르지 말라고 명했다. 이 군대는 톡타미쉬 칸의 군대로 확인되었는데, 사힙키란의 군대가 전투를 피하려 했음에도 적들이 화살비로 선제공격했다. 사힙키란의 군대는 적을 추격하여 데르벤드 맞은편까지 몰아냈고, 많은 포로를 잡았다. 사힙키란은 그들에게 톡타미쉬와의 조약을 상기시키고 해방하여 킵차크초원으로 되돌려 보냈다.

사힙키란의 오르도는 쿡체 텡기즈(세반호)로 향했는데, 이때 사라이 말릭 하눔이 아미르자다 샤루흐, 할릴 등을 데리고 사마르칸트에서 오고 있다는 소식이 전해졌다. 사힙키란은 유수진을 두고 마란드까지 가서 그들을 맞이했다. 그 후 술탄 아흐마드의 대리인들이 지키고 있었던 알린작[12] 성채를 포위했다. 물 부족에 시달리던 적은 성채에서 나와 조약을 받아들였으나, 비가 내려 물이 넉넉해지자 다시 저항했다. 이에 사힙키란은 무함마드 미르카와 우츠 카라 바하두르에게 성채를 포위하라고 명령하고, 유수진으로 돌아왔다. 이때 바야지드 성채(도우베야지트)를 포위하고 있던 셰이흐 알리 바하두르 등이 성채를 점령하고 하킴을 묶어 어전으로 보냈다.

12 아제르바이잔 나호츠반에서 동쪽으로 약 26킬로미터 떨어진 곳에 위치한 도시 알린자(Alinja)를 가리킨다. 원래 중세 아르메니아의 주요 지방이었다가 이슬람 세력이 침입한 뒤 아르메니아와 이슬람 세력이 번갈아 점령하는 식으로 분쟁이 지속되었다. 이후 몽골과 티무르조가 연거푸 장악하며 이슬람권으로 편입되었으며, 티무르조의 주요 수피즘운동이자 반역의 불씨로 지목된 후루피 교단의 파즐 알라 성묘가 이곳에 있다.

카라 무함마드·무자파르조 원정과
사마르칸트 귀환

이때 투르크멘 무리가 히자즈의 대상과 다른 상인들을 공격했다는 소식을 접한 사힙키란은 나흐츠반에서 출발했다. 유수진은 알라탁[13]에 머무르게 하고, 자신은 아이딘 성채라고도 부르는 바야지드 성채로 가서 아이딘울루스를 약탈했다. 그리고 우니크[14] 요새에 이르러 카라 무함마드[15]의 아들 미스르와 그곳의 투르크멘 무리를 약탈했으며, 에르주룸으로 가서 바로 그날 요새를 공격했다. 강변에 병영을 세운 후, 에르진잔으로 사신을 파견하여 왈리인 타하르탄[16]에게 복종을 요구했다. 타하르탄은 복종을 표하고 지세를 수용했으며 사신을 정중히 접대한 후 돌려보냈다.

사힙키란은 세 개의 부대를 편성하여 (카라코윤루 연맹의) 카라 유수프 투르크멘의 부친인 카라 무함마드를 붙잡아 오게 했다. 세 군대는 각자의 길로 나아가 투르크멘 무리와 전투하며 카라 무함마드를 찾았으나 그를 잡지 못하고 돌아왔다. 사힙키란은 무시 황야로 가서 그 지역의 아일과 울루스를 약탈하고,

13 Ala-Tāq. 훌레구울루스의 아바카 칸 시절부터 줄곧 하영지로 쓰였던 반호 동북부의 산지를 일컫는다.

14 Unīk. 에르주룸과 쾨세탁 사이에 위치하며 현재 이름은 귀젤히사르(Güzelhisar)이다. 훌레구울루스의 울제이투가 이곳에 성을 건설했고, 그의 아들인 아부 사이드 칸이 이곳에서 1316년에 등극했다.

15 14세기 후반에 아제르바이잔-아르메니아-이란 북서부 일대의 여러 투르크멘 무리를 결집하여 구축된 부족 연맹인 카라코윤루의 두 번째 군주이다.

16 위구르 출신의 훌레구울루스 장군이었던 에레트나가 14세기에 아나톨리아 중동부에 건설한 에레트나공국의 가신으로, 이후 에레트나에서 독립하여 에르진잔을 통치했다.

(나흐츠반 인근의) 아흘라트로 가서 그곳을 장악했다. 아달주즈
(아딜제바즈)에서는 왈리가 마중 의식을 행하며 복종했다. 사힙
키란은 마히 고개를 통과하여, 아바카사라이초원에 있는 알라탁
에서 유수진에 합류했다. 그곳에서 반과 바스탄(게바스)으로 향
했는데, 말릭 아즈 앗딘 시르[17]는 반 성채에서 나와 복속했으나
성채의 주민들이 저항을 선택했다. 사힙키란은 노포와 투석기를
동원해 20일 만에 성채를 점령했으며, 반란을 일으킨 주민들을
산 아래로 던지고 성채를 파괴했다. 사힙키란은 살마스에 이르
러 말릭 아즈 앗딘에게 쿠르디스탄 지역을 사여했다. 또한 우르
미야의 하킴, 티즈크가 복종하자 그에게 우르미야 영역을 사여
했다. 이후 마라가를 통과하여 길란에 안착했고 며칠간 그곳에
머물렀다.

사힙키란은 그전에 시라즈의 왈리 샤 슈자의 아들 자
인 알아비딘을 소환하면서 샤 슈자가 보낸 서신을 언급했다. 샤
슈자는 아들이 사힙키란의 어전에 동행할 것이라고 서신에 기
록했다. 그러나 자인 알아비딘은 사힙키란 어전으로의 출석을
미루고 사신을 억류했다. 이에 사힙키란은 파르스와 이라크로
출발을 결정하고, 1387년 토끼해 가을에 군대를 선별하여 전위
를 먼저 파견했다. 유수진은 라이 방향으로 보내어 사룩 카미시

---

17 아나톨리아 동남쪽에 자리했던 하카리공국의 창시자. 쿠르드계, 혹은 이슬
람화한 아르메니아인으로 추정되며 같은 지역에 있었던 아르메니아계 바
스푸라칸왕국의 후예였을 가능성도 있다. 등극 초기에는 잘라이르조의 술
탄 아흐마드와 동맹을 맺고, 카라코윤루 및 톡타미쉬와는 적대 관계에 있었
다. 1387년 티무르의 공격을 받았으며, 그의 종주권을 받아들여 카라코윤루
와 대립했다. 티무르 사후 잠시 카라코윤루에 복속했으나 샤루흐가 아제르
바이잔을 정복했을 때는 그에게 복속했다. 1423년에 사망했다.

에서 동영하게 했고, 사힙키란과 그의 군대는 하마단을 통과하여 주르바다칸(골페이간)에서 군대를 정렬한 후 이스파한 외곽에 안착했다.

이때 술탄 자인 알아비딘의 외삼촌이자 이스파한의 하킴인 사이드 무자파르 카시가 호자 루큰 앗딘 사이드 및 다른 사이드와 울라마, 대인과 귀족들과 함께 평화와 호의를 청하기 위해 도시 바깥으로 나왔다. 사힙키란은 도시로 들어가 타바르크 성채를 살펴보았으며, 아미르 이쿠 티무르에게 그 성채를 맡긴 후 귀환했다. 디반 알라[18]에서는 안전을 담보하는 세금을 도시 주민들에게 할당했고, 이스파한의 여러 구역을 아미르들에게 분배하여 조사하게 한 다음 징세관을 파견하여 세금을 거두었는데, 그동안 이스파한의 대인들을 오르도에 억류했다. 어느 날 밤, 테헤란에서 온 대장장이 알리 카차 파가 도홀(양쪽이 가죽으로 둘러싸인 원통형 북)을 두드리고 구역을 돌면서 사람들을 모아 다수의 징세관과 병사 3000명을 살해했다. 이에 사힙키란은 도시의 점령을 명하여 시민을 살해하는 방식으로 보복했는데, 다만 사이드들의 구역과 투르카[19] 물라들의 골목, 호자 이맘 앗딘 와이즈의 집은 보호했다. 기록에 따르면 이때 적어도 7만 명의 머리가 이스파한의 외곽에 모여 있었으며, 그 머리로 여러 곳에 미

---

18 '디반'이란 이슬람권에서 정부 부처를 의미하며, '알라'는 뛰어난, 주요한 등의 뜻이다. 그러므로 가장 중추적인 정부 부처라는 뜻이다. 이슬람권의 국가마다 디반의 개수가 다르기는 하나, 『승전기』에서는 디반 알라 외에 다른 디반은 보이지 않는다. 디반 알라의 업무는 세금 징수부터 재판, 문서 작성, 군사 활동까지 포함하며, 심지어 종교 관료로 여겨지는 사드르도 디반 알라에 속했다. 티무르조 후기로 가면 다른 디반도 등장한다.

19 이스파한에 있던 종교 지도자 가문 중 하나이다.

나렛을 세웠다. 이 사건은 전술한 1378년의 둘까다월 6일 월요일(11월 18일)에 발생했다.

사힙키란은 조세 수급과 이스파한의 보호를 위해 아미르 사르 부카의 아들 아미르 핫지 벡과 누난 샤를 이스파한에 두고, 자신은 시라즈로 갔다. 파르스의 왈리인 자인 알아비딘은 소식을 듣고 슈슈타르에 있던 삼촌의 아들인 샤 만수르에게 도망쳤다. 그러나 자인 알아비딘의 군대는 그를 배반하고 샤 만수르에게 합류했고, 샤 만수르는 자인 알아비딘을 살라실 성채에 가두었다.

사힙키란이 1387년 둘힛자월 초(12월 12일)에 시라즈에 도착했을 때, 파르스왕국은 쉽게 점령되었다. 사힙키란은 시라즈 외곽의 타호트 카라차 지역에 머물렀으며, 시라즈의 중진과 칼란타르, 구역의 수장들은 안전을 담보하는 세금으로 1000투만-케베키[20]를 납부하기로 했다. 또한 샤 슈자의 조카이자 사위로 야즈드의 왈리였던 샤 야흐야가 큰아들 술탄 무함마드와 함께, 키르만의 하킴이자 샤 슈자의 형제 술탄 아흐마드, 시르잔에 있던 샤 슈자의 손자였던 아부 이스학, 그리고 라르의 아타벡들과 구르긴 라리가 도시로 와서 복종을 표했다. 이렇게 파

---

[20] 디나르는 이슬람권의 금화를 지칭하는데, 우마이야조부터 압바스조 초기까지는 1미스칼(약 4.21그램)을 유지했다. 그러나 시간이 지남에 따라 금의 조달, 금은 교환 가격의 변화, 주변 지역 및 옛 전통의 영향 등으로 인해 무게가 변화했으며, 그때마다 지역명이나 군주명을 붙였다. '디나르-케베키'는 차가타이울루스의 군주인 케벡 칸의 화폐 개혁에 따라 만들어진 화폐로, 은화이며 무게가 2미스칼에 해당했다. 이것은 실제 통용보다는 계산을 위한 화폐였다. 한편 '투만-케베키'는 '디나르-케베키'의 1만 배이다.

르스 왕국 전역이 복속했을 때, 문시[21]와 서기들이 승리의 서를 완성하여 사신을 사마르칸트와 후라산과 다른 왕국으로 파견했다.

마와라안나흐르에서 17일에 차파르[22]가 도착하여 톡타미쉬 칸이 군대를 파견했다는 소식을 전했다. 초원의 군대는 벡 야룩 오글란과 일리가미시 오글란과 이사 벡과 사트킨 바하두르 등을 수장으로 삼고, 시그나크를 통과하여 사브란을 포위했다. 그러나 이곳을 보호하고 있었던 악크 부카의 아들 티무르 호자의 방어로 점령이 불가능해지자, 그곳을 우회하여 다른 지역을 공격했다. 이에 안디잔에 있었던 아미르자다 우마르 셰이흐가 군대를 모아 그들을 무찌르기 위해 나아갔고, 아미르 술레이만 샤와 아미르 압바스 또한 사마르칸트의 군대를 이끌고 아미르자다에게 합류했다. 그들은 시르다리야강을 건넜다. 그해 가을에 오트라르에서 동쪽으로 5파르상 떨어진 추 켈라크 황야에서 양측 군대가 격돌했는데, 사힙키란의 군대가 패했다. 아미르자다는 안디잔으로 돌아가 흩어진 군대를 모았다.

한편 또 다른 소식이 도달했는데, 아미르 핫지 벡 올쿠누트의 조카인 엥케투라가 조약을 파기하고 모굴리스탄에서 군대를 이끌고 와서 사이람과 타슈켄트를 약탈했다. 아미르자다는 우즈켄트 군대를 이끌고 호젠트로 가서 적군을 막고 시르다리야강의 지류인 아흐시카트강에서 대치했다. 며칠 후 엥케투라가 몰래 강을 건너와서 전투가 시작됐는데, 곧 전세가 불리해진 아

---

21 Munshī. '글씨를 잘 쓰는 사람'이라는 뜻으로, 여러 정권에는 글을 잘 알고 군주의 구술 칙령이나 여러 정책 등을 글로 옮겨 문서를 작성하던 사람들을 일컫는다. 서기(Dabīr)와 같은 맥락이다.

22 Chapar-Iīchī. 차파르(Chapar)는 파발꾼, 급사(急使)라는 뜻이다.

미르자다는 안디잔 성채로 후퇴했다. 엥케투라는 안디잔을 포위했고, 전투를 치른 후 카피리스탄 길로 귀환했다. 한편 추 켈라크에서 패배한 아미르들은 사마르칸트 수비에 전념하여 사람들을 성채 안으로 데려왔는데, 그때 톡타미쉬 칸의 군대가 와서 마을을 약탈했다. 톡타미쉬 칸의 군대는 호라즘으로 오던 길에 부하라에 주둔하고 있었던 타가이 부카 바룰라스와 아틸미쉬 카우친, 다르피 카우친과도 전투를 벌였다. 그들은 부하라 점령이 불가능해지자 마와라안나흐르의 여러 영역을 파괴하고 잔지르 사라이에 불을 질렀으며, 카르시와 후자르를 통과하여 쿠이틴(데나우 일대)과 아무야까지 공격했다.

   이 소식을 들은 사힙키란은 아미르 우스만과 함께 3000명의 군대를 먼저 파견한 후, 시라즈의 지배를 샤 슈자의 조카인 샤 야흐야에게 사여했다. 그리고 이스파한을 그의 큰아들인 술탄 무함마드에게, 키르만을 샤 슈자의 형제인 술탄 아흐마드에게, 시르잔을 샤 슈자의 손자 술탄 아부 이스학에게 소유르갈로 사여했다. 그리고 사이드 샤리프 주르자니[23]와 대아미르 알라 앗딘 이나끄를 비롯한 지식인들을 수도인 사마르칸트로 이주시켰다. 사힙키란은 1388년 무하람월 말(2월 초순)에 귀환을 시작했는데, 도중에 아바르쿠흐의 하킴 파흘라반 무흐자브 후라사니가 도시에 다루가를 보내달라고 요청하여 타바콜 바우르치를 파견했다. 사힙키란이 마와라안나흐르로 향하고 있다는 소식을 들은 톡타미쉬의 군대는 호라즘과 킵차크초원으로 달아났다.

---

23 후라산 출신의 이슬람 법학자인 알타프타자니(?~1390)와 티무르의 어전에서 이슬람 신학에 관해 논쟁한 것으로 유명한 무자파르-티무르조의 법학자 알리 이븐 무함마드 알주르자니(?~1414)이다.

호라즘과 자타 공격

사힙키란은 추 켈라크전투에 참가했던 아미르들을 재판에 회부하여 상황을 조사하고 잘잘못을 가렸다. 그리고 1388년 용해에 호라즘으로 진격하여 아크라야르에 안착했다. 톡타미쉬 칸 측에서 사힙키란에게 투항했던 쿤자 오글란 등을 전위로 파견했고, 그들이 톡타미쉬 칸의 수장 중 일리가미시 오글란을 잡아왔다. 승전 소식을 들은 사힙키란은 아미르자다 미란샤를 비롯한 여러 아미르에게 적을 추격케 하여 많은 이를 베고 전리품을 획득했다. 사힙키란은 호라즘의 모든 주민을 사마르칸트로 이주시키고 도시를 폐허로 만들었다. 3년 뒤 킵차크 원정에서 귀환했을 때, 호라즘을 재건하기로 하고 다시 성채를 건설했다.

사힙키란이 호라즘으로 출발했을 때 아부 알파트흐가 형제인 무함마드 미르카의 반란에 가담하기 위해 달아났다. 아미르자다 우마르 셰이흐가 그 상황을 사힙키란에게 전한 후 사마르칸트로 갔다. 쿠틀란을 통치했던 무함마드 미르카는 술탄 바흐트 베이굼을 아내로 둔 사힙키란의 사위였으나, 자만심으로 인해 독립을 꿈꾸었다. 쿠틀란 군대는 티르미드를 약탈했는데, 그곳의 다루가인 아미르 악크 부카의 조카 티무르 타시가 도시를 수비했다. 무함마드 미르카는 사힙키란의 대리인인 말릭 바룰라스와 악크 티무르 바하두르의 집을 약탈하고 그곳에 있던 특수한 무기고를 열어 전투를 준비했다.

그러나 아미르자다가 도착하자 그의 군대가 흩어졌고, 미르카는 바흐시강의 타시캅루를 건너 쿠틀란으로 달아났다. 샤자다는 그를 뒤쫓아 히사르에서 바흐시강을 헤엄쳐 건넜다. 미르카는 샤 잘랄 앗딘에게 합류하고자 다르바즈[24] 계곡으로 갔으나 샤 잘랄 앗딘은 그를 거부했다. 샤자다는 쿠틀란에 있던 미르카의 성 악크 사라이에 안착했고, 그곳에서 미르카와 그 동생을 붙잡아 야사에 처했다. 한편 아미르 자한 샤는 미르카를 붙잡기 위해 동원되었다가 진군 중에 되돌아간 보롤타이의 아일을 추격했다. 그들은 자한 샤에게 야습을 감행했지만 실패했다. 할 수 없이 바글란에서 힌두쿠시산맥을 넘어 카불로 갔는데, 쿤두즈에서 추격을 개시한 자한 샤 또한 힌두쿠시와 카불을 통과한 뒤 라크만[25]에서 보롤타이 무리에 닿았다. 보롤타이울루스는 자한 샤에게 약탈당했으며, 나머지는 신드(인더스강 유역)로 달아났다. 아미르 악크 부카가 헤라트에서, 아미르 사이풀 칸다하리가 칸다하르의 군사를 모아 보롤타이를 추격했으나, 그들은 천신만고 끝에 힌두스탄의 델리로 피신했다.

  이때 아부 사이드 베수트 또한 반란을 일으켰다. 사힙 키란은 과거에 아부 사이드의 적이었던 악크 부카 베수트를 모굴리스탄과 알타이 방향으로 보낸 일이 있다. 하지만 그는 달아났다가 붙잡혀 사힙키란의 어전으로 소환된 상태였다. 아부 사이드가 반란을 일으켰다는 소식을 듣고 사힙키란은 악크 부카 베수트를 풀어주고 베수트울루스를 그에게 사여했다.

  사힙키란이 호라즘으로 향했을 때 소유르가트미쉬 칸이 부하라에서 병들어 사망했다. 그의 시신을 키시평원의 쿠비

---

24 쿠틀란에서 파미르고원으로 향하는 고개의 이름. 두샨베에서 동쪽으로 약 164킬로미터 떨어져 있다.

25 현재 아프가니스탄 동부의 주 중 하나로, 힌두쿠시산맥을 넘어 파키스탄의 페샤와르로 통하는 카이베르 통로와 연결된다.

칸 야가즈 근처에 있던 그의 건물에 매장했다. 사힙키란은 귀환 후 사마르칸트에서 소유르가트미쉬 칸의 아들 술탄 마흐무드를 부친의 자리에 앉혔다. 또한 이때 아미르자다 무함마드 술탄과 그의 형제인 피르 무함마드 및 아미르자다 샤루흐가 베헤슈티 정원에서 훌륭한 여인들과 샤리아에 의거하여 혼인했다. 이후 사힙키란은 군대에게 귀환을 허락하여, 아미르자다 미란샤는 후라산으로 갔고 아미르자다 우마르 셰이흐는 안디잔으로 갔다. 사힙키란은 그해 겨울을 사마르칸트에서 보냈다.

1388년 용해의 말 초겨울에 톡타미쉬 칸의 군대가 주치울루스 전역, 러시아와 체르케스와 불가르와 킵차크, 흑해의 카파와 알란과 아조프, 바쉬키르트와 무크스[26] 등에서 군대를 모아 사힙키란에게 진격했다. 사힙키란은 이 상황을 알게 되자 사가르즈에 병영을 세우고, 왕국 전역에 타바치를 파견하여 군대를 징집했다. 그해는 매우 추웠는데, 톡타미쉬 칸의 전위인 일리가미시 오글란이 시르다리야강을 건너 아추크 지르누크에 자리했다. 사힙키란은 신속히 진격했고, 아미르자다 우마르 셰이흐도 시르다리야강 강변에서 합류했다. 사힙키란은 적의 퇴로를 차단하고 다음 날 전투를 벌여 승리했다. 사힙키란은 잠시 귀환하여 1389년 1~2월을 아키야르에서 머물렀다.

봄이 되자 후라산과 발흐, 쿤두즈와 바글란, 바닥샨

---

26 체르케스는 북캅카스의 크림반도와 접하는 체르케스 지역에 거주하는 민족 집단을 지칭하며, 불가르는 볼가강 중부에 자리했던 불가르인들의 영역을 지칭한다. 카파는 크림반도의 도시 페오도시아이며 알란은 북캅카스에 거주했던 이란계 유목민 집단, 아조프는 크림반도와 흑해 북부 연안에 둘러싸인 바다 및 주변 도시를 지칭한다. 바쉬키르트는 러시아 남서 우랄 지역 바시코르토스탄 일대의 튀르크계 집단을 지칭한다.

과 쿠틀란과 히사르 등에서 소집한 군대가 합류했고, 사힙키란은 1389년 뱀해 초 3월에 시르다리야강을 건너 진격했다. 전위의 정찰병이 적의 정찰병을 보고 돌아와 소식을 전했다. 전위는 매복한 후 밤에 야습을 감행하여 적을 물리쳤다. 적들 가운데 오직 살아남은 소수만이 아르즈강[27]을 건너 톡타미쉬 칸에게 합류했다. 이 당시 톡타미쉬 칸의 군대는 사브란을 점령하지 못한 채 야시(투르키스탄)를 약탈하고 그곳에 안착한 상태였다. 이때 사힙키란 군대의 소식을 들은 초원의 군대는 퇴각했고, 사힙키란은 그들을 추격했다. 사힙키란의 군대는 적을 알쿠슌까지 몰고 갔다.

이때 사르베다르의 왕들과 핫지 벡 자운쿠르바니 및 칼라트와 투스의 모든 군대가 반란을 일으켰다는 소식이 전해지자 사힙키란은 아미르자다 미란샤를 파견했다. 그는 마와라안나흐르에 있던 케르트조의 후예들을 처형하고 후라산으로 가서 바흐르아바드[28] 황야에서 사르베다르의 왕들과 전투를 벌였다. 사르베다르 군대는 패배하여 일부만 이라크로 달아났다. 한편 헤라트에 있던 아미르 악크 부카가 투스를 점령하자 알리 벡 자운쿠르바니의 동생인 핫지 벡도 이라크로 달아나려 했다. 하지만 심난에서 하자르가리[29]의 사이드들에게 붙잡혀 처형되었다.

한편 사힙키란은 톡타미쉬 칸을 뒤쫓기 전에, 노얀과

---

27 양기켄트에서 시르다리야강에 합류하는 강이다.

28 현재 이란 호라산에라자비주의 사브제바르 북서쪽, 주베인에서 북서쪽으로 25킬로미터 떨어진 곳이다.

29 Hazārgharī. 이란 동북부의 아스타라바드와 심난 사이, 엘부르즈산맥 사면을 아우르는 지역이다.

아미르들의 요청대로 투글룩 티무르 칸의 아들 히즈르 호자 오글란[30]과 엥케투라를 공격하기로 했다. 이에 사힙키란은 알쿠순에서 귀환하여 울룩탁산맥[31]까지 나아갔다. 군대의 말이 쇠약해지자 일부를 되돌려 보내고, 아이기르얄리 황야에서 얼룩말을 사냥했다. 이후 더 진격하여 차파르 아이기르에서 바아린 부족을 징집하던 엥케투라의 군대를 만나 엥케투라가 우룽 야르(울룽구르호烏倫古湖)에 있음을 확인했다. 또다시 진격하다가 길을 잘못 들어 아야구즈[32]에 이르렀으므로, 아미르자다 우마르 셰이흐와 군대를 나누어 두 방향으로 이동하기로 했다. 사힙키란의 군대는 카라구추르까지 진격했고, 아미르자다는 코박(코박사르和布克賽爾)에서 엥케투라에게 도달하여 전투를 벌이고 많은 전리품을 얻은 후 사힙키란에게 합류했다. 사힙키란은 카라구추르에서 전리품을 군대에 배분했고, 아미르 자한 샤와 우츠 카라 바하두르 등에게 3000명의 기병을 주어 이르티시강까지 적을 추격하게 했다. 그들은 이르티시강 양안에서 적을 수색하여 많은 포로를 붙잡아 왔고, 사힙키란은 모굴리스탄 울루스 사람들로 무리를 만들어 사마르칸트로 파견했다. 한편 사힙키란은 이밀구추르(이밀額敏)로 나아가 사라이 우르담에 안착했다.

30 모굴칸국의 역사를 담은 『라시드사』에는 히즈르 호자 오글란이 투글룩 티무르 칸의 아들이자 후계자인 일야스 호자의 아들로 되어 있다.

31 모굴리스탄의 울룩탁산맥은 탈라스강 유역 혹은 발하슈호 이남의 세미레치에 등지로 비정된다.

32 발하슈호로 유입되는 일곱 개의 강 중 하나로, 탈디코르간에서 동북쪽으로 370킬로미터 떨어져 있다.

킵차크 원정의 시작

사힙키란은 그곳에서 샤자다와 아미르들을 각지로 파견하여, 흩어진 자타울루스 세력을 절멸시킨 후 율두즈[33]에 모이기로 했다. 아미르자다 우마르 셰이흐는 카라호자(고창高昌)까지 나아갔으며, 후다이다드 후세이니와 무바샤르 바하두르는 불가지와 율카르 부족을 만나 그들을 약탈했다. 사힙키란의 중군 또한 불가지 울루스와 마주쳐 상대를 약탈했다. 한편 아미르 야디가르 바룰라스와 아미르 술레이만 샤 등은 일리강을 통과하여 수트쿨과 치치클릭에 있는 울루스를 약탈했고, 물주드를 통과했을 때 모굴리스탄의 하킴인 히즈르 호자 오글란과 마주쳐 큰 승리를 거두었다. 다만 이들은 히즈르 호자 오글란과 계속 싸우는 대신 타협의 계약을 맺고 율두즈로 되돌아왔다. 사힙키란이 이 소식을 듣고 경험 많은 이들을 편성하여 히즈르 호자 오글란을 쿠탈나린 카라타시까지 추격했으나, 그는 목숨을 구해 달아났다. 사힙키란은 수많은 전리품과 함께 찰라쉬를 거쳐 율두즈로 왔고, 아미르자다 우마르 셰이흐에게 카할카(철문관鐵門關)의 길로 가서 적을 제거하도록 명했다. 아미르자다는 자타의 대아미르였던 쿠발락을 살해하고, 우치 파르만을 통과하여 카슈가르에 이르렀다. 그리고 그곳에서 그의 이크타인 안디잔으로 돌아갔다.

사힙키란은 율두즈에서 연회를 베푼 후 1389년 뱀해 샤반월 15일 일요일(8월 9일)에 그곳을 출발하여 라마단월 7일

---

[33] Yūldūz. 중국 신장위구르자치구의 악수 북부에 있는 천산 내 초원. 모굴칸 국의 중심지였다.

일요일(8월 30일)에 사마르칸트에 도착했다. 그리고 겨울에는 부하라로 이동하여 굴 파르카티에서 동영했고, 호수에서 코슈치(매잡이)를 동원하여 차가타이와 우구데이의 전례에 따라 새 사냥을 했다. 그 겨울에 사힙키란은 아미르 술레이만 샤에게 술탄 바흐트 베이굼을 주었고, 아미르자다 미란샤가 방문하자 미란샤의 아들인 아부 바크르를 아미르 핫지 사이프 앗딘의 딸과 약혼시켰다.

겨울이 끝에 이르자 사힙키란은 카르시를 지나 아키야르의 카시카강 강변[34]에 있는 키시의 평원으로 갔고, 그곳에서 1390년 말해 봄에 대(大)쿠릴타이를 열었다. 모든 만호장과 천호장과 백호장과 그 외의 아미르와 노얀들 및 여러 지역의 하킴들이 모이자, 병사들을 열병 장소로 데려가 대열을 세웠다. 그리고 시린 벡 아가의 딸 세빈치 쿠틀룩 아가를 아미르자다 우마르 셰이흐에게 주고, 여러 아미르자다와 아미르, 노얀들에게 각자의 유르트로 귀환하도록 했다.

사힙키란은 같은 해에 아미르 술레이만 샤와 후다이다드 후세이니와 아미르 샴스 앗딘 이븐 압바스와 그의 형제인 아미르 우스만과 쿠슌의 아미르들, 그리고 '가내(家內)의 아이들'[35] 중 일부를 2만 명의 기병과 함께 자타 방향으로 파견했다. 그들이 시르다리야강을 건너 타슈켄트를 지나 이식쿨에 이르렀을 때 아미르자다 우마르 셰이흐 측에서 5000명이 합류했다. 군대는 쾩 투페에서 자타의 상황을 조사했다. 그리고 적을 쫓아 알말

---

34 현재 샤흐리사브즈의 북동부에 흐르는 카시카다리야강에 해당한다.
35 튀르크-몽골 지배층 개인에게 속한 가내 노예를 일컫는 표현이다. 『승전기』에서는 이 용어가 티무르의 사적 예속군을 가리킨다.

릭을 지나고 일리강을 건너, 엥케투라의 유르트가 있는 카라탈에 이르렀다. 그곳에서 척후대로 파견한 400명의 기병이 카마르 앗딘과 전투를 벌였고, 카마르 앗딘은 이르티시강을 건너 검은 담비와 어민이 있는 툴라스[36] 방향으로 달아났다. 아미르들은 강을 건너 여섯 달 동안 그를 추격했으나 군량이 부족해지고 날씨마저 추워졌으므로 아트라크 쿨을 거쳐 사마르칸트로 귀환했다.

1390년 가을에 사힙키란은 킵차크초원으로 진군하기 위해 군대를 정렬하고 상태를 살폈다. 시르다리야강을 건너 겨울에는 타슈켄트의 파르신과 치나즈 사이에서 동영했다. 그동안 사힙키란은 호젠트에 있는 셰이흐 마슬라하트[37]의 성묘를 순례하고 돌아왔는데, 갑자기 그의 건강이 악화되었다. 40일 후 건강을 회복했을 때 아미르자다 미란샤의 군대가 후라산에서 도착했다. 사힙키란은 열병과 사여를 하고 길잡이들을 배분했는데, 중군에는 티무르 말릭 칸의 아들 티무르 쿠틀룩 오글란과 쿤자 오글란과 이드쿠 우즈벡을 길 안내자로 세웠다. 1391년 사파르월 12일 목요일(1월 19일)에 군대가 출발했는데, 이때 아미르자다 피르 무함마드 이븐 자항기르와 아미르자다 샤루흐는 왕국의 지배를 위해 머물렀고, 자타 핫지 벡의 딸 출판 말릭 아가를 제외한 부인들도 사마르칸트로 돌려보냈다.

사힙키란의 군대가 카라수만에 병영을 세웠을 때, 톡타미쉬 칸의 사신들이 도달했다. 그들은 한 마리의 매와 아홉 마리의 빠른 말, 그리고 변명과 사과를 담아 용서를 청하는 서신을

---

36 현재 중국-러시아-카자흐스탄-몽골의 교계 지역인 알타이 산지에 해당한다.
37 칭기스 칸의 서방 원정 당시에 활동한 호젠트 출신 성자로, 현재 호젠트에 그의 성묘가 남아 있다.

가져왔으나, 사힙키란은 이를 받아들이지 않았다. 사힙키란은 "과거 톡타미쉬 칸이 적에게서 달아나 나에게 왔을 때, 그를 자녀로 삼고 우루스 칸을 공격하고 많은 군대와 말과 물자를 동원하여 결국 그가 주치울루스의 왕좌를 차지하고 다지게 도와주었다. 그런데 톡타미쉬 칸은 자녀의 의무를 잊어버리고 사힙키란의 군대가 이란 땅의 파르스와 이라크를 공격하고 있을 때 군대를 파견하여 우리의 영토를 파괴했다. 게다가 이번에 또다시 군대를 이끌고 들어왔으니, 이는 여러 번 계약과 조약을 파기한 것이어서 그의 말을 신뢰하기 어렵다"고 이야기했다.

사힙키란은 1391년 라비 알아왈월 16일(2월 20일)에 쿠릴타이를 행하여 샤자다 및 아미르들과 상의한 후, 사신들을 억류하고 재차 길을 나섰다. 그들은 야시와 카라주크와 사브란을 거쳐 3주 동안 황야에서 여러 지역을 통과했다. 1391년 주마다 알아왈월 초 목요일(4월 5일)에 사룩 우잔에 이르러 동물들에게 물을 먹이고 강을 건넜다. 21일 수요일에 쿠축탁에 도착했고 금요일 낮에는 울룩탁에 도달했다. 사힙키란은 그곳에 미나렛[38]을 세우도록 명한 뒤 사냥하며 나아갔다. 빌란주크강에 도착했을 때, 이미 출발한 지 4개월이 지나 군사들에겐 먹을 것이

---

38 1935년에 소련의 지질학자인 사트파에브가 카자흐스탄 울루타우주 카르삭파이 광산 근처의 알툰쇼키산 정상에서 이 기념비를 발견했다. 현재 러시아 상트페테르부르크의 에르미타주박물관에 소장되어 있다. 비석은 아랍어와 튀르크어(위구르문자)로 기록되어 있으며, "양의 해에 700, 검은 토크막의 땅에서, 봄의 계절 중간에, 투란의 술탄이신 티무르가 20만 명의 군대와 함께 진격하여, 칸의 혈족인 톡타미쉬에 맞섰다. 이곳으로 진격했고, 이 돌을 세워 상징으로 삼는다. 신은 정의를 보여주실 것이다. 그것이 신의 기쁨이라면. 신이시여, 백성들에게 자비를 보여주십시오! 저희를 기억해주시고 축복하여 주십시오!"이다.

남아 있지 않았다. 게다가 그 황야에서 5~7달을 더 나아가도록 마을 하나 나오지 않았다. 이에 오르도에서 물자 부족이 발생하여 양 한 마리 값이 100디나르-케베키가 되었고, 1만[39]의 곡식을 100디나르-케베키로도 구할 수 없을 정도였다. 사힙키란은 아미르들에게 이야기하여 계약서를 다시 쓰고, 군대에 제공하는 음식을 불마크(묽은 죽)로 제한했다. 그리고 황야를 돌아다니며 새의 알과 동물, 먹을 수 있는 건초로 연명했다. 1391년 주마다 알타니월 첫 번째 토요일(5월 5일)에는 사슴과 가젤과 바칸 등을 사냥하여 한동안 이 고기로 군대를 유지했다.

군대의 열병과 톡타미쉬 칸 추적

사냥이 끝난 후 사힙키란은 군대를 열병했다. 군대는 무리별, 투만별로 각자 정해진 장소로 갔다. 첫 번째 투만은 비르디 벡 이븐 사르 부카의 투만이었고, 다음은 후다이다드 후세이니의 투만이었으며, 그다음은 악크 티무르 바하두르의 아들 셰이흐 티무르가 술두스의 천호와 함께 있었다. 그 뒤에 샤자다 우마르 셰이흐의 군대가 있었고, 다음에는 술탄 마흐무드 칸의 군대와 아미르 술레이만 샤의 투만이, 그다음은 샤자다 무함마드 술탄 바하두르의 군대가 있었다. 사힙키란은 중군을 무리별로 살핀 후 우익으로 향했다. 샤자다 미란샤가 말에서 내려 의식을 행하고

---

39 Mann. '만'이란 무게 단위인데, 시대에 따라 그 기준이 달랐다. 15세기 무렵에서 '큰 만'과 '작은 만'이 공존했는데, 큰 만은 3킬로그램 가량이며 작은 만은 833그램 가량 된다. 곡식의 무게를 측정할 때는 큰 만을 이용한다.

무릎을 꿇어 찬양과 기도를 바쳤다. 그 뒤에는 우익의 저명한 아미르들과 높은 지위의 노얀들이 모두 자신의 투만을 천호와 쿠순별로 배치하고, 보충병을 정렬하여 자신의 자리를 지키고 있었다. 그리고 사힙키란이 각 무리에 도달할 때마다, 아미르들은 무릎을 꿇고 말을 바쳤으며 기도와 찬사를 드렸다. 사힙키란은 꼬박 이틀 동안 키시평원의 아키야르에서 행했던 것과 같은 방식으로 대열을 이루고 열병했다.

사힙키란이 아미르들과 병사의 수장들에게 사여를 내리고 위무했을 때, 아미르자다 무함마드 술탄 바하두르가 무릎을 꿇고 자신을 전위로 삼아달라고 청했다. 사힙키란이 그를 군대의 선두로 세웠고, 점성술사가 선택한 1391년 주마다 알타니월 7일 금요일(5월 11일)에 아미르자다를 파견했다. 그와 아미르들은 이틀 동안 진격하여 어떤 장소에 이르렀는데, 누군가가 피운 불이 아직 완전히 꺼지지 않은 상태였다. 이 소식을 사힙키란에게 전하자 그들의 행방을 찾으라는 명이 내려졌다. 샤자다가 토볼강을 건넜을 때, 정탐병이 70곳에서 불길을 보았으나 사람의 흔적을 찾을 수 없다고 전했다. 사힙키란 역시 토볼강에 도달하여 전위에 합류했다.

사힙키란은 다우드 투르크멘을 소환하여 정탐병으로 파견했다. 그는 두 번째 날 밤에 알라축[40] 몇 개를 찾았고, 다른 바하두르들과 함께 한 언덕 뒤에 숨었다. 새벽이 되었을 때 한 기병이 알라축에서 다급히 달려 나갔는데, 그를 붙잡아 사힙키

---

40 '알라축'은 '알라칙'이라고도 하며 천막의 한 종류이다. 정원, 황야에 임시로 나무 및 털로 세운 집이나 차양을 일컫는다.

란에게 보냈다. 그에게 톡타미쉬 칸의 소식을 물었는데, 그는 칸에 관해서는 모르며 단지 며칠 전에 갑옷을 입은 기병 10여 명을 풀숲에서 보았다고 보고했다. 사힙키란은 알라축 사람들과 풀숲의 사람들을 데려오게 했다. 풀숲의 사람들과 전투가 발생했는데, 일부를 붙잡아 톡타미쉬 칸의 소식을 확인했다. 그리고 수많은 장소를 지나 1391년 주마다 알타니월 24일 월요일(5월 28일)에 우랄강[41]에 이르렀다. 길잡이가 보고하기를 이 강에는 통로가 세 개 있다고 했다.

　　　사힙키란은 적의 매복을 걱정하여 통로가 아닌 강의 상류로 가서 강을 건넜다. 모든 군대가 건넌 후에 엿새간 진격하여 사마라강에 이르렀다. 정탐병이 적들의 울부짖는 소리를 보고했으며, 아미르자다 무함마드 술탄도 적을 한 명 붙잡아 데려왔다. 그에게 상황을 묻자, 강력한 무리가 그곳에 있었으나 군대가 다가오고 있다는 소식을 듣고 떠났다고 했다. 적들의 위치를 조사한 후 사힙키란은 야를릭을 반포하여 군대에게 자기 자리를 지키며 밤에 불을 피우지 말라고 명했다.

　　　이파크강[42] 주변에 병영을 세운 사힙키란은 1391년 라잡월 초 월요일(6월 4일) 아침에 다리 입구에 서서 전위와 중군은 다리를 건너게 하고, 좌익과 우익은 물에 뛰어들어 강을 건너라고 명했다. 이후 정탐병들이 적병 셋을 붙잡아 왔는데, 이들은 톡타미쉬 칸이 사힙키란의 오르도에서 달아난 이드쿠 우즈벡의 두 누케르에게 적의 출병 소식을 듣고 코룩 콜[43]에서 군대를 징

41　원문은 야이크(Yayīq) 강이다.

42　바르톨트는 우랄강과 사마라강 사이에 흐르는 이르기즈(Irghiz) 강으로 비정했는데, 확실한 근거는 없다. 두 강 사이에는 여러 강이 흐른다.

집하고 있다고 보고했다. 본래 그는 우랄강에서 샤힙키란이 통로를 건널 것이라 생각하고 그 길에 매복을 준비했으나, 샤힙키란이 상류에서 건너 이파크강까지 도달했던 것이다. 톡타미쉬 칸의 상황을 파악한 샤힙키란은 군대가 도착하자 좌익과 우익을 정렬하고 병영 주변에 장막과 목책을 준비했으며 해자를 파서 경계를 강화했다. 그리고 다시 척후병을 파견하여 적병 3쿠슌을 찾았으며, 그들의 후방에도 다른 군대가 있음을 확인했다. 샤힙키란은 순작 바하두르와 아르군 샤를 파견하여 적의 동태를 파악하게 했으나, 그땐 이미 적이 사라진 뒤였다.

  샤힙키란은 무바샤르에게 적의 흔적을 발견하기 전에는 돌아오지 말라고 명했다. 무바샤르는 어떤 숲에서 연기를 보았고, 가까이 가서 소리를 들었다. 그는 군대를 정렬하여 적에게 달려갔다. 무바샤르는 승리를 거두고 적병 40명을 붙잡아 샤힙키란에게 끌고 왔다. 샤힙키란은 무바샤르를 위무하고 사여를 내린 후, 포로에게 톡타미쉬 칸의 행적을 물었다. 그들은 "톡타미쉬 칸이 군대를 코룩 콜이라는 장소로 불렀습니다. 우리 예속민들이 명령에 따라 그곳으로 갔으나 그를 만나지 못했으며, 약속을 어긴 이유 또한 알지 못합니다"라고 보고했다. 한편 이 와중에 마마이의 아들이 부상을 입은 채로 이송되었다. 그는 "신은 사라이 방면에 있는 칸의 어전에 갔는데, 그는 약속 장소에 나타나지 않았으며 다른 상황에 대해서는 알지 못합니다"라고 보고했다. 샤힙키란은 정탐병에게 적을 보거든 그들에게 일부러 발각된 뒤 달아나서 유인하되, 매번 보고하도록 명했다. 그들은 재

---

43 지명의 뜻은 '금구(禁區) 호수'이다.

차 진격하다가 적의 그림자를 보았고, 사힙키란에게 보고했다.

사힙키란은 아미르 이쿠 티무르를 파견하여 적을 조사하게 했다. 그는 앞선 정탐병과 합류하여 나아가다가 적군 한 무리를 보았는데 그들은 언덕에 서서 사방을 감시하고 있었다. 즉시 용사들을 출동시키니 적이 방향을 돌려 언덕을 내려갔다. 용사들이 언덕에 올랐을 때 30쿠슌의 군대가 매복하고 있다가 달려들었다. 이쿠 티무르는 병사들을 먼저 피신시킨 뒤 적을 막다가 결국 화살을 맞아 사망했다. 이때 도착한 사힙키란이 강을 건너 적을 몰아냈고, 그 전투에서 활약한 바하두르들에게 '타르칸' 칭호를 내렸다. 칼자가이의 아들 샤 말릭에게 이쿠 티무르가 맡았던 임무를 맡기고 대(大)인장과 명령을 위한 인장도 주었다.

그들이 북쪽으로 나아간 지 약 6개월 지났을 때, 일몰 전에 일출의 흔적인 노을이 나타났다. 톡타미쉬 칸은 정탐병을 보내며 매일 이동했다. 사힙키란은 아미르자다 우마르 셰이흐에게 2만 명의 기병을 데리고 빠르게 가서 그를 잡아 오라고 명했다. 다음 날 양측 전위가 서로 만났다는 소식이 전해졌다.

톡타미쉬군과의 결전과 승리, 그리고 귀환

사힙키란은 1391년 양해 라잡월 15일 월요일(6월 18일)에 쿤두즈차(콘두르차)에서 친히 군대를 사열하고 일곱 개의 중군을 세웠다. 중군 하나는 술탄 마흐무드 칸의 이름으로 정렬하고 그 선두를 아미르 술레이만 샤에게 맡겼으며, 대중군을 정렬하여 샤자다 무함마드 술탄에게 맡겼다. 그리고 20쿠슌의 용사들을 대

중군의 후방에 보충대로 배치했다. 또한 우측에서는 다른 중군을 정렬하여 아미르자다 미란샤에게 맡겼고 샤자다 앞에는 무함마드 이븐 술탄 샤를 세웠다. 우익의 측면에는 아미르 핫지 사이프 앗딘이 있었다. 좌익에는 아미르자다 우마르 셰이흐를 중군에 두고 측면에 비르디 벡 이븐 사르 부카와 후다이다드 후세이니를 세웠다.

톡타미쉬 칸은 자신의 군대의 중군과 양익에 주치 가문의 샤자다들, 타시 티무르 오글란과 벡 야룩 오글란과 일리가미시 오글란과 벡 풀라드 오글란과 알리 오글란과 진타 오글란과 그 외의 사람들, 그리고 아미르와 노얀 중에는 알리와 술레이만 수피 쿵그라트와 노루즈 쿵그라트와 이크타드와 악크 부카와 우루스 주크 키야트와 이드쿠 우즈벡의 손위 형제인 이사 벡과 하산 벡과 사라이와 쾩 부카와 야글리 비이 바아린과 쿤구르 비이 등을 배치했다.

양측의 군대가 서로 마주보며 대열을 갖추었는데, 상대의 좌익과 우익 모두 아군보다 수가 많았다. 사힙키란은 기도를 바치고 승리를 청한 후, 예언자의 후예인 사이드 베르케에게 기도를 지시했다. 그는 쿠란 구절을 읊고 흙을 적진으로 뿌려 사힙키란을 보호해달라고 기도했다. 전투가 시작되자 사힙키란의 모든 아미르가 용맹스럽게 적을 무찔렀고, 톡타미쉬 칸은 곧 자기 군대의 열세를 알아차렸다. 이에 사힙키란의 좌익을 맡은 아미르자다 우마르 셰이흐의 부대를 직접 공략했다. 그러나 그의 군대 또한 잘 정렬되어 있었으므로 셰이흐 티무르 바하두르와 술두스 천호 사이를 파고들어 사힙키란 군대의 후방에 대열을 펼쳤다. 사힙키란은 곧장 그들에게로 고삐를 돌렸고, 톡타미쉬 칸은 퇴각하여 달아났다. 사힙키란은 전군의 10분의 7을 소집하여 적을 추격했다. 달아난 자들은 볼가강⁴⁴을 건너지 못한 채 살해됐고, 그들의 부인과 자녀들은 포로가 되었다.

사힙키란은 볼가강 강변의 우르투파 황야에 병영을 세웠다. 주치울루스의 샤자다와 아미르 중에 톡타미쉬 칸과 반목했던 쿤자 오글란과 티무르 쿠틀룩 오글란과 이드쿠 우즈벡은 사힙키란에게 투항했다가, 각자의 무리들을 회유하겠다고 청원한 후 진에서 나갔다. 그러나 두 사람은 약속을 어기고 자기 예속민을 수습해서 황야로 돌아갔다.

수많은 전리품과 노예를 획득한 사힙키란은 주치 칸과 그 후예들의 왕좌에 올라 승리를 만끽하며 26일을 보낸 후 사마르칸트로 방향을 돌렸다. 군대가 우랄강에 이르렀을 때, 쿤자 오글란 역시 자기 사람들과 함께 달아났다. 사힙키란은 유수진을 남겨두고 먼저 출발하여 1391년 둘까다월(9~10월)에 사브란을 지나 오트라르에 이르렀고, 그곳에서 시르다리야강을 건너 사마르칸트로 귀환했다. 샤자다와 아가들과 아미르와 노얀들이 금화를 뿌리고 축하 의식을 행한 후, 연회를 거행했다. 연회 후에 아미르자다 미란샤는 헤라트로 갔고, 사힙키란은 동영을 위해 타슈켄트 방향으로 나아가 시르다리야강을 건너 파르신 황야에 병영을 세웠다. 같은 해 무하람월(11~12월)에 아미르 핫지 사이프 앗딘이 유수진 및 모든 군대와 함께 도착했다. 총 원정 기간은 11개월이었고, 그사이 황야와 초원은 약탈로 얻은 많은 무리와 가축들로 가득 찼다. 사힙키란은 노예와 가축을 샤자다와 부

---

44 원어로는 아틸(Ātil)강이다. 튀르크어로 '강'이라는 뜻이다.

인들, 귀족과 아얀들에게 사여한 뒤 다음 봄에 시르다리야강을 건넜다. 귀환 길에 디자크에서 포위망을 펼치고 수많은 동물을 사냥했다.

아키야르 황야에 도착했을 때, 사힙키란은 가즈니와 카불, 힌두와 칸다하르 일대부터 인더스강 유역에 이르는 성전사 마흐무드[45]의 왕국을 아미르자다 피르 무함마드 이븐 자항기르에게 맡겼다. 그리고 아미르와 노얀들, 아미르 술레이만 샤의 사촌 쿠틉 앗딘과 아미르 무사의 아들 알리 가나치, 무함마드 다르비시 바룰라스의 아들 바흐룸과 일치 호자 바룰라스의 아들 이슬람과 악크 부카의 아들 티무르 호자와 바라트 호자 쿠쿨타시와 기야쓰 앗딘 타르칸의 아들 후세인 수피, 아미르 압바스의 친족인 하비야 호자와 이크발 샤 이븐 야르구치와 샴스 앗딘 이븐 우츠 카라와 순즈 티무르 틸바 등을 샤자다와 함께 파견했다. 그들은 가족 전체와 함께 이동했다. 그리고 사힙키란 자신은 1392년 원숭이해에 사마르칸트에 안착했다.

며칠 후 사힙키란은 몇몇 손자에게 훌륭한 여인들과 혼인할 것을 요구했다. 캉굴초원에서 연회 준비를 명하니 너른 땅에 수많은 오르도와 천막과 텐트가 세워졌다. 사힙키란은 아미르자다 피르 무함마드 이븐 우마르 셰이흐와 그의 형제인 아미르자다 루스탐을 각각 기야쓰 앗딘 타르칸의 두 딸과, 아미르자다 아부 바크르 이븐 아미르자다 미란샤는 아미르 핫지 사이프 앗딘의 딸과 샤리아의 관례에 따라 맺어주었다.

---

45 가즈나조의 정복 군주인 마흐무드 가즈나비(Maḥmūd Ghaznavī, 재위 998~1030)를 의미한다.

4장.

이란 남서부와 이라크, 캅카스를 넘은 5년 원정

티무르는 곧바로 이란 5년 원정을 재개했다. 첫 번째 목표는 마잔다란의 시아계 왕조인 마라시왕조였다. 마잔다란을 정복한 후 티무르 군대는 쿠르디스탄을 거쳐 무자파르왕국의 수도 시라즈로 향했다. 무자파르조는 아부사이드 칸이 사망한 후 독자 왕국을 세우고 이란 서남부의 여러 오아시스 도시를 장악했다. 그러나 이 무렵에는 내란이 극에 달해서, 티무르는 손쉽게 도시를 점령하고 왕국을 멸망시켰다.

다음으로 자그로스산맥을 넘어 이라크로 갔다. 북쪽으로는 쿠르디스탄, 남쪽으로는 메소포타미아 하류의 와시트를 장악한 뒤 맘루크술탄국에도 사신을 파견했다. 그 후 바그다드에서 북상하면서 아크코윤루와 카라코윤루에게도 복속을 요구했는데, 카라코윤루가 이를 받아들이지 않자 아나톨리아 동부로 진격했다. 그 결과 적의 수장 카라 무함마드의 아들 미스르를 붙잡았다. 그다음 조지아 원정을 시작하여 조지아의 산지를 공격했는데, 톡타미쉬 칸이 남하하여 아제르바이잔의 시르반을 공격했다는 소식을 접했다. 톡타미쉬 칸을 따라 볼가강 유역까지 진격했고, 주치울루스의 수도인 사라이와 여러 러시아 공국은 물론이고, 주치울루스의 영역인 크림반도와 흑해 북부를 공격했다.

1396년 봄에 티무르는 사마르칸트로 귀환하면서 손자 무함마드 술탄과 루스탐 등을 이란 남부의 호르무즈로 파견했다. 이곳은 페르시아만에서 인도양으로 나아가는 주요 항구로, 11세기 무렵에 항구의 경제력을 바탕으로 하는 상업 왕조가 탄생했다. 티무르는 이 왕국을 점령하여 막대한 세금을 징수했다.

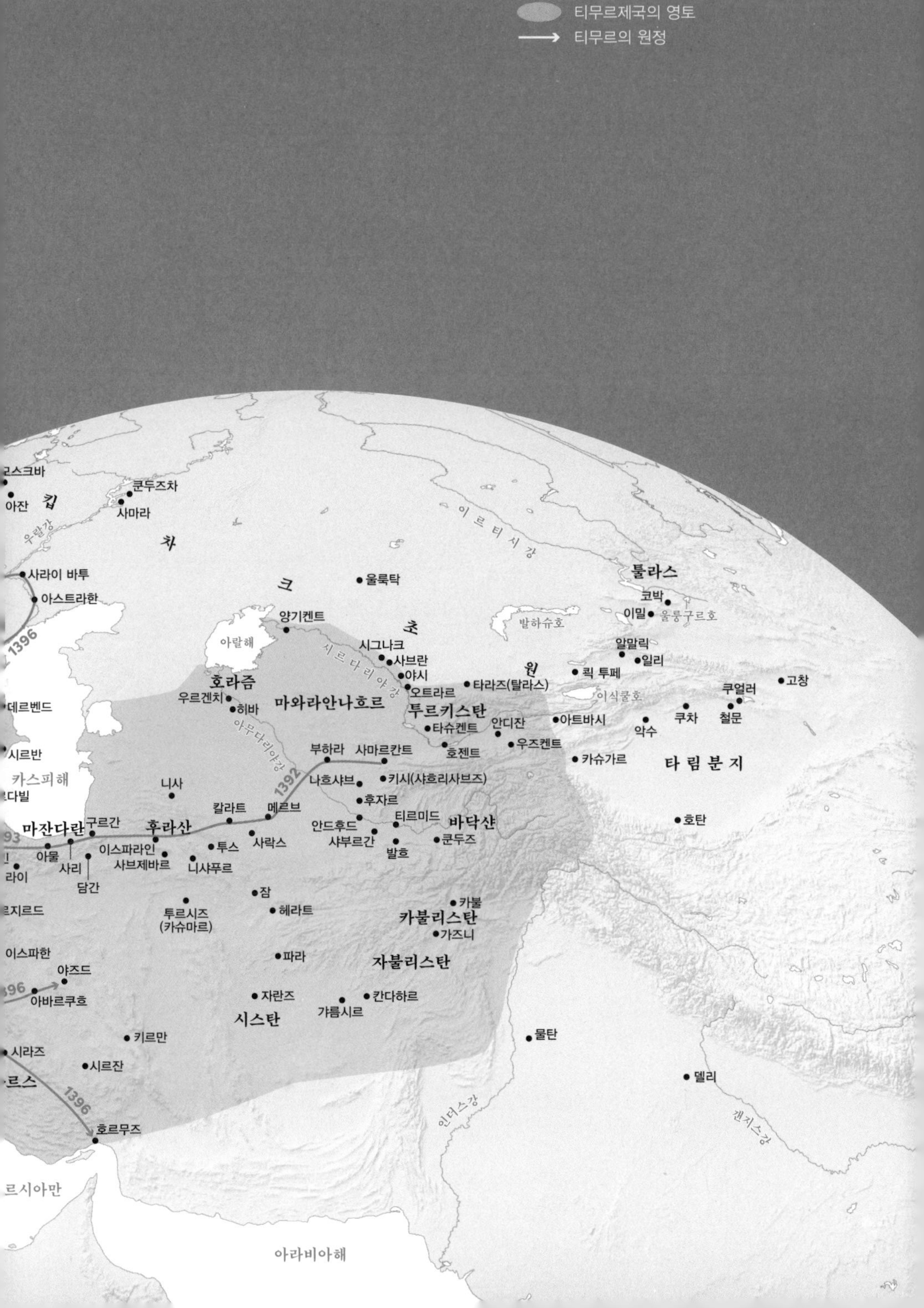

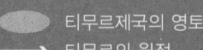

5년 원정의 시작과 마잔다란 점령

사힙키란이 킵차크초원에서 승리를 거두고 귀환했을 때, 그의 마음은 다시 이란으로 향했다. 사힙키란이 자리를 비운 사이 일부 사람이 그곳에서 혼란을 일으켰기에 그들을 정화하고자 했던 것이다. 사힙키란은 타바치들에게 명하여 군대를 소집하고 1392년 원숭이해 라잡월 15일 금요일(6월 7일)에 출정했다. 그러나 군대가 부하라로 향한 샤반월 초 일요일(6월 23일)에 사힙키란에게 예기치 못한 병세가 나타났고, 자르강[1]에 들어서자 병세가 위중해져 카툰과 자녀들을 소환했다. 그들이 사마르칸트에서 급히 달려왔으며, 전위로 아무다리야강을 건넜던 아미르자다 무함마드 술탄에게도 귀환을 명령했다. 의사를 불러 사힙키란을 치료하는 한편 곳곳에 자선을 베풀었더니, 그 효과로 샤반월 중순 일요일 밤(7월 6일)에 건강을 회복하게 되었다.

    샤반월 25일 수요일(7월 17일)에 아미르자다 무함마드 술탄이 전위를 이끌고 나아갔고, 사힙키란은 라마단월 초 월요일(7월 22일)에 이동 준비를 갖추고 6일 토요일에 출진했다. 10일 수요일에 아무아에 병영을 세웠고, 그곳에서 사라이 말릭

---

1 부하라 근교를 흐르는 두 수로 중에 작은 수로를 의미한다.

하눔과 투만 아가를 모든 아가들과 함께 사마르칸트로 돌려보냈다. 군대는 아무다리야강을 건너 아무야 성채 근교에 들어섰고, 금요일에는 샤루흐를 사마르칸트로 돌려보냈다. 그날 군대는 마한의 황야로 들어갔고, 라마단월 마지막 날인 화요일에 메르브를 통과하여 마한에 안착했다. 샤왈월 초 수요일(8월 21일)에 이드[2] 기도를 한 후 이동하여 얄구지가즈 하부산에서 전위로 먼저 나아갔던 아미르자다 무함마드 술탄과 합류했다. 아미르자다 피르 무함마드 이븐 자항기르도 쿤두즈와 바글란에서 그곳으로 와서 합류했고, 헤라트에서 칸자다도 와 있었다.

샤왈월 20일 월요일(9월 10일)에 아스타라바드 근교에 도달하여 주르잔강 강변에 병영을 세웠다. 바로 그날, 사이드 베르케가 사이드 기야쓰 앗딘 이븐 사이드 카말 앗딘을 데려와 복종을 알렸다. 한편 라크만 파디샤의 아들 피르 파디샤도 와서 연회를 베풀고 복속의 의식을 행했다.

아스타라바드에서 출발하자 거대한 정글이 나타났다. 야를릭을 반포하여 군사들에게 덤불의 나무를 베어내도록 했고, 세 개의 길을 열어 각기 좌익과 우익, 중군의 통로로 삼았다. 사리에 도달하자, 사이드 카말 앗딘이 달아나 사이드 라지 앗딘이 다스리는 아물 근교의 마하나사르로 갔다. 사힙키란은 사흘 만에 아물에 도달했고, 사이드 기야쓰 앗딘을 보내 부친을 데려오게 했다. 그리고 군대에게 명하여 아물에 토기화약(Taghār)을 쏟아부었다. 그리고 군대는 재차 출발했는데, 발연탄[3]을 던져 풀

---

2 'Id. 이슬람의 두 주요 종교 명절을 지칭한다. 이드 알피트르는 라마단이 종결됨을 축하하는 행사로 본문과 같이 샤왈월 초에 이루어진다. 이드 알아드하는 핫즈(메카 순례) 기간인 둘힛자월 10일에 이루어진다.

숲을 베어내면서 1파르상씩 이동하다가 둘까다월 26일 토요일(10월 14일)에 대대적인 전투가 발생했다.

사흘 후 사이드 카말 앗딘과 마울라나 이마드 앗딘이 왕좌로 와서 안전을 청했다. 사힙키란은 세금과 함께 사이드의 자녀를 보내라고 요구했고, 이에 사이드들은 재차 저항했다. 사힙키란은 피르 파디샤와 아르군 샤 부르달리기와 나디르 샤 카라쿨리와 셰이흐 알리 아무야이를 아무다리야강의 노꾼들과 화포병, 화공병[4]과 함께 쿨줌(카스피해)의 바닷가 길로 파견하여, 적의 배를 취하고 마하나사르 성채로 진격하게 했다. 그들이 바깥 성채를 점령하자 적들은 안으로 달아났다. 둘힛자월 초 토요일(10월 19일)에 사힙키란이 내성으로 진격하자, 적들은 다급히 바깥으로 나와 복종했다. 사힙키란은 그들에게 순나와 움마의 주민들이 행하는 올바른 종교 예식을 가르쳤다. 그리고 그들을 사리 요새로 파견했으며, 마하나사르의 수많은 물자는 아미르와 군사들에게 사여했다.

그 지역에서 잘못된 믿음을 가진 이들이 암살을 행한다는 보고가 있었다. 이에 사힙키란은 그들을 처단했고, 특히 이스칸다르 셰이흐는 사이드 카밤 앗딘에게 죽임을 당한 부친 아프라시압[5]과 다른 친족들의 보복을 위해 수많은 이들을 살해했

---

3 비소와 석회를 섞어 유독가스를 내도록 만든 일종의 폭탄인데, 이것을 토기에 채워 넣어 수류탄처럼 투척하는 방식으로 전쟁에 이용했다.
4 투석기로 기름을 발라 불을 붙인 돌을 적에게 날리는 병사들이다.
5 그는 마잔다란의 시아계 왕조인 아프라시압조의 군주로 14세기 중반에 아물을 다스렸는데, 종속을 거부했던 마라시왕조의 카밤 앗딘 마라시를 붙잡고자 했으나 역으로 살해되었다.

다. 이후 사이드 카말 앗딘을 주민들 및 처자와 함께 배에 앉혀서 호라즘으로 보내고, 그의 자녀인 사이드 무르타지와 사이드 압둘라는 다른 아들들 및 몇몇 사람들과 함께 타슈켄트로 파견했다.

　　마잔다란왕국을 완전히 점령한 사힙키란은 사마르칸트에 승리의 소식을 알렸고, 아미르자다 샤루흐와 아미르자다 할릴과 아미르자다 루스탐, 사힙키란의 외손자이자 아미르 무사의 손자인 술탄 후세인과 아미르자다 미란샤의 딸 빅시 술탄, 그리고 부인들을 소환했다. 그리고 1392년 무하람월(11~12월)에 명령을 내려 샤스만에 왕궁을 건설하게 했다. 사리의 다루가는 쿠히스탄의 잠시드 카른에게 사여했고, 이스칸다르 셰이하에게는 아물을 사여했다. 그달 20일에 샤스만의 왕궁에 자리 잡고 군대를 소집했다.

　　1392년 둘힛자월 18일 화요일(11월 5일)에 승리의 소식이 사마르칸트에 도달했다. 사라이 말릭 하눔과 투만 아가는 다른 카툰 및 왕자들과 함께 둘힛자월 24일 월요일(11월 11일)에 사마르칸트를 출발했다. 화요일에는 샤드만에 들어섰고, 수요일은 디마시크 마을의 한 칸까[6]로 가서 이삼일간 머물렀다. 카르시에 도달했을 때 사힙키란의 급한 소환 명령이 전달되었으나 아미르자다 샤루흐가 눈병을 앓아 천천히 이동해야 했다. 그해 무하람월 16일 월요일(12월 2일)에 아무다리야강을 건넜고, 쉬지 않고 나아가 토요일에 마한에 이르렀다. 사라이 말릭 하눔은 서신을 작성하여 상황을 보고했고, 13일 만에 질라운에서 사

---

6 수피들이 생활하며 사제 관계를 맺고 배우며 수련하는 장소를 지칭한다.

힙키란과 만나 샤스만 왕궁으로 들어갔다.

태양이 염소자리 끝에 있었던 겨울의 초입에, 사힙키란은 파르스와 이라크왕국으로 출발했다. 아미르자다 무함마드 술탄과 그의 형제 아미르자다 피르 무함마드, 아미르자다 샤루흐를 전위로 파견했으며, 그들은 군대 열 명당 세 사람씩 선택하여 1393년 사파르월 24일 목요일(1월 9일)에 마잔다란에서 출발했다. 아미르 야디가르 바룰라스 등을 후방에 남겨두었으며, 사라이 말릭 하눔과 투만 아가는 유수진과 함께 두었다. 출판 말릭 아가와 두르 술탄 아가와 니가르 아가는 사힙키란과 동행했다. 카즈빈에 도착한 전위는 전투에서 하킴인 호자 셰이흐 샤흐 사바르를 붙잡았다. 전위는 그를 사힙키란에게 보내고 곧바로 술타니야로 달려갔다. 당시 술타니야의 왈리 아끄차키가 사망하자, 오르탁 샤는 성채를 버리고 달아났다. 전위는 병사들에게 토기화약을 지급하여 성채를 차지한 후 바그다드로 향했다. 도중에 쿠르디스탄에 이르렀을 때, 사힙키란이 전위에 참치말의 길로 가라는 명령을 전했다. 그들은 송코르 성채로 가서 그곳을 약탈하고 이동했는데, 사힙키란이 그 부근의 산과 황야에 있는 적을 공격하라고 명했다. 참치말과 비스툰산[7]에 이르렀을 때, 두 군대가 쿠르디스탄의 각기 다른 길로 진격했다. 그곳의 하킴인 이브라힘 샤는 아들 술탄 샤를 아랍산 말과 함께 파견하여 복종했다.

---

[7] 현재 이란 키르만샤주의 도시이자 아케메네스왕조 다리우스 1세의 비문이 있는 비소툰(Bisotun)이다. 참치말은 비소툰의 배후지를 지칭한다.

시라즈로의 진격과 무자파르왕국의 멸망

사힙키란은 샤흐리야르에서 일부 군대를 선발하여 부루지르드 방향으로 출발했고, 아미르자다 미란샤를 나머지 군사들과 함께 그곳에 두어 아스타라바드에서 오는 유수진과 합류하게 했다. 아미르자다 우마르 셰이흐는 좌익의 군대와 함께 아바를 통과하여 기브 성채를 점령하고 수장 무함마드 쿠미를 붙잡았다. 그리고 밤새 달려 다음 날에 파라한으로 갔는데, 무함마드 쿠미의 대리인인 무자파르 파라하니는 곧바로 항복했다. 군대가 카라흐루드에 이르자 이스판디야르도 항복했다. 사힙키란은 1393년 라비 알타니월 초 금요일(2월 14일)에 부루지르드에 도착하여 사이프 앗딘 칼다시를 성채 수장으로 임명하고 셰이흐 미카엘을 니하반드에 둔 후 재차 진격하여 사흘 만에 후람아바드에 이르렀다. 그곳에 있던 말릭 아즈 앗딘이 달아났으므로, 사힙키란은 성채의 포위와 말릭의 추격을 위해 아미르자다 우마르 셰이흐를 파견하고 자신은 슈슈타르로 향했는데, 가는 길에 루르 세력을 제압했다. 아미르자다 우마르 셰이흐는 말릭 아즈 앗딘을 추격하며 (슈슈타르를 관통하는 카룬강의 지류인) 잘강의 다리를 지나 만카라 성채까지 갔으나 그를 찾지 못하자 주변의 모든 성채와 산, 황야의 사람들을 복속시키고 잘강에서 다시 사힙키란에 합류했다. 한편 유수진에 있었던 아미르자다 미란샤는 카샨의 문으로 진격했다. 당시 카샨에는 후라산에서 이라크로 달아난 사르베다르의 왕들이 다루가로 있었는데, 아미르자다의 진격 소식을 듣고 사람을 파견하여 안전을 청했다.

  사힙키란은 아미르자다 우마르 셰이흐를 군대와 함께

파견했다. 아미르자다는 호바이자로 진격했는데 그곳의 다루가인 이슬람이 달아났다. 사힙키란은 그달 15일 토요일 밤에 디즈풀에 도착했다. 그곳의 다리는 사산조 사푸르 대왕이 '숫자의 상징'을 아는 기술자들을 동원하여 지은 것으로, 1에서 7까지의 합인 28개의 아치와 보조 아치까지 합하면 영광스러운 이름을 지닌 숫자인 55개가 된다. 사힙키란은 디즈풀에서 샴스 앗딘 디흐다르에게 20마리의 당나귀에 실을 만큼의 은을 조공으로 받고, 도시에 있던 말과 노새를 거두어 사리 톨리 초지에 동물을 풀어두었다. 그리고 아침에 슈슈타르로 가서 차하르단가강 강변에 병영을 세웠다. 슈슈타르의 알리 쿠트왈과 이스판디야르는 시라즈로 도망쳤으며, 도시의 대인과 귀족들은 복종했다. 그달 20일 목요일 낮에 (카룬강의 본류인) 차하르단가강을 건너, 도시 외곽의 나할리스탄에 안착했다. 아미르자다 무함마드 술탄과 아미르자다 피르 무함마드는 다르반드 타시 카툰을 출발하여 쿠르디스탄과 루리스탄의 산과 황야 전역을 점령한 후 사힙키란에게 귀환했다.

   이란 3년 전쟁 당시 복속했던 무자파르 가문에게 그사이 많은 일이 일어났다. 슈슈타르에 투옥되었던 자인 알아비딘은 아흐마드 샤 타름타시와 그의 친척 마흐무드 샤의 도움으로 감옥에서 벗어나 부루지르드의 말릭 아즈 앗딘에게 갔다가, 그와 함께 이스파한으로 갔다. 이스파한의 사령관들이 자인 알아비딘을 선호했으므로 그곳에 있던 술탄 무함마드는 성채로 들어갔다가 한 달 후 무함마드 코르치와 함께 야즈드로 갔다. 한편 샤 만수르는 슈슈타르에서 군대를 이끌고 시라즈로 갔는데, 시라즈의 사이드 중 일부가 그에게 살람 대문을 열어주었다. 샤 아호야는 사아다트 대문을 통해 시라즈를 빠져나가 야즈드로 갔다. 샤 만수르는 디흐비드와 사르막과 마르바스트 성채에서 승리를 거두고 아바르쿠흐로 갔다가 귀환했다. 술탄 자인 알아비딘은 이스파한에서 군대를 정렬하고 시라즈로 갔는데, 이스타흐르 성채 아래에서 샤 만수르와 충돌했다. 전투에서 샤 만수르 군대가 승리했고, 자인 알아비딘은 패주하여 이스파한으로 돌아갔다. 한편 파흘라반 무흐자브는 샤 만수르를 두려워하여 샤 야흐야와 친교를 맺고 야즈드를 방문했으며, 그를 아바르쿠흐로 초대했다. 그러나 샤 야흐야는 파흘라반을 붙잡아 야즈드의 성채 말루스에서 살해했고, 아바르쿠흐를 무함마드 코르치에게 맡긴 후 야즈드로 귀환했다. 이때 샤 만수르가 아바르쿠흐로 와서 도시를 장악하고 이스파한의 곡식으로 군대를 먹인 뒤 여러 곳을 파괴하고 시라즈로 돌아갔는데, 같은 일을 두 해 동안 반복했다.

술탄 자인 알아비딘은 친척들에게 도움을 요청했고, 술탄 아흐마드와 그의 형제인 술탄 바야지드가 키르만에서, 술탄 아부 이스학이 시르잔에서 왔다. 샤 야흐야도 오기는 했으나 군대에 합류하지 않았다. 이들은 겨울에 함께 시라즈로 진격하여 근교 도시인 쿠르발을 파괴했다. 양측 군대가 파사의 평원에 있는 주르바즈에서 전투했는데 샤 만수르가 승리했고 다른 이들은 각자의 자리로 돌아갔다. 이스파한인들은 샤 만수르에게 도시를 맡겼고, 술탄 자인 알아비딘은 라이로 도망쳤으나, 무사 주카르가 그를 붙잡아 샤 만수르에게 파견했다. 그는 자인 알아비딘의 눈을 멀게 한 후 다시 야즈드로 군대를 이끌고 갔다. 그때 그의 모친이 나와 아들에게 시라즈로 돌아가라고 충고했다. 이처럼 4~5년간 무자파르인들 사이의 갈등이 지속되었다.

사힙키란은 알리 무와야드 사르베다르의 외조카였던 호자 마스우드 사브제바리를 슈슈타르의 통치자로 임명하고 사브제바르 군대를 그곳에 두었다. 그리고 1393년 닭해 라비 알타니월 25일 월요일(3월 10일)에 시라즈로 진격하면서 아미르자다 우마르 셰이흐에게 합류를 명했다. 주마다 알아왈월 초 토요일(3월 15일)에 사힙키란이 람-호르무즈에 안착했는데, 대루르의 하킴인 아타벡 피르 아흐마드가 조공을 하러 왔다. 다시 진격하여 화요일에 비바한에 자리했다. 일요일에 하바란강(현재의 필리안강)을 건너 사피드 성을 조사하였으며, 나반잔의 황야에 안착했다. 당시 사아다트라는 자가 그 성채의 수장이었다. 성채가 높고 견고하여 굴을 파거나 망루와 투석기를 세우는 것이 모두 불가능했고 길도 매우 좁았다. 하지만 사힙키란의 군대는 성채를 등반하여 이틀 만에 점령했다. 사힙키란은 눈이 먼 채로 이곳에 갇혀 있던 자인 알아비딘을 왕좌의 발치로 데려가, 특별한 예복을 사여하고 그의 부서진 마음을 위무했다. 그리고 말릭 무함마드 우브히를 요새의 수장으로 두었다.

사힙키란은 군대를 재정비하여 시라즈로 진격했다. 정탐을 나갔던 아미르 우스만이 적의 척후병을 붙잡아 왔다. 그로부터 샤 만수르의 상황과 군대의 숫자를 확인한 뒤 다시 진격하여 3000~4000명의 적 기병과 전투를 벌였다. 샤 만수르가 사힙키란에게 달려왔으나, 가신들이 그를 막아냈다. 결국 아미르자다 샤루흐가 적을 몰아내고 샤 만수르의 머리를 사힙키란에게 가져왔다. 아미르와 정부의 중진들은 모굴의 규율과 관습에 따라 노래를 읊으며 무릎을 꿇고 사힙키란에게 술잔을 바쳤다. 사힙키란은 다음 날 살람 대문에 자리 잡은 후 여덟 개의 다른 문을 닫고, 각 구역의 수장 및 칼란타르를 불러들여 계약서를 갱신하고 샤 만수르의 모든 물품을 도시 바깥으로 가져오게 했다. 그리고 아미르자다 무함마드 술탄을 이스파한으로 파견하여 도시를 장악하고 물자를 취하게 한 뒤, 승리의 서를 사마르칸트와 여타 왕국으로 파견했다. 한편 후방에 있던 아미르자다 우마르 셰이흐는 유수진을 이끌고 루르와 슐과 쿠르드[8]를 장악한 후, 카자룬을 거쳐 시라즈에서 사힙키란에게 합류했다.

여러 무자파르인이 사힙키란에게 복종하기 위해 조공을 가지고 시라즈로 왔다. 사힙키란은 마이단 정원에서 한 달 동안 연회를 열고, 왕국의 업무 수행과 백성의 물자 관리 및 복지에 시간을 쏟았다. 사힙키란은 파르스왕국에 우마르 셰이흐를 임명하여 시라즈에 두었고, 독립을 꿈꾸던 무자파르인을 모두 구류하고 그들의 개인 오르도를 약탈했다. 그리고 아미르 비르디 벡 이븐 사르 부카 등을 파르스의 호위로 두고, 샤자다의 개인 아미르 중에 자타 벡직의 아들 바얀 티무르 등을 샤자다와 함께 두었으며, 기야쓰 앗딘 바룰라스의 아들 이드쿠를 파견하여 키르만을 지배하게 했다. 야즈드에는 케펙치 유르트치의 형제인 타무크 카우친을, 아바르쿠흐에는 라람 카우친을 임명했으며 시르잔 성으로 군대를 보내 포위했다. 또한 샤 슈자의 후손인 술탄 시블리와 자인 알아비딘은 사마르칸트로 파견하고 이크타를 사여하여 여생을 보내게 했고, 파르스와 이라크왕국의 훌륭한 전문가들을 가솔과 함께 사마르칸트로 이주시켰다. 그리고 대루르의 아타벡 피르 아흐마드를 자신의 예속민과 함께 루리스탄 지

---

8 루르, 슐, 쿠르드는 모두 이란 서부와 남부에 자리한 이란계 유목 집단이다.

역으로 돌려보냈다.

이라크 바그다드로의 진격과 산악 유목민 원정

1393년 주마다 알타니월 27일 금요일(5월 10일)에 시라즈에서 출발한 사힙키란은 사냥을 하며 이스파한으로 나아갔고, 라잡월 8일 화요일(5월 20일)에 무자파르 가문의 여러 사람을 야사에 처했다. 10일 목요일에 사힙키란은 이스파한에 도착했고, 5일간 이스파한의 나크시 자한에 머문 후 라잡월 15일 화요일(5월 27일)에 출발했다. 안기단(안지단) 마을에 도착했을 때 동굴에 피신 중이던 이교도 무리와 마주쳤는데, 그 동굴에 개울을 흘려보내 제거했다. 일요일 아침에 파라한 황야에 안착하여 사냥을 했다. 유수진에 있던 부인들이 이곳에서 합류했으며, 수요일에 그곳을 떠나 월요일에 하마단에 도착했다. 뒤이어 유수진의 아미르자다 미란샤와, 이스파한에서 세금을 거두던 아미르자다 무함마드 술탄도 합류했다. 사힙키란은 아제르바이잔과 라이와 바쿠의 데르벤드와 시르반과 길란 왕국부터 룸[9]까지를 아미르자다 미란샤가 다스리게 했다.

1393년 샤반월 13일 화요일(6월 24일)에 하마단을 출발했고, 아미르자다 미란샤를 먼저 쿨라기의 황야[10]로 파견했다.

---

9   Rūm. 로마의 핵심 영역이었던 아나톨리아반도를 지칭하기도 하고, 오스만을 지칭하기도 한다.
10 쿠르디스탄에서 이라크를 왕래할 때 중간 기착지로, 하우라만산(아우라만산) 북쪽에서 약 16킬로미터 떨어진 곳이다.

그리고 사힙키란은 아일라마-코릭평원, 비시바르마크의 황야, 곤바자크평원 등을 가로지르며 사냥을 하고 바르칸단 축제[11]를 열었다. 그때 앞서간 아미르자다 미란샤가 사룩 무함마드 투르크멘이 하바시 성채에 숨어 좁은 통로를 장악하고 저항하고 있다는 소식을 가져왔다. 사힙키란의 군대는 쿨라기로 가서 적의 퇴로를 차단한 후 산 위로 올라가 전투를 치렀고, 투르크멘 세력은 라마단월 초에 퇴각했다. 사힙키란의 군대는 그들을 추격하여 살해하고 가축을 약탈했으며, 그 지역에 있던 이교도의 요새를 포위하여 파괴한 뒤 쿨라기로 돌아왔다. 그리고 1393년 라마단월 10일 일요일(7월 20일)에 출발하여 다음 날 아침에 아크사이강[12] 유수진에 합류했다. 이후 역참마다 하루이틀씩 머무르며 적을 제거하거나 주변 성채로 군대를 파견했다. 아미르자다 무함마드 술탄을 쿠르디스탄의 다르반드로 파견하여 그곳을 절멸시켰다. 사힙키란은 아크불락에서 라마단 단식을 완수하고 1393년 샤왈월 초 일요일(8월 10일)에는 피트르 축제를 열고 이드 기도를 했다.

이틀 후 셰이훌 이슬람인 셰이흐 누르 앗딘 압둘라흐만 이스파라이니가 바그다드 술탄 아흐마드 잘라이르의 어전에서 사신으로 왔다. 셰이흐는 술탄 아흐마드가 저항하거나 싸울 의도가 없음을 보고했고, 표범과 금 안장을 한 훌륭한 말 등을

---

11 샤반월 마지막 날에 라마단을 준비하는 축제이다. 이를 콜루흐-안더전(Kulūkh-andāzān)이라고도 부르며, 음식을 많이 먹고 지인을 방문하며 여행과 사치를 행하고, 심지어는 포도주를 마시기도 한다.

12 현재의 지리적 상황으로 볼 때 하우라만산을 관통하는 티그리스강의 지류, 시르완강으로 보인다.

선물로 바쳤다. 그러나 동전과 쿠트바를 사힙키란의 이름으로 발행하지는 않는 등 사힙키란의 기대에 미치지 않았으므로 그가 가져온 선물을 받지 않았고, 다만 셰이흐에게 예복과 말, 황금을 주어 돌려보냈다.

사힙키란은 아미르자다 피르 무함마드에게 유수진 및 부인들을 데리고 술타니야로 가도록 명한 후, 1393년 닭의 해 샤왈월 13일 금요일(8월 22일)에 바그다드로 출발했다. 쿠라 쿠르간에 이르러 아침에 투르크멘의 하킴인 무함마드 투르크멘을 몰아내고 샤흐라주르에 있던 그의 주민과 울루스를 약탈했다. 그곳에서 선발된 병사의 일부를 이끌고 좁고 가파른 산맥과 계곡을 밤에 은밀히 통과하여 셰이흐 이브라힘 야흐야의 성묘에 도달했는데, 그곳에 바그다드로 비둘기를 파견하는 이들이 있었다. 이들은 먼지를 보고 즉시 적의 침입을 보고했는데, 사힙키란은 곧바로 다른 비둘기에 그 먼지가 투르크멘 군대라는 서신을 매달아 날렸다. 그러나 술탄 아흐마드는 그 말을 믿지 않고 물자를 강 건너로 보냈다.

사힙키란은 21일 토요일(8월 30일) 아침에 바그다드에 도착했다. 술탄 아흐마드 잘라이르는 이미 티그리스강을 건넌 후 다리를 끊고 맞은편에서 군대와 함께 기다리고 있었다. 사힙키란의 진격이 시작되자 그는 곧바로 힐라로 말 머리를 돌렸다. 사힙키란의 군대는 강을 헤엄쳐 건넌 뒤 그를 뒤쫓았다. 사힙키란이 칸바투르에 이르렀을 때, 이바즈 오글란과 노얀들, 아미르와 정부의 중진들이 그에게 바그다드에서 쉴 것을 청했고, 사힙키란은 술탄 아흐마드의 거처로 가서 그의 물자를 획득했다. 군사들은 아침에 유프라테스강 강변에 도착했는데, 술탄 아흐마드는 한밤중에 강을 건넌 뒤 다리를 끊고 다마스쿠스로 도망친 상태였다. 사힙키란의 군대는 배를 구해 강을 건넜고, 힐라에 머무르며 술탄 아흐마드를 추격할 군대를 파견했다.

그다음 날 아미르 45인이 카르발라[13] 초원에서 술탄 아흐마드를 따라잡았으나 병사와 말은 뒤에 있었다. 술탄 아흐마드를 호위하던 기병 2000명 중 200명이 돌아서서 반격했다. 상대는 공격 후 달아나기를 세 번 반복했으나 결국 양편이 뒤엉켜 전투가 시작됐다. 적들은 극심한 갈증에 시달리다가 이맘 알리의 아들(이자 예언자 무함마드의 외손인) 후세인의 성묘에 다다랐다. 그곳에서 술탄 아흐마드의 아들 알라 앗 다울라와 여러 형제와 부인들 및 예속민이 포로가 되었고, 술탄 아흐마드는 달아났다.

한편 쿠르디스탄으로 파견되었던 아미르자다 무함마드 술탄은 산지로 들어가 많은 적을 제거하고 일부에게는 복종을 얻었다. 이로써 그동안 대상인이 100명의 궁수를 데려가야 겨우 통과할 수 있던 길을 이제는 누구나 안전하게 통과할 수 있게 되었다. 샤자다는 다르반드 타시 카툰 길을 통해 바그다드로 와서 사힙키란에게 합류했는데, 며칠 후 사힙키란은 그를 와시트[14]와 그 주변 지역으로 다시 파병했다. 그리고 힐라의 아미르자다 미란샤에게 사람을 파견하여 그곳에서 바스라로 진격하게 했다. 또한 술탄 아흐마드와 그의 아들 알라 앗 다울라의 부

---

13 Karbalā. 카르발라는 바그다드에서 남서쪽으로 82킬로미터 떨어진 도시로, 예언자 무함마드의 외손자이자 4대 칼리프 알리의 아들인 이맘 후세인이 우마이야조의 칼리프 무아위야의 군대에게 살해된 곳이다.

14 Wāst. 와시트는 바그다드 동남쪽의 바스라로 향하는 길목에 있는 이란-이라크의 접경 지대를 일컫는다.

인들, 장인의 우두머리 및 그 가문 전체를 사마르칸트로 데려가도록 명했다. 그중 하나가 음악으로 당대 최고의 명성을 누렸던 호자 압둘 카디르와 그의 가문이다. 그 후 사힙키란은 승리의 서를 수도와 카슈가르와 호탄, 호라즘과 아제르바이잔, 파르스와 이라크와 후라산, 자불리스탄과 마잔다란과 타바리스탄 및 다른 지역과 도시에 파견했다. 사힙키란은 바그다드의 티그리스강 쪽에 있는 금으로 장식한 왕궁에서 두 달을 보내면서 도시의 술들을 강에 흘려보냈다. 바그다드의 주민들은 안전을 담보하는 세금을 받아들였고, 징세관들이 그 수량을 조사했다.

사힙키란은 사바의 셰이흐를 서신 및 선물과 함께 맘루크의 술탄인 말릭 알자히르 바르쿡[15]에게 파견했다. 서신의 내용은 이와 같다. "과거 칭기스 칸 계보의 왕들과 그대 왕국 왕들의 전쟁으로 시리아와 주변 백성이 고통을 겪었으나, 양측의 타협으로 세계가 안정을 찾았다. 그러나 아부 사이드 바하두르 칸이 사망한 후 이란의 칭기스 칸 계보에 강력한 왕이 남지 않아 다시 혼란이 찾아왔다. 현재 내가 신의 도움으로 이란과 이라키 아랍[16]을 점령했으니, 양국이 이웃이 되어 통로를 열고 서신과 사신, 상인이 왕래하면 번영을 이룰 것이다."

---

15   당시 이집트와 시리아를 차지하고 있었던 맘루크술탄국의 체르케스계 부르지조의 초대 술탄이다. 1382년 킵차크 튀르크계 바흐리조의 마지막 술탄인 알살리흐 핫지를 폐위시키고 등극했으며, 1389년 잠시 알살리흐 핫지가 복위했을 때 쫓겨났다가 왕위를 수복하여 1399년까지 재위했다.

16   이라키 아랍은 본래 '아랍인들이 거주하는 이라크 지역'이라는 뜻인데, 티무르조에는 현 이라크 영역에 해당했다. '이라키 아잠'은 '아잠(페르시아인)인이 거주하는 이라크 지역'이라는 뜻으로, 티무르조에는 이란 서쪽 산악 지역, 하마단과 그 주변을 지칭했다. 이 둘을 합쳐 '양(兩) 이라크'라 한다.

한편 바그다드 점령 후 상인과 여행자들이 보고하기를, 타크리트 성채에 있는 이들이 이집트와 시리아의 상인들을 공격한다고 했다. 이에 사힙키란은 부르한 오글란과 벡 수피와 아미르 잘랄 이븐 하미드와 샤 말릭과 사이드 호자 이븐 셰이흐 알리 바하두르를 파견하여 그곳을 포위했다. 그리고 1393년 둘힛자월 24일 토요일(10월 31일)에 출발하여 셰이흐 사힙 카불 바흐룰[17]의 성묘를 순례한 후 티그리스강 상류로 나아갔다. 그다음 주 토요일에 가지스탄에 병영을 세웠을 때 사자를 보았다는 보고를 받고 사냥에 나섰다. 사자 다섯 마리를 잡아 다른 동물의 먹이로 준 후 일요일에 타크리트에 도착했다. 이때 모술의 아미르 야르알리와 아르빌의 하킴인 셰이흐 알리 오이라트가 공물과 함께 도착했다.

사힙키란은 병사들에게 사산왕조 시기에 건설된 타크리트 성채를 점령하라고 명령했다. 그곳의 왈리인 아미르 하산은 이제껏 어떤 왕에게도 복종하지 않았지만, 사힙키란의 소식을 듣고 동생을 파견하여 복종을 선언했다. 그러나 사힙키란이 하산 본인이 직접 출석하라고 요구하자, 그는 다시 저항을 선택했다. 이에 사힙키란의 군대는 노포와 투석기로 성채를 파괴했다. 화요일에 하산은 모친을 보냈지만, 사힙키란은 이번에도 직접 나오라고 명했다. 그날 사힙키란의 군대는 굴을 파고 탑을 무너뜨려 바깥 성채를 차지했다. 이에 아미르 하산이 내부 성채로 숨자, 사힙키란은 각 아미르와 병사들에게 구역을 할당하여 타

17　현자 바흐룰로 유명한 이 학자는 압바스 칼리프 하룬 알라시드(재위 786~809) 시대의 종교인이다.

바치로 하여금 성채 바닥에 굴을 파게 했다. 순식간에 성채 주변에 거친 체와 같은 구멍이 뚫리자 아미르 하산은 사람을 파견하여 죄를 인정하고 안전을 요청했다. 사힙키란은 이번에도 바깥으로 직접 나오라고 명했다.

아미르 하산은 형제와 논의하여 다시 저항을 선언했다. 이에 사힙키란도 파괴를 명하여, 비어 있는 기둥 끝마다 마른 장작과 기름을 가득 채워 무하람월 20일 수요일 밤에 불꽃을 피웠다. 성벽이 대부분 무너졌으며, 성채의 주민들이 널판과 목책을 쥐고 전투에 임했으나 역부족이었다. 아미르 하산은 그 성채 꼭대기로 피난했다. 사힙키란은 성채를 완전히 무너뜨려 그들을 몰살하고자 했는데, 성채의 백성들이 목숨을 탄원했다. 그러나 사힙키란은 단 한 명도 용서하지 않았고, 군사들이 산꼭대기로 올라가 성채를 점령한 후 아미르 하산을 끌고 왔다. 사힙키란은 백성과 병사를 분리한 후 병사들은 각 투만에 분배하여 처벌했으며 그들의 머리로 미나렛을 세웠다. 이 영광스러운 승리는 전술한 달의 25일 월요일에 발생했다. 사힙키란은 파괴된 요새의 벽 하나를 남겨두어 대대로 세상 사람들이 자신이 이룬 일을 볼 수 있게 하였다.

디야르바크르 원정과
아미르자다 우마르 셰이흐의 사망

1393년 사파르월 초 토요일(12월 7일)에 사힙키란은 하르비에서 포위망을 치고 사냥했다. 앞서 이라키 아랍과 부르야[18] 및 그 주변으로 보낸 샤자다들이 있었는데, 이들은 히자즈 상인들을 괴롭히던 사막의 아랍인 등 그 일대의 저항 세력을 공격했다. 아미르자다 미란샤는 바스라의 수호를 위해 사르베다르의 왕들을 배치했고, 샤트강[19]을 건너 아미르자다 무함마드 술탄에게 합류했다. 이들이 하르비로 귀환하자 사힙키란은 투르크멘 무리인 아크코윤루과 카라코윤루 연맹의 지도자에게 복종을 요구했다.

  사힙키란은 바그다드에 호자 마스우드 사브제바르를 남겨두고, 아미르자다 미란샤는 바그다드의 강 상류로 파견했다. 사힙키란 자신은 적의 경계를 누그러뜨리기 위해 본거지로 귀환한다는 소문을 냈으나 실제로는 디야르바크르[20] 방향으로 출발했다. 키르쿠트 성채에 도착했을 때 주민들이 복종하자, 사힙키란은 성채를 아미르 알리 모술리에게 소유르갈로 주고 그곳을 통과했다. 이 사이에 키질미르 알리 오이라트와 피르 알리와 자항기르가 사힙키란을 찾아와 복종했으며, 주변의 다른 아미르들도 자기 무리 및 성채의 수장들과 함께 와서 복속했다. 수요일에 아르빌에 도착했는데, 그곳의 왈리인 셰이흐 알리가 연회를 열고 공물을 바쳤다. 다음 날 그곳을 출발하여 잡강[21]에 병영을 세웠으며, 금요일에 강을 건너 모술로 향했다. 사힙키란은 모술에서 예언자 유누스와 게오르기우스[22]의 마자르를 순례하고 자

---

18 티그리스강 동안(東岸)의 바스라로 들어가는 강의 이름이다.
19 티그리스강과 유프라테스강이 하류에서 만나 샤트강을 이룬다.
20 튀르키예 동남부의 지역명으로, 카라코윤루와 아크코윤루의 본거지였다.
21 아르빌의 서북쪽을 가르는 대(大)잡강과 동남부를 흐르는 소(小)잡강을 의미한다.

선을 베풀었으며, 그곳에서 아미르자다 미란샤가 합류했다.

사힙키란은 모술의 왈리인 야르알리를 길잡이로 삼아 루하(산르우르파)로 향했는데, 도중에 마르딘의 왈리 술탄 이사가 사람을 파견하여 복속을 표했다. 이에 사힙키란은 사파르월 말에 마르딘 근교에 이르렀을 때, 군대를 이끌고 이집트와 시리아 원정에 참여하라고 그들에게 명했다. 그리고 라스 알아인으로 가서 군대를 파견하여 그곳에 있던 카라코윤루 세력을 약탈했다.

루하의 하킴 구잘은 사힙키란의 소식을 듣고 높은 산으로 피난했는데, 사힙키란은 그를 추격하여 약탈하고 포로로 삼았다. 그리고 도시로 들어가니, 도시 전체가 돌로 조각되어 니므롯의 건물이라 불렸다.[23] 예언자 이브라힘이 불길에 던져진 사건이 그곳에서 발생했고, 신의 명령으로 불길 가운데에서 흘러나왔다는 샘은 아직도 흐르고 있었다. 사힙키란은 그 샘에서 목욕재계하고 물을 마신 후 19일간 도시에 머물렀다. 그동안 자니드 투르크멘과 하산케이프의 왈리는 복종을 선언하고 안전을 청했으나, 마르딘의 하킴 술탄 이사는 오지 않고 변명을 둘러댔으므로 <u>1394년 라비 알아왈월 26일 목요일(1월 30일)</u>에 사힙키란은 마르딘으로 향했다. 이때 아르잔의 하킴 술탄 알리와 바트

---

22 전자는 성경의 요나에 해당하는 인물이며, 후자는 로마의 황제 디오클레티아누스의 박해 때 체포되어 사망한 로마의 군인 출신 기독교 성인이다.

23 니므롯은 성경에 등장하는 인물이다. 노아의 증손이자 함의 손자로, 사냥꾼으로 유명했다. 니네베에 커다란 성을 건설하고, 바벨탑 건설을 시작한 이도 그였다. 이슬람권에서는 니므롯 왕이 이브라힘을 불길에 던졌는데, 신이 불길을 물로 바꾸면서 이브라힘이 목숨을 건졌다고 알려져 있다. 그 샘은 현재 산르우르파의 명소인 발릭굘이다.

만의 하킴이 와서 복종하고 선물을 바쳤다. 자지라[24]의 하킴인 말릭 아즈 앗딘도 조공을 바치고 지세 및 군향[25]을 내기로 했다. 술탄 이사 또한 사힙키란의 진군 소식을 듣고 28일 토요일에 찾아와 용서를 청했다.

    사힙키란은 시리아와 이집트로 진격하기로 결정한 후, 시르잔을 포위하고 있던 아미르자다 우마르 셰이흐를 소환했다. 샤자다는 명령에 따라 일부 군대만 남기고 시라즈로 귀환했다가, 장비를 갖추고 디야르바크르로 출발했다. 그런데 슐레스탄을 통과하여 쿠르디스탄을 지나다 호르마투 성채에서 날아온 화살에 맞아 사망했다. 이 사건은 1394년 닭의 해 라비 알아왈월 한겨울(1~2월)에 발생했고, 그때 샤자다의 나이는 40세였다. 이 소식이 오르도에 전해졌을 때 사힙키란은 분노를 참고, 파르스 왕국과 그 부속 지역을 그의 자녀인 아미르자다 피르 무함마드에게 사여한 후, 그를 시라즈로 보냈다. 그리고 샤자다의 시신을 시라즈로 옮겨 가묘에 안치했다가, 부인들과 아미르자다의 아들인 이스칸다르가 키시로 옮겨 사힙키란의 건물 중 한 곳에 안장했다. 그 건물에는 샴스 앗딘 쿨라르의 마자르와 아미르 타라가이의 무덤이 있었고, 그 묘소의 좌측과 우측에 아미르자다 자항

---

24 메소포타미아로 알려진 티그리스강과 유프라테스강 사이의 지역 중에 타크리트를 경계로 북쪽은 자지라, 남쪽은 이라크라 불렀다. 본문은 특정 도시를 언급하는 것으로 보이는데, 9세기에 티그리스강 인공 섬에 지은 자지라(현 지즈레)를 지칭하는 것으로 보인다.

25 Taghār. 본래 토기, 커다란 토기 그릇을 가리키는 단어였는데, 거기에서 파생되어 여행 시에 먹는 음식을 의미했다. 피정복 도시의 군주에게 지세와 함께 여행 시에 먹을 음식을 부과했다는 것은 승전군이 먹을 음식을 요구했다는 뜻으로 보인다. 그러나 앞에서는 공성전에 사용하는 유독가스를 배출하는 화약을 담는 그릇을 의미하기도 했다.

기르와 다른 자녀들, 그리고 일부 가신들을 위한 무덤을 건설해 두었다.

사힙키란의 징세관과 군사가 마르딘으로 들어갔을 때 일부 도시 주민이 소란을 일으켰다. 그들을 조사하자, 말릭 이사가 성을 떠나며 절대로 도시를 바치지 말라고 말했음이 밝혀졌다. 사힙키란은 그를 잡아 가두었지만, 겨울이어서 마르딘을 포위하기 어려웠으므로 1394년 라비 알타니월 8일(2월 11일)에 그곳을 떠나 이스판지로 향했다. 주마다 알아왈월 10일 금요일 (3월 14일)에 사힙키란은 술타니야로 많은 선물을 보냈는데, 도중에 지말릭에서 셰이흐라는 자가 물건을 취하여 자지라로 달아났다. 사힙키란은 자지라의 하킴 말릭 아즈 앗딘에게 두 차례 사신을 보내 셰이흐를 내놓으라고 했으나 그가 거부하자, 직접 자지라로 향했다.

사힙키란은 주마다 알아왈월 13일 월요일(3월 17일)에 쿠바사르와 아무다를 통과하여 밤새 달렸고, 아침에 자지라에 도달하여 그 왕국을 장악하고 성채를 차지했다. 하킴 말릭 아즈 앗딘은 겨우 탈출했고, 사힙키란은 모든 전리품을 모술로 가져가 오르도에 전했다. 봄이 되자 사힙키란은 쿠릴타이를 열어 군사를 파악하고, 1394년 주마다 알타니월 첫날 금요일(4월 4일)에 마르딘으로 가서 그 황야와 산지의 모든 유목민을 약탈한 다음, 12일 화요일(4월 15일)에 마르딘 외각에서 도시를 포위했다. 다음 날 군대가 사다리로 성벽을 올라 도시를 점령했다. 적은 산속 성채인 샤흐바로 달아났으나, 사힙키란군은 그 성채의 대문까지 밀어닥쳤다. 이에 주민들이 공포에 떨며 안전을 청했고, 선물과 말을 바치며 지세와 봉사의 의무를 받아들였다.

아나톨리아 동부 원정과
아미르자다 울룩벡의 탄생

금요일 아침에 술타니야에 있던 사라이 말릭 하눔이 사신을 파견하여, 1394년 개의 해 주마다 알아왈월 19일 일요일(3월 22일), 잘랄리력으로는 파르바르딘월에 샤루흐의 자녀가 태어났다는 소식을 전했다. 이 소식을 듣고 사힙키란의 분노의 불꽃이 사그라들어 마르딘 주민에 대한 처벌을 사하고 징수했던 세금도 돌려주었다. 또한 이 지역을 술탄 이사의 형제인 술탄 살라흐에게 사여하고 야를릭을 탐가 인장으로 부여했다.

   토요일에 아미르자다 무함마드 술탄은 마이단 길로, 사힙키란은 수르의 길로, 아미르자다 미란샤는 자우사크의 길로 나누어 출발했다. 사힙키란이 샤트강 강변에 도달했을 때 아미르자다 미란샤를 티그리스강 상류로 파견하고 자신은 초지에서 사흘간 머물렀다. 이때 아미르자다 무함마드 술탄과 아미르자다 미란샤에게서 도시 아미드(현 튀르키예의 도시 디야르바크르)를 포함한 카라차키야 성채의 하미드 주민들이 복종하지 않는다는 소식이 도착했다. 이에 주마다 알타니월 23일 월요일(4월 26일)에 그곳으로 향했다. 그 성벽은 돌과 모르타르로 축조했고, 너비는 두 기병이 나란히 달릴 수 있을 정도로 넓었으며 두 층으로 되어 있는 데다 곳곳에 탑이 있었다. 사힙키란은 곧장 병영을 세우고 다음 날 전투를 벌였는데, 군대가 탑에 굴을 파고 올라가 이삼일 만에 성채를 점령했다. 사힙키란의 군대가 성 안으로 들어가 약탈하고 집을 불태우니 그곳의 병사들은 동굴로 피난했다. 이에 사힙키란의 군대는 성벽을 일부 파괴하고 알라탁으로 향했는데, 도중에 주변의 하킴과 수령, 귀족과 사령관들이 미흐라반평원으로 와서 복종하고 지세를 받아들였다. 사힙키란은 마야파르킨(실반), 바트만, 아쉬마를 통과한 후 높은 산맥을 지나 1394년 라잡월 15일 화요일(5월 17일)에 무시 황야에 안착했다. 그곳에서는 비틀리스의 하킴 핫지 샤라프가 복종하며 훌륭한 말을 바쳤다. 사힙키란은 원정 중에 반항한 우익의 투만장 벡 수피를 가두는 한편, 길을 조사하여 기록하게 했다.

　　사힙키란은 무함마드 다르비시 바룰라스를 알린작 성채 포위에 파견했다. 카라 유수프와 투르크멘군이 그곳에서 달아났으므로, 쿠릴타이를 열어 상의한 후 부르한 오글란 등을 수장으로 삼아 그들을 추격하기로 했다. 또한 아미르자다 미란샤를 파견하여 복종하지 않은 이들을 제거한 후 알린작 성채로 가서 그곳을 포위하게 했으며, 사힙키란은 나머지 군대를 모아 알라탁으로 향했다. 아흘라트 주변에 병영을 세웠을 때, 아달주즈의 하킴인 카간이 방문하여 선물을 바쳤으므로 아흘라트를 그에게 소유르갈로 주었다. 그리고 1394년 샤반월 2일 화요일(6월 3일)에 그 황야에서 사냥했다. 이때 술타니야에서 겨울을 보낸 부인들이 봄이 되자 타브리즈를 거쳐 알라탁으로 오고 있었는데, 사힙키란은 라잡월 25일 화요일에 아미르자다 샤루흐를 파견하여 마중했다. 샤자다는 나흘 후 마란드와 후이 사이에서 그들을 만났다. 사냥을 마친 사힙키란도 유수진을 두고 그들에게 갔다.

　　사힙키란은 티무르 호자 이븐 악크 부카를 알린작 성채로 파견했고, 자신은 월요일에 아이딘 성채로 향했다. 주민들이 복속을 표하고 여러 가지 물자를 바치며 안전을 요청했으므로, 사힙키란은 알라탁으로 되돌아왔다. 이때 에르진잔의 타하르탄이 사힙키란을 방문했으나 우니크의 하킴이었던 카라 무함마드의 아들 미스르는 오지 않았으므로 샤반월 16일 화요일(6월 17일)에 우니크로 출발했다. 알라시케르드초원과 쾩세탁[26]을 건너 이틀 뒤 우니크에 도착했다. 사힙키란은 아래 성채를 장악했고, 미스르는 예속민들과 산 위에 있는 성채로 달아났다. 사힙키란의 군대는 성채 사이에서 전투를 시작했다. 다음 날 미스르는 자신의 아들과 대리인을 파견하여 복종을 표하고 안전을 청했는데, 사힙키란은 미스르에게 성채에서 나오라고 명했다. 미스르는 그 말을 따르지 않고 전투를 재개했는데, 타하르탄이 충고하자 다시금 아들과 사령관인 사툴무쉬를 훌륭한 말과 함께 파견했다. 그러나 사힙키란은 그들을 수감하고 21일 일요일(6월 22일)에 다시 적을 공격했다. 다음 날 미스르의 아들에게 서신을 주어 부친에게 돌려보냈으나 미스르는 바깥으로 나오지 않았다. 이에 사힙키란은 투만장에게 명하여 방어벽 뒤에 서게 하고 투석기를 비롯한 공성전 도구, 노포와 화포, 투화기[27]를 준비했다. 수많은 집이 파괴되자 미스르의 모친이 나와 탄원했다. 사힙키란은 미스르를 내보내라 명하고 돌려보내니, 미스르는 재차 저항했다. 사힙키란은 성채 맞은편에 임시 망루를 높게 세운 뒤 투석기로 돌을 날렸다.

  1394년 라마단월 15일(7월 15일) 요새에 물이 부족해

26 반호의 북부, 아홀라트에서 약 130킬로미터 북쪽으로 떨어진 곳에 위치한 산. 실제 지명은 쾩세산이며, 푸른 산이라는 뜻이다.
27 철로 만들어졌고, 내부에 화약을 장전하여 불을 붙인 뒤 적에게 날리는 공성 도구이다.

지자 미스르와 그의 수하는 백성들을 바깥으로 내보내고 계속 저항했다. 이때 호자 샤힌을 비롯한 일부 용사가 성채의 발치에서 중간 지점으로 올라갔고, 성벽 아래에 도달하여 구멍을 내고 담벼락을 파내기 시작했다. 이를 본 미스르의 누케르와 백성들이 먼저 성채 바깥으로 나왔고, 결국 미스르도 수의를 목에 걸고 도검을 문 채로 이드 두 번째 날인 토요일에 성채 아래로 내려와 용서를 청했다. 사힙키란은 미스르와 마르딘의 하킴 술탄 이사를 술타니야로 데려갔다가 미스르는 다시 사마르칸트로 보냈다.

사힙키란은 우니크를 아미르 아틸미쉬에게 맡기고 일부 군사만 남겨둔 후 닷새 동안 연회를 베풀었다. 그리고 1394년 샤왈월 7일 목요일(8월 6일)에 출발하여 다음 날 한 평원에 안착했는데, 그때 사마르칸트에서 소식이 와서 자타가 왕국을 공격했다는 소식을 전했다. 사힙키란은 그 평원에서 여러 날 머무르다 18일 월요일(8월 17일)에 연회를 열어 타하르탄을 위무하고 에르진잔과 그 주변을 그에게 사여했다. 한편 아미르 지라크 이븐 자쿠는 아이딘 요새를 포위하고 있었는데, 요새의 하킴인 아미르 바야지드가 안전을 요청하며 군대를 철수시키면 바깥으로 나오겠다고 했다. 아미르 지라크가 요청을 받아들이자 바야지드는 밖으로 나와 직접 사힙키란에게 향했다. 사힙키란은 그를 위무하여 요새와 왕국을 주었고, 그의 군대는 전쟁에 소환했다.

조지아 원정과 이브라힘 술탄의 탄생

사힙키란은 부르한 오글란과 아미르 핫지 사이프 앗딘과 아미르 자한 샤와 우스만 바하두르를 조지아의 아크사카 방향으로 파견했고, 자신은 알라탁의 정글 길을 통해 조지아로 진군했다. 군대는 저항하는 이교도 무리를 약탈하고 사냥했다. 그리고 카르스에 도착하여 외곽의 황야에 자리 잡았는데, 꿈에서 왕자와 별을 보고 해몽가를 불렀다. 해몽가는 샤루흐에게서 손자를 얻을 것이라고 대답했다. 실제로 1394년 샤왈월 26일 화요일(8월 25일)에 아미르자다 샤루흐의 아들이 태어났다. 사라이 말릭 하눔이 사람을 파견하여 이 소식을 전했고, 샤자다와 부인들, 아미르와 노얀들은 금화를 머리 위에 뿌렸다.

사힙키란은 천문학자이자 산명천궁도[28]와 달력 산출의 담당자이며, 천문표와 아스트롤라베로 비밀을 풀었던 마울라나 압둘라 리산에게 아이의 탄생 시각을 이용하여 그의 운명을 조사하게 했다. 그는 새로 태어난 아기가 세계의 위대한 군주가 될 것이며, 이란과 투란의 세금을 획득하고 술레이만의 수도에 첫 번째로 도달할 것이라 예언했다. 통치 중인 왕의 운명을 자세히 기록할 수는 없으나, 태양의 집인 사자자리가 그의 미래를 가리키고 있었다. 아기의 영광스러운 이름은 이브라힘 술탄으로 정해졌고, 중간 이름은 할릴 알라흐만이 되었다.

사힙키란은 카르스를 출발하여 망굴초원에 안착했다. 이때 조지아 방향으로 파견되었던 아미르들이 많은 전리품을 가지고 돌아왔다. 사힙키란은 연회와 축제를 준비했고, 오르도와 천막과 차양을 2파르상에 걸쳐 펼쳤다. 기둥 40개를 세우고

---

[28] Zāycha. 황도 12궁 체제 및 5대 행성의 움직임에 관한 지식이 체계화되며 나타난 점성학의 일종이다. 한 개인이 태어난 당시의 천문 상황을 바탕으로 한 개인의 일생 전체를 점칠 수 있다고 한다.

차양을 씌운 후, 금으로 된 왕좌에 앉았다. 차양 아래 모여 있는 부인들의 보그탁은 보석의 무게로 인해 굽어졌으며, 음악가와 가수들, 아랍 말을 탄 전령들이 그 자리에 있었다. 술잔은 와인으로 가득했고, 아락(증류주)이 사방으로 운반되었으며, 어디에나 아름다운 여성들이 있었다. 샤자다와 아미르, 노얀과 정부의 중진, 대인과 귀족, 사이드와 물라와 울라마와 셰이흐 등이 모두 와서 찬양과 기도를 바쳤다.

사힙키란은 이브라힘 술탄을 투만 아가에게 맡겨 보호하도록 했으며, 아미르 우스만 바하두르가 그의 아타벡, 할리리 아시 사드킨 아가가 유모가 되었다. 축하의 의식이 마무리되자 사힙키란은 1394년 둘까다월 18일 화요일(9월 15일)에 망굴을 출발하여 산맥으로 향했다. 그리고 나흘 후 아침에 아미르자다 샤루흐에게 사마르칸트로 돌아가 그 지역을 장악하고 통치하라고 명령했다. 이때 그는 샤자다에게 다음과 같이 충고했다. "신을 경시하지 말고 예언자의 말씀을 외면하지 않으며, 백성이 이익을 얻도록 하고, 폭정을 행하는 자를 잡아들여 공정을 행하라. 또한 사람의 말에 대해 생각하고, 죄를 저지른 자에 대한 처벌에 고심하며, 탐욕스러운 이들의 이야기를 듣지 말라" 사라이 말릭 하눔과 투만 아가와 다른 아가 및 부인들 또한 유수진과 함께 술타니야로 향했다.

사힙키란은 다시 한번 조지아에 대한 성전을 결정했다. 사냥을 하며 조지아의 산길로 들어가서 그 지역 주민들을 제압하고 약탈했다. 카라칼칸릭이라는 토착 집단도 제압했는데 그들은 견고한 요새와 산지에 숨어 있었다. 전투에서 완벽하게 승리한 사힙키란은 조지아인들을 약탈하고 살해한 후 산지에서

초원으로 나갔다. 곧바로 티플리스로 갔다가, 사냥을 위해 샤키 초원으로 들어갔다. 며칠 동안 그 지역에 거주 천막을 세웠고, 바르타즈 지역 무리를 정복하기 위해 아미르 핫지 사이프 앗딘과 자한 샤 바하두르를 파견했다. 그들은 바르타즈산과 일대의 초원을 약탈하고 그 지역 사람들을 붙잡아 왔다. 한편 셰이흐 누르 앗딘 이븐 사르 부카는 산지로 파견되었는데, 그가 도착하자 사이드 알리 샤키 아룰라트가 달아났다. 이에 적들의 거주지를 파괴하고 약탈했다. 그사이에 우즈벡의 톡타미쉬 칸 군대가 알리 오글란과 일야스 오글란과 이사 벡과 야글리 비이 등을 수장으로 삼아 데르벤드를 통과하여 시르반왕국을 공격했다는 소식이 도착했다.

  사힙키란은 샤키에서 우즈벡을 향해 방향을 돌렸고, 전투 장비를 준비하여 진군했다. 이 상황을 안 톡타미쉬 칸은 지체 없이 되돌아갔다. 사힙키란은 쿠라강을 지나고 있었는데, 초원의 병사들이 달아났다는 소식이 전해지자 유르트치들에게 동영할 장소를 선택하라고 명했다. 그들은 마흐무드아바드[29]가 적절하다고 보고했고, 사힙키란은 그곳으로 가서 군대의 좌익과 우익 모두에게 투만별로 유르트를 배분했다. 사힙키란은 어린 자녀와 손자들을 걱정하여 술타니야에서 유수진을 소환했다. 아미르자다 미란샤 또한 알린작의 외곽에서 합류했는데, 이때 그에게 아들이 태어나 사힙키란이 이질이라는 이름을 주었다. 아미르자다 피르 무함마드 또한 명령에 따라 아미르들을 시라즈

---

29 Maḥmūd-Ābād. 함드알라 무스타파의 지리서 『마음의 기쁨』에 의하면 무간초원에 속한 지역이며, 가잔 칸이 이슬람으로 개종하였을 때의 그 이름을 따서 건설한 도시이다.

에 두고 군사들과 함께 오르도에 합류하여 겨울을 보냈다.

봄이 되자 사힙키란은 톡타미쉬 칸에게 재차 처벌을 내려, 그가 자기 영역의 경계를 넘지 못하게 하기로 했다. 군사들에게 사여를 내리고, 대부인들을 유수진과 함께 술타니야로 보냈다. 그중 사라이 말릭 하눔과 투만 아가는 어린 자녀들과 함께 사마르칸트로 가고, 출판 아가와 일부 부인들은 술타니야에 머물도록 했다. 그리고 무사 카말이 그들과 동행하여, 술타니야의 수장인 아키 이란 샤와 함께 그곳을 지배하도록 했다.

사힙키란은 1395년 주마다 알아왈월 7일 일요일(2월 28일)에 동북쪽으로 향했다. 튀르크 병사들의 관례에 따라 좌익이 먼저 진군했고, 사힙키란은 동영지에서 톡타미쉬 칸에게 서신을 썼다. 우선 그의 자만을 힐책하고, 그를 위해 힘썼던 과거 전투와 킵차크초원 원정을 상기시켰으며, 사힙키란이 이룩한 승리를 거론하며 그에게 경고한 후, 서신을 보면 지체 없이 평화와 전쟁 가운데 하나를 선택하라고 요구했다. 이 서신을 샴스 앗딘 알말리기가 톡타미쉬 칸에게 전했는데 그는 토라의 관습과 규율을 잘 아는 달변가였다. 그는 킵차크초원에서 톡타미쉬 칸에게 사힙키란의 서신과 말을 전했다. 톡타미쉬는 타협과 용서를 청하고자 했으나, 그의 아미르들이 이를 방해하여 결국 회신에 전쟁을 선택한다는 대답을 적었다. 알말리기는 쿨줌에서 5파르상 떨어진 사무르강[30]에서 사힙키란에 합류하여 답신을 바쳤는데, 그것을 본 사힙키란은 분노하여 군대의 열병을 명했다.

톡타미쉬 칸 원정과 러시아 공격

사무르강에서 샤힙키란의 모든 군대가 방어용 장막을 내려놓고 말에 올라 도열했다. 좌익의 수장이 있는 엘부르즈 산자락부터 우익의 수장이 있는 쿨줌의 해안까지 대열을 세워 정렬했고, 샤힙키란이 각 무리를 지날 때마다 군대는 무릎을 꿇고 보고하며 말을 바쳤다. 그 후 투만과 천호와 쿠슌 집단이 배정된 길을 따라 출정했다. 데르벤드를 지날 때, 엘부르즈 산자락에 톡타미쉬 칸을 지지하는 카이탁 부족이 있었다. 샤힙키란은 업무를 시작할 때 행하는 점술에 따라 이들을 공격하라고 명령했다. 군대는 1000명의 적을 모두 절멸시켰다. 톡타미쉬 칸이 파견한 사신 우르탁은 샤힙키란의 군대를 보고 급히 되돌아가 이 소식을 칸에게 알렸다. 톡타미쉬 칸은 카잔치를 전위로 세워 대규모 군대와 함께 파견했다. 샤힙키란은 타르키 지역에 자리했는데, 카잔치가 쿠이강으로 왔다는 소식을 듣고 선발한 군대와 밤새 진군하여 아침에 그를 공격했다. 그리고 다시 출발하여 사반즈강에 도달했다. 톡타미쉬 칸은 테레크강[30] 강변에 군대를 모으고 방어 장치를 전면에 배치했다. 그러나 샤힙키란의 군대가 테레크강을 건너자 톡타미쉬 칸은 저항을 포기하고 쿠라강[31]까지 후퇴해 나머지 군사를 모았다. 샤힙키란은 주라트로 가서 곡식을 거두고 휴식을 취했다. 이때 톡타미쉬 칸의 군대가 후방으로 다가오자,

---

30   현재의 아제르바이잔과 러시아 다게스탄공화국 사이를 가로지르는 강이다.
31   여기에 등장하는 쿠라강은 앞서 등장한 조지아와 아제르바이잔의 강(남부 캅카스)이 아니라 테레크강 북부, 현재의 러시아 스타브로폴 크라이에 위치한 강이다.

사힙키란도 군대를 몰고 그들에게 향했다. 1395년 돼지해 주마다 알타니월 22일 화요일(4월 14일)의 일이다.

사힙키란의 군대는 병영 주변에 해자를 이중으로 파고 울타리와 흙벽돌을 둘렀다. 군사들에게 움직이지 말고 야습을 경계하며 소리를 내지 말라고 경고했다. 역시나 그 밤에 톡타미쉬 칸이 야습을 시도했으나 적들이 아무런 소리를 내지 않자 두려워하여 돌아갔다. 주치 가문 출신의 이바즈 오굴은 이때 달아났다. 목요일 아침에 양측 군대가 다시 만났다. 사힙키란은 일곱 중군을 정렬시키고 가림막을 세웠으며, 선발대인 바하두르 앞에 보병들이 방어용 울타리를 쥐고 서 있게 했다. 아미르자다 무함마드 술탄을 대중군에 임명했고, 사힙키란 자신은 27개의 보충병 쿠슌과 함께 뒤에 서 있었다. 상대도 대열을 준비했으며 곧 전투가 시작됐다.

사힙키란의 아미르와 바하두르들이 각자의 자리에서 최선을 다하여 적군을 단번에 몰아냈다. 톡타미쉬 칸은 주치 가문의 샤자다, 아미르 및 노얀들과 함께 패주했고 많은 군사가 살해되었다. 사힙키란은 승리를 축하하며 금화를 머리 위로 던진 뒤 쿠라강에 병영을 세웠다. 그리고 이 승리에서 얻은 전리품을 유수진으로 보내고, 손에 상처를 입은 아미르자다 미란샤는 그곳에서 휴식을 취하게 한 뒤 직접 군사를 선별하여 톡타미쉬 칸을 추격했다. 투라투르 통로라 불리던 볼가강 유역에 이르렀을 때, 사힙키란은 진영에 있었던 우루스 칸의 아들 카비르 착 오글란에게 의복을 입혀 주치울루스 칸의 자리를 수여하고는 볼가강을 건너게 했다. 그를 위시한 주치 가문의 샤자다들은 흩어진 병사를 모아 울루스를 장악했으며, 사힙키란의 군대는 우케크까지

적을 추격하여 살해했다. 톡타미쉬 칸은 모든 것을 내려놓고 불가르에서 정글로 피신했다. 사힙키란은 킵차크초원의 모든 곳을 약탈했다. 한편 유수진을 이끌고 뒤따라온 아미르자다 미란샤는 율루쿨룩-우주쿨룩에서 합류했다. 사힙키란은 아미르자다 피르 무함마드를 6000명의 기병과 함께 시라즈로 돌려보냈고, 그의 투만에 있던 기야쓰 앗딘 타르칸은 사마르칸트로 파견했다.

  그들이 데르벤드를 지나 아르다빌에 이르렀을 때, 카라 유수프 투르크멘이 투르크멘 부족들을 소집하여 알라탁에서 후이로 출발했다는 소식이 전해졌다. 아미르자다 피르 무함마드는 타브리즈로 가서 병사들을 모았는데, 그곳에 남아 있던 샤자다 미란샤의 아미르들이 합류했다. 그들이 후이로 갔을 때, 카라 유수프의 정탐병이 카라다라[32]에 있다는 소식이 전해졌다. 아미르자다는 카라다라로 갔고, 정탐병은 도망하여 마히 고개에 있는 카라 유수프에게 갔다. 카라 유수프는 곧장 달아났으며, 아미르자다는 그의 뒤를 쫓아 마히 고개로 갔다. 아미르자다는 아미르들을 파견하여 그의 뒤를 쫓다가 찾을 수 없게 되자 돌아갔다. 그는 술타니야로 가서 칸자다를 만난 후 시라즈로 이동했다.

  사힙키란은 주치울루스의 우익을 공격하기로 결정하고 드네프르강으로 가면서 아미르 우스만을 정탐병으로 보냈다. 그는 만기르만(키예프)에서 벡 야룩 오글란과 우즈벡울루스의 일부를 약탈하고 장악했는데, 바시 티무르 오글란과 이크타드가 달아나 그들의 적이었던 히르무다울루스로 갔다. 그리고 이크타

---

32 아제르바이잔의 도시 졸파 부근에 있는 마을이다. 후이, 아르다빌 모두 아제르바이잔의 도시이다.

드의 투만은 룸의 아스라야카³³ 황야로 갔다.

사힙키란이 드네프르강에서 러시아로 방향을 바꾸자, 벡 야룩은 다시 한번 돈강을 우회했다. 사힙키란의 군대가 카라수³⁴의 도시 안퍄을 약탈하자, 벡 야룩은 백성과 자녀들을 버리고 달아났다. 한편 아미르자다 미란샤와 자한 샤 바하두르 등은 주치울루스의 우익을 다시 공격하여, 벡 호자와 운쿨의 모든 울루스를 살육하고 약탈했으며, 사라이와 러시아의 공국들도 약탈하여 수많은 물자를 얻었다. 사힙키란은 모스크바로 이동하여 그곳을 공격했고, 금은과 면직물, 비버와 담비류, 어민, 스라소니, 다람쥐와 여우 등을 획득했다. 아미르자다 무함마드 술탄은 쿠분치 부족의 정탐병을 포획했고, 쿠르부카와 푸를란과 유르쿤과 킬라치 등 황야를 떠돌던 이들을 약탈했다. 사힙키란은 길잡이를 앞세워 발참칸 방향으로 나아가 아조프 성벽에 다다랐는데, 돈강 강변을 장악한 아미르자다 미란샤가 그곳에서 합류했다. 아조프에서도 비무슬림들을 모두 죽이고 그들의 집을 약탈했다.

이후 사힙키란은 쿠반³⁵ 방향으로 진군했다. 체르케스인들이 이미 아조프와 쿠반 사이의 초지를 불태워, 사힙키란 군대의 가축이 길에서 죽게 되었다. 사힙키란은 쿠반에 도착한 후 아미르자다 무함마드 술탄과 미란샤 등을 파견하여 체르케스를 점령하도록 했다. 그들은 체르케스울루스 전체를 장악하고 약탈

---

33 다르다넬스(보스포루스) 해협을 지칭하는 단어이다.
34 Qarāsū. 크림반도의 부육카라수강(Biyuk-Karasu) 일대를 지칭한다.
35 Qūbān. 크림반도와 조지아 사이에 위치한 러시아 세베르스키 일대의 강 이름이자 그 지역의 이름이다.

한 뒤 전리품과 함께 돌아왔다. 그 후에는 엘부르즈산으로 향하여 나무를 넘어뜨려 길을 만든 후 아스 부족의 하킴인 부리부르디와 바라칸을 공격했다.

사힙키란은 유수진을 그곳에 남겨두고, 쿨라와 타부스로 향했다. 새 목적지는 엘부르즈산 위에 있는 견고한 성채였는데, 가는 길이 매우 험했다. 이에 사힙키란은 산에서 빠르고 민첩하기로 소문난 메르키트 부족을 소환하여 성채로 가는 길을 조사했다. 그들이 길을 찾지 못하자 이번에는 높은 사다리를 여럿 엮어서 첫 번째 중턱에 두고 바하두르들을 올라가게 한 다음 사다리를 끌어 올려 두 번째와 세 번째 중턱을 차례로 올라가게 했다. 이런 식으로 성채를 정복하고 그곳에 있던 아르쿠반 부족의 다수를 살해했다. 이후 군대는 주치울루스의 대아미르 우투르쿠가 숨어 있는 풀라드 성채로 가서 우투르쿠를 내보내라고 명했다. 그러나 풀라드가 거부하자 성전의 칼로 적들을 베었다. 우투르쿠는 달아나 엘부르즈산 계곡으로 갔으나 아미르자다 미란샤의 추격을 받고 아바사로 도망쳤다. 사힙키란도 그곳으로 가서 그를 붙잡아 가두고 주변을 약탈한 후, 며칠 동안 바시탁에 머물렀다.

호르무즈 원정과 사마르칸트로의 귀환

사힙키란이 삼삼으로 나아가 그곳 울루스 전체를 점령하니 기유르 칸의 아들 무함마드가 복종하여 어전에 출석했다. 그 왕국 주민 중 일부는 산으로 도망갔는데, 사힙키란이 친히 그 산으로 올라가 모든 성채를 장악하고 교회를 파괴했으며 사람들을 살해했다. 이후 사힙키란은 아바하르 산자락과 비시켄트로 나아가 복속한 주민들에게 그 지역을 소유르갈로 제공하고 안전을 보장했다. 그곳을 통과한 후 사힙키란은 주투르와 카자크 지역을 공격하여 산지에 떠도는 이들을 약탈하고, 부가즈쿰에서 동영했다. 그곳의 맘카투와 카지 쿠무크 주민들은 사힙키란에 복종하여 호의를 얻었지만, 섬에 사는 발릭치 중에 강을 믿고 복종하지 않은 이들에게는 군대를 파견했다. 용사들이 얼어붙은 강을 건너 그들을 처단했다.

사힙키란의 가신 중에 우마르 이븐 타반이 핫지 타르한(아스트라한)을 장악했을 때, 그곳의 대인인 무함마디가 반항했다. 그 내용을 보고받은 사힙키란은 핫지 타르한과 사라이의 파괴와 절멸을 목표로 삼아, 유수진을 남겨두고 친히 눈을 짓밟으며 진격했다. 볼가강 강변에 위치한 핫지 타르한은 강이 성벽의 일부를 대신하고 있었고, 특히 겨울에는 얼음을 쌓아 벽체를 더욱 단단하게 만들었다. 사힙키란이 성 가까이 가자 무함마디가 마중을 나왔다. 사힙키란은 그를 아미르자다 피르 무함마드 등과 함께 사라이로 파견했고, 핫지 타르한의 물자를 조사한 후 모두를 약탈했다. 이후 샤자다가 무함마디를 볼가강에 빠뜨려 익사시켰다. 그리고 사라이로 가서 그 지역의 부족과 유목민을 약탈하고 붙잡아 왔다. 이는 초원의 군대가 카잔 술탄 칸의 잔지르사라이를 파괴한 것에 대한 보복이었다. 그들은 핫지 타르한의 모든 주민을 이주시키고 도시를 불태운 후 동영지로 귀환했다. 이때 추위가 극심하여 사힙키란군의 가축이 얼어 죽으면서 소 한 마리가 100디나르, 양 한 마리가 250디나르보다 비싸졌다.

이를 안 사힙키란은 핫지 타르한에서 얻은 전리품을 군사들에게 사여했다.

　　　　이렇게 쿨줌의 초원과 주치울루스의 좌우익, 우케크와 마자르[36]와 러시아와 체르케스와 바쉬키르트와 모스크바와 발참칸과 크림과 아조프와 쿠반과 알란 등지를 장악한 후, 1396년 쥐해의 초봄에 부가즈쿰 동영지를 출발하여 데르벤드와 아제르바이잔으로 방향을 돌렸다. 테레크강을 건너 타르키에 이르렀을 때, 사힙키란은 유수진을 떠나 군대를 이끌고 우쉬쿠자로 향했다. 우쉬쿠자를 포위하고 주변을 약탈했는데, 이때 카지 쿠무크와 아바하르에서 슈칼이 3000명과 함께 우쉬쿠자의 주민들을 도우러 왔다. 사힙키란은 그들을 공격하여 대부분을 살해했고, 살아남은 일부에게는 이교도를 도운 죄를 물어 칼란타르와 대인들의 출석을 요구했다. 그리고 되돌아와 우쉬쿠자를 장악하고 이교도들을 살해했다. 카지 쿠무크와 아바하르의 칼란타르들이 어전에 출석하여 잘못을 인정하고 용서를 청했다. 사힙키란은 그들에게 이교도와의 성전을 명하고는 용서하여 돌려보냈다. 그리고 나르기스로 가서 그곳을 차지하고 약탈한 후, 성채를 무너뜨렸다. 그 일대의 이교도들은 산 중턱과 동굴의 구멍 및 갈라진 틈에 피신해 있었는데 그들을 모두 절멸시켰고, 미카 성채와 발루 성채와 다르크루 성채에도 같은 운명을 안겼다.

　　　　이렇게 엘부르즈산 너머의 성채와 북쪽 지역의 이교도들을 점령한 후 사힙키란은 유수진으로 귀환했다. 모든 자라가

36　오늘날 헝가리인의 기원이 되는 마자르족을 가리킨다.

란[37] 지역 주민들이 복종하여 갑옷과 투구를 바쳤다. 사힙키란은 바쿠의 데르벤드에 성채를 건설하도록 명했다.

　　　　시르반의 왈리로 이 여행에 동행했던 셰이흐 이브라힘이 며칠 일찍 샤브란으로 가서 음식과 선물을 준비했다. 사힙키란은 그곳을 출발하여 샤마히를 건너 쿠라강 강변에 병영을 세웠다. 그곳에서 셰이흐 이브라힘에게 시르반 지역을 사여하고, 그에게 데르벤드를 보호하며 변경의 상황에 주시할 것을 명했다. 그리고 쿠라강을 건너 아크탐으로 갔다. 사힙키란은 아미르자다 미란샤에게 아제르바이잔 수도와 바쿠의 데르벤드에서 바그다드, 하마단, 룸의 왕국까지 통치하게 하는 한편, 알린작 요새를 포위하라고 명했다. 그리하여 후라산에 있던 샤자다의 예속민과 그 가족들이 아제르바이잔으로 이주했다. 샤자다의 우익은 카라바그와 나흐츠반에서 우니크까지 유르트를 세웠고, 좌익은 수크불락과 다르가진에서 하마단까지 자리했다.

　　　　한편 사힙키란이 원정하는 동안 시르잔 성채는 샤 샤한과 시스탄 군대가 포위하고 있었다. 적들은 궁지에 몰려 성채를 바쳤고 성주 구드라즈는 화살에 맡겨졌다. 이후 사힙키란이 야즈드의 다루가였던 타무크 카우친을 원정에 동원하자, 그의 누케르가 그곳을 보호했다. 그러나 원정 기간이 길어지자 무자파르왕국의 잔존 세력 중 야즈드에 근거한 술탄 무함마드 이븐 아부 사이드 타바시와 일부 후라산인이 타무크의 대리인 및 야즈드의 대인과 귀족 일부를 살해했다. 그때 2년 치 세금이 디반

37　Jarahgharān. 데르벤드 및 시르반 근처의 지역명으로 '갑옷을 만드는 사람'이라는 뜻이다.

4장. 이란 남서부와 이라크, 캅카스를 넘은 5년 원정

의 창고에 쌓여 있었고, 사라이 말릭 하눔이 야즈드에서 구매한 상당량의 면직물도 아직 운반하지 않은 상태였다. 후라산인들은 그것을 차지하여 사람들에게 나누어주었다. 이에 수많은 사람이 그들을 추종하며 모여들었다.

아미르자다 피르 무함마드 이븐 우마르 셰이흐는 시라즈에서 군사들과 함께 진격했고, 이스파한과 키르만, 후라산 쿠히스탄의 다루가들도 야즈드의 문으로 와서 도시를 포위했다. 사힙키란이 이 소식을 듣고 아미르자다 피르 무함마드 이븐 자항기르 등을 파견했다. 이들이 도착했을 때 야즈드 주변에는 초원이 작았으므로, 군사들은 시라즈 부근의 쿠슈키 자르 하영지와 이스파한에 말을 두고 걸어서 야즈드로 가야 했다.

사힙키란은 아르다빌에서 아미르 셰이흐 누르 앗딘을 시라즈로 파견하여 파르스의 세금을 거두게 하고, 그곳에 있던 아미르 순작은 오르도로 불렀다. 또한 일전에 사힙키란이 아미르 마지드 바룰라스를 니하반드의 왈리로 파견했는데, 바흐룰이라는 누케르가 아미르를 살해하여 니하반드를 얻은 후 저항을 준비했다. 술타니야에서는 마르딘의 하킴을 석방한 뒤 마르딘을 지배하게 했고, 아미르자다 술탄 후세인을 니하반드로 파견하여 바흐룰을 공격하게 했다. 아미르자다가 바흐룰을 붙잡아 불에 태우자, 이번에는 슈슈타르로 가서 루리스탄의 노상강도들을 절멸하라는 명령이 내려졌다. 사힙키란은 하마단으로 가서 라마단월(1396년 6~7월)을 기도와 단식으로 보내고 이드 축제를 행한 후, 아미르자다 무함마드 술탄과 여러 아미르를 시라즈로 파견하여 그곳을 통치하는 한편 호르무즈와 모든 해안 도시를 점령하라고 명령했다.

야즈드에서 승리의 소식이 전해졌을 때, 사힙키란은 전술한 2년 치 세금이나 안전을 담보하는 세금을 요구하지 않았다. 야즈드를 점령한 샤자다들을 귀환시킨 사힙키란은 쥐해인 1396년 샤왈월 11일 월요일(7월 18일)에 하마단을 출발했다. 초원에서 사냥한 후, 사힙키란은 유수진에서 나와 바라민으로 갔다. 알린작에서 소환한 아미르자다 루스탐을 그곳에서 만나서 시라즈로 파견했다. 또한 사마르칸트에 있던 샤루흐에게 타바치를 파견하고, 아미르자다 아부 바크르는 오르도로 소환했다. 사힙키란이 바스탐에 도착하자 아미르자다 아부 바크르가 합류했는데, 곧바로 그에게 10만 디나르-케베키와 훌륭한 종마를 주어 타브리즈로 파견했다.

사힙키란은 후라산에서 지역마다 백성들의 상황을 확인하고 폭정을 행한 관리를 처벌한 후, 아무다리야강을 건너 후자르에 도달했다. 여러 부인과 샤자다가 마중을 나왔고, 그들과 함께 키시로 가서 악크 사라이로 들어갔다. 샴스 앗딘 쿨라르의 성묘를 순례하고, 가족의 무덤을 돌본 후 키시산맥을 통과하여 사마르칸트에 도착했다. 사힙키란은 종교인들의 성묘를 방문하고 자선을 베푼 다음, 연회를 즐겼다. 그리고 도시와 백성에 관한 업무를 시작하여 종교인들에게 전리품을 사여하고 악행을 저지른 이들을 처벌한 후, 백성들에게 3년 치 지세를 사여했다. 그해 겨울에 사힙키란은 사마르칸트의 요새인 쾩 사라이에 머물렀으며, 이때 아미르자다 피르 무함마드 이븐 우마르 셰이흐를 시라즈로 파견했다. 그리고 다음 해 여름에는 키시 주변의 술탄 아르투즈에서 하영했다.

정원과 성의 보수 및 모굴칸국과의 혼담

초봄에 사힙키란은 사마르칸트 거주지 북부에 있던 '북쪽 정원'으로 이동하여 오르도를 세웠다. 그는 이 정원을 아미르자다 미란샤의 딸 빅시 술탄에게 주었다. 파르스와 이라크와 아제르바이잔에서 온 건축가들이 설계도를 그리고, 점성술사들이 시공의 때를 결정하여 소해인 1397년 주마다 알아왈월(2월)에 기초를 세웠다. 한 달 반 동안 사힙키란이 친히 업무를 돌보았는데, 타브리즈에서 온 대리석으로 기둥을 세웠고, 벽의 표면에는 라피스 라줄리와 금으로 그림을 그렸다. 뜰의 바닥은 대리석과 '빛의 산'[38]이라는 다이아몬드로 완성했으며, 바닥과 외부 담장은 타일로 장식했다.

사힙키란은 샤자다 샤루흐에게 군주의 자리인 일곱 기후대[39]의 중간에 있는 후라산을 사여하기로 했다. 그리하여 북쪽 정원에서 이루어진 연회 도중에 후라산과 시스탄과 마잔다란에서 피루즈 쿠흐와 라이까지를 샤루흐에게 사여했다. 아미르 술레이만 샤와 아미르 미즈랍 이븐 자쿠와 사이드 호자 이븐 셰이흐 알리 바하두르와 압둘 사마드 이븐 핫지 사이프 앗딘과 후세

---

38 Kūh-i Nūr. 현재 이 이름을 지닌 다이아몬드는 인도 광산에서 채굴되어 영국 왕실의 여성 구성원 왕관에 사용된, 세계에서 가장 큰 다이아몬드이다. 아마도 중·근세에 페르시아 문화권에서 거대한 다이아몬드를 이와 같은 이름으로 부른 것으로 보인다.

39 그리스-로마의 지리천문학 전통 중에 프톨레마이오스에서 비롯된 '일곱 기후대' 개념이 있다. 이는 적도를 기준으로 지구를 일곱 개의 위도 기후대로 구분하는 것이다. 아리스토텔레스의 다섯 개 기후대 개념이 성행하였던 유럽과는 달리, 프톨레마이오스의 일곱 개 기후대 개념을 받아들인 이슬람 지리천문학자들은 이 개념으로 세계 각 지역의 위치를 비정했다.

인 잔다르와 말리카트 및 그의 아들 자한 말릭, 피르 무함마드 바룰라스와 기야쓰 앗딘의 아들 중 알리 타르칸, 후세인 수피와 카우친 중 투플라크와 케펙치 유르트치와 타가이 마르칸과 울제이 부카 무찰카치와 셰이흐 알리와 미라크, 그리고 각 투만의 일부로 하여금 집안 전체가 그와 동행하도록 명했다. 그리고 다른 아미르들은 각기 아들이나 형제를 (샤자다와) 동행하게 했다.

샤자다는 1397년 샤반월(4~5월)에 강을 건너 안드후드에 도착했고, 다시 나아가 치첵투에 이르렀을 때 아미르 악크 부카가 헤라트의 사이드와 울라마, 아얀 및 대인들과 함께 마중했다. 샤반월의 마지막 날(5월 28일)에 샤자다는 헤라트 외곽의 카흐디스탄 초지에 안착했으며, 라마단을 보낸 후 도시로 들어가 자간 정원[40]을 거주지로 삼았다. 후라산과 마잔다란과 시스탄의 왈리와 하킴들이 샤자다의 어전으로 와서 조공을 바쳤다. 그해 마지막인 1397년 둘힛자월 21일 금요일(9월 15일) 밤, 쌍둥이자리가 상승점이었을 때 샤자다에게서 아들이 태어났다. 그에게는 바이송코르라는 이름을 주었다. 한편 사힙키란은 샤반월에 샤흐리사브즈로 출발했다. 그곳의 초원에서 시간을 보낸 후 악크 사라이로 가서 1397년 라마단월(5~6월)을 보냈다. 그리고 그곳을 떠나 하영지인 술탄 아르투즈로 갔다.

5년 원정 도중에 아미르자다 자항기르의 아들인 무함마드 술탄은 호르무즈로 향했다. 아미르들과 상의하여 자신은 다랍지르드와 타룸의 길로 갔고, 우익인 아미르자다 루스탐 이븐 우마르 셰이흐는 아미르 샤 말릭과 함께 카르진과 팔의 길을

---

40 헤라트 도시 바깥에 위치한 정원으로, 과거 구르칸의 거주지였다.

통해 해변으로 나아갔다. 아미르 잘랄 이븐 하미드와 아르군 샤 아크타치와 바얀 티무르 이븐 벡직 자타는 자룸과 라르의 길로 갔고, 좌익에서는 이드쿠 바룰라스가 키르만에서 출발하여 키즈와 마크란을 공격하고 수많은 전리품을 얻었다. 옛 호르무즈[41]에 이르렀을 때, 그들은 주변의 일곱 성채를 점령하고 파괴했다. 첫 번째 성채인 탕기진단을 약탈한 후 쿠쉬카크로 가서 파괴했다. 그다음엔 샤밀 성채를 파괴하고 미나 성채를 불태웠다. 마누잔과 티지르크와 타지안 성채도 점령했다.

결국 호르무즈의 말릭 무함마드 샤가 복속하고 안전을 요청했으며 통행세와 세금을 수용했는데, 매년 300만 디나르씩 4년 치를 내기로 했다. 아미르자다 무함마드 술탄은 이드쿠의 형제인 누르 말릭 바룰라스를 파견하여 그 겨울에 지루프트에 머무르면서 숨어 있는 적을 잡아 시라즈로 보내게 했다. 그리고 후지스탄으로 나아가 루리스탄까지 장악한 후, 부루지르드와 하마단을 거쳐 사마르칸트로 와서 술탄 아르투즈에서 어전에 합류했다. 이때 칸자다가 타브리즈에서 사마르칸트로 왔는데, 자녀인 무함마드 술탄이 마중나왔다.

사힙키란은 자기 자신과 자손들을 위해 히즈르 호자 오글란의 아들인 샤미 자한에게 예복과 소유르갈을 주어 부친에게 파견했고, 그의 누이에게 청혼했다. 그리고 사마르칸트 외곽의 캉굴초원에 병영을 세웠는데, 이때 헤라트에서 말라카트 아가[42]가 도착했다. 사힙키란은 연회를 준비하고 오르도를 세웠으

---

41 13세기까지 이란 남부 해안의 주요 항구인 호르무즈는 육지에 있었으나, 주변과의 갈등으로 인해 섬으로 이주했다. 그러므로 '옛 호르무즈'는 이주 전에 육지에 있던 호르무즈 항구를 지칭한다.

며, 샤자다와 술탄들, 대인과 귀족들을 지위에 따라 앉혔다. 부인들은 보그탁을 머리에 얹고 금으로 지은 옷을 입었다. 호자 압둘 카디르는 우드를 연주하며 허밍으로 노래를 불렀다. 3개월간 기쁨을 누린 후 샤리아의 관례에 따라 빅시 술탄과 아미르자다 이스칸다르를 결혼시켰다. 그 후 칸자다는 타브리즈로 돌아갔다.

1397년 가을에 사힙키란은 명령을 내려, 캉굴초원 옆에 정원을 세우게 했다. 온 왕국의 기술자들과 건축가들이 상서로운 때에 지시를 받들어 정원의 기초를 세웠다. 건물은 각 변이 1500가즈-샤리아[43]였는데, 네 기둥 사이에 대문을 만들고 아치를 지붕에 고정했으며 타일로 장식했다. 또한 정원 바닥은 기하학적으로 분할하고, 과실수와 꽃과 나무로 장식했다. 이곳을 딜구샤 정원이라 불렀으며, 사힙키란은 그곳에 히즈르 호자 오글란의 딸 투칼 하눔의 이름을 붙였다.

정원을 완성한 후 사힙키란은 시르다리야강을 건너 아항가란과 치나즈 마을 가까이에 병영을 세우고 동영했다. 그는 야시 마을의 셰이흐 아흐마드 야사비[44] 성묘로 가서 성묘를 재

---

[42] 차가타이울루스 두아 칸의 형 벡 티무르의 4대손으로, 샤루흐의 서장자 우마르 셰이흐의 네 아들을 낳은 후 샤루흐와 재혼했다. 이때 사마르칸트를 방문한 이유는 아들인 아미르자다 이스칸다르의 혼인 때문으로 보인다. 이스칸다르와 결혼한 빅시 술탄은 칸자다의 딸이다.

[43] Ghaz-i Shar'ī. 페르시아 이슬람권의 길이 단위이다. 가즈의 길이는 시대에 따라 다르며, 가즈-샤리아는 가잔 칸이 정한 길이이다. 이것의 길이가 정확히 얼마인지는 밝혀지지 않았으나, 혼다 미노부(本田實信)는 13세기에는 약 68센티미터였다고 하였다. 한편 데흐호다(Dikhhudā) 사전에서는 이 단위를 중동의 오랜 길이 단위인 완척(Zar')과 상응하는 것으로 보았다. 이것은 팔꿈치부터 중지 끝까지의 길이를 의미하며, 대체로 45~50센티미터에 해당한다.

[44] 11세기 말 사이람 출신의 튀르크어 시인이자 수피 스승. 당시 튀르크의 영

건하기로 약속하고 그 일을 마울라나 우베이둘라 사드르에게 맡겼다. 사힙키란이 성묘에 자선을 베풀고 귀환했을 때, 투칼 하눔이 1397년 라비 알아왈월 첫날 수요일(11월 22일)에 도착했다. 연회를 베풀고 카디와 울라마를 불러 샤리아에 따른 혼인 계약을 맺었다.

한편 키타이에서 통쿠즈 칸[45]의 사신들이 조공을 바치고 서신의 내용을 고했으며 귀환의 허락을 얻었다. 사힙키란은 아미르자다 무함마드 술탄을 4만 명의 기병과 함께 모굴리스탄 변경에 파견하여 아시파라에 성채와 건물을 짓고 농산물을 증산하게 했다. 그리고 동영지에서 나와 시르다리야강을 건너 사마르칸트로 갔다. 며칠 후 그는 키시로 향했는데, 도중에 어떤 산에 정원을 세우고, 산꼭대기에는 궁정을 세우게 했다. 그곳의 이름은 타호트 카라차였다. 이때 아미르자다 샤루흐가 아스타라바드의 동영지에서 마한의 길로 와서 합류했다. 사힙키란은 키시를 거쳐 일치발릭에 자리했고, 며칠간 자신의 옛 유르트에서 시간을 보냈다.

역과 경계를 이루던 시르다리야강 유역에서 이슬람이 전파되고 수피 교단이 성장하는 데 큰 영향을 끼쳤다. 그의 니스바인 '야시'는 현 카자흐스탄의 도시 투르키스탄에 해당한다.

45 당시 중국 명나라의 황제였던 홍무제를 '통쿠즈(돼지) 칸'이라 지칭했다. 티무르조의 역사서에는 홍무제의 사신이 귀환했다고 되어 있으나, 실제로는 구류되었다가 티무르가 사망한 후 귀환했다.

5장.

인더스강을 넘어 델리와 갠지스강까지, 인도 원정

티무르는 5년 원정 전후로 여러 자손에게 영토를 나누어 맡겼다. 카불에서 인더스강 유역 '성전사 마흐무드의 왕국'에 이르는 땅은 요절한 적자 자항기르의 둘째 아들 피르 무함마드가, 파르스왕국은 서장자 우마르 셰이흐가, 아제르바이잔의 '훌레구 칸 울루스'는 셋째 아들 미란샤가, 그리고 후라산과 마잔다란에서 라이까지는 막내아들인 샤루흐가 맡았다. 중간에 우마르 셰이흐가 사망하자, 그의 장자인 무함마드 술탄을 파르스에 임명했다.

　5년 원정에서 돌아왔을 때 명에서 홍무제의 사신이 도착했는데, 티무르는 이를 계기로 중국 원정을 준비하기 시작했다. 그러나 신드 공략을 맡긴 피르 무함마드가 물탄에서 델리술탄국 쿠틀룩조의 군대와 답보 상태에 빠지자, 티무르는 1398년에 힌두스탄 원정을 시작했다. 그의 군대는 하와크 길을 통해 힌두쿠시산맥을 넘어 카불로 들어선 후, 쿠람계곡을 통해 신드 지역으로 진격했다.

　당시 북인도에는 중앙아시아에서 온 튀르크계 무슬림 군사 엘리트가 세운 델리술탄국과, 델리에서 파견한 총독이 통치하는 여러 지방 술탄국이 있었다. 또한 인도 전역에는 크고 작은 힌두 정권이 자리하고 있었고, 아프간계 혹은 토착 유목 세력도 인도 곳곳을 유랑하고 있었다. 티무르는 델리로 가서 술탄을 복속시킨 후, 북쪽 경로로 귀환하면서 카슈미르를 복속시키고 펀자브의 유력 부족인 코카르부를 공격했다.

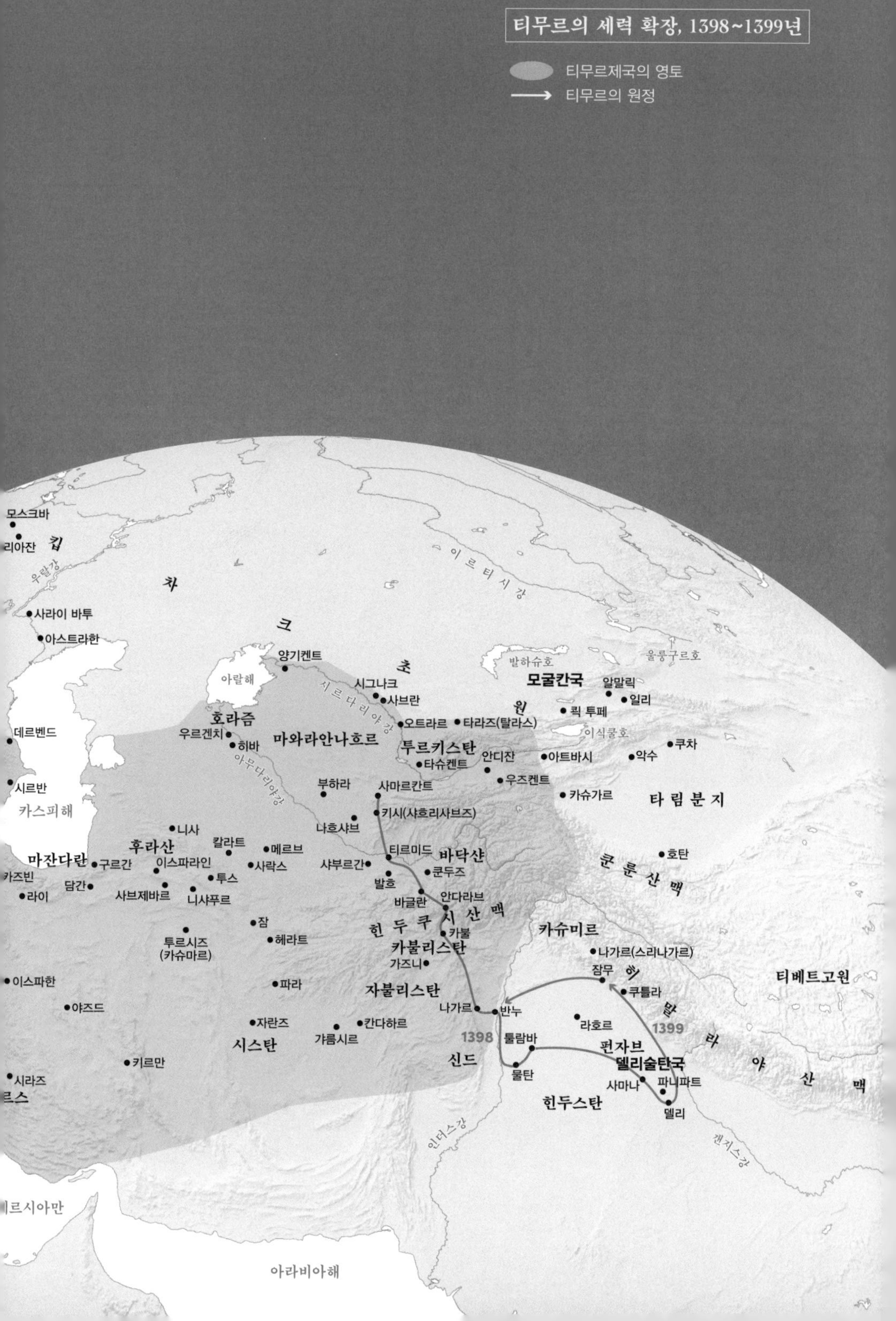

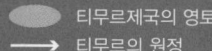

티무르가 인도를 원정한 이유와
아프간으로의 진격

사힙키란에게 쿤두즈와 바글란과 카불과 가즈니와 칸다하르에서 힌두스탄까지를 사여받은 샤자다 피르 무함마드 이븐 자항기르는 다른 도시를 획득하기 위해 군대와 노약들과 함께 출정했다. 슐레이만산의 아프간인을 공격하고 인더스강을 건너, 우차를 차지하고 물탄에 도착했다. 그리고 물탄을 포위했는데 그곳의 하킴은 말루의 큰형인 사랑이었다. (델리술탄국의) 술탄 피루즈 샤의 사후, 여러 아미르 중 이 두 형제가 득세하여 피루즈 샤의 손자인 술탄 마흐무드 샤를 왕위에 앉히고 힌두스탄의 지배권을 손에 넣었다. 이때 말루는 술탄 마흐무드 샤와 함께 델리에 있었고 사랑은 물탄에 있었다. 물탄에서 전투가 시작됐다는 소식이 전해졌을 때, 사힙키란은 우상 숭배자를 제거하기 위한 키타이 원정을 결정하고 군대를 소집한 상태였다. 그러나 그는 먼저 힌두스탄의 이교도들을 상대로 성전을 치르기로 결정했다.

　　　　　범해인 1398년 라잡월(3~4월)에 사힙키란은 힌두스탄으로 출발하면서 아미르자다 미란샤의 아들 아미르자다 우마르를 사마르칸트에 남겨두었다. 사힙키란은 티르미드에 도착하여 아무다리야강을 건넜고, 쿨름을 거쳐 가즈닉과 사만칸 길을 통해 바글란과 여러 산맥을 지나, 안다라브에 병영을 세웠다. 이때 그 지역 주민들이 사힙키란에게 도움을 청했다. 카트와르와 시야흐 푸샨[1]이란 이교도가 매년 물자와 통행세, 지세를 요구하며 사람들을 살해하거나 포로로 데려갔다는 것이다. 이에 사힙키란은 아미르자다 샤루흐를 유수진과 함께 하영지인 구난에 두고 자신은 군사 열 명당 세 명을 선발하여 진격했다. 파리안에 안착했을 때 아미르자다 루스탐을 시야흐 푸샨에게 파견했고, 자신은 재차 진격했다. 하와크에 이르러 그곳의 파괴된 성채를 재건하라고 명했다. 그리고 군사들은 말에서 내리게 한 뒤 카트와르 산으로 보냈다. 이교도들이 계곡 안에 숨어 있었기 때문이다. 군사들은 로프를 이용하거나 눈 위를 굴러서 아래로 내려갔다. 이교도들은 나체였고, 페르시아어도 튀르크어도 힌두어도 아닌 다른 언어를 썼다. 그들은 하루 전에 군대의 도착을 알고 강을 건너 높은 산 위의 동굴에 들어가 있었다. 사힙키란의 군대가 적을 몰아붙이니 나흘 만에 항복하여 무슬림이 되겠다고 선언했다. 그러나 그들은 변심하여 밤에 다시 사힙키란의 병영을 급습했고, 이에 사힙키란의 군대는 산으로 올라가 남자들은 칼로 베고 아이들과 부인들은 포로로 삼았다. 이 사건은 1398년 라마단월(5~6월)에 발생했는데, 그곳에 있던 돌에 날짜와 함께 승리의 소식을 기록했다.[2]

---

1 카트와르와 시야흐 푸샨 모두 카피리스탄(현 아프가니스탄 누리스탄주)에 거주하는 원주민이다.
2 이 비문에 관한 이야기는 카피리스탄이 외부인에게 개방된 19세기 말부터 이곳을 방문한 여러 서양인 여행자에 의해 전설처럼 전해졌다. 또한 19세기 후반 아프가니스탄 아미르 압둘라흐만 칸의 일대기에도 이 비문에 관한 기록이 있다. 그러나 현재는 현물은 찾을 수 없다.

한편 시야흐 푸샨에게 갔던 아미르자다 루스탐에게 소식이 없자, 카트와르인을 길잡이로 세우고 무함마드 아자드 휘하의 튀르크인과 타직인 400명을 파견하여 상황을 조사하게 했다. 조사에 따르면 그들은 산을 넘어 시야흐 푸샨의 성채에 도달했는데, 그 직전에 시야흐 푸샨이 계곡에서 매복하여 아미르자다의 군대를 공격한 것이었다. 이때 아미르자다 루스탐과 함께 파견된 부르한 오글란은 칭기스 칸 가문인 키야트 씨족답지 않게 전투에서 달아났다. 사힙키란은 카트와르에서 승리한 후 계곡 바깥으로 나가는 길을 찾아 하와크로 돌아왔다. 그리고 재건한 성채에 병사를 배치한 후 말을 타고 유수진으로 귀환했다. 사힙키란은 돌아온 부르한 오글란을 질책하여 처벌했고, 아미르자다 샤루흐에게 후라산으로의 귀환을 명한 후 군대를 이끌고 카불로 향했다. 힌두쿠시산맥을 올라 판즈시르를 건너, 카불에서 약 5파르상 거리에 있는 바란초원에 안착했다. 사힙키란은 백성들을 위해 구르반드강[3]에 수로를 파도록 명했으니, 그것을 (물고기를 잡는 개울이란 뜻의) '마히기르 개울'이라 불렀다. 그 후에 여러 중요한 마을이 그 강가에 건설되었다.

사힙키란이 카불에 도착하여 두린초원에 병영을 세웠을 때, 힌두스탄의 대아미르였던 셰이하 코카리[4]가 물탄의 아미르자다 자항기르의 어전에 와 있다가 힌두스탄 소식을 전하기 위해 왔다. 그는 술탄 피루즈 샤가 죽고 사랑과 말루 형제가 득

---

[3] 이 강은 판지시르강의 지류이다. 판지시르강은 카불강에 합류하고, 카불강은 인더스강에 합류한다.

[4] 인더스강 유역 소금산맥(Salt Range)에 근거지를 두었던 펀자브의 주요 씨족 집단인 코카르부의 수장이다.

세한 상황을 전하며, 그들이 힌두스탄 전역을 지배하지 못하면서 여러 세력이 독립을 주장하고 있다고 보고했다.

한편 초원 방면에서 티무르 쿠틀룩 오글란의 사신과 아미르 이드쿠 우즈벡이 보낸 사람이 도착했고, 자타 방면에서도 히즈르 호자 오글란의 사신이 왔다. 그들은 과거의 과오를 뉘우치고 사힙키란에게 복종하겠다고 선언했다. 한편 칼막에서 대유르트의 카안에게 반대하고 달아났던 타이지 오글란[5]도 이곳에서 사힙키란에 합류했다. 사힙키란은 그에게 많은 사여를 내리고 동행을 명했다. 또한 5년 전쟁 중에 사힙키란의 명령을 받아 파르스로 가서 세금을 거두었던 아미르 셰이흐 누르 앗딘 이븐 사르 부카가 시라즈에서 왔는데, 새와 표범을 비롯한 다양한 물자와 무기, 현금, 보석, 아랍산 말 등을 가져와서 창고를 채웠다. 그 양을 헤아리기 위해 회계원이 디반의 장부와 계산서를 사흘 밤낮에 걸쳐 자세히 작성했고, 그것을 필사하여 아미르가 검토한 다음 사힙키란에게 보고했다. 보고는 하루 종일 진행되었는데, 이 모임에 타이지 오글란과 초원과 자타의 사신 및 주치울루스에서 온 이들이 참석하여 어마어마한 물량을 보고 놀랐다.

사힙키란은 우즈벡과 자타의 사신에게 자비를 베풀어 의관과 말, 서신 및 선물과 함께 돌려보냈다. 아미르 셰이흐 누르 앗딘은 부르한 오글란의 죄에 대한 용서를 청했고, 사힙키란은 이를 받아들였다. 이때 술탄 마흐무드 칸은 우익의 군사들과

---

5 '대유르트'는 당시 몽골리아에 있던 북원(北元)을 의미한다. 본문의 타이지 오글란은 이 시점에 티무르에 의탁했다가 1405년 티무르 사후에 베쉬발릭을 거쳐 몽골리아초원으로 돌아가 카안 계승 분쟁에 뛰어들었다고 『명실록』에 기록된 '울제이투'(完者禿) 혹은 '푼야스리'(本雅失里)이다.

함께 힌두스탄으로 출발했으며, 사힙키란은 어전으로 왔던 라시카르 샤 아프가니의 형제 말릭 무함마드의 요청에 따라 카르카스부와 이르얍 성채 문제를 처리하기로 했다. 말릭 무함마드는 카르카스부의 수장 무사 아프가니가 사힙키란의 가신이던 자기 형제를 살해하고 이르얍 성채를 파괴한 후, 길을 막고 사람들을 약탈하고 있다고 보고했다. 이에 사힙키란은 무사를 어전으로 부르고 이르얍 성채를 복원하라고 명했다. 무사는 곧바로 사힙키란의 어전으로 왔고, 사힙키란은 그와 함께 3000명의 사람을 파견하여 성채를 재건하게 했다.

사힙키란은 두린초원에서 사라이 말릭 하눔과 아미르자다 울룩벡을 사마르칸트로 돌려보내고, 1398년 둘힛자월 초 수요일(8월 15일)에 진격을 시작했다. 그달 4일 토요일에 이르얍에 도착하여 성채를 건설했는데, 그동안 타바치에게 은밀히 명하여 무사의 사람들이 바깥으로 나가지 못하게 했다. 성채가 14일 만에 완성되자 사힙키란은 17일 금요일 아침에 타흐타 라완이라 부르는 붉은 말을 타고 성채 주변을 돌았다. 그때 무사의 예속민 중 일곱 명이 대문에서 화살을 쏘았다. 사힙키란은 성채로 들어가 그들을 모두 죽였고, 곧바로 야를릭을 내려 동해보복에 따라 말릭 무함마드에게 무사와 그의 예속민 200명을 처형하게 했다. 사힙키란은 이르얍 성채를 말릭 무함마드에게 사여했고, 그는 성채의 하킴이 되었다.

델리로 향하는 길에서 이교도와의 전쟁

사힙키란은 1398년 둘힛자월 9일 토요일(8월 23일)에 시누잔으로 출발했다. 그리고 명을 내려 샤자다 할릴 술탄을 유수진의 아미르 일부와 함께 반누 방향으로 파견했다. 자신은 수천 명의 기병을 이끌고 나가르 성채로 향하여 21일 화요일 아침에 그곳에 도착했다. 앞서 갔던 아미르 술탄 샤와 후라산 군대는 나가르 성채를 축조하고 강력한 칼라트 부족이 저항하자 사힙키란이 도달하기 전에 그들을 공격하여 약탈했다.

그곳에 있던 아프간 부족 중 파르니는 사힙키란에게 복종하지 않으며 샤자다 피르 무함마드가 카불로 보낸 전리품을 빼앗기도 했다. 이에 사힙키란은 그들을 정글에서 제거했다. 반면에 사힙키란의 어전으로 와서 복속한 우발 부족의 칼란타르에게는 용서와 위무를 내렸다.

사힙키란은 1398년 무하람월 초 금요일(9월 13일)에 파르니 부족의 영역에서 나가르 성채로 돌아왔다. 곧바로 아미르 술레이만 샤를 물탄의 아미르자다 피르 무함마드의 어전에 파견했고, 샤 알리 파라히와 500명의 보병을 나가르 성채에 배치한 후 출발하여 반누에 도착했다. 그곳에 피르 알리 술두스와 아미르 후세인 코르치를 배치한 후 출발하여 그달 8일 금요일(9월 20일)에 인더스강에 도착했다. 이때 사힙키란은 두 성지, 메카와 메디나에서 온 사신 사이드 무함마드 마다니 및 카슈미르의 왈리 샤 이스칸다르의 사신을 돌려보냈다. 인더스강은 술탄 잘랄 앗딘 호라즘 샤를 추격하던 칭기스 칸도 건너지 못한 곳인데, 사힙키란은 이곳에 다리를 세우고 범해인 1398년 무하람월

12일 화요일(9월 24일)에 강을 건너 '잘랄리 황야'로 유명한 자르브 근처에 병영을 세웠다. 이곳에서 루스탐 이븐 타가이 부카 바룰라스와 약조했던 주디산⁶의 수장이 어전을 방문하여 복속하고 군향과 건초 등을 바쳤다. 사힙키란은 그들을 자기 자리로 돌려보냈다. 젤룸강에 자리한 섬의 하킴인 시합 앗딘 무바락 샤는 과거 아미르자다 피르 무함마드 자항기르가 물탄으로 진격할 때 복종했으나, 자기 자리로 돌아간 후에는 왕궁을 건설하고 저항했다. 이에 사힙키란은 무하람월 14일 목요일(9월 26일)에 아미르 셰이흐 누르 앗딘을 파견하여 그들을 공격했다. 힌두인들은 매복과 야습에 실패하자 준비해둔 200척의 배를 타고 젤룸강 하류의 우차로 도망쳤다. 그러나 그 배가 물탄 가까이에 다다랐을 때, 아미르자다 피르 무함마드와 샤루흐의 군대가 그들을 공격했다. 시합 앗딘은 처자도 버리고 곧장 달아났다. 승리를 거둔 사힙키란은 오륙일 동안 강변을 따라 나아가 (물탄에서 북동쪽으로 약 128킬로미터 떨어진) 젤룸강과 체납강의 합류 지점에 있는 한 성채에 도달했다. 사힙키란은 사흘 만에 강에 다리를 놓았는데, 이는 먼저 이 강을 건넌 타르마시린 칸도 하지 못한 일이었다.

강을 건넌 사힙키란은 툴람바에 안착했다. 툴람바의 말릭과 지도자들은 사이드와 울라마 무리를 이끌고 어전으로 와서 복종했다. 사힙키란은 그날 강을 건너 1398년 사파르월 초 토요일(10월 13일)에 툴람바 성채 주변에 있는 황야에 안착했다. 그는 툴람바에 안전을 담보하는 두 종류의 세금을 부과했는데

---

6 펀자브 북부의 산맥으로, 암염이 많아 현재는 소금산맥이라 부른다. 예부터 코카르부의 거점이었다.

일부가 제때 납부되지 않았다. 어느 날 밤, 군사들이 건초를 찾기 위해 도시로 가서 약탈을 했고, 이때 툴람바의 일부 사령관과 수장이 저항했다. 이에 사힙키란은 그들을 처벌하여 본보기로 삼도록 명했고, 그 결과 2000명의 힌두인이 살해되었다. 사파르월 7일 금요일(10월 19일)에 사힙키란은 툴람바를 출발하여 다음 날 (펀자브 지방을 지나며 라호르 북서쪽을 흐르는) 라비강에 위치한 샤 나바즈 지역에 도달했다.

이때 셰이하 코카리의 형제 누스라트가 그 강변에 성벽을 짓고 있다는 소식이 전해지자, 사힙키란은 병사를 이끌고 가서 누스라트 및 1000명의 힌두인을 살해하고 수많은 가축을 얻었다. 그리고 10일 월요일(10월 22일)에 진흙탕을 통과하여 샤 나바즈에 병영을 세웠다. 그곳에 있던 거대한 건초 창고를 확보한 후 불을 질러 이교도들이 사용할 수 없게 만들었다. 그리고 13일 목요일(10월 25일)에 모든 유수진이 모여 있던 라비강의 잔잔 마을 맞은편에 도착했다.

앞서 아미르자다 피르 무함마드 이븐 자항기르가 물탄을 6개월간 포위한 끝에 사랑이 바깥으로 나와 항복했다. 그러나 (7~10월 사이에) 많은 비가 내리는 '파시 컬'(우기) 시기에 샤자다 군의 말이 전부 죽자 그들은 복속을 철회하고 파견된 다루가를 살해한 뒤 도시로 들어간 샤자다를 공격했다. 이때 사힙키란이 도달하자 샤자다는 그곳을 탈출하여 사파르월 14일 금요일(10월 26일)에 라비강 유수진에 합류했다. 또한 과거 호라즘 전투 때 힌두스탄으로 달아난 자니드 보롤타이와 그의 형제 바야지드 및 무함마드 다르비시 타이카니도 샤자다와 함께 와서 용서를 청했다. 사힙키란은 그들을 용서하고 다음 날에 잔잔으로 가서 나흘간 머물렀다. 그동안 아미르자다는 연회를 마련하여 아랍산 말과 직물, 금은 집기 등을 바쳤는데, 디반의 관료와 서기들이 이틀 동안 그 물자를 장부에 기록한 후 사힙키란에게 보고했다. 사힙키란은 물자를 사람들에게 나누어 주고 말 3만 마리는 샤자다의 군대에 사여했다.

그들은 잔잔을 출발하여 샤흐발 마을로 향했다. 사파르월 21일 금요일(11월 1일)에는 샤흐발 마을을 출발하여 아스반에서 하루 머문 뒤 다음 날 자흐발에 안착했다. 이때 디발푸르의 주민들도 파시 컬 시기에 술탄 피루즈 샤의 굴람(노예병)들에게 합류하여 샤자다를 배반하고 그가 파견한 무사파르 카불리와 1000명의 사람을 살해한 상태였다. 그러나 사힙키란의 군대가 오고 있다는 소식을 듣고 바트니르(바틴다) 성채로 달아났다. 자흐발에 도착한 사힙키란은 아미르 샤 말릭과 다울라트 티무르 타바치를 유수진에 배치한 뒤 디발푸르의 길을 거쳐 델리 근처의 사마나에서 합류하게 했고, 자신은 1만 명의 기병과 함께 진격하여 24일 월요일(11월 4일) 아침에 아주단(팍파탄) 마을에 이르렀다. 그곳에 있던 셰이흐 누르 앗딘의 손자 셰이흐 마누바르와 셰이흐 사아드 또한 주민들을 데리고 바트니르로 갔으며 그중 일부는 델리로 갔다. 남아 있는 이들은 사이드와 울라마 무리였는데, 사힙키란은 마울라나 나시르 앗딘 우마르[7]와 호자 마흐무드의 아들 시합 무함마드를 도시의 다루가와 보조로 임명하여 거주민을 보호하게 했다. 그리고 셰이흐와 함께 갔던 무

---

7   그는 인도 원정 중에 『힌두스탄의 승리의 일지』를 저술했으며, 이를 저본으로 기야쓰 앗딘 알리 야즈디가 1399년에 『행운의 서』를 저술했다. 인도 원정에 관해 기록할 때 샤미와 야즈디는 모두 이 『행운의 서』를 참조했다.

리들을 살해하고 포로로 잡았다.

견고한 요새이자 힌두의 유명한 성채였던 바트니르는 주변에 강이 없었으나 도시 입구에 파시 컬 시기에만 채워지는 호수가 있어서 그 물로 생활했다. 이 신성한 호수로 인해 외부 군대나, 심지어 힌두 왕들도 이곳을 공격한 적이 없었다. 이에 주변의 많은 백성이 성채에 들어갔으나 성채가 그만큼 크지 않아, 미처 들어가지 못한 가축과 직물 등이 성채 주변에 쌓여 있었다. 사힙키란은 사파르월 25일 화요일(11월 5일) 아침에 아주단에 도착하여 셰이흐 파리드 시카르 간즈[8]의 성묘에 도움을 청한 후, 바트니르를 점령하기 위해 나섰다. 수틀레지강을 통과하여 황야를 가로질러 다음 날 아침에 바트니르 외곽에 도착했다.

사힙키란의 군대는 첫 공격으로 도시의 울타리를 장악하고 다수의 힌두 무리를 살해했다. 라이[9] 둘진이라 불리던 그 도시의 왈리는 성문에 서서 방어했다. 그러나 사힙키란의 군대가 밀려들자 라이 둘진은 사이드 한 사람을 파견하여 다음 날 어전으로 가겠다고 약속했다. 사힙키란은 이를 수락하여 자신의 진영으로 돌아왔으나, 라이 둘진은 약속을 지키지 않았다. 이에 사힙키란은 성채 아래로 굴을 파게 했다. 라이 둘진은 다시금 용서를 청했고, 28일 금요일(11월 8일) 아침에 셰이흐 사이드 앗딘 아주다니와 함께 성채 바깥으로 나왔다. 그는 의례에 따라 27마

---

8 편자브 지방에서 이슬람 신비주의의 확산에 기여했던 13세기 치슈티 교단의 수피 스승(1188~1265). 그는 생애 마지막 20년간 대도시를 떠나 아주단으로 이주하여 수행에 몰두하다 그곳에서 사망했다.

9 전근대 인도에서 여러 크고 작은 공국의 군주나 수장에게 붙이는 칭호로, '라자'에서 유래했다.

리의 말을 가져와 모든 왕자와 아미르에게 선물했다. 다음 날에는 그곳에 모여 있던 주변 지역 사람들을 병영으로 소환하여 각 부족을 가신들에게 맡겼고, 그중에 디발푸르 주민 500명과 아주단 주민 일부를 야사에 처했다.

그런데 라이 둘진의 동생이 사파르월 마지막 일요일(11월 10일)에 성채의 문을 닫았으므로, 이에 사힙키란은 라이 둘진을 구속한 후 성채에 굴을 파서 담벼락을 파괴했다. 그러자 라이 둘진의 형제와 아들들이 바깥으로 나와 대문의 열쇠를 사힙키란의 가신들에게 맡겼다. 다음 날인 1398년 라비 알아왈월 초 월요일(11월 11일)에 일부 아미르가 안전을 담보하는 세금을 취하기 위해 성채로 들어갔는데, 그곳 수장들이 세금 징발을 받아들이지 않았다. 이에 사힙키란은 다시 성채를 공격하여 힌두인과 무슬림을 자칭하는 자들 1만 명을 살해하고 모든 건물을 파괴했다.

델리술탄국의 수도로

사힙키란은 1398년 라비 알아왈월 3일 수요일(11월 13일)에 바트니르를 출발하여 그날 후자업강에 병영을 세웠고, 다음 날 피루자 성채를 거쳐 사르사티(시르사)에 도착했다. 그곳 주민들은 대부분 비무슬림이었는데 사힙키란의 군대가 온다는 소식을 듣고 모두 달아났다. 사힙키란은 그들을 추격하여 살해하고 물자를 차지했다. 다음 날 출발하여 파트호아바드 성채 주변에 안착했으며, 마찬가지로 황야로 달아난 주민들을 추격하여 살해하고 약탈했다. 7일 일요일(11월 16일)에는 파트흐아바드를 출발하여 라잡푸르를 지나 아흐루니 성채에 도착했다. 사힙키란은 성채 밖으로 나오지 않은 주민들을 살해하고 건초를 취한 후, 건물을 불태워 흔적을 남기지 않았다.

1398년 라비 알아왈월 8일 월요일(11월 17일)에 아흐루니를 출발하여 투흐나 마을에 도착했다. 이 지역에서 무슬림의 경계를 넘어 상인들을 공격하던 자트[10] 부족을 공격하여 200명을 죽이고 가축과 포로를 얻었다. 9일 화요일(11월 18일)에 투흐나를 출발했고, 다시 자트를 공격하여 황야에 숨어 있던 2000명을 살해했다. 다만 이 지역에 있던 사이드들이 어전을 찾아오자 그들을 환대하여 값비싼 의복을 사여했고, 다루가를 두어 그들을 보호했다.

10일 수요일(11월 19일)에 유수진을 이끌고 있던 아미르 술레이만 샤가 사마나 가까이에 이르렀고, 이튿날에는 가가르강 인근에서 사힙키란의 군대와 합류했다. 이후 나흘간 대유수진을 기다리면서 그 유르트에 머물다, 15일 월요일(11월 24일)에 출발하여 쿠폴라 다리에 병영을 세웠다. 이날 좌익 군대가 합류하여 다음 날 다리를 건넜다. 같은 날 대유수진도 디발푸르의 길로 와서 합류했다. 이후 다 함께 진군하여 20일 토요일(11월 29일)에 사마나에 도착했다.

사힙키란은 좌우익 및 중군을 정렬하고 델리 방면으로 출발했다. 22일 월요일(12월 2일)에 아스나디 성채에 도착했는

---

10 인도 북부와 파키스탄에서 주로 농경을 하는 부족이다. 본래 인더스강 하류에서 목축했으나 중세 후기 펀자브로 이주하여 농민이 되었다. 종교는 지역에 따라 다른데, 펀자브 동부 및 델리 부근의 자트 부족은 힌두교도였다.

데, 사마나부터 아스다니까지의 조로아스터교 주민들이 모두 델리로 달아나 있었다. 다음 날 아스나디를 출발하여 투글룩푸르의 성채인 살룬에 자리했는데, 이곳의 주민들도 세상 만물이 야즈단(선)과 아흐리만(악)에서 기원했다고 믿는 조로아스터교도였다. 이들이 모두 달아났으므로 병사들은 빈 성채를 불태웠다. 24일 수요일(12월 4일)에 파니파트에 도착했는데, 그곳 주민들도 달아나 있었다. 사힙키란은 성채 내부의 곡식 창고를 차지하여 군대에 사여하고 25일 목요일(12월 5일)에 파니파트 강가에 안착했다. 26일 금요일(12월 6일)에 좌우익 아미르와 군대가 갑옷을 입고 전투를 준비했으며, 다음 날 우익의 아미르들에게 델리에서 2파르상 거리인 자한나마까지 진격하라는 명이 내려졌다. 29일 월요일(12월 9일)에 사힙키란은 (갠지스강의 지류인) 야무나강을 건너 초지가 있는 로니 성채에 안착했다. 그 성채는 야무나강과 (야무나강의 지류로 그 동쪽을 흐르는) 힌든강 사이에 있었다. 아미르 자한 샤와 샤 말릭과 알라다드는 이미 성채의 발치까지 진격했으나, 성채의 하킴 메이문 미슙은 저항을 택했다. 사힙키란의 군대는 사방에서 굴을 파서 오후에 성채를 열었다. 사힙키란은 그 달 마지막 날 명을 내려 이교도를 선별하여 칼로 베고 주민들을 약탈했으며, 사이드 가문의 사람들이 성채를 불에 태워 폐허로 만들었다. 1398년 라비 알타니월 초 수요일(12월 11일)에는 야무나강 강변의 자한나마 맞은편에 자리했다.

그곳에서 사힙키란은 샤자다 및 아미르들과 상의하여, 말 먹이를 위한 곡식을 모으고 성채를 장악한 후 도시를 포위하기로 했다. 이를 위해 아미르 술레이만 샤와 아미르 자한 샤 등이 델리로 진격했으며, 사힙키란은 자한나마를 둘러보며 전장이 될 만한 곳을 살폈다. 이때 말루 칸이 4000명의 기병과 5000명의 보병 및 28마리의 코끼리를 이끌고 자한나마로 왔다. 이윽고 양자가 충돌했고, 적들은 델리[11]로 달아났다. 1398년 라비 알타니월 3일 금요일(12월 13일)에 사힙키란은 로니 성채 동쪽에 천막을 쳤다. 그곳에서 옛 군주들의 토라와 야사에 수록된 전투 방법 및 전열의 규칙, 퇴각하는 법과 검술 등을 설명했다. 그때 몇몇 아미르가 힌두인 포로 10만 명을 델리 주민과 만나게 해서는 안 된다고 주장했고, 사힙키란은 그것을 받아들여 그들을 모두 처형하라고 명령했다.

다음 날 점성가와 천문학자들이 하늘과 별들의 상태에 관해 논의했으나 사힙키란은 이를 신뢰하지 않았다. 대신 새벽에 기도를 한 뒤 델리로 진격할 시기를 쿠란으로 점쳤다. 그 결과 『유누스 장』 24절이 나타났는데, 이는 델리 주민들의 불운과 쇠퇴를 나타냈다. 그리고 말루 칸에 대해 점을 치니 『나흘 장』 75절이 나타났는데, 이는 무슬림과 다른 이교도의 처지를 나타냈다. 사힙키란은 이 점괘를 믿고 5일 일요일(12월 15일)에 강을 건너 병영을 세웠다.

이틀 뒤 사힙키란의 군대는 자한파나[12]와 옛 델리[13]를 취했다. 그리고 다시금 양군이 대열을 정비하여 전투를 벌였는

11 이 당시 델리술탄국은 투글룩조로, 그들은 현재의 뉴델리 남쪽에 여러 성채를 세웠다. 본문에서 이야기하는 '델리의 성채'는 바로 이 성채들을 지칭하며, 시리·자한파나·옛 델리(투글룩아바드 등)로 구성되어 있다.
12 델리술탄국의 세 번째 왕조인 투글룩조의 군주 무함마드 이븐 투글룩이 1334년에 지은 성채이다.
13 투글룩조 창시자 기야쓰 앗딘 투글룩의 이름을 따서 지은 투글룩아바드, 무함마드 이븐 투글룩이 건설한 아딜아바드 등의 성채를 지칭한다.

데, 적은 거대한 코끼리 위에 궁수와 화포병을 앉혔다. 이 동물이 나무를 뿌리째 뽑고, 긴 코로 기병을 하늘로 던진다는 소문을 들은 울라마 무리가 적을 두려워했다. 이에 사힙키란은 코끼리를 막기 위해 성채 앞에 울타리, 그 앞에 해자를 두고 그 앞에 물소를 배치한 후 맨 앞에는 철로 만든 가시를 뿌리게 했다.

사힙키란은 병영 가운데에 있는 바할리 언덕에서 전투를 살피다, 말에서 내려 기도를 드리고 우익을 돕기 위해 중군을 파견했다. 우익의 군대는 상대방을 하우즈 카스[14]로 몰아냈고, 좌익은 적을 뒤쫓으며 델리의 대문까지 곧장 달려갔다. 한편 코끼리 부대로 구성된 적의 중군에 맞선 이들은 전투 코끼리를 공격하여 쓰러뜨렸다. 결국 술탄 마흐무드 샤와 말루 칸은 도시로 달아나 대문을 닫았다. 아미르자다 할릴 술탄은 코끼리 한 마리를 포획하여 사힙키란에게 바쳤다.

사힙키란은 정오 기도 시간에 델리의 대문으로 가서 담벼락을 살펴보고, 하우즈 카스 인근에 안착했다. 하우즈 카스는 술탄 피루즈 샤의 성묘를 비롯한 여러 건물이 자리한 호수로, 델리의 모든 주민은 파시 컬 시기에 호수를 채운 빗물로 생활했다. 사힙키란은 이곳에서 축하 의식을 행한 후, 전투에서 발생한 놀라운 일들을 신에게 고하고 감사를 드렸다.

---

14 Ḥauz-i Khāṣ. 이 단어의 뜻 자체는 '특수한 물 저장고'이나 이곳에서는 지명으로 쓰였다. 자한파나의 북서쪽을 가리킨다.

델리를 넘어 갠지스강 유역 원정

술탄 마흐무드 샤와 말루 칸은 도시로 도망쳤다. 바로 그 수요일 밤에 술탄 마흐무드 샤는 자한파나 남쪽에 있는 후드라니 대문을 통해서, 말루 칸은 베르케 대문을 통해서 바깥으로 달아나 덤불과 황야를 떠돌아다녔다. 사힙키란이 그 소식을 듣고, 아미르 사이드 등을 파견하여 그들을 잡아 오게 했다. 추격대는 먼저 말루 칸의 두 아들인 사이프 앗딘 칸과 후다이다드를 포로로 잡았다. 또한 그 밤에 사힙키란은 일부 아미르에게 명을 내려 도시의 모든 문을 장악하고, 누구도 도시를 탈출하지 못하게 했다.

  1398년 라비 알타니월 8일 수요일(12월 18일)에 사힙키란은 자한파나의 대문 중 하나이며 하우즈 카스 맞은편에 있는 마이단 대문으로 갔다. 그곳에 천막을 세우고 도시에 있던 사이드와 카디, 대인과 귀족들이 나오기를 기다렸다. 말루 칸의 대리인인 파즐 알라 발히가 델리의 다른 디반 사람들과 함께 나와 안전을 청하자 사힙키란은 이를 받아들였고, 관습에 따라 툭과 북을 대문 위로 올려 보냈다. 또한 120마리의 전투 코끼리를 얻어 일부는 여러 샤자다의 왕국으로 보내고 일부는 사마르칸트로 데려갔다.

  10일 금요일(12월 20일)에 마울라나 나시르 앗딘 우마르는 다른 대인 및 귀족들과 함께 도시로 들어가 사힙키란의 이름으로 쿠트바를 읊었다. 서기와 문시들은 승리의 서를 각 도시와 지역 주민에게 전했다. 또한 디반의 비틱치들은 도시의 안전을 담보하는 세금을 조사했으며, 징세관들은 그것을 거두었다. 비틱치들이 대문에서 세금을 헤아리는데, 바라트[15]를 가진 수천 명의 기병이 도시로 달려왔다. 사힙키란은 아미르들에게 야를릭을 반포하여, 주민들이 도시로 달아나면 붙잡게 했다. 이에 다수의 군대가 도시에 모였고, 힌두인들이 시리[16]와 자한파나, 옛 델리에서 저항하여 전투를 벌였다. 그러자 도시 안에 있던 군사 1만 5000명이 힌두인을 약탈하고 살해했으며, 그 후에는 모든 병사가 도시로 들어가 약탈하고 각각의 병사가 20명에서 150명에 이르는 포로를 나포했다. 19일 일요일(12월 29일)에는 힌두인이 방어하고 있었던 옛 델리를 정복하여 약탈했다. 살아남은 자들을 도시 바깥으로 데려가 아미르들이 나누어 가졌는데, 그중 수천 명의 장인을 샤자다와 아가, 아미르에게 분배했다. 사힙키란은 이 조각가들을 특별히 보호하여 사마르칸트로 데려가 자미 모스크의 돌을 조각하게 했다.

  사힙키란은 15일 동안 델리에 머문 후 힌두스탄의 다른 지역으로 진격하기로 결정했다. 명을 내려 사이드와 카디와 울라마와 셰이흐들을 자한파나의 자미 모스크에 모이도록 하고, 가신 중 한 사람을 그들의 다루가로 임명하여 보호했다. 그리고 1399년 라비 알타니월 22일 수요일(1월 1일)에 자한파나에서 피루즈아바드[17]로 이동했다. 그곳의 모스크에서 기도하고 바깥으

---

15 Barāt. 군사들에게 지급되는, 물자를 수령할 수 있는 권리를 나타내는 증명서이다. 본문에 따르면 사전에 군사들에게 곡물과 각설탕에 관한 바라트를 제공하여 델리에서 수령하게 조치한 것으로 보인다.

16 델리술탄국 중에 두 번째 왕조인 칼지 왕조의 두 번째 군주, 알라 앗딘 칼지가 몽골의 침입에 맞서기 위해 13세기 말~14세기 초에 건설한 성곽이다. 현재의 지명도 시리 성채(Siri Port)이다.

17 델리술탄국의 세 번째 왕조인 투글룩왕조의 피루즈 샤가 1354년에 야무나 강 강변에 건설한 성채로, 현재는 피로즈 샤 코틀라(Feroz Shah Kotla)라 부른다. 뉴델리의 동북쪽에 위치한다.

로 나갔는데, 예전에 라호르와 쿠틀라로 파견한 티르미드 사이드 중에 사이드 샴스 앗딘과 셰이하 코카리의 대리인 알라 앗딘이 도착하여, 그 지역의 하킴인 바하두르 나하르가 복종했음을 알렸다. 이때 두 마리의 하얀 앵무새가 이 사실을 보고했다. 사힙키란은 야무나강을 건너 무둘라에 안착했다. 그리고 24일 금요일(1월 3일)에 그곳을 출발하여 카타에 머물렀는데, 이때 바하두르 나하르와 그의 아들 칼타시가 선물과 함께 도착하여 복종의 의식을 행했다. 25일 토요일(1월 4일)에 카타를 출발하여 바기부트에 도착했고, 이튿날 두 강 사이에 있는 아사르에 도달하여 이틀간 머물렀다.

   한편 사힙키란은 1399년 라비 알타니월 26일 일요일(1월 5일)에 루스탐 이븐 타가이 부카와 아미르 샤 말릭과 아미르 알라다드를 미루트로 파견했다. 이틀 뒤 소식이 왔는데, 일야스 아프가니와 마울라나 아흐마드 타하나사리의 아들과 사피 가브르가 이교도 무리와 함께 미루트 성채를 지키고 전쟁을 준비하면서, 타르마시린도 이 요새를 점령하지 못했다고 했다. 이에 사힙키란은 1만 명의 군대를 이끌고 빠르게 이동하여 사흘 뒤 오후 기도 시간에 미루트 외곽에 도착했다. 그 즉시 각 아미르에게 굴을 파게 했고, 다음 날에는 병사들에게 성채에 밧줄을 걸고 벽을 올라가라고 명령했다. 결국 성채의 사령관들이 왕궁으로 끌려왔다. 1399년 주마다 알아왈월 초 목요일(1월 9일)에, 사힙키란 군대는 도시의 이교도 주민을 살해하고 아내와 자식들은 노예로 삼았다. 이때 한 서기가 "우리가 타르마시린 왕과 무슨 관계가 있는가"라고 기록을 남겼는데, 사힙키란은 그를 질책하며 "타르마시린 칸은 너희들의 훌륭한 선례"라고 가르쳤다.

같은 날 사힙키란은 아미르 자한 샤에게 명을 내려 야무나강 상류의 이교도들을 공격하게 했으며, 자신은 갠지스강 방향으로 나아갔다. 다음 날 갠지스강 인근 피루즈 누르에 도착하여 도하 장소를 조사했으나, 마땅치 않아 군대 중 일부가 헤엄을 쳐서 강을 건넜다. 그다음 날에 갠지스강 상류의 투글룩푸르로 향했는데, 도중에 수많은 힌두 무리가 있다는 보고가 들어왔다. 사힙키란은 한 부대를 파견하여 그들을 공격했고, 나머지 군대는 계속 진격했다. 이교도들이 48척의 배를 몰고 강을 따라 다가오고 있다는 또 다른 보고를 받은 사힙키란은 1000명의 특수한 가신[18]을 이끌고 가서 그들을 절멸시켰다.

티무르의 귀환 결정과 카슈미르로의 진격

사힙키란은 전투를 마치고 다시 투글룩푸르로 향했다. 1399년 주마다 알아왈월 4일 일요일(1월 12일) 밤에 정탐병을 보내 강을 건너기 좋은 통로를 찾아 도강했더니, 그곳에 있던 이교도가 무바락 칸이라는 말릭의 휘하에서 전투를 준비하고 있었다. 그 보고를 받고 사힙키란도 아침이 되기 전에 1000명의 기병과 함께 갠지스강을 건넜다. 무바락 칸은 1만 명의 기병과 보병을 거느리고 진을 치고 있었다. 사힙키란이 수적 열세로 걱정하던 와중에 아미르자다 샤루흐의 투만 중 5000명의 기병이 진에 합류했다. 이에 사힙키란은 아미르 샤 말릭과 아미르 알라다드에게

---

18 Bandighān-i Khāṣṣ, 티무르 개인에게 속한 군사 집단을 의미한다.

1000명의 기병을 주어 선공하게 했다. 그러자 적의 대오가 순식간에 무너지고 병사들은 황야로 도망쳤다. 사힙키란의 군대는 그들을 뒤쫓아 살해한 후 전리품을 얻었다. 곧이어 갠지스강에서 멀지 않은 쿠필라계곡[19]에도 많은 이교도가 모여 있다는 전갈이 왔다. 곧장 그곳으로 500명의 기병을 보내 전리품을 얻었다. 그 순간 사힙키란을 호위하는 기병은 겨우 100명밖에 남아 있지 않았다. 그 모습을 본 말릭 셰이하라는 이교도가 100명의 기병과 보병을 모아서 사힙키란에게 다가왔다. 이에 사힙키란도 부대를 몰고 가 응전하려 했는데, 군사 중 한 사람이 적을 이끄는 이가 셰이하 코카리라고 잘못 보고했다. 이에 사힙키란은 부대를 거두고 산 쪽으로 방향을 돌리니 말릭 셰이하의 부대가 빠르게 추격해 왔다. 얼마 후 사힙키란이 고삐를 돌려 그를 처치했다.

다시금 쿠필라계곡에 있는 힌두인들에 대한 소식이 전해졌다. 사힙키란은 즉시 전위의 일부 가신들을 이끌고 계곡으로 향했다. 이때 우연히도 피르 무함마드와 술레이만 샤가 사힙키란의 군대에 합류했고, 사힙키란은 그들과 함께 힌두인들을 공격하여 소와 낙타 및 다량의 직물을 전리품으로 얻었다. 날이 어두워지자 사힙키란은 두 번째 성전 장소로 귀환했다. 쿠필라계곡이 있는 산자락에는 소 모양의 돌이 있었는데, 힌두인들은 그 돌을 우상으로 삼아 순례했다. 또한 죽은 이를 불에 태우고 남은 재를 가지고 가서 물에 섞은 뒤 그것이 자신을 구원해줄 것이라 여기고 그 물에 금과 은을 뿌렸다. 산 자들도 그 물에 들어

---

19 갠지스강 유역의 힌두교 순례지인 하르드와르를 가리킨다. 현자 카필(Kapil)의 이름을 따서 쿠필라라고 불렀다.

가 머리를 감고 머리카락과 수염을 잘랐다. 이에 대해서는 아부 나스르 우트비가 『키타비 야미니』에 기록했는데,[20] (가즈나조의) 나시르 앗딘 사복 테긴과 그의 아들 술탄 마흐무드가 성전 막바지에 칸나우즈를 원정했을 때의 일화에 나온다.

그 계곡에 수많은 이교도 무리와 그들의 물자가 남아 있었으므로, 1399년 주마다 알아왈월 5일 월요일(1월 12일)에 사힙키란의 군대는 쿠필라계곡으로 돌아왔다. 좌우익과 중군을 정비한 후 적을 공격하자 그들은 산으로 달아났으며, 소수는 그곳을 벗어나 사방으로 흩어졌다. 오후에 사힙키란 군대는 계곡에서 철수하여 강 하류에 안착했다. 그곳에서 사힙키란은 귀환을 결정하고 다음 날 갠지스강에서 출발했다. 7일 수요일(1월 14일)에 시왈릭산[21]의 여러 계곡에 힌두 전사들이 모여 있다는 보고가 사힙키란에게 전해졌다. 이에 사힙키란은 그곳을 공격하기로 결정했다. 가신들이 사힙키란에게 휴식을 청했으나, 사힙키란은 자신이 받게 될 내세의 보상과 군대에게 주어질 현세의 이익을 위해 직접 군대를 이끌고 10일 토요일(1월 17일)에 시왈릭산으로 출발했다.

군대는 계곡의 입구부터 적들의 머리를 베고 수많은 물자와 노예와 직물 등을 얻었다. 전리품으로 소를 많이 차지한 이들에게서 그 일부를 거두어들인 뒤 적게 얻은 이들에게 나누

---

[20] 아부나스르 우트비는 11세기 중반~12세기 초반에 활동한 가즈나조의 역사가이자 정치가로, 아랍어로 된 역사서 『키타비 야미니』(Kitāb-i Yamīnī)를 저술했다.

[21] 하르드와르 서북쪽에 뻗어 있는 히말라야산맥 남단 산줄기를 일컫는다. 여기에 소 형상의 우상이 있었다고 전해진다.

어주었다. 토요일 밤에 사힙키란은 아미르자다 피르 무함마드의 거처에 머물렀고, 일요일 아침에는 바흐라라는 곳에 이르렀다. 다음 날 바흐라를 출발하여 샤크사르 사바에 거처했는데, 이때는 전리품이 너무 많아 천천히 이동할 수밖에 없었다. 13일 화요일(1월 20일)에는 칸다르에 병영을 세웠고, 이튿날 야무나강을 건너 시왈릭의 반대쪽 끝에 도달했다. 그곳에서 라탄이라는 힌두 지도자가 조로아스터교도들과 연맹하여 사람들을 모으고 있다는 소식이 전해졌다. 그들은 높은 산과 견고한 덤불에 자리 잡고 있었으므로, 사힙키란은 나무를 베어 길을 만들라고 명했다. 이에 군대는 11쿠루흐(약 22킬로미터)나 되는 길을 만들어 시왈릭산과 쿠케산 사이에 도달했다. 라탄은 좌우익을 정렬하여 전투를 준비하고 있었다. 하지만 사힙키란의 군대가 도착하자 모두 달아났다. 사힙키란은 그들을 추격하여 대부분을 칼로 베고 전리품을 획득했는데, 모든 병사가 각기 100~200마리의 소와 10~20명의 노예를 차지할 정도였다. 그날 좌익과 우익도 다른 계곡에서 전리품을 확보한 후, 두 산 가운데로 합류했다.

　　　　16일 금요일(1월 23일)에 사힙키란은 다시 시왈릭산으로 들어가 정글을 헤치며 나아갔는데, 그곳의 힌두인의 수가 생각보다 많았다. 사힙키란은 좌익과 후라산군에게 적을 공격하게 하니, 그들은 전장의 중심을 에워싸고 적을 살해했다. 또 다른 계곡에도 이교도들이 모여 있다는 소식이 전해지자 사힙키란은 군대를 파견하고 자신은 산꼭대기에 서서 모든 상황을 지켜보았다. 그리고 그 밤에 군사들에게 전리품을 차지하라고 명했다. 이후 사힙키란은 1399년 주마다 알타니월 16일(2월 22일)에 잠무에 도착할 때까지 한 달 동안 힌두의 거대한 성채 일곱 곳을 손에 넣었다. 그곳의 주민들은 대부분 (델리술탄국) 술탄들에게 비무슬림세인 지즈야를 내는 이들인데, 이 무렵에는 무슬림에 대한 복속의 굴레를 벗어나 지즈야를 거부하고 있었다. 그 성채 중 하나인 셰이쿠 성채에 말릭 셰이하 코카리의 친족이 있었다. 그가 다스리던 성채에 무슬림이 있었기에 사힙키란에게 복속을 표방했으나, 내면에는 적대감을 가지고 있었다. 이때 어전의 가신이 (그들의 무기를 빼앗기 위해서) 성 안의 무기와 옷가지를 비싼 값에 사려하자, 그들은 가지고 있던 무기를 바깥으로 가져와 팔았다. 이렇게 그들의 손에서 무기를 빼앗은 뒤 성채를 점령하고 이교도 2000명을 살해했다. 말릭 디브라즈와 다른 다섯 성채 또한 빠르게 정복했다.

시왈릭산과 그 주변을 평정한 사힙키란의 군대는 1399년 주마다 알타니월 16일 일요일(2월 22일)에 잠무 주변에 있는 바일라 마을 맞은편에 안착했다. 그날 일부 군대가 바일라 마을로 들어갔는데, 그곳의 주민들 역시 정글에서 항전을 준비하고 있었다. 이튿날 사힙키란의 군대는 좌익과 우익, 중앙과 전위를 정비하여 적을 공격했고, 적은 정글 깊숙이 숨었다. 사힙키란은 군대가 쓸 건초를 확보하고 그곳에서 출발했다. 한편 델리에 있을 때 카슈미르로 보낸 울제이 티무르 툰카타르 등이 그날 카슈미르의 왈리 샤 이스칸다르의 사신과 함께 오르도로 와서 샤 이스칸다르가 자브한에 도착했음을 알렸다. 샤 이스칸다르의 사신 마울라나 누르 앗딘은 디반 알라가 정한 3만 마리의 말과 10만 덩이의 금을 카슈미르에서 마련한 후 돌아오겠다고 보고했지만 사힙키란은 그 금액이 과도하다고 판단했다. 곧바로 사신을 보내 샤 이스칸다르에게 28일 후 인더스강 강변으로 오라고 명했다.

사힙키란은 잠무와 마누 지역을 지날 때 주변 힌두 마을을 약탈하고 건초를 거두면서 나아갔다. 그리고 21일 금요일(2월 28일)에 잠무강을 건너 체납강 강가 초원에 천막을 쳤는데, 그들이 떠났다고 생각한 힌두인들이 바깥으로 나오자 매복해 있던 군대가 적을 처리했다. 그로부터 이틀 뒤에 라호르왕국으로 갔던 군대가 오르도에 합류했다.

티무르의 귀환과 사마르칸트 건설 계획

라호르로 갔던 샤자다와 아미르들이 라호르 마을을 점령하고 안전을 담보하는 세금을 얻었으며 셰이하 코카리를 잡았다고 보고했다. 본래 셰이하 코카리는 인도 원정 초반에 사힙키란과 동행했고, 힌두스탄 어디에서든 힌두인이 자신을 셰이하 코카리의 예속민이라고 밝히면 사힙키란은 그를 약탈하거나 포로로 잡지 않았다. 그는 갠지스강과 야무나강 사이에서 사힙키란에게, 자기 영역으로 돌아가 선물을 마련한 뒤 라비강에서 합류하겠다고 이야기하고 떠났지만 그 약속을 지키지 않았다. 그리하여 어전의 가신인 마울라나 우베이둘라 사드르나 힌두샤 하잔치 등이 그곳으로 갔는데, 사신에게도 호의를 보이지 않았다. 이에 사힙키란이 그를 잡아 오라는 명령을 내린 것이다.

1399년 주마다 알타니월 24일 월요일(3월 3일)에 사힙키란의 군대가 체납강을 건너 5쿠루흐 거리를 이동한 뒤 병영을 세웠다. 그날 아미르자다 미란샤의 누케르들이 타브리즈에서 와서 샤자다와 자녀들과 가신들의 건강에 관한 소식을 전하고 바그다드와 이집트와 시리아와 룸과 킵차크초원 및 알린작 요새의 상황을 보고했다. 다음 날 힌두샤 하잔치를 사마르칸트로 파견하여 사힙키란의 귀환 소식을 전했다. 바로 그날 아미르자다 피르 무함마드 이븐 우마르 셰이흐의 누케르가 파르스에서 와서 샤자다의 건강 소식 및 왕국의 상황을 전했고, 이집트 도검 등을 선물로 바쳤다. 26일 수요일(3월 5일)에 사힙키란은 체납강에서 출발하여 6쿠루흐 떨어진 황야에 안착했으며, 타브리즈의 사신 중 한 명을 사마르칸트로 파견하여 자녀들에게 자신을 마중하라고 명했다. 그날 사힙키란은 본대보다 먼저 단다나강[22]을 통과하기로 결정했다.

  27일 목요일(3월 6일)에는 빠르게 6쿠루흐를 이동한 뒤 정글에서 사자를 사냥했다. 그곳에서 라호르를 원정했던 아미르자다 피르 무함마드 등이 귀환하자 야를릭을 반포하여 모든 군대에 귀환을 명했다. 샤자다와 노얀, 아미르들에게는 지위에 맞는 예복을 입혀 위무했다. 그리고 사랑 칸에게 붙잡혀 요새에 갇혔다가 달아나 사힙키란의 길잡이가 된 히즈르 칸[23]에게 물탄 지역의 영토를 사여했다. 이틀 뒤에는 사냥을 마치고 8쿠루흐를 가서 카슈미르 자브한에 수많은 천막을 세웠다.

22 카슈미르 부근을 흐르는 인더스강의 지류이다.
23 히즈르 칸은 델리술탄국 투글룩조에서 물탄의 주지사로 임명되었던 말릭 나시르 알물크 마르단 다울라트의 양자, 말릭 알샤르크 말릭 술레이만의 아들이다. 다만 그의 부친이 양자였기 때문에, 그의 역사서에서는 그의 생물학적 혈통이 아랍에서 유래된 사이드라고 기록하기도 한다. 그러나 실제로는 코카르부였을 가능성이 크다. 그는 티무르가 귀환한 후 물탄을 기반으로 델리를 점령하여 사이드왕조를 세우게 된다.

지리지 및 관련 기록에 따르면 카슈미르는 네 번째 기후대의 중간에 있다. 카슈미르의 위도는 적도선에서 35도였고, 경도는 '상서로운 섬'에서 105도였다.[24] 그 지역은 사방에서 라바사흐[25] 산맥과 연결되어 있었는데, 산자락 남쪽은 델리와 힌두 방면에, 북쪽은 바닥샨과 후라산에, 서쪽은 아프간 부족들의 거주지에, 동쪽은 티베트 초입과 맞닿아 있었다. 평평하고 너른 평야에 1만 개의 마을이 있었고, 주변에 맛 좋은 샘물과 강과 초지가 가득했다. 그 평원 한가운데에는 하킴의 거주지였던 나가르(스리나가르)가 있으며, 중심을 지나는 강은 비르 샘물(달호)이라 불렸다. 이 강은 카슈미르를 통과한 후 지역에 따라 단다나, '자마드'(젤룸강)라 불렸고, 물탄 상류에서 체납강에 합류했으며 물탄의 다른 방향을 통과하는 라비강으로 연결되었다. 그 후에 비야스강과 만났고 우차 근처에서 인더스강에 합류했다. 그리고 타타에서 오만해(아라비아해)[26]로 흘렀다. 그곳에서 외부와 연결된 큰길은 세 개인데 하나는 후라산, 다른 하나는 힌두스탄, 마지막은 티베트로 향했다.

24 프톨레마이오스에서 비롯된 '일곱 기후대' 개념에 따르면 위도는 현재와 마찬가지로 적도로부터 북반구, 남반구를 나누고, 경도는 적도를 360도로 나누는데 그 기준은 '상서로운 섬'(Fortunate Isles)이다. 이는 대서양에 있다고 여겨지는 전설상의 섬으로, 그리스 신화의 영웅들이 거주하는 겨울 없는 천국과도 같은 곳이다. 프톨레마이오스는 이 섬을 본초 자오선으로 삼았는데, 이 섬은 현재 아프리카 서쪽 대서양에 위치한 마카로네시아로 비정된다

25 지금의 나우샤크(Nawshaq)산으로 힌두쿠시산맥에 속하며 아프가니스탄과 파키스탄 국경지대에 있는 해발 7000미터의 준봉이다.

26 전근대 이슬람권에서는 인도양 서부, 아라비아해를 오만해 혹은 페르시아해라 불렀다. 현재와 같이 아라비아해라고 불린 것은 18세기 이후 영국에 의해서이다.

티무르 승전기 216

사힙키란은 29일 토요일(3월 8일) 밤에 자브한을 출발하여 단다나강 강변에 안착했다. 그날 다리를 건넜고, 일요일 아침에 이번에도 군대보다 먼저 사마르칸트 방향으로 출발했다. 얼마 후 주디산에 있는 산바스트에 안착했으며, 1399년 라잡월의 첫날 월요일(3월 10일)에 잘랄리초원으로 들어갔다. 다음 날 인더스강을 건넜고, 그다음 날 반누에 안착하여 아프간인을 격퇴하기 위해 주둔하고 있던 사령관들을 만났다. 4일 목요일(3월 13일) 노루즈[27]였던 파르바르딘월 초에 신의 요새인 나가르로 가서 다음 날 요새를 함락했다. 그날 마흐무드 바라트 호자와 힌두샤를 카불로 파견하여 아프간인의 반란을 제압하게 했다. 또한 아미르 술레이만 샤가 축조한 나가르 성채에는 샘물이 포함되어 있지 않아, 그곳에 머무르며 성채를 증축했다. 그 일의 대가로 군대에게 거세마 창고에 있는 편자를 사여했다. 월요일 저녁에 성이 완공되자 아미르자다 피르 무함마드의 누케르 중에 누스라트 카마리를 300명과 함께, 세 명의 주치 가문 오글란을 400명의 우즈벡 가문 사람들과 함께 선발하여 성채의 보호를 맡기고 이르얍과 시누잔은 셰이흐 누르 앗딘의 조카인 셰이흐 하산 사크트 카만에게 맡겼다. 사힙키란이 재차 출발했을 때 셰이흐 아흐마드 호자 아프가니가 어전을 방문했다. 10일 수요일(3월 19일)에 라마크의 입구에 머물렀고, 마울라나 니마트[28]를

27 Nūrūz, 페르시아 문화권에서 페르시아 태양력의 한해 첫날, 페르시아력의 첫 달인 파르바르딘월 1일에 해당한다. 이날은 춘분에 해당하므로 봄의 시작을 의미하며 가장 큰 명절이기도 하다.

28 시리아 출신의 수피로 자신의 이름을 딴 니마툴라히 수피 교단의 교조였다. 이집트부터 투르키스탄까지 이슬람권의 많은 영역을 여행했는데, 그중에 잠시 티무르에게 의탁한 시기가 있었다.

샤자다 샤루흐의 어전에 파견하여 사힙키란의 도착 소식을 전했다.

11일 목요일(3월 20일)에 카불에 도착하여, 뒤떨어져 있던 군사들과 짐을 실은 당나귀를 출판 말릭 아가와 함께 그곳에 두고, 무바샤르에게 그들을 돌보며 뒤쫓아 오게 했다. 그리고 자신은 먼저 출발했다. 다음 날 가리안에 벽돌로 대상 숙소를 짓게 했다. 그다음 날 시바르투산맥과 계곡을 지나다 사힙키란이 화살에 맞아 손발에 상처가 나고 검은 포진이 발생했다. 병세가 심하여 그를 가마에 태워서 운반했다. 15일 월요일(3월 24일)에 부인들의 누케르가 사마르칸트에서 도착했으며, 수요일에 계곡을 건널 즈음 사힙키란은 건강을 회복했다. 목요일부터는 수레를 타고 이동하여 카라불락에 도착했다. 그곳에서 아미르자다 피르 무함마드의 부인과 아미르 자한 샤의 부인 및 아미르들, 바글란의 백성들이 선물을 갖추어 보고했다.

라잡월 19일 금요일(3월 28일)에 사만칸과 가즈닉을, 토요일에는 쿨름을 지나 아무다리야강에 도착했다. 일요일에 배로 강을 건넜는데, 아미르자다 울룩벡과 이브라힘 술탄, 여러 부인과 아얀, 대인과 귀족들이 마중 나왔다. 일요일과 월요일에 티르미드에 머물렀는데, 후다반드자다 알라 알말릭이 연회를 마련했다. 25일 목요일(4월 3일)에 카할카를 통과했고, 일요일에 두르빌진에 이르렀을 때 샤자다 샤루흐가 헤라트에서 도착했다. 또한 사힙키란이 힌두스탄으로 향했을 때 사마르칸트의 유르트에 두었던 아미르자다 우마르 이븐 미란샤도 어전으로 왔다. 그 달 마지막 화요일에 키시의 에람바시로 갔고, 셰이흐 샴스 앗딘 쿨라르와 다른 대셰이흐들의 성묘 및 부친과 자녀들의 무덤을 방문했다. 15일간 악크 사라이에 머무른 후 1399년 샤반월 14일 화요일(4월 21일)에 키시를 출발하여 일주일 뒤 사마르칸트로 들어갔다.

그 후 여러 부인의 정원을 방문했으며, 유수진이 도착한 뒤에는 샤자다와 부인들, 대인과 귀족들에게 물자를 사여했다. 그리고 물탄의 하킴이던 말루의 큰형 사랑을, 두 무리의 코끼리 및 힌두왕국의 물자와 함께 아시파라에 있는 아미르자다 무함마드 술탄에게 파견했다.

토끼해인 1399년 라마단월 14일 일요일(5월 20일)에 장인들은 상서로운 시각에 맞춰 금요 모스크의 기초를 놓았다. 아제르바이잔과 파르스, 힌두스탄과 다른 왕국의 조각가 200명이 모스크 건설에 참여했고, 500명이 산에서 돌을 깎아 도시로 나르는 일에 배치되었다. 세계 각지의 장인과 기술자, 95마리의 코끼리도 모두 이 일에 투입되었다. 그 모스크에는 바닥에서 지붕까지 높이가 9가즈(약 6.2미터)나 되는 약 480개의 돌기둥이 있었다.

6장.

이슬람권의 왕좌를 차지하기 위한 결전, 7년 원정

'훌레구 칸 울루스'에 파견한 셋째 아들 미란샤가 이반하고, 그의 잘못된 조치로 인해 아제르바이잔 일대가 잘라이르술탄국과 연합하자 티무르는 다시 원정을 시작했다. 그러자 곧 아제르바이잔의 여러 세력이 티무르에게 복종했다. 티무르는 지난 원정 때 지나친 조지아 서북부 산지를 공격했다. 시라즈의 우마르 셰이흐의 자녀들은 티무르의 명에 따라 잘라이르의 술탄 아흐마드가 있는 바그다드로 진격했다. 아나톨리아 동부로 돌아온 티무르는 헝가리왕국에서 파견한 사신을 맞이했다.

오스만은 셀주크튀르크가 멸망한 후 아나톨리아반도에 등장한 수많은 투르크멘 정권 중 하나다. 14세기 후반에 점차 두각을 드러내더니 아나톨리아 대부분을 점령하고 발칸반도까지 진출했다. 티무르는 아나톨리아 중부까지 진격했다가, 맘루크술탄국이 복속을 거부하고 사신을 구류한 것에 분노하여 시리아로 방향을 돌렸다. 알레포와 다마스쿠스 등을 공격한 후 이번에는 직접 바그다드로 향했다. 바그다드의 잘라이르 잔존 세력을 학살한 뒤 북상하여 아제르바이잔으로 돌아왔다.

이때 술탄 아흐마드와 카라 유수프의 선동으로 인해 오스만의 술탄 바야지드가 티무르의 가신을 공격했다. 티무르는 1402년 봄부터 술탄 바야지드를 추격했다. 그해 여름에 앙카라에서 술탄 바야지드를 생포하고 아나톨리아반도 서쪽 끝까지 진출했다. 이어서 조지아를 공략하여 기오르기를 복속시키고 1404년 봄에 사마르칸트로 귀환했다.

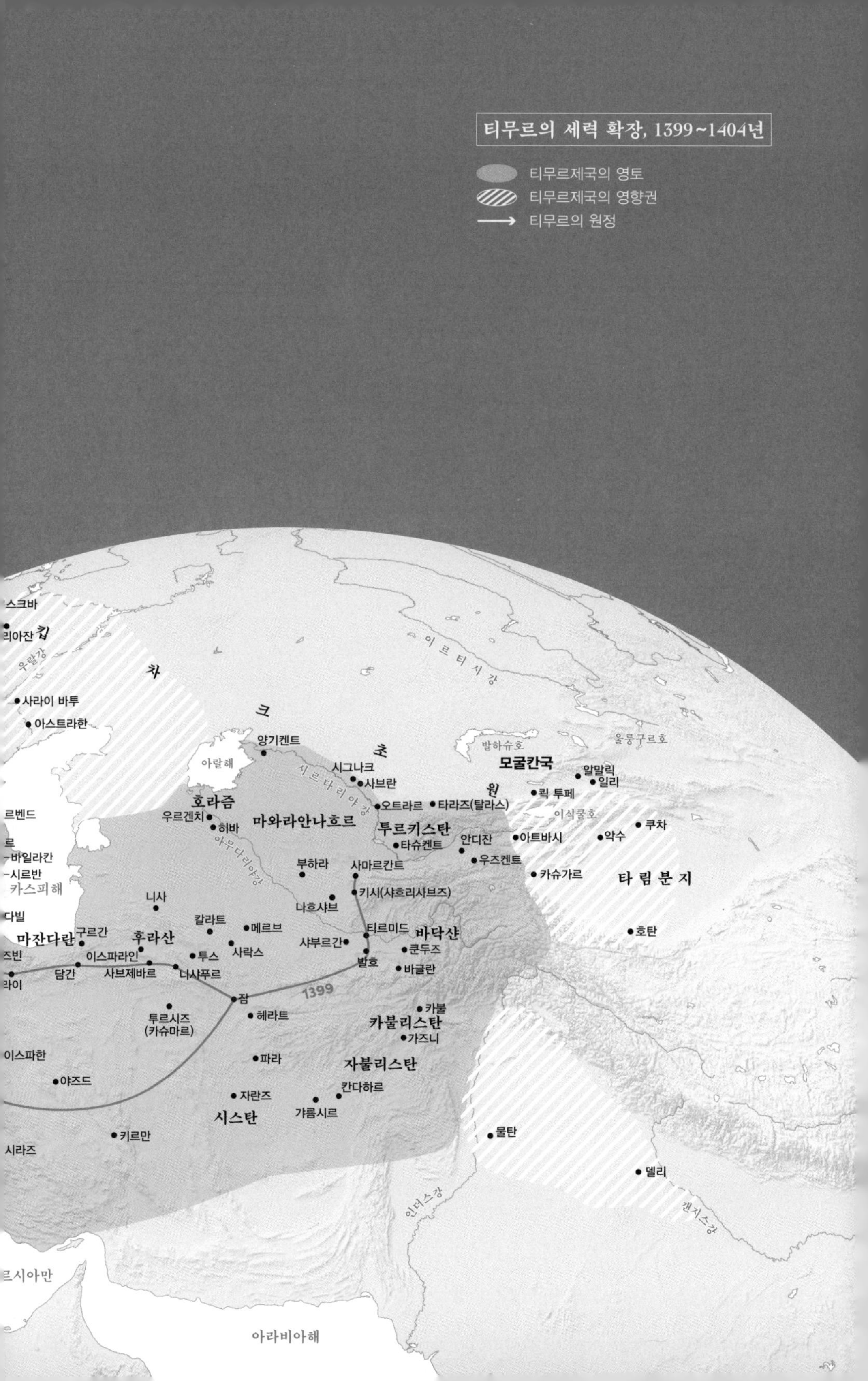

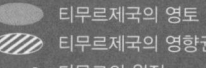

티무르가 이란 7년 원정을 시작한 이유

아미르자다 미란샤가 쥐해인 1396년 가을(9월경)에 후이 지역의 피르 우마르 나흐츠바니의 성묘¹ 주변에서 사냥을 하다가 산양과 부딪혀 말에서 떨어졌다. 그 일로 그의 두뇌에 큰 병이 발생하여, 아제르바이잔의 왕좌와 훌레구울루스의 원칙이 올바르게 지켜지지 않았다. 그중 한 예로 아미르자다는 사이드 알리 샤키 아룰라트가 반역을 저질렀다고 의심하여 그의 왕국을 약탈했다. 결국 사이드 알리는 주변의 이교도 세력과 연합했고, 그들은 술탄 아흐마드 잘라이르의 아들 술탄 타히르가 사힙키란군에 포위되어 있었던 알린작 요새로 가서 그를 구출했다. 이 소식을 들은 아미르자다는 아들인 아부 바크르를 파견했는데, 그는 사이드 알리를 살해했지만 결국 이교도 군대에 패배했다. 아미르자다가 부인인 칸자다에게 저주의 말을 내뱉는 데까지 이르자, 결국 부인은 분노를 안고 사마르칸트로 와서 남편이 모반을

---

1 현재 후이에서 동북쪽으로 24킬로미터 떨어진 피르칸디에 위치한 성묘로, 성묘의 주인은 쿠브라위야 교단의 수피 성인 셰이흐 하산 불가리의 아버지이다. 부친은 하마단에 있었으나 그는 나흐츠반으로 이주했으며, 쌀을 판매하는 상인이었다고 한다. 아들인 셰이흐 하산은 23세에 몽골군에 붙잡혔다가 3년 만에 풀려났으며, 무역을 위해 아제르바이잔 일대에서 멀리 불가르 지역까지 여행하던 중 수피가 되었다.

계획하고 있다고 고했다. 사힙키란은 이 소식을 듣고 힌두스탄에서 귀환한 지 네 달 만에 아제르바이잔으로 출발했다.

사힙키란은 아미르자다 샤루흐에게 사람을 파견하여 군대를 이끌고 아제르바이잔으로 오라고 명한 뒤 아미르 술레이만 샤를 타브리즈로 파견했다. 또한 아미르자다 무함마드 술탄을 사마르칸트에 두고, 아미르자다 이스칸다르를 안디잔에 배치했다. 사힙키란은 토끼해인 1399년 초가을 무하람월 8일 수요일(9월 10일)에 출발했고, 키시, 티르미드, 발흐에서 여러 성묘를 방문하여 신께 기도했다. 잠에 도달했을 때 아미르자다 샤루흐의 유수진과 부인이 병영에 합류하여, 넉 달 전에 태어난 아미르자다 소유르가트미쉬를 사힙키란에게 보였다. 사힙키란은 그곳을 출발하여 아흐마드 자미[2]의 마자르를 방문했으며, 아미르자다 루스탐을 시라즈에 있던 형 아미르자다 피르 무함마드에게 파견하여, 형제가 함께 바그다드로 가라고 명했다. 잠시 황야로 들어가 사냥을 즐긴 후, 니샤푸르와 바스탐의 길로 나아가 라이로 들어갔을 때 마잔다란의 길로 진격해온 아미르자다 샤루흐가 합류했다.

명령에 따라 타브리즈로 이동한 술레이만 샤는 타브리즈 외곽의 쿰 투페에서 아미르자다 아부 바크르를 만나서 아미르자다 미란샤를 사힙키란에게 보냈다. 미란샤는 샤흐리야르 부근에서 사힙키란에게 합류했으나, 사힙키란은 그를 어전으로 부르지 않았다. 티무르 호자 이븐 악크 부카와 잘랄 이슬람은 타

---

2 11~12세기 수피이자 저술가, 시인으로, 현재 이란의 '토르바트 잠'이라는 도시에 성묘가 있다.

브리즈로 가서 미란샤의 대리인과 실무자를 잡아 구속했다. 그리고 디반의 장부를 소환하여, 디반 알라의 몫임에도 아미르자다가 사람들에게 멋대로 나누어준 물자를 돌려받았다. 또한 아미르자다의 유흥을 선동한 마울라나 무함마드 쿠히스타니 등을 나무에 매달아 처형했다.

사힙키란은 술타니야와 아르다빌을 거쳐 무간[3]으로 갔다. 그는 아크탐 황야에서 사냥한 후 아라스강에 도착했고, 다리를 건너 카라바그-아란[4]에 병영을 세웠다. 그곳에서 사이드 알리 샤키 아룰라트의 아들 사이디 아흐마드가 시르반의 말릭인 아미르 셰이흐 이브라힘의 도움을 받아 용서를 구했고, 셰이흐 이브라힘은 6000마리 말을 비롯한 수많은 선물을 가져와 연회를 마련했다.

카라바그-아란으로 사방의 소식이 전해졌다. 우선 사힙키란의 도움으로 주치울루스의 칸이 된 티무르 쿠틀룩 오글란은 그 후 사힙키란에게 복종하지 않고 있었는데, 이때 사망하여 그의 울루스가 흩어졌다고 했다. 두 번째는 이집트와 시리아의 왕국을 통치하던 말릭 알자히르 바르쿡이 사망하며 왕국 내의 갈등이 심해졌다는 소식이었다. 세 번째는 키타이에서 통쿠즈 칸이 사망하여 국내에 혼란이 발생했다는 소식이었다. 마지막으로 자타의 하킴인 히즈르 호자 오글란이 죽고 그의 아들들이 서로 반목했다는 소식이었다. 특히 마지막 사건을 틈타 아미

---

3 무간평원은 쿠라강이 아라스강에 합류하여 카스피해로 흘러드는 시르반 남부의 평원을 지칭한다.

4 아란평원은 아라스강과 쿠라강 사이의 지대를 의미하며, 무간평원보다 서북쪽에 있다.

르자다 이스칸다르 이븐 우마르 셰이호가 안디잔에서 군대를 모아 모굴리스탄으로 향했다. 그는 카슈가르에서 자타의 아미르들과 합류한 후 야르칸드를 공격했고, 우쉬로 가서 그 주변의 무리를 악수로 몰아냈다. 곧이어 악수로 가서 성채 세 곳을 갖가지 공성 수단을 이용하여 40일 만에 점령했으며, 그곳에 있던 키타이 상인 무리도 장악했다. 그곳에서 파이와 쿠산으로 가서 약탈하고 아미르 히즈르 샤의 부인, 핫지 말릭 아가와 그의 딸인 이순 말릭 등을 포로로 잡았으며 타림까지 나아갔다.

이후 아미르자다는 호탄으로 향했는데, 호탄에서 키타이의 수도인 칸발릭까지는 물길로 161개 역이 있었다. 호탄에는 우랑카시와 카라카시라는 두 강이 있고, 그 강에서 캔 옥은 다른 왕국으로 운반됐다. 아미르자다는 호탄의 성채와 성묘를 차지하고, 그곳의 산인 카란구탁까지 갔다가 되돌아와 카슈가르에서 겨울을 보냈다. 그곳에서 여인 한 명과 말 한 마리를 아미르자다 무함마드 술탄에게 보냈으나, 무함마드 술탄은 자타 공략에 참여하지 못한 터라 선물을 거절했다. 봄이 되자 아미르자다 이스칸다르는 무함마드 술탄을 만나기 위해 사마르칸트로 갔지만, 무함마드 술탄이 그를 포박하려 한다는 소식을 듣고 안디잔으로 돌아갔다. 하지만 결국 아미르들이 그를 붙잡아 무함마드 술탄에게 압송했다.

1399~1400년 겨울에 사힙키란은 조지아로의 성전을 결정했다. 야를릭을 반포하여 모든 군대에서 열 명당 세 사람씩 선발했고, 그들에게 10일분의 군량을 채비시켜 원정에 나서게 했다. 쿠라강에 다리를 만들어 건넜고, 샤키를 지나 함샤계곡으로 갔다. 정글의 나무를 베어 길을 만들었고, 행군하며 조지아

인들을 약탈했으며, 길에 있는 포도나무를 뽑고 교회를 무너뜨렸다.

한 달간 그 지역을 공략했으나, 눈이 많이 내리고 날씨가 추워지며 가축들이 죽자 사힙키란은 카라바그로 귀환했다. 그는 명령을 내려 알린작 부근에서 조지아인과 싸우다 달아난 아미르자다 미란샤의 아미르들을 대디반의 재판에 회부했다. 심문과 조사, 경과 보고 후에 야사에 따라 매질하고 각자 말 300마리를 벌금으로 바치게 했다.

한편 아미르자다 루스탐은 사힙키란의 명에 따라 잠에서 시라즈로 이동했다. 그곳에서 비바한과 슈슈타르 길을 통해 바그다드로 나아갔는데, 아미르자다 피르 무함마드는 병을 핑계로 도중에 귀환했다. 아미르자다 루스탐은 람 호르무즈에서 루르 아스타라그[5]를 공격하여 전리품을 취했고 디즈풀 근교인 두분다르에서는 사키와 필리[6] 등 여러 무리를 공격했다. 또한 1400년 주마다 알타니월(1~2월)에 만달리에 도달하여 술탄 아흐마드의 아미르인 알리 칼란다르에게 승리를 거두었다. 반면에 되돌아간 피르 무함마드는 일부 타직인의 선동에 휩쓸렸는데, 그의 누케르인 아미르 사이드 바룰라스가 사힙키란에게 이 사실을 전했다. 사힙키란은 아미르 알라다드를 파견하여 선동가들을 야사에 처하고, 아미르자다 루스탐을 형제 대신 시라즈에 임명하는 한편 피르 무함마드는 묶어서 데려오게 했다.

아미르자다 루스탐과 만달리에서 싸웠던 아미르 알

---

5 Lur Āstarag. 대루르 중 한 갈래인 두라키 바흐티야르부의 일파이다.
6 Sākī, Fīlī. 두 부족 모두 소루르의 하위 부족이다.

리 칼란다르가 술탄 아흐마드에게 소식을 전하자, 그는 바그다드의 모든 성문을 닫으라고 명령했다. 그리고 도시 안에 있던 약 2000명을 일주일 동안 살해하고, 자신을 키운 와파 카툰을 비롯하여 하렘의 다른 부인과 하인들도 모두 살해하여 티그리스강에 던졌다. 그리고 곧 가신 여섯 명과 함께 몰래 말을 몰고 카라 유수프 투르크멘에게 도망쳤다. 그들은 사힙키란의 동향을 계속 주시하다가 1400년 여름에 사힙키란이 시바스 방향으로 출발했다는 소식을 듣고 룸으로 달아났다. 도중에 알레포에서 하킴 티무르 타시와 대치했으나, 알레포의 군대가 패배했다.

티무르의 조지아 원정과 자니 벡 그루지의 항복

겨울이 막바지에 이른 1400년 용해 초에 사힙키란은 동영지 바깥으로 나왔다. 쿠릴타이를 열어 조지아인들에 대한 전쟁을 결정한 후, 연회를 베풀고 군사를 위무했으며 보병에게 말을 주어 기병으로 전환했다. 조지아 방향의 길과 역참을 조사하여 상세하게 기록한 후, 카라바그에서 말릭 구르긴[7]의 영역으로 향했다. 10일 후에 바르다 황야에 병영을 세웠을 때, 타하르탄이 에르진잔에서 찾아와 조공을 바쳤다. 사힙키란은 그에게 돌아가서 오스만군의 침입을 방어하라고 명령했다. 바르다 황야를 출발하여 사냥을 하면서 조지아 지역에 도착했고, 말릭 구르긴의 어전에 사신을 보내 술탄 아흐마드 잘라이르의 아들 술탄 타히르를 요

---

7 조지아 바그라티오니왕조의 당시 군주인 기오르기 7세를 지칭한다.

구했다. 그러나 말릭 구르긴은 이를 거부했고, 사힙키란은 유수진을 두고 급히 진군했다. 조지아인들의 거주지와 경작지를 파괴하고, 그들이 은신해 있는 험준한 산에 불꽃과 나프타를 던져 50개의 성채를 점령했다. 사힙키란은 후라산군에게 티플리스를 맡기고 무크란초원[8]으로 갔다. 말릭 구르긴은 달아났고, 조지아의 수장과 대인들은 복종하여 안전을 요청했다. 사힙키란은 여러 종교의 교회를 무너뜨렸고, 조지아의 다른 지역을 점령하기 위해 자니 벡 그루지의 계곡으로 갔다. 그 계곡을 공격하여 전리품과 물자를 얻었고, 자니 벡은 복속했다.

다시 조지아 황야에 병영을 세우고 아미르들을 파견하여 말릭 구르긴을 찾게 했는데, 그는 덤불과 계곡을 헤매고 있어 잡을 수 없었다. 사힙키란은 쿠라강을 건너 병영을 세웠다. 이때 정탐병들이 자리야트 요새에 있는 조지아 무리에 대해 보고했다. 사힙키란은 투석기와 노포 등의 도구를 준비해서 7일 후 그 요새를 무너뜨렸다. 이때 말릭 구르긴이 사바니야트[9]에 나타났다는 소식이 보고되었다. 사힙키란은 길을 조사하여 기록하도록 명한 후, 사방으로 나갔던 병사들을 소집하여 군대의 절반과 함께 사바니야트로 달려갔다. 말릭 구르긴은 다시 이구르[10]와 카를란강을 건너 압하즈[11] 방향으로 달아났고, 술탄 아흐마드 잘라이르의 아들은 룸으로 달아났다. 말릭 구르긴은 사신을 사힙키란

8 티플리스에서 서북쪽으로 33킬로미터 떨어진 곳에 있는 초원이다.
9 조지아 북서부의 고산지대인 스바네티(Svaneti)를 지칭한다.
10 조지아 서부와 압하지야 사이에 흐르는 인구리강이다.
11 흑해 남쪽 연안과 캅카스 남서쪽에 있는 지역이며, 동일한 이름을 지닌 부족이 거주하고 있다.

의 어전으로 파견하여 다시는 무슬림을 괴롭히지 않고 관세와 지세, 지즈야를 매년 바치겠다고 복종을 선언했다. 사힙키란은 그를 용서한 후, 조지아의 대아미르 중에 하나가 있는 이바니 지역으로 향했다. 그곳을 점령하고 거주지와 무덤을 파괴한 후, 카라칼칸릭으로 가서 주민들의 성채를 열었다.

  사힙키란은 성전을 마치고 귀환하여 하영지인 망굴에 안착했는데, 프랑크(유럽) 측의 사신이 그들의 감옥에 잡혀 있던 '룸의 카이사르' 아미르 무라드의 아들[12]을 데리고 왔다. 사힙키란은 그들을 위무한 후 돌려보냈으며, 그들은 트라브존 길로 되돌아갔다. 사힙키란은 가축을 보살피기 위해 두 달가량 오르도를 망굴의 초지에 두었는데, 그때 모든 아미르와 군대가 어전에 모였다.

  그 자리에서 오스만 술탄과 맘루크 술탄을 연이어 공격하기로 결정했다. 당시 오스만의 술탄인 이을드름 바야지드는 룸의 여러 영역, 아이든[13]이나 만타샤[14]나 갸르미얀[15]이나 카라

---

12 오스만의 술탄 무라드 1세에게는 아들이 셋 있었는데, 바야지드 1세와 그가 살해한 형제 외에, 사브지 베이라는 자가 있었는데 무라드 1세가 그의 눈을 멀게 했다. 그의 아들인 다부트는 헝가리로 달아났고, 헝가리 군주를 지지하여 오스만과 맞섰다.

13 서아나톨리아 해안에 자리한 투르크멘 공국. 수도는 대멘데레스 하류의 아이든(옛 귀젤히사르)이었으며 이즈미르가 주요 거점이었다. 1390년 오스만의 바야지드 1세에 병합되었으나, 1402년 티무르의 아나톨리아 정복 이후 다시 복원되었다. 이후 1426년에 무라드 2세에 의해 재차 병합되었다.

14 13세기 말~1424년 사이에 아나톨리아의 남서부에 자리한 투르크멘 공국인 멘테셰로, 수도는 밀라스이다.

15 룸셀주크와 훌레구울루스 멸망 이후 아나톨리아에 나타난 튀르크계 공국 중 하나인 갸르미얀으로, 오구즈 튀르크의 아프샤르 부족이 세운 것으로 추정된다. 오스만과 멘테셰 사이에 위치하며 쿠타흐야가 중심 도시이다.

만[16] 등 그의 조상이 이제껏 지배하지 못한 곳을 점령했고, 카라 우스만[17]과 카디 부르한 앗딘,[18] 시바스의 하킴을 살해한 후 알레포 지역과 연결되어 있었던 말라티야를 포위하여 장악했다. 그렇게 강력한 세력을 갖추게 되자 술탄 바야지드는 타하르탄에게 사신을 파견하여 복종할 것과, 에르진잔·에르주룸의 지세를 요구했다. 타하르탄이 이를 사힙키란에게 보고하자 사힙키란은 술탄 바야지드에게 서신을 보냈는데, 자기 분수를 넘는 영토를 넘보지 말고 이제껏 그가 해온 프랑크 군대와의 성전에 매진하라고 충고하는 내용이었다. 이 서신은 인장으로 장식되어 술탄 바야지드에게 전달되었다. 그는 사힙키란의 뜻을 거부하고, 수많은 군대와 함께 사힙키란에게 향할 것이며 만일 사힙키란이 오지 않으면 타브리즈와 술타니야까지 가겠다고 선전포고했다.

티무르의 룸 원정

오스만에서 귀환한 사신들이 술탄 바야지드의 대답을 사힙키란에게 보고하자, 그는 곧장 군대를 이끌고 오스만으로 출발했다.

16　남부-중부 아나톨리아와 지중해 해안지역에 자리한 투르크멘계 아프샤르 부의 국가인 카라만공국. 1256년부터 1475년까지 존속했다.

17　아크코윤루의 투르크멘 부족 수장. 시바스와 동맹을 맺어 오스만에 대항하였으며, 티무르에게 복속하여 디야르바크르의 지배권을 얻었다.

18　본래 에레트나공국에서 대대로 카디를 역임한 종교인 가문 출신으로, 장인이었던 에레트나공국의 아미르에게 반란을 일으켜 그를 살해한 후 1382년경에 스스로 술탄이 되었다. 1398년에 카라 우스만과의 갈등으로 인해 살해된다.

우니크에 도달했을 때, 아미르 알라다드가 시라즈에서 아미르자다 피르 무함마드를 포박해서 데려왔다. 대디반에서 그를 심문하여 처벌하고, 아미르자다를 잘못 가르친 셰이흐자다 파리드와 무바락 호자 역시 야사에 처했다. 그리고 사라이 말릭 하눔과 칸자다와 다른 샤자다의 부인들, 샤자다 울룩벡 등을 아미르자다 우마르와 후다이다드, 마울라나 쿠틉 앗딘의 책임하에 술타니야로 파견했다. 사힙키란이 재차 진군하여 에르진잔으로 가자, 타하르탄이 합류했다.

그리고 1400년 무하람월 초(8월 22일)에 시바스로 진군했다. 정탐병에 따르면 술탄 바야지드가 아들 쿠라시지[19]와 대아미르인 티무르 타시 등을 전위로 시바스에 파견했으나, 그들은 사힙키란의 소식을 듣고는 오스만으로 돌아가고 있다고 했다. 이에 아미르 술레이만 샤 등을 파견하여 그들을 카이세리 너머까지 추격하여 궤멸시켰다. 사힙키란은 시바스 외곽에 병영을 설치했다. 곧바로 시바스 성채를 공격하기 위해 해자가 없는 서쪽 벽에 나큽치들로 하여금 굴을 파게 했고, 노포와 투석기, 임시 망루를 세웠다. 적의 성채는 다루가 무스타파를 중심으로 항전했으나, 사힙키란 군대는 18일 만에 굴에 불꽃을 던져 탑을 넘어뜨렸다. 사힙키란 군대가 도시로 들어오자 무스타파는 바깥으로 나와 항복했다. 야를릭을 내려 무슬림은 안전을 담보하는 물자만 거두되, 아르메니아인과 기독교도는 포로로 삼았다. 그 밖에 바야지드군에 속해 있던 4000명의 아르메니아 병사는 산 채

---

19 바야지드 1세의 아들 중에 무함마드 첼레비이다. 그는 아나톨리아의 총독을 거쳐 이후 술탄 메흐메드 1세가 된다.

로 우물에 매장하고 시바스 성채를 파괴했다.

한편 카라 유수프와 함께 바그다드에서 달아났던 술탄 아흐마드가 룸으로 오고 있다는 소식을 들은 사힙키란은 병사를 파견하여 그를 붙잡게 했다. 병사들은 그의 유수진에서 누이인 술탄 딜샤드와 그의 부인, 딸들을 포로로 잡았으나, 술탄 아흐마드는 술탄 바야지드의 어전으로 달아났다. 또한 시바스에서 일비스탄의 일부 선동가가 전투 중에 군마를 훔쳐 달아났으므로, 사힙키란은 타하르탄을 에르진잔에 두어 변경을 보호하게 하고 자신은 일비스탄으로 향했다. 부대의 전위로는 아미르자다 샤루흐를 임명했다. 샤자다가 일비스탄에 도달하자 모든 투르크멘이 도시를 버리고 산과 황야로 달아났는데, 사힙키란은 그들을 공격하여 많은 가축을 전리품으로 얻고 병영으로 돌아왔다. 그 후 사힙키란은 회유의 서신을 말라티야로 보냈으나, 말라티야의 다루가였던 시바스 하킴 무스타파의 아들이 사신을 가두었다. 이에 사힙키란은 말라티야로 가서 그날 즉시 도시를 점령했다. 조지아인과 아르메니아인은 포로로 잡고, 무슬림에게는 안전을 담보하는 물자를 받아서 (그것을) 군사들에게 나누어주었다. 그 후 아미르 자한 샤 등을 분견대로 파견하여, 말라티야 경계에 있는 카호타 요새를 비롯한 수많은 요새를 점령했다. 사힙키란은 말라티야를 투르크멘의 카라 우스만에게 사여했다.

한편 사힙키란은 과거에 이라키 아랍을 정복한 후, 사바의 셰이흐 중 한 명을 맘루크의 술탄 바르쿡에게 파견했다. 그 셰이흐가 시리아의 경계에 있는 라흐바에서 관습에 따라 이집트에 소식을 전하고 있었는데, 이때 술탄 바르쿡이 술탄 아흐마드 잘라이르의 꼬드김에 빠져 그를 살해했다. 이는 칭기스 칸의 상인과 사신을 살해한 술탄 무함마드 호라즘 샤의 선례를 망각한 일이었다. 또한 사힙키란이 킵차크초원으로 진군했을 때, 우니크 성채를 지키던 아틸미쉬 카우친이 카라 유수프에게 붙잡혔는데, 그는 아틸미쉬를 술탄 바르쿡에게 보내 투옥시켰다. 이에 사힙키란은 말라티야에서 술탄 바르쿡의 아들인 술탄 파라즈에게 사신을 보내어 아틸미쉬를 돌려보내지 않으면 군대를 파병하겠다고 했다. 사신이 알레포에 이르러 그 소식을 이집트에 전했지만, 술탄 파라즈 또한 사신을 성채에 가두었다.

　　이 소식을 들은 사힙키란은 술탄 바야지드가 선전포고 후에도 전장에 나타나지 않는 상태였으므로, 먼저 이집트와 시리아로 진군하기로 결정했다. 이 결정을 들은 아미르와 고위 관료들은 극히 어려운 일이라며 만류했다. 힌두스탄 원정 후 쉼 없이 이란으로 진격하여 조지아, 룸의 시바스와 알레포까지 공격했기 때문에, 일단 휴식을 취한 후 이집트와 시리아를 정복할 준비를 갖추어야 한다고 고했다. 그러나 사힙키란은 이 의견을 받아들이지 않고 곧장 출정했다.

　　사힙키란은 비히스니(베스니) 성채로 가서 그곳을 살폈는데, 성채의 책임자인 무카발이 투석기로 발사한 돌이 사힙키란의 천막으로 들어왔다. 이에 사힙키란은 그 성채를 포위하고 20대의 투석기를 설치했으며 나큽치로 하여금 성채 아래로 굴을 파게 했다. 결국 무카발은 항복했으나, 사힙키란은 1400년 사파르월 7일(9월 27일)에 굴에 불을 지르고 탑을 넘어뜨려 성채를 파괴했다. 그들은 (쿠트바를 행하는) 설교단과 동전을 사힙키란의 이름으로 장식했다. 이후 군대는 안테프(가지안테프)로 향했는데, 그곳의 대인과 지주들은 달아나고 백성들이 나와서 사힙키란에게 도시를 바쳤다.

알레포의 하킴인 티무르 타시가 이집트에 사힙키란의 진군 소식을 전하자 맘루크 술탄은 시리아 전 영역의 군대를 알레포로 파병하는 명을 내렸다. 이에 다마스쿠스의 말릭 올우마라인 슈둔을 비롯하여 홈스와 하마와 안타키야와 트리폴리와 나블루스와 바알벡과 가나안과 가자와 라믈라와 예루살렘과 카라크와 룸의 요새들 및 그 밖의 여러 곳에서 아미르와 사령관들이 무기와 물자를 준비하여 알레포로 모였다. 이들이 전투 방법을 논의하고 있을 때 티무르 타시가 사힙키란에게 복종하여 동전과 쿠트바를 그의 이름으로 장식하고, 종교인들을 중재자로 파견하여 물자를 바침으로써 그의 주의를 다른 곳으로 돌리자고 주장했다. 그러나 다마스쿠스의 하킴인 슈둔을 비롯한 대다수가 이 주장을 거부했다. 그들은 이제껏 사힙키란이 점령한 다른 도시는 탑과 담벼락이 진흙과 벽돌로 이루어졌으나 자신들의 성벽은 돌로 되어 있는 데다, 전쟁 도구와 저장 물품이 가득하니 수년간 끄떡없을 것이라고 말했다. 또한 자신들의 무기는 다마스쿠스의 활과 이집트의 도검, 아랍의 창과 알레포의 방패이고, 나라 안에 기록상 6만 개의 마을이 있으니 사힙키란군의 수적 우세 역시 두렵지 않다고 했다. 그들은 출성하지 않고 성채 안에서 적을 막기로 결정했다.

사힙키란은 안테프를 출발하여 매일 약 반 파르상씩 천천히 이동했다. 행군을 멈출 때마다 병영 주변에 해자를 파고 울타리를 둘러 신중을 기했다. 이에 알레포의 군대는 사힙키란의 군대가 자신들을 두려워하고 있다고 믿고 도시 바깥으로 나왔다. 1400년 용해 라비 알아왈월 9일 목요일(10월 28일)에 사힙키란의 군대가 알레포 근방에 도착했다. 도착 후 사흘째 되던 날 군대를 열병했는데, 우익에는 아미르자다 미란샤와 샤루흐 및 대아미르와 노얀들, 좌익에는 술탄 마흐무드 칸과 투만의 아미르들이 있었으며, 사힙키란은 코끼리 부대와 함께 중군에 있었다. 또한 1투만의 기병을 전장 오른쪽 언덕에 배치했다. 전투가 시작되자 슈둔과 티무르 타시가 사힙키란군의 위세에 눌려 만쿠사 대문으로 달아났다. 이에 적의 모든 군대가 다마스쿠스 쪽으로 패주하니, 사힙키란의 군대가 그들을 추격하여 대부분을 살해하고 일부는 포로로 잡았다. 그날 전투에서 다마스쿠스에 소식을 전한 기병 한 명을 제외하고는 아무도 달아나지 못했다. 게다가 알레포의 군사가 도시 안으로 갔을 때, 군중이 큰길과 대문에 모여 그들이 통과하지 못하도록 했다. 사힙키란의 군대가 쫓아와 말과 사람을 베고 해자에 떨어뜨려서 수많은 사람이 사망했다. 결국 사힙키란은 <u>1400년 라비 알아왈월 11일 토요일(10월 30일)</u>에 도시를 차지했다.

티무르의 시리아 원정

티무르 타시와 슈둔은 도시 안 돌산에 있는 성채로 들어갔다. 그 성채에 30가즈 너비의 강과 연결된 해자가 있고 제방은 100가즈 높이였다. 두 사람은 성채의 견고함을 믿고 저항했으며, 화공병들은 화포를 쏘았다. 사힙키란은 도시로 들어와 성채 맞은편에 자리한 후, 나쿱치에게 명을 내려 해자의 주변을 파게 했다. 그리고 사신을 파견하여 항복을 요구했다. 사이드와 카디, 이맘과 귀족들이 왕국의 열쇠와 창고의 걸쇠를 들고 대문을 열어 복종했으며, 사힙키란은 슈둔과 티무르 타시 및 군사 1000명을 각 투만에 분배하여 가두게 했다.

　　사힙키란은 성채에 갇혀 있었던 이순 부카 다바트다르를 이집트로 파견하여 아틸미쉬를 보낸다면 포로들을 풀어주겠다고 전했다. 그리고 성채의 물자를 기록한 후 아미르와 군사들에게 사여했다. 사힙키란은 유수진과 물자, 창고 등을 알레포 성채에 두고, 사이드 아즈 앗딘 하자르가리 등에게 성채의 지배와 보호를 명한 후 15일 만에 다른 도시로 출발했다. 일전에 전위로 파견한 아미르자다 피르 무함마드 이븐 우마르 셰이흐와 아미르자다 아부 바크르 등이 하마로 진격하여 도시의 외성은 열었으나 내부 성채는 점령하지 못하고 있었다. 그러던 하마 성채도 사힙키란이 다가오자 복종했으며, 사힙키란의 군대는 그곳에서 20일 동안 휴식을 취했다. 사힙키란은 그곳에 디반하나와 샤자다와 아미르들의 집을 지었다. 이때 아미르들은 군대가 여행한 지 2년째이므로, 트리폴리로 가서 겨울을 보내고 봄에 공격을 재개하자고 청했다. 그러나 사힙키란은 그들의 청을 물리치고 홈즈로 향했다. 홈즈의 귀족들은 어전으로 와서 복종 의식을 행했고, 사힙키란은 알리 아크바르를 그곳의 다루가이자 대리인으로 세웠다.

　　사힙키란은 바알벡으로 향했고, 일부 군대를 해안으로 파견하여 시돈과 베이루트 방향으로 가게 했다. 바알벡은 거대한 돌로 세운 독특하고 높은 성채였으나 곧바로 사힙키란에게 점령되었다. 사힙키란은 아미르 셰이흐 누르 앗딘과 아미르 샤말릭과 아미르 순작 등에게 3만 명의 기병을 주어 다마스쿠스로 파견했다. 바알벡은 산 가까이에 있어 겨울에는 춥고 눈과 비가 내렸으므로, 1400년 주마다 알아왈 3일 일요일(12월 20일)에 사힙키란은 예언자 노아의 정원이 있는 카라크[20]로 이동했다. 그곳을 순례한 후 다마스쿠스로 향했는데, 시돈과 베이루트로 간 군대가 전리품과 함께 합류했다. 이때 사힙키란의 소식을 전하는 아미르와 아얀들이 술탄 파라즈를 꾀어서 다마스쿠스로 진격했고, 책략을 모색하여 신발에 독이 묻은 단검을 숨긴 자객을 사힙키란에게 파견했다. 그러나 디반 알라의 대서기인 호자 마스우드 심나니가 그들을 심문하여 사실을 밝혔다. 사힙키란은 그들을 독검으로 베고 시신을 불태운 후 귀와 코를 잘라서 이집트의 하킴에게 보냈다.

사힙키란은 다마스쿠스로 진격하여 '별들의 지붕'[21]이라는 언덕에 병영을 세웠다. 병영 주변에 해자를 파고 울타리와 흙벽돌로 벽을 만들고, 도시 외곽을 살펴본 후 적진으로 정탐병을 파견했다. 도중에 양측 정탐병이 만나 충돌했는데 시리아 병사들이 퇴각하여 달아났다. 사힙키란은 슈둔과 알레포의 포로를 그날 모두 처형했다. 그런데 그날 밤 아미르자다 술탄 후세인이 술에 취해 몇몇 타직인의 유혹에 빠져 다마스쿠스 내부로 들어갔다. 시리아인들과 술탄 파라즈는 그를 환대했고, 아미르자다의 누케르를 사힙키란에게 파견하여 그 소식을 전했다. 사힙키란은 다마스쿠스의 옛길로 약 1파르상 정도 이동하여 병영을

20　Karak. 바알벡 근처에 있는 마을로, 이곳에 노아의 무덤으로 알려진 석관이 있다.
21　압바스조 알마문 칼리프 시기에 다마스쿠스 동북쪽 카시운산에 지은 천문대를 부르는 별칭이다.

다시 세우고 오르도 주변에 벽과 해자를 설치했다. 또한 사방으로 정탐병을 파견하고, 밤에는 후위 사령관을 파견하여 경계했다. 이틀 후 사힙키란은 맘루크 술탄에게 "아틸미쉬를 내게 보내고 동전과 쿠트바를 사힙키란의 이름으로 장식하면 이 지역 주민에게 자비를 베풀겠다"는 내용의 서신을 보냈다. 그들은 사신을 환대하는 동시에 불꽃놀이와 화포 쏘기 등을 보여주며 힘을 과시했다. 그리고 대신과 귀족을 파견하여 닷새 후에 아틸미쉬를 석방하겠다고 알렸다.

병영에 주둔한 지 열흘째 되던 날, 건초 창고가 텅 비었다. 이에 유르트치를 파견하여 주변을 조사한 후 건초가 있는 구타라는 초원으로 이동했다. 그 모습을 본 적들은 사힙키란의 군대가 달아나는 것이라 생각하여 출병했다. 온 다마스쿠스 황야가 기병과 보병으로 가득 차게 되자, 사힙키란은 군사들에게 그 자리에 멈춰 각자의 앞에 방어물을 짓게 하고, 15명의 가신과 함께 언덕으로 올라가 기도를 드린 후 좌우익과 중군에게 전투를 명했다. 결국 시리아 병사들이 패배했고, 사힙키란의 군대는 상대를 다마스쿠스까지 밀어붙여 죽음의 바닥에 던졌다. 이 사건은 용해인 1401년 주마다 알아왈월 19일 화요일(1월 5일)에 발생했는데, 이때 시리아 군대의 좌익을 이끌고 있었던 술탄 후세인을 투팔라크 카우친이 잡아서 아미르자다 샤루흐의 어전으로 데려갔다. 사힙키란은 그 소식을 듣고 술탄 후세인을 투옥했으며, 풀어준 후에도 어전의 근신 모임에 들어오지 못하게 했다.

다음 날 사힙키란의 군대는 한 언덕에 자리했다. 오르도가 큰 북소리와 함께 이동을 시작했고, 중무장한 군대가 열병을 진행했다. 각 군대의 대열 앞에 코끼리를 배치하고 도시로 진격했다. 이에 상대방은 공포에 떨었고, 맘루크 술탄은 대아미르들과 상의하여 이집트로의 후퇴를 결정했다. 그들은 사힙키란에게 선물과 사신을 파견하여, 오늘 전쟁을 멈추면 내일 모든 명령을 이행하겠다고 전했다. 그런 뒤 그날 밤에 술탄과 아미르, 정부의 중진들은 이집트로 달아났다. 그들에게서 도망친 아미르 차크막이 그 상황을 알렸고, 샤자다 샤루흐는 도시를 포위하여 누구도 나올 수 없게 했다. 또한 일부 아미르와 노얀을 파견하여 도망친 자들을 추격했다. 낮이 되자 사힙키란은 도시 주변을 공격했고, 23일 토요일(1월 9일)에는 정원을 통과하여 도시의 숨통을 조였다. 사힙키란은 성채 맞은편에 있던 술탄 말릭 알자히르의 건물 중 아블락 성에 자리 잡았고, 다른 이들도 다마스쿠스 인근의 요충지를 장악했다. 사힙키란은 예언자 무함마드의 부인들인 움무 살라마와 움무 하비바, 그리고 첫 번째 무에진(Mu'azzin, 예배 시간을 알리는 사람)인 빌랄 이븐 라바의 성묘를 순례하고 돌아왔다. 다마스쿠스의 여러 종교인이 바깥으로 나와 사힙키란에게 복종하고 선물을 바쳤으며, 안전을 담보하는 물자를 수용하고 돌아갔다. 아미르 셰이흐 누르 앗딘과 아미르 샤 말릭과 아미르 알라다드, 그리고 비틱치 중에 호자 마스우드 심나니와 잘랄 이슬람이 도시로 들어가 여덟 개의 대문을 석회와 돌로 메우고 파라디스 대문만 연 채로 밖으로 나오는 물자를 기록했다. 징세관들은 물자를 취하여 바깥으로 가져왔고, 금요일 낮에 우마이야 모스크에서 사힙키란의 이름으로 쿠트바를 장식했다.

   성채에 있던 야즈다르 쿠트왈은 계속 저항했다. 그의 군대는 화포와 투석기, 화살과 나프타 등을 준비했다. 사힙키란의 군대는 영역을 나누고 공성 도구를 준비했으며 망루를 세웠다. 성채에 가까워지자 해자의 물을 바깥으로 흘려보내고 해자 내부에 가대를 설치한 뒤 나큡치들이 벽을 팠다. 이때 샤힙키란은 아미르자다 미란샤와 샤루흐 등에게 가나안을 동영지로 삼아 모든 가축을 초지로 운반하게 했다. 나큡치들은 불로 달군 돌에 식초를 부은 뒤 정으로 부수었으며, 탑과 담벼락을 나무토막 끝으로 쳐서 굴을 만들었다. 그런 다음 불꽃을 던지니 탑이 무너지고 성벽의 문이 열렸다. 병사들이 그곳을 통해 성채로 들어가려는 순간 벽이 무너졌고, 성채 안에 있던 사람들은 구멍을 막았다. 그러나 사힙키란의 군대는 다른 굴에도 불을 질러 성채 한쪽을 완전히 무너뜨렸다. 야즈다르 쿠트왈과 대인들이 농성을 포기하고 바깥으로 나와 창고의 열쇠를 맡겼다. 사힙키란은 야즈다르를 야사에 처하고 물자는 디반 알라의 대리인을 통해 거두었다.

이 성채의 창고는 두 성지(메카와 메디나)의 와크프에서 거둔 수확물을 보관하는 곳이었다. 사힙키란은 병사들이 그것을 취하지 못하게 단속하고 성지 대리인에게 재물을 성지로 돌려보내게 했다. 그리고 그곳의 에티오피아 출신 굴람들을 샤자다와 아미르들에게 분배했다. 종교인과 뛰어난 장인들, 예를 들어 의사 마울라나 잘랄 앗딘 무함마드[22] 등은 사마르칸트로 데려갔다. 그리고 예언자 부인들의 성묘 위에 두 개의 돔을 건설했다. 한편 이 지역에서 통용되는 현금은 순도가 낮은 은이었

---

22 시리아 출신 지식인이다. 티무르의 포로가 되어 한동안 사마르칸트에 거주하며 티무르에 관한 기록을 남긴 이븐 아랍샤에 의하면, 그는 시리아의 의사 중에 최고의 실력을 갖춘 인물이며, 일종의 광물로 된 묘약을 먹고 항상 젊음을 누렸다고 한다.

으므로, 짚으로 묶어 운반하던 금은을 풀어 동전으로 만들었다. 100미스칼과 50미스칼, 10미스칼과 그 외의 탕가[23]를 주조했는데 그때 오르도의 조폐국에서 주조한 동전은 총 60만 디나르-케베키 정도였다.

사힙키란은 이란과 투란에 승리의 서를 반포했고, 아미르 술레이만 샤와 아미르 자한 샤로 하여금 프랑크 바닷가(지중해)와 그 주변을 공략하여 아크레까지 가도록 명했다. 그리고 그는 가나안으로 귀환했는데, 도중에 질병이 생겨 샤자다와 대아미르들을 소환하기도 했다. 그 와중에 1401년 샤반월 초 수요일(3월 17일) 낮에 군대로 하여금 도시를 약탈하게 했는데, 병사들은 이전에 획득한 물자를 버리고 금은과 보석과 집기를 새로 차지했다. 다마스쿠스의 건물은 아래층을 제외한 2~3층이 주로 기름칠한 나무로 되어 있었는데, 샤반월 2일 목요일(3월 18일)에 화재가 일어나 우마이야 가문의 자미 모스크 미나렛이 재가 될 지경이었다. 사힙키란은 다마스쿠스와 시리아의 나머지 포로를 해방한 후, 다마스쿠스를 떠났다.

디야르바크르를 거쳐 이라크의 바그다드 원정

뱀해인 1401년 샤반월 4일 토요일(3월 20일), 사힙키란은 구타에 병영을 세우고 여러 지시를 내렸다. 첫 번째는 모굴리스탄에

---

23 Tangha. 티무르조에서 지불 화폐로 사용된 은화이다. 북인도의 영향을 받았으며 기준 무게는 약 6.4그램이다.

있는 아미르자다 무함마드 술탄을 소환하여 후계자로 임명하는 것이었으며, 두 번째는 투만 아가와 자녀들을 병영으로 소환하는 것이었다. 그 후 카라와 나브크를 거쳐 홈스에 도착했는데, 그곳의 주민들은 사힙키란에서 복속하여 파괴를 면했다. 사힙키란은 아미르들과 상의하여 다음과 같이 명했다. 우익의 아미르자다 루스탐과 아부 바크르 등을 1만 명의 기병과 함께 타드무르(빨미흐)로 보내 둘 카디르[24] 유목민을 공격하게 했고, 좌익의 아미르자다 술탄 후세인 등은 5000명의 기병과 함께 안타키야로 가도록 했으며, 중군의 아미르자다 할릴 술탄 등은 5만 명과 함께 유프라테스강 유역에 있던 쿠픽의 투르크멘을 겨냥하게 했다. 우익군은 둘 카디르에게서 2만 마리의 양을 취했고, 둘 카디르는 메카로 달아났다. 한편 좌익군은 안타키야 주변을 약탈하고 알레포로 향했다. 중군이 하마 주변에 이르렀을 때, 하마가 저항을 선언했다. 사힙키란은 즉시 도시를 약탈하고 거주지를 불태웠다. 그 후 사힙키란이 알레포로 향했을 때는 그가 일전에 알레포에 남겨놓았던 사이드 아즈 앗딘 하자르가리 등이 이미 성채를 무너뜨린 뒤였다. 사힙키란은 유프라테스강에서 좌우익과 합류하여 강을 건넜고, 카라 우스만을 만나 사냥을 하며 진격하여 루하에 도착했다. 그곳의 대인과 아얀들이 선물을 들고 바깥으로 나왔으므로, 그들을 자비로이 돌려보냈다. 그러나 아르메니아 성채를 지날 때는 그곳을 공격하였다.

이때 사마르칸트에서 힌두샤 하잔치와 부인들의 누케르가 와서 도시와 샤자다들의 건강 소식을 전했다. 사힙키란은

---

24 1337~1522년에 동부 아나톨리아에서 활동한 투르크멘 집단 중 하나이다.

마르딘으로 향하면서 힌두샤 하잔치 및 부인들의 누케르에게 서신을 주어 돌려보냈다. 가는 길에 하산케이프와 아르진의 술탄 등이 어전으로 와서 땅에 입을 맞추었다. 그런데 마르딘의 말릭은 과거에 맺은 조약에 따라 시리아 원정에 동행했으나, 사힙키란이 마르딘의 외곽에 도달했을 때는 성채 밖으로 나오지 않았다. 마르딘 주변에 초지가 없어 병사들이 머물지 못했으므로, 사힙키란은 모든 건물을 파괴하고 불을 지른 후 근처에 영지를 가진 카라 우스만에게 그 성채를 포위하게 했다. 또한 이때 아미르 알라다드를 사마르칸트로 파견하여 자타와의 변경인 아시파라를 지키게 했다.

오르도가 마르딘을 출발했을 때, 사힙키란은 아미르자다 술탄 후세인과 피르 무함마드 등을 알린작으로 파견하여 요새를 취한 다음 조지아로 오라고 명했다. 알린작은 포위군에게 투항했고, 포위군은 쿠트왈[25]인 사이드 아흐마드 오굴샤이를 붙잡아 어전에 파견했다. 이에 샤자다 술탄 후세인 등은 조지아로 진격했고, 말릭 구르긴은 다시 복종했다. 한편 술탄 마흐무드 칸과 아미르자다 루스탐 등은 바그다드로 파병했다. 이때 바그다드는 잘라이르 부족 중에 파라즈라는 자가 술탄 아흐마드의 명령에 따라 통치하고 있었는데, 그는 전투를 선택했다. 또한 아미르 알리 칼란다르가 만달리에서, 잔 아흐마드가 바쿠바에서, 파라흐 샤가 알레포에서, 미카엘이 시브에서 진격하여 사르사르에서 만나 대열을 정렬했다. 그러나 아미르자다 루스탐은 적군을 사냥감처럼 가운데에 두고 포위한 다음, 티그리스 방향으로 몰

---

25 Kūtūwal. 요새의 사령관을 의미하며 튀르크어에서 유래했다.

아내어 승리를 거두었다. 바그다드의 파라즈는 술탄 아흐마드가 사힙키란 외에는 항복하지 말라고 명령했다는 변명과 함께 저항을 이어나갔다.

사힙키란은 타브리즈로 향하며 도중에 사냥을 했다. 니시빈(누사이빈) 요새에서 항복을 받았고, 모술에서는 티그리스강에 다리를 만들어 건넜다. 이때 바그다드에서 파라즈의 상황에 관한 보고가 있었으므로, 사힙키란은 유수진으로 하여금 타브리즈로 가게 하고, 자신은 알툰 쿠프라크 길을 통해 바그다드로 갔다. 그곳에 도달한 사힙키란은 티그리스강 하류의 '까리야 알 우캅' 대문 맞은편에 자리했으며, 야를릭을 반포하여 나큽치들에게 성벽을 파게 했다. 파라즈는 사힙키란이 도착했다는 보고를 받고도 계속 저항했다. 사힙키란은 유수진을 소환했고, 수많은 군대가 도착하여 바그다드를 반지 가운데에 놓인 보석처럼 에워쌌다. 사힙키란의 군대가 굴을 파서 불꽃을 놓고 성벽 일부를 무너뜨리면, 적은 즉시 그 구멍을 구운 벽돌과 석회로 메우는 식으로 약 40일간 공방이 지속되었다.

당시는 여름이었고, 결국 도시 안에서 기아가 발생했다. 1401년 둘까다월 27일 일요일(7월 9일)에 경계가 느슨해진 틈을 타서 일부 아미르가 도시의 성벽으로 올라갔으며, 강의 상류로 갔던 군대는 성채의 벽을 무너뜨렸다. 그리고 사람들의 퇴로를 막고 도망치는 이들을 살해했다. 파라즈는 배를 타고 티그리스강 상류로 달아났으나, 추격대에 쫓기다 결국 강으로 몸을 던져 사망했다. 사힙키란은 군사들에게 적의 머리를 하나씩 가져오라고 명했고, 타바치들은 그 수를 기록한 후 그것으로 미나렛을 세워 세상 사람들에게 경고로 삼았다. 그리고 모스크와 마드라샤, 칸까를 제외한 모든 건물을 파괴했다.

동영지인 아제르바이잔 카라바그에서 겨울나기

사힙키란은 1401년 둘힛자월 초하루(7월 13일)에 바그다드를 출발하여 강의 상류로 나아가 대이맘 아부 하니파[26]의 마자르에 도움을 청했다. 마와라안나흐르에서 온 무사가를 서신과 함께 돌려보냈고, 히바의 다루가였던 남다크도 돌려보내 호라즘 수비를 맡겼다. 또한 술탄 마흐무드 칸과 아미르자다 할릴 술탄 등을 파견하여 힐라와 와시트 및 그 주변을 공격하게 했다. 사힙키란은 샤흐라주르와 쿨라기 길을 통해 타브리즈로 갔고, 군대와 유수진은 천천히 오도록 했다. 도중에 그는 몇몇 샤자다를 분견대로 편성하여, 길을 막고 지나는 사람들을 공격하고 있던 적들을 처단했다. 사힙키란이 차가투강[27]에 도착했을 때, 부인과 자녀들이 마중을 나왔다. 그들이 함께 악크 지야라트 하영지에 안착했는데, 타브리즈의 사이드와 울라마와 대인들 및 이란 왕국의 귀족들이 그곳으로 왔다. 사힙키란이 머문 20일 동안 주변에서 이맘과 지식인들이 모여들어 어전에서 종교와 학문에 관한 논쟁이 벌어졌다.

  과거 사힙키란이 시리아에 있었을 때, 술탄 바야지드

---

26 순니파의 4대 법학파 중 하나인 하나피 학파의 시조로 여겨지는 8세기의 법학자이다.

27 이란 서북부 아제르바이잔 지역에 있는 재린강의 몽골어 이름이다. 자그로스에서 발원하여 우르미야호수로 흘러든다.

는 술탄 아흐마드와 카라 유수프의 선동에 휩쓸려 아제르바이잔을 포위했다. 그는 타하르탄에게 도시를 빼앗고, 그의 처자를 부르사로 보냈다. 사힙키란이 하영지를 출발하여 하쉬트 루드[28]에 자리했을 때 술탄 바야지드가 그곳으로 향하고 있다는 소식이 전해졌다. 그는 곧바로 아미르자다 샤루흐에게 공격 준비를 명했다. 그러나 샤자다가 노빈에 이르자, 타하르탄의 조카 셰이흐 알리가 이을드름 바야지드의 복종의 메시지를 가져왔다. 샤자다는 이를 사힙키란에게 전했고, 사힙키란은 우잔[29]으로 이동하여 '아르군의 궁정'에 안착했다.

한편 사힙키란이 일전에 내린 명령에 따라, 투만 아가와 자녀들이 사마르칸트에서 출발했다. 그들은 부하라에서 마한을 거쳐 투스의 마슈하드에서 성지를 방문했다. 그리고 술타니야를 통과하여 우잔 가까이에 이르렀을 때 사힙키란이 그들을 마중했다. 그는 우잔에 며칠 머문 후 타브리즈로 가면서 도중에 사냥을 했다. 그리고 도시의 다울라트하나[30]에 자리 잡고 이 지역의 치안 유지 및 인구 조사를 진행했다. 그때 호자 알리 심나니가 헤라트에서, 호자 사이프 앗딘 투니가 사브제바르에서 어전으로 왔는데, 사힙키란은 바그다드의 문에서 살해된 호자 마스우드 심나니 대신 두 사람을 디반에 임명했다.

28 마라가 동쪽에서 발원하는 강이다. 이후 다른 강과 합류하여 라슈트에서 카스피해로 흐른다.
29 훌레구울루스 후기의 하영지 중 하나로, 타브리즈 동북부 일대의 평원을 지칭한다.
30 Dawlat-Khāna. 타브리즈의 북쪽 교외에 건설된 기념물이다. 훌레구울루스 시기부터 존재했으나 잘라이르조의 술탄 셰이흐 우와이스가 타브리즈를 차지한 후 이곳에 왕궁을 증축했다.

며칠 후 사힙키란은 조지아로 출발하기로 결정했다. 군대는 아라스강을 건너 나흐츠반에 병영을 세웠다. 이때 타하르탄의 조카 셰이흐 알리가 술탄 바야지드의 복속의 메시지를 전했다. 사힙키란은 분노를 누그러뜨리고 그곳에 며칠간 머무르며 조지아의 말릭 구르긴에게 선물과 지세와 지즈야와 관세를 요구하는 사신을 보냈다. 사힙키란의 군대는 나흐츠반의 정글을 출발하여 쿡체 텡기즈에 이르렀다. 그곳에서 사냥하고 샴쿠르(샴키르)에 도달했을 때, 조지아로 갔던 징세관이 돌아와 말릭 구르긴이 보낸 조공품을 바쳤다. 말릭 구르긴은 앞으로 해마다 지즈야와 지세를 바치고 지시가 있을 때 군대를 이끌고 오겠다고 다짐했다.

사힙키란은 티무르 호자를 사마르칸트로 파견하여 방비를 강화했다. 그리고 카라왈 투페로 이동하여 한 달간 머무른 후 간자와 바르다를 통과하여 뱀해인 1401년 라비 알타니월 22일 화요일(11월 29일)에 카라바그에 도착했다. 그곳에 갈대로 쿠리여[31]를 만들고, 그 안에 천막과 텐트를 세웠다. 초봄에 킵차크초원으로 진격하고자 데르벤드를 향해 얼굴을 두고 동영했는데, 초원에서 사신이 도착하여 복속을 선언했으므로 사힙키란의 분노의 불꽃이 누그러졌다. 이때 사마르칸트에서 많은 군대를 이끌고 출발한 아미르자다 무함마드 술탄이 아르다빌을 통과하여 아크탐에 이르렀다는 소식이 전해졌다. 사힙키란은 모든 샤자다와 아미르, 노얀들을 데리고 그를 마중하여 아글룩강 강변

---

31 Qūrīyā. 방벽으로 둘러싸인 장소를 의미한다. 주로 겨울에 갈대 등으로 일정한 장소를 둘러싸서 울타리처럼 만드는 구조물이다.

에서 만났다. 겨울 동안 연회와 축제를 열었고, 무함마드 술탄에게 아홉 마리의 은색 아랍 말을 사여했다. 연회가 끝난 후 아미르자다 이스칸다르를 대디반에서 심문하고 태형을 가한 후 포승줄을 풀어주었다.

　　　　이때 술탄 바야지드에게 의탁했던 술탄 아흐마드가 카이세리에서 이탈하여 이라키 아랍으로 갔고, 유프라테스강을 따라 바그다드로 가서 도시를 재건했다. 이 소식을 들은 사힙키란은 샤자다와 노얀들을 소환하여 군대를 넷으로 나누고 각기 루리스탄과 후지스탄과 와시트, 바그다드, 이라키 아랍, 자지라로 파견했다. 아미르자다 아부 바크르 등이 삽시간에 바그다드로 들이닥치자 술탄 아흐마드는 배를 타고 샤트강을 건너 힐라로 향했다. 한편 아미르자다 술탄 후세인과 할릴 술탄은 참치말의 길을 통해 나아가 만달리를 약탈했다. 아미르자다 피르 무함마드 등은 두분다르에서 사키와 필리 부족을 약탈했다. 시라즈에서 슈슈타르로 왔던 아미르자다 루스탐도 합류하여 이바다와 와시트로 향했고, 슈슈타르와 디즈풀, 호바이자와 후지스탄의 다루가와 귀족들을 물리쳤다.

　　　　이때 카라 유수프 투르크멘이 히자즈의 상인들을 약탈한 뒤 오스만으로 피난했다. 이에 사힙키란은 오스만을 공격하기로 결심했고, 그 소식이 전해지자 오스만의 술탄은 두려워하며 사힙키란에게 사신을 보내고 복속을 천명했다. 사힙키란은 오스만 술탄에게 카라 유수프 투르크멘을 죽이든 자신에게 보내든, 그도 아니면 쫓아내라고 요구했다. 또한 초봄에 오스만과의 변경으로 가서 술탄 바야지드의 대답을 기다리겠다고 언질을 준 후 사신을 돌려보냈다. 한편 사힙키란은 사냥을 하다 아라스강 주변의 개울이 퇴적으로 인해 얕아진 것을 보고 준설 공사를 명했다. 군대와 아미르들에게 업무를 분담하여 한 달간 10파르상 길이의 물길을 팠고, 그것을 바룰라스 수로라 불렀다.

해가 물고기자리(2~3월)에 이르자 사힙키란은 오스만을 공격하기로 했다. 그러나 점성술사들이 차가타이군의 피해를 예견하면서 아미르들의 불안이 커졌다. 사힙키란은 아미르들의 걱정을 덜기 위해 마울라나 압둘라 리산을 불러 하늘의 상태를 확인시켰다. 그는 무히 앗딘 마그리비[32]의 책을 인용하여, 혜성이 양자리에 나타났으므로 동쪽의 군대가 우세하고 오스만의 술탄은 붙잡힐 것이라 말했다. 결국 1402년 라잡월 13일 목요일(2월 16일)에 군대는 동영지를 출발하여 카라바그초원에 안착했고, 그해 샤반월 7일 일요일(3월 12일), 잘랄리력으로는 노루즈 첫날에[33] 샴쿠르로 향했다. 사힙키란은 마울라나 우베이둘라 사드르를 이스파한으로, 사드르였던 마울라나 쿠틉 앗딘 쿠르미를 시라즈로 파견하여 디반의 업무를 맡겼다. 사힙키란의 군대는 알라탁으로 향했는데, 1402년 라마단 24일 금요일(4월 27일) 게자리가 상승점일 때(오전 8~10시) 아미르자다 샤루흐의 아들 무함마드 주키가 태어났다. 칸자다에게 그를 보호하는 책임을 부여했고, 사라이 말릭 하눔을 비롯한 부인들과 여러 샤자다를 술타니야로 돌려보냈다. 사힙키란은 다시금 술탄 바야지드에게 사신을 파견하여 카마흐의 요새를 넘기면 그 대가로 룸의 왕국을 주겠다고 전했다.

32 13세기 훌레구울루스의 천문학자 나시르 앗딘 투시의 동료로, 마라가에 있던 천문대에서 일하며 일칸 천문표 제작에 참여했다.
33 이때가 잘랄리력으로 324년 파르바르딘월 1일이므로 노루즈에 해당한다.

티무르 승전기

한편 이 지역의 조지아인들이 토르툼이라는 견고한 성채에 의지한 채로 지즈야를 납부하지 않고 있었다. 이에 사힙키란이 일부 아미르를 파견했는데도 그들이 계속 지즈야를 거부했으므로, 결국 전쟁을 일으켜 닷새 만에 성채를 무너뜨렸다. 그리고 사힙키란의 군대는 우니크로 나아가 오스만으로 파견한 사신이 돌아오기를 기다렸는데, 예정된 시점보다 두 달이 지나도 오지 않았다. 결국 투만 아가 등을 술타니야로 보낸 후 진격하여 에르주룸초원에 안착했다. 이때 겨울 동안 쿠르디스탄과 이라키 아랍으로 원정을 떠났던 여러 샤자다가 합류했다.

오스만 술탄 바야지드와의 일전

카마흐 성채는 매우 높고 견고했으며, 옆에 깊은 계곡이 있었다. 아미르자다 무함마드 술탄은 이 성채의 점령을 자신에게 맡겨달라고 청했다. 그는 허락을 얻어 진격했으며, 사힙키란은 에르진잔에서 몇몇 아미르자다를 무함마드 술탄의 배후로 파견했다. 그들은 성채 주변을 포위했고, 열흘 동안 물을 차단했다. 열한 번째 밤에 메르키트인들이 사다리를 끈으로 엮고 중턱으로 올라가 줄을 묶었다. 그러자 병사들이 조용히 사다리를 타고 위로 올라갔다. 다음 날 사힙키란이 성채를 정복했고, 그곳을 에르진잔의 왈리 타하르탄에게 맡겼다. 뒤이어 사힙키란은 그 일대의 저항하는 이들을 공격하여 굴복시키고 시바스평원에 병영을 세웠는데, 사신으로 갔던 바야지드 참파이 일치카다가 오스만의 사신과 함께 돌아왔다. 그러나 술탄 바야지드는 사힙키란의 요구에, 특히 카마흐 요새에 대해서 어떠한 답도 보내지 않았다. 이에 사힙키란은 오스만으로의 진격을 결정하고 그 즉시 시바스에서 열병했다. 그가 언덕 위에 차양을 설치하고 앉으니 군대가 무리별로 그의 앞을 지나갔다. 그때마다 수장은 무릎을 꿇고 말을 바치면서 기도와 찬사를 읊었다. 이때 아미르자다 무함마드 술탄은 군대의 각 무리를 멀리서도 알아볼 수 있도록 각기 다른 색으로 칠하게 했다. 열병은 이른 아침부터 오후까지 이어졌는데, 사힙키란은 오스만의 사신을 대열 끝으로 보내 자신의 군대의 웅장함을 보게 했다. 다음 날 사신에게 귀환을 명령하면서, 타하르탄의 예속민과 술탄 바야지드의 자녀 한 명을 자신에게 보내면 룸 전체를 양도하겠다고 말했다.

오스만의 사신이 되돌아갔을 때, 전령이 시바스 근교 하룩 성채의 일부 치탁[34] 집단이 저항하고 있다고 보고했다. 사힙키란은 셰이흐 누르 앗딘 등을 파견하여 진압했다. 또 다른 정보원은 술탄 바야지드가 많은 군대를 이끌고 와서 토카트 정글에 있는 강의 초입을 장악했다고 보고했다. 사힙키란은 카이세리로 가서 병영을 세우고 군사들에게 건초를 저장하라고 명했다. 그리고 앙카라 방향으로 나아갔는데, 네 번째 날에 키르 셰히르에 병영을 세웠다. 정탐을 나갔던 아미르자다 아부 바크르와 아미르 셰이흐 누르 앗딘이 바야지드군의 그림자를 보았다고 알렸다. 사힙키란은 누라라는 곳에 안착하여 해자를 파고 울타리와 흙벽돌을 쌓았으며 정탐병 1000명을 파견했다. 그들은

---

34 튀르키예어로 '산에 살면서 나무를 파는 자'라는 뜻이므로 아나톨리아반도의 삼림민을 의미한다.

술탄 바야지드의 오르도 근처에 매복했다가 적의 정탐병과 전투를 벌였다. 카이사르가 이를 알고 키르 셰히르로 향했는데, 정탐병은 사힙키란에게 술탄이 키르 셰히르로 가는 중이라고 보고했다.

사힙키란은 샤자다와 아미르들에게 전략을 제시했다. 적의 영역으로 들어가 약탈하고 사방으로 군대를 파견해서 그들을 유인하는 방법이었다. 이를 위해 일부 군대를 앙카라로 먼저 보내고 일부는 유르트에 남겨두었으며 나머지는 후위에서 진격했다. 이렇게 하여 적의 정탐병을 막아내고 모든 군대가 무사히 앙카라에 도착했다. 이때 앙카라에 카이사르의 아미르인 야쿱이란 자가 있었는데, 그는 성채를 견고히 하고 공격과 방어를 준비하고 있었다. 사힙키란이 성채를 점령하라고 명하자, 군대는 굴을 파서 물을 끊은 후 탑으로 올라가 성채를 취했다. 이때 후방의 카이사르가 4파르상 거리에 이르렀다는 소식이 전해졌다. 사힙키란은 병영으로 가서 방어 시설을 만들어놓은 누라에 부대를 배치했다.

사힙키란은 적군이 통과하는 통로에 있던 유일한 우물을 오염시킨 뒤 개인 공간으로 들어가 신에게 간절히 기도했다. 그리고 아침이 되자 군대의 열병을 명했는데, 좌익에는 아미르자다 샤루흐와 할릴 술탄 등을 두었으며 그들의 측면에는 술탄 후세인 등이 있었다. 우익에는 아미르자다 미란샤와 아미르 셰이흐 누르 앗딘과 아미르 부룬둑 등이 있었고, 측면에는 아미르자다 아부 바크르, 아미르 자한 샤 등이 있었다. 또한 중군의 좌우에는 셀 수 없이 많은 용사가 포진했고 그 전면에 아미르자다 무함마드 술탄이 서 있었으며, 무리의 피난처에는 아미르자다 피르 무함마드 이븐 우마르 셰이흐와 그의 형제 아미르자다 이스칸다르 등이 있었다. 한편 별도로 40쿠슌을 보충대로 빼서, 도움이 필요한 전선을 지원하게 했다. 그리고 힌두스탄에서 얻은 코끼리 몇 마리 위에 궁수와 화공병을 두어 전투를 준비했다.

     술탄 바야지드도 오스만과 치탁과 유럽과 그 외의 지역에서 모은 수많은 군대를 적절한 위치에 배치했다. 좌익의 수장으로 자신의 조카인 라스 아프란지의 아들[35]을 임명하고 유럽 기병 2만 명을 주었다. 그들의 갑옷은 눈을 제외한 머리부터 발끝까지 모든 신체 부위를 숨기고, 연결 부위를 자물쇠로 잠가 갑옷이 벗겨지지 않도록 했다.[36] 한편 우익의 수장으로는 장자 술레이만 첼레비를 오스만의 군대와 함께 두었고, 술탄 자신은 중군에 서고 세 아들 무사와 이사와 무스타파를 등 뒤에 두었다. 한편 황태자이자 '쿠라시지'로 유명했던 무함마드 첼레비와 여러 오스만의 아미르 및 사령관도 각자 자기 자리에 있었다. 양측은 곧 전투에 돌입했다. 사힙키란군의 우익이 적의 좌익을 완전히 몰아내자 쿠라시지는 두려움으로 가득 차 달아났다. 좌익의 측면에 있던 술탄 후세인도 적에게 강한 타격을 가했다. 한편 아미르자다 무함마드 술탄은 좌익을 도우러 가라는 명을 받고 나

---

35 모라비아 세르비아공국의 초대 왕자였던 라자르 흐레벨야노비치의 아들 스테판 라자레비치이다. 그는 바야지드 1세의 충실한 가신이었는데, 술탄 바야지드가 앙카라전투에서 티무르에게 붙잡힌 틈을 타 세르비아의 대부분을 통합하고 중흥기를 이루었다.

36 본문에서 묘사하는 세르비아군의 갑옷은 서양 중세의 전통적인 형태이다. 철로 된 금속 고리를 연결하여 만든 '체인 메일'(쇄자갑)에서 철갑판을 신체에 맞게 가공한 '플레이트 아머'(판금갑)로 진화하는 과정에 있는 부분 판금 갑옷으로 추측된다.

아가 유럽의 전사들을 몰아냈고, 결국 라스 아프란지의 아들이 이끌던 군대는 파괴되었다. 중군의 전사들 역시 적을 지체 없이 베었는데, 이때 사힙키란이 모든 군대에 총공격을 명령했다.

그 와중에 샤자다 무함마드 술탄의 6쿠슌이 언덕 하나를 차지했는데, 술탄 바야지드가 중군과 함께 와서 샤자다의 병사들을 몰아냈다. 술탄은 언덕에서 자기 군대의 좌우익이 분산되는 것을 보고 그 자리에 얼어붙었다. 사힙키란과 아미르자다 샤루흐가 카이사르를 겨냥했고, 다른 군대도 술탄 바야지드를 포위망에 들어온 사냥감처럼 포위했다. 바야지드는 겨우 바깥으로 달아났지만, 사힙키란의 군대가 그를 추격했다. 그때는 티르윌이어서 날씨가 무척 더웠다. 그들이 달아난 곳에는 물이 없었으므로 많은 이가 갈증으로 사망했다. 사힙키란은 축복받은 오르도에 안착했고, 신에게 감사를 드리며 승리를 축하하는 금화 던지기 의식을 행했다. 말해인 1402년 둘힛자월 10일 금요일(7월 11일)에 설교자가 사힙키란의 이름으로 승리의 쿠트바를 읊었다.

티무르가 오스만 술탄 바야지드를 포로로 잡다

달아난 자들을 추격하던 술탄 마흐무드 칸이 술탄 바야지드를 붙잡아 사힙키란에게 보냈다. 그들은 오스만 술탄의 손을 묶어 사힙키란의 침실로 데려갔는데, 그는 술탄 바야지드의 포박을 풀고 예의를 갖추게 했다. 처음에는 술탄 바야지드가 저지른 잘못을 지적했지만, 그럼에도 그를 용서하고 위무했다. 이에 술탄은 잘못을 인정하고 자녀인 무사와 무스타파를 보살펴달라고 청했다. 이에 타바치들이 밖으로 나가서 무사를 데려왔다.

  뒤이어 쿠트왈 야쿱이 어전으로 와서 앙카라 성채를 바쳤다. 디반의 실무자들은 안전을 담보하는 세금을 조사하여 확정했으며, 그것을 취하여 창고에 전달했다. 사힙키란은 아미르자다 무함마드 술탄을 우익으로 삼아 오스만의 수도인 부르사에서 아스라야카강까지 진격하게 했고, 도중에 아미르 셰이흐 누르 앗딘은 부르사에서 물자와 창고를 조사하여 기록했다. 또한 아미르자다 후세인과 이스칸다르 등을 코냐와 악크 셰히르와 카라히사르와 아달리야(안탈리아)와 알라야(알란야) 방향으로 파견했다. 그리고 승리의 서를 작성하여 이란과 투란의 모든 왕국, 즉 술타니야의 부인들과 수도인 사마르칸트의 아미르자다 우마르, 카불과 자불의 아미르자다 피르 무함마드 이븐 자항기르와 파르스의 아미르자다 루스탐, 그 외에 투르키스탄과 카슈가르와 호탄과 바닥샨과 후라산과 호라즘과 마잔다란과 타바리스탄과 길란과 아제르바이잔과 이라키 아랍과 아잠과 키르만과 키즈와 마크란과 시스탄과 나머지 도시에 각기 파견했다.

  이때 사힙키란은 아미르자다 할릴 술탄을 사마르칸트로 파견하여 투르키스탄의 경계를 지키도록 했다. 그리고 헤라트에서 사망한 아미르 악크 부카 대신 아미르 미즈랍을 후라산으로 파견했다. 사힙키란은 앙카라에서 수리 히사르로 갔다가, 다시 쿠타흐야로 향했다. 좋은 공기와 다양한 과일과 아름다운 정글이 있는 쿠타흐야의 하영지에서 한 달 정도 머물며 그곳에 오랫동안 쌓여 있던 술탄 바야지드의 와지르 티무르 타시의 물자를 창고로 옮겼다. 한편 쿠타흐야에 도착한 다음 날 사힙키란은 아미르 샤 말릭과 압둘 카림 이븐 핫지 사이프 앗딘 등에게 군대를 주어서 카라다, 호자일리[37] 및 만타샤 방향으로 파견했다. 사힙키란은 샤자다와 노얀들에게 연회를 베풀어 아침부터 밤까지 와인을 마시고 뱃사공을 바라보면서 시간을 보냈다.

아미르자다 무함마드 술탄은 명을 받고 앙카라에서 부르사로 향했는데, 그가 도착하기 전에 이미 술레이만 첼레비가 부친의 창고를 챙겨서 달아났다. 아미르자다의 군대는 그들을 추격하여, 양기 샤흐르(예니 셰히르)의 어떤 집에 숨어 있던 술탄 바야지드의 부인과 두 딸, 그리고 술탄의 아들 무스타파의 부인이 될 술탄 아흐마드 잘라이르의 딸을 붙잡았다. 아미르 셰이흐 누르 앗딘은 성채로 들어가 술탄 바야지드의 창고를 모두 차지했고, 디반 알라의 비틱치인 알리 심나니와 사이프 앗딘 투니가 그 품목과 수량을 기록했다. 그들은 물자를 정리한 후에 도시를 약탈하고 불태웠다.

후방에 있던 군대가 도착하자 아미르자다 무함마드 술탄은 해안 방향으로 이동하며 아미르자다 아부 바크르를 기병 1만 명과 함께 이즈니크 쪽으로 파견했는데, 그곳은 룸 땅에서 가장 중요한 도시였다.[38] 아미르자다 아부 바크르는 이즈니크를 지나 해안까지 가면서 술레이만 첼레비와 수많은 치탁인을 공격했다. 그들은 수로를 건너 아스라야카로 달아났고, 그의 부인

---

37 호자일리는 비잔틴제국에 대항하여 영역을 넓힌 오스만의 장군 악차 호자의 티마르(Timar)에 해당하는 지역이다. 현재 튀르키예 서부 도시인 이즈미트 중심의 코자엘리주 일대를 가리킨다.

38 이즈니크는 고대 그리스 시대부터 존재했던 도시이다. 비잔틴의 주요 도시로 니케아공의회가 열리기도 했으며, 4차 십자군 이후 비잔틴을 계승한 니케아제국의 수도였다.

과 가족은 포로가 되었다. 샤자다 무함마드 술탄은 미할리즈초원[39]에서 그 소식을 송골매에 매달아 사힙키란에게 전했다.

한편 두 역참 거리였던 부르사와 쿠타흐야 사이에 폭이 4파르상 정도 되는 산맥이 하나 있는데, 치탁의 군대가 그곳에 피신해 있었다. 샤자다의 사신이 그곳에 들어섰을 때 치탁인이 그를 공격했으나, 100명의 사신단이 적을 물리쳤다. 아미르자다 무함마드 술탄은 미할리즈에서 귀환하여 부르사에 안착했고, 아미르자다 아부 바크르는 수많은 전리품과 함께 원정에서 귀환하여 샤자다의 대오에 합류했다. 아미르자다 무함마드 술탄은 부르사와 연결된 양기 샤흐르의 초원에 자리했고, 그곳에서 아미르자다 아부 바크르가 사힙키란의 허락을 받아 카이사르의 큰딸과 결혼했다.

한편 좌측으로 원정에 나섰던 아미르자다 술탄 후세인과 아미르 술레이만 샤는, 케벡 투르크멘을 약탈하고 악크 셰히르와 카라 히사르를 취했다. 아미르 술레이만 샤는 도시 주민을 보호하기 위해 다루가를 임명하고 체르케스 수치를 악크 셰히르에 두었으며 여러 도시에서 안전을 보장하는 세금을 거두었다. 그리고 주변을 공격하여 차카르 불락과 하미드부[40]를 약탈하고 수많은 말과 낙타와 양을 모았으며, 샤흐르 마나와 악크 사라이도 정복했다. 아미르 술레이만 샤는 코냐에 도착하여 안전

---

39 부르사에서 서쪽으로 약 60킬로미터 떨어진 곳에 위치한 도시 카라카베이의 옛 이름이 미할리치(Mihalich)인데, 이는 그리스의 도시 밀레토폴리스(Miletopolis)에서 유래했다.

40 룸셀주크 멸망 후 아나톨리아에 있었던 튀르크-투르크멘 공국 중 하나인 하미드공국을 의미한다. 아나톨리아 남서부의 호수인 에기르디르와 이스파르타 등지에 있었다.

을 담보하는 세금을 취했고, 관습에 따라 전리품을 자작나무 가지에 묶어 보냈다. 사이드 호자 이븐 셰이흐 알리 바하두르는 아이든 지역으로 가서 그들을 약탈하고 해안까지 몰아냈다. 그 후 아미르 셰이흐 누르 앗딘은 확보한 오스만 술탄의 창고와 부르사의 물자를 운반했고, 술탄 바야지드의 부인과 자녀와 예속민, 여성 노예들을 데리고 와서 쿠타흐야에서 사힙키란에게 보고했다. 그는 술탄 바야지드의 부인이자 라스 아프란지의 딸인 데스피나[41]를 그의 딸 및 나머지 예속민과 함께 남편에게 파견했다. 그리고 12년 동안 술탄 바야지드의 감옥에 갇혀 있던 아미르 무함마드 이븐 카라만을 어전으로 데려가, 그에게 카라만 전역, 즉 코냐와 라란다[42]와 악크 사라이와 아달리야와 알라야 등을 모두 사여했다.

      사힙키란은 쿠타흐야의 하영지에서 한 달을 보낸 후 그곳을 출발했다. 아미르자다 무함마드 술탄은 아미르자다 아부 바크르와 함께 부르사와 샤흐르 누(양기 샤흐르)에서 유수진에 합류했다. 사힙키란의 군대는 통쿠즈룩 방향에서 산맥을 건너 알쿤 타시의 깨끗한 초원에 자리했다. 이곳에서 즐거운 연회가 마련되었는데, 사힙키란은 술탄 바야지드를 소환했다. 그에게 오스만왕국의 통치권을 사여한 뒤 다시 통쿠즈룩 방향으로 나아갔다.

---

41 세르비아 출신의 술탄 바야지드의 황후 올리베라 데스피나이다. 술탄 바야지드가 사망한 후 세르비아로 돌아가 친족들과 살다가 1444년에 사망했다는 기록이 남아 있다.

42 현재는 카라만이라 불리는 도시로, '라란다'라는 이름은 현지어로 '모래 지역'이라는 뜻이다.

사힙키란은 셰이흐 샴스 앗딘 자지리의 아들 마울라나 바드르 앗딘 아흐마드를 이집트에 보낼 사신으로 임명했다. 사힙키란은 이집트에 아틸미쉬를 석방하고, 자신의 이름으로 동전을 발행하고 쿠트바를 읊으라고 요구했다. 사신은 1402년 라비 알아왈월 초 금요일(9월 29일)에 출발했는데, 아달리야에서 배를 타고 이스칸다리야(알렉산드리아) 항구를 통해 이집트로 갔다. 또한 두 사람을 콘스탄타니야(이스탄불)의 타구르[43] 어전으로 보내 지즈야와 관세를 요구했으며, 아스라야카로 달아났다가 이스탄불의 맞은편 귀젤 히사르[44]에 머무르고 있었던 술레이만 첼레비에게도 사람을 보내 직접 어전으로 오거나 물자를 바치라고 명했다. 타구르는 사힙키란의 요구를 받아들여 수많은 플로린[45]과 선물을 바쳤다. 한편 술레이만 첼레비에게 간 사신도 귀환했는데, 그 역시 많은 선물과 함께 복속의 서신을 보냈다. 사힙키란은 그에게 어전으로 올 것을 명하는 서신을 다시 보냈다. 이때 술탄 마흐무드 칸이 예기치 못한 병에 걸려 쿠축바를락에서 사망했다.

사힙키란은 통쿠즈룩으로 귀환한 샤자다 및 노얀들과 함께 동영지에 대해 상의하여, 각자 다른 도시에서 동영하기로

---

43 Tāghūr. 이 명칭은 아르메니아인의 군주를 지칭하는 단어이다. 이 시기 페르시아인들이 아르메니아 왕이라 지칭하는 이는 비잔틴제국의 군주 마누일 팔레올로고스이다.

44 '아름다운 성채'(Güzelce Hisar)라는 옛 이름을 가진 이스탄불 아시아 지역의 성채, 현재의 아나돌루 히사르를 의미한다. 바야지드 1세가 1395년경에 건설했으며, 북쪽으로는 흑해에서 접근하는 세력을 감시하고, 남쪽으로는 콘스탄티노플 성벽 내의 비잔틴제국을 감시할 수 있는 위치에 있다.

45 Flūri. 유럽 중세의 금화. 1252년 피렌체(플로렌스)에서 발행되기 시작하여 이와 같이 불렀다.

했다. 아미르자다 무함마드 술탄은 사루한일리[46]에 있는 마그니시야흐에서 동영하고, 샤루흐와 좌익군은 갸르미얀일리의 영역을 배정받아 울룩바를락[47]과 쿠축바를락 가까이에서 동영했다. 그리고 사힙키란은 통쿠즈룩을 출발하여 민두라스강(멘데레스강)[48]을 건너 병영을 세웠는데, 그곳에서 만타샤 하킴의 아들인 아미르 무함마드와, 술탄 바야지드의 가문 중에 시노프에 있던 이스판디야르[49]가 말 수천 마리를 끌고 와서 선물로 바쳤다. 이스판디야르는 사힙키란의 군대에 합류했고, 아미르 무함마드는 세금을 수용하여 징세관들과 함께 자기 지역으로 돌아갔다.

한편 그 일대 해변에 삼면이 바다로 둘러싸인 견고한 성채가 있어서 유럽인들이 모여 있었는데, 그곳을 이즈미르라 불렀다. 유럽인들이 그곳을 성지로 여겨 꾸준히 후원하고 도왔으므로 그들은 이슬람의 어떤 왕에게도 지즈야를 납부하지 않으면서 지역 주민들에게 해를 끼치고 있었다. 또한 주변에 다른 두 요새가 있었는데, 그곳도 이즈미르라 불렀지만 그곳에 사는 이들은 무슬림이어서 두 세력이 밤낮으로 전투를 벌였다. 술탄

46　Sarhān Iīlī. 룸셀주크의 멸망 후에 아나톨리아에 나타난 튀르크계 공국 중 하나. 창건자인 사루한의 이름을 따서 지어졌으며 1313년부터 1412년까지 존속했다. 아나톨리아 서부와 에게해에 면해 있는 옛 리디아 지역을 아우르며, 수도는 마니사(마그네시아)였다.

47　데니즐리와 코냐 가운데, 에기리디르 호수 좌측에 바를라산이 있으며, 그 좌측에 '울루보를루'(Uluborlu)라는 곳이 있고 서남쪽에 '케치보를루'(Keçiborlu)라는 지역이 있다.

48　이즈미르 남부를 동서로 가로지르며 흐르는 강이 소멘데레스강이라면, 데니즐리주 북쪽을 동서로 가로지르는 강이 대멘데레스강이다 .

49　튀르키예 북부의 카스타모누주, 시노프주 등지를 통치하였던 투르크멘계 공국 이스판디야르조의 군주를 가리킨다.

바야지드와 그의 부친도 여러 차례 그곳을 점령하고자 했으나 실패했다.

룸의 유럽 세력 공격과 후계자 술탄 무함마드의 죽음

이 상황을 알게 된 사힙키란은 우선 전통적인 방식에 따라 그들에게 사신을 파견하고 이슬람으로 개종하라고 요구했다. 만일 이슬람을 받아들인다면 그들을 위무하고, 저항을 포기하고 지세와 관세를 받아들인다면 그들에게 지즈야를 배정할 것이나, 저항한다면 성전을 행하기로 한 것이다. 명을 받은 아미르자다 피르 무함마드 이븐 우마르 셰이흐와 아미르 셰이흐 누르 앗딘은 이즈미르로 사신을 보냈다. 이때 이즈미르 요새를 지키던 마흐누스는 유럽인이었으므로,[50] 로만과 갈라타[51]와 삼순[52]과 두브루인[53]과 한잘과 바르디나[54]와 사비르와 담리와 삼두크와 임루

- [50] 이 당시에 이즈미르에 주둔한 세력은 구호기사단(Knights Hospitaller)이다. 구호기사단은 1차 십자군이 예루살렘을 정복한 후 그곳의 방어를 담당한 기사수도회 중 하나였는데, 13세기 말 마지막 십자군 이후 팔레스타인 일대가 이슬람 세력에게 장악되면서 로도스섬으로 옮겨가 활동했다. '마흐누스'는 이즈미르 방어를 담당한 기욤 드 몽테(Guillaume de Munte)이다.
- [51] 이스탄불의 갈라타 탑 일대를 의미하며, 당시 제노아의 식민지 중 하나인 페라에 해당한다.
- [52] 아나톨리아 북부의 해안 도시로, 당시 제노아의 식민지가 있었다.
- [53] 흑해 서부와 다뉴브강 사이에 있는, 루마니아·불가리아 경계인 '도브루자'이다.
- [54] 앙카라 북부에 위치한 바르틴주의 주도 바르틴이다.

즈와 이나루와 라클루 등에 사람을 파견하여 지원군을 요청했다. 이에 수많은 프랑크군이 모여들었고, 이 소식이 사힙키란에게 전해졌다. 이에 그는 유수진을 티라에 두고 1402년 주마다 알아왈월 6일 토요일(12월 2일)에 이즈미르에 도착했다. 이때 각기 다른 동영지에 있었던 샤자다와 아미르들도 소환했다.

  그들은 육지와 접해 있는 성채의 한 부분에서 전투를 시작했는데, 나큅치는 공성전 도구로 성채를 무너뜨리기 위해 노력했다. 한편 바다와 면한 곳에서는 물 위에 기둥을 세우고 다리를 만들어 성채로 접근을 시도했다. 이로 인해 바다 방면의 길이 막히면서 성채 안으로 구호품이 전달되지 않았다. 양측은 활과 화살, 화포와 나프타 유리병과 돌을 던지며 격렬하게 싸웠다. 그러나 사힙키란의 나큅치들이 성벽 아래 굴을 판 뒤 얼룩진 땔감을 쌓고 나프타로 불을 피우자, 요새의 벽이 무너졌다. 유럽인들은 바다에 뛰어들어 익사하거나 이슬람 군대에 의해 참수되었다. 사힙키란은 성채와 건물을 무너뜨리라고 명했고, 유럽 지역에서 무기와 전쟁 도구를 가득 싣고 이즈미르로 항해해 온 구케[55]로 수비병들의 머리를 날려 보냈다. 이 도시를 점령하는 데 2주가 채 걸리지 않았다.

  이 와중에 술레이만 첼레비가 파견한 셰이흐 라마단이 어전으로 와서 동물과 말과 값비싼 직물과 수많은 금화를 바치며 복종의 뜻을 전했다. 이에 사힙키란은 오스만 술탄의 자녀

---

[55] '구케'라는 이름과 가장 유사한 배는 13~14세기 북유럽 바이킹의 배를 계승한 코그(Cog)이다. 하지만 코그의 특징은 돛이 하나이고, 본문의 구케는 돛이 두 개이므로 이 배는 유럽에서 지중해 항해에 가장 널리 사용된 갤리선으로 보인다.

들을 아스라야카 및 그 일대의 통치자로 임명하고, 탐가 인장이 찍힌 야를릭을 그에게 주었다. 그의 형제 이사 첼레비 또한 사신 쿠틉 앗딘을 파견하여 땅에 입을 맞추고 선물과 조공을 바치며 복속했다.

사힙키란은 아미르자다 무함마드 술탄에게 이즈미르에서 하루 거리에 있는 푸차(포카이아) 성채로 진격하여 유럽인 무리를 공격하라고 명했다. 그들은 요새에서 나와 지즈야를 받아들이며 안전을 요청했다. 샤자다는 대리인에게 금액을 징발하게 한 후 마그니시야흐에 있는 동영지로 돌아갔다. 사힙키란은 이즈미르의 주민들을 위무하고 수많은 무기와 갑옷을 사여하여 기독교도의 침입을 방어하게 했다. 그리고 유수진을 이끌고 아야즈룩 황야로 갔다.

한편 사바라는 이름의 유럽 왕[56]이 유향수지[57]가 생산되는 키오스섬을 지배하고 있었는데, 선물과 조공을 갖추어 사신을 파견하고 지즈야와 관세를 수용함으로써 복종을 표했다. 이에 그들에게 지즈야를 배정하고 안전을 제공했다. 이후 아미르자다 이스칸다르 이븐 우마르 셰이흐와 알리 술탄 타바치 등을 분견대로 파견하여 바잠 무리를 공격하게 했다. 사힙키란은 아야즈룩에서 통쿠즈룩 정글로 향했고, 아미르자다 무함마드 술탄은 동영지에서 나와 알라 셰히르에서 잠시 합류했다가, 앙카

---

[56] 현재 그리스의 영토인 키오스섬은 1346년에 제노바의 식민지가 되었고, 제노바공화국에 지불할 세금을 징수하는 투자자 협회(Maona)가 설치됐다. 이들이 영주인 제노바의 주스티니아니 가문과 함께 키오스섬과 포카이아를 관리했으므로, 사바라는 인물은 주스티니아니 가문의 통치자로 보인다.

[57] 키오스섬에서 자라는 옻나무과의 지중해성 작물인 유향수의 수액이다.

라로 나아가 카이세리에서 다시 만나기로 했다. 한편 사힙키란은 술탄 히사르에게 명하여 산지의 치탁 무리를 공격하게 했고, 쿠타흐야와 통쿠즈룩과 카라 셰히르와 갸르미얀 지역의 울루스를 술탄 바야지드에 의해 쫓겨났던 본래의 주인 야쿱 첼레비에게 사여했다. 현재는 그 아들들이 지역을 통치하고 있다. 사힙키란이 울룩바룰락에 도착했을 때, 아미르자다 샤루흐가 합류했다. 사힙키란은 길 주변의 성채를 점령하며 계속 진군했다.

하미드 지역에 여러 강이 흘러드는 거대한 호수가 있었는데, 호변에 돌로 된 울타리가 있고 그곳을 에기르디르라 불렀다. 호수 가운데에 섬이 두 개 있었는데 하나는 굴리스탄, 다른 하나는 나스핀[58]이다. 특히 나스핀 성채에 많은 사람이 모여 있었다. 사힙키란은 1403년 라잡월 17일 토요일(2월 10일) 아침에 그곳에 도착하여 여러 아미르자다 및 아미르와 함께 에기르디르를 공격했다. 여러 사람이 나스핀으로 피난하자 사힙키란은 배를 만들어 호수에 띄우고 직접 나스핀으로 갔다. 그곳의 대인인 셰이흐 바바가 밖으로 나와 항복하니, 그는 이주의 명을 받았다.

그때 아미르자다 무함마드 술탄이 병에 걸렸다는 소식이 전해졌다. 사힙키란은 손자의 소식을 자세히 알고자 사람을 파견하는 한편, 악크 셰히르로 나아갔다. 이때 아미르 무함마드 카라만이 코냐에서 현금과 직물과 말과 낙타 등을 파견했다. 사힙키란은 다시 출발했는데, 1403년 샤반월 14일 목요일에 오스만 술탄 바야지드가 악크 셰히르에서 사망했다는 소식이 전해

---

58 현재 이 두 섬의 이름은 녹색 섬(Yeşil Ada)과 삶의 섬(Can Ada)인데, 좀 더 큰 녹색 섬을 '니스'라고 부른다. 하피즈 아브루의 『역사의 정수』에도 니스(Nīs) 섬이라 되어 있다.

졌다. 또한 다나 호자가 아미르자다 무함마드 술탄의 병세를 보고했는데, 의사인 마울라나 파르흐가 샤자다에게 위장 세척약을 주었으나 성공하지 못하여 병이 간질로 전이되었다고 했다. 사힙키란은 다나 호자를 두 마리 말이 끄는 마차에 태워 손자에게 돌려보냈다. 또한 친히 악크 셰히르로 가서 유족을 위무하고 그의 아들 무사 첼레비에게 예복과 허리띠, 도검, 금으로 장식된 전통 끈과 수레 등을 사여했으며, 오스만의 수도인 부르사의 지배를 명했다. 또한 셰이흐 마흐무드 하이란의 성묘[59]에 안장했던 술탄 바야지드의 시신을 부르사로 옮기게 했다. 그 후 사힙키란은 유수진을 남겨둔 채 아미르자다 무함마드 술탄에게 향했다. 도중에 다르가트 투르크멘 무리가 길을 막고 있었으나 사힙키란은 그들을 공격하여 포로로 붙잡았다.

사힙키란은 아미르자다에게 가서, 그를 침상에 눕혀 이동시켰다. 그러나 양해인 1403년 샤반월 18일 월요일(3월 13일)에 아미르자다는 29세의 나이로 사망했다. 아미르와 아얀, 군사들은 검은 재를 몸에, 거친 천과 펠트를 목에 걸고 흙을 머리 위에 뿌렸으며, 돌을 품에 끼고 짚과 재를 침상으로 삼았다. 샤자다의 매장과 상례 준비를 마친 후 200명의 기병을 파견하여 그의 관을 술타니야에 있는 예언자 하이다르의 성묘로 옮겼다가, 다시 사마르칸트로 운반하게 했다. 또한 다른 이들은 빈 관을 들것에 못으로 고정하여 우니크에 머무르도록 했다. 사힙키란은 유수진으로 귀환한 후 계속 나아갔으며, 청색과 흑색 상복

---

[59] 1269년에 사망한 룸셀주크 시기 수피의 무덤으로 현재 악크 셰히르 서편에 있다.

을 입고 매일 밤낮 곡을 하고 있던 오르도의 주민들에게 애도의 의복을 벗게 했다.

한편 술탄 바야지드의 소식을 들은 맘루크 술탄 파라즈는 아틸미쉬를 감옥에서 석방하고 이집트와 시리아에서 사힙 키란의 칭호로 동전과 쿠트바를 장식했다. 그리고 아틸미쉬와 함께 두 사신을 파견하여 매년 지세와 세금을 바치고 복종하겠다는 소식을 전하도록 했다. 사힙키란은 술탄 파라즈에게 왕국 및 종교에 관한 업무와 성지 보호를 명한 후 특별한 왕관과 예복, 허리띠 등을 선물로 보냈다.

룸에서 귀환하여 조지아로 진격

사힙키란은 튀르크 부족 중 하나인 카라타타르를 마와라안나흐르로 옮겨 자타울루스와의 사이에 배치할 계획을 세웠다. 그들은 뭉케 칸이 훌레구 칸을 이란으로 파견했을 때 훌레구 칸의 군대에 포함되었던 이들로, 룸과 시리아 변경에 유르트가 있었다. 아부 사이드 칸 사후 52개의 무리로 나뉘어 각자의 유르트에 있다가 시바스에서 카디 부르한 앗딘의 시대가 끝나자 술탄 바야지드의 군대에 편입되었는데, 당시 그 수가 3000~4000호에 달했다. 사힙키란은 좌우익군을 모두 동원하여 아마시아와 카이세리에서 그들을 포위하고 길을 차단했다. 이후 그들의 칼란타르인 아키 타바룩[60]과 마르와트를 소환하여 본래 유르트가 있던

---

60 '아키'(Akhī)는 아랍어의 '내 형제'라는 의미로, 13세기 셀주크튀르크 붕괴

고향으로 돌아갈 것을 명했다. 사힙키란은 그들을 무리별로 만호장에게 분배한 후 가축과 함께 이동시켰다.

사힙키란은 술타니야에 머무르던 부인과 자녀들을 우니크로 소환했고, 카이세리와 시바스를 지나 에르진잔에 도착했다. 타하르탄은 동물과 말, 토쿠즈를 선물로 바쳤다. 이후 카마호로 가서 그곳에 아미르 압바스의 친척인 샴스를 배치했다. 에르주룸에서는 아미르자다 울룩벡과 이브라힘 술탄 등을 만났고, 우니크에서는 부인들과 재회했다. 그때 아미르자다 무함마드 술탄의 모친 칸자다가 검은색 장례 의복과 애도의 도구를 준비해 와서 빈 석관 앞에서 곡을 했다. 사힙키란은 가난한 이들에게 자선을 베풀고 종교인들에게 쿠란을 낭독케 했으며, 사람들에게 음식을 제공한 후 죽은 샤자다의 게우르카(북)를 두드렸다. 이후 지시를 내려 검은 의복을 모두 벗게 했다.

사힙키란은 조지아의 군주 말릭 구르긴이 조약에 따라 어전으로 오지 않았음을 떠올리고 조지아로 진격하고자 망굴초원에 도달했다. 이때 마르딘의 술탄 말릭 이사가 마르딘의 수년치 세금과 지세를 가지고 오르도를 방문했으며, 사힙키란은 그를 위무한 후 그의 딸을 아미르자다 아부 바크르의 약혼녀로 삼았다. 또한 조지아의 하킴 중에 말릭 구르긴과 적대적이었던 그의 형제 쿠스탄딜도 어전을 방문하여 조공을 바치며 복종을 표했다.

사힙키란은 망굴에서 아미르자다 피르 무함마드 이븐

무렵 형성된 수피교단 혹은 푸투와 집단의 지도자에게 붙은 칭호이다. 이 집단을 아키야, 아키 형제단이라 칭한다.

우마르 셰이흐에게 다시 시라즈를 사여했으며, 시라즈에 있던 아미르자다 루스탐을 오르도로 불러들였다. 그러나 그가 오는 도중에 이스파한을 그에게 사여한다는 명령을 내렸고, 그에게 부루지르드의 아르미얀 성채를 재건하게 했다. 이후 사힙키란은 카르스로 갔으며, 그곳에서 바그다드의 재건을 결정하고 아미르자다 아부 바크르를 책임자로 임명했다. 또한 그에게 이라키 아랍, 즉 바스라와 와시트와 쿠르디스탄과 마르딘, 디야르바크르와 그 지역의 오이라트 및 여러 천호를 맡겼으며, 가을에는 이라키 아랍에 있는 카라 유수프를 격퇴하라고 명했다. 그리하여 그 지역과 주변을 안정시키고 건설과 농경을 장려한 후, 이듬해에 '히자즈의 마호말'[61]을 출발시킬 계획을 세웠다.

당시에 카라 유수프가 이라키 아랍에 있게 된 원인은 다음과 같다. 과거 사힙키란의 군대가 카이세리로 가자 그는 룸에서 이라키 아랍으로 달아났고, 투르크멘 기병을 모아 히트 황야에 안착했다. 이때 술탄 아흐마드가 힐라에 있던 아들 술탄 타히르의 관료인 아가 피루즈를 붙잡았으므로, 아들이 부친에게 대항하기 위해 카라 유수프를 불러들인 것이다. 부자 사이에 벌어진 전투에서 아들이 패배하고 강에서 익사했다. 그러나 술탄 아흐마드도 카라 유수프를 두려워하여 달아났고, 사룩 우마르 오이라트가 자리한 타크리트로 가서 아미르와 누케르들을 모은 후 다시 시리아로 갔다. 이에 이라키 아랍은 카라 유수프의 몫이 되었다.

61 매년 핫즈 시기에 주요 도시에서 운행되는 순례 카라반과 함께 메카로 향하는 낙타 가마이다. 아이유브조 말기인 13세기 중반에 처음 시행된 후 여러 이슬람 정권으로 확산되었으며, 군주의 권력을 상징했다.

사힙키란은 아미르자다 아부 바크르를 바그다드 방면으로 파견하는 동시에, 부루지르드의 아미르자다 루스탐에게 사람을 파견하여 아미르자다 아부 바크르에게 합류하라고 명했다. 또한 하마단의 타바콜 이븐 울루스 부카, 니하반드의 타만 수지, 그리고 송쿠르와 디나와르의 샤 루스탐을 바그다드로 가게 했다. 아미르자다 아부 바크르는 아르빌로 가서 그곳의 하킴과 칼란타르를 붙잡아 아랍산 말과 함께 선물로 보냈다. 그리고 다시 나아가 힐라 주변에서 여러 군대와 합류했다.

사힙키란은 조지아 영역으로 들어갔고, 시르반의 하킴 셰이흐 이브라힘은 명령에 따라 조지아의 수입과 지출을 통제했다. 이에 왈리인 말릭 구르긴은 사신을 파견하여 복종을 표하고 시간을 조금만 더 달라고 청했으나, 사힙키란이 거절했다. 오히려 기독교도인 콘스탄타니야의 왈리가 복속했을 때 받은 사여를 거론하며 지체 없이 어전으로 오라고 요구했다. 이때 타브리즈의 다루가와 아제르바이잔의 대리인, 서기들이 선물을 바쳤고, 후라산의 디반을 관장하고 있던 알리 샤카니도 선물을 바쳤다. 사힙키란은 조지아의 곡식을 거두어 취한 후 아미르 셰이흐 누르 앗딘과 다른 아미르를 분견대로 파견하여 조지아인들을 여러 도시에서 몰아내게 했다. 그리고 험준한 산 위에 있는 카르틴 성채를 친히 공격하기 위해 1403년 무하람월 14일 금요일(8월 3일) 그곳으로 진격했다. 처음에는 성채에서 사람들이 나와 선물을 바치고 복속을 선언했지만, 곧 그 행동은 속임수였음이 탄로났다. 그러자 적들은 즉시 농성을 시작했다. 이에 사힙키란은 사흘 만에 맞은편에 견고한 성채를 짓고, 그 뒤편에 크고 작은 투석기와 노포 및 망루를 세웠다. 또한 산을 타는 메르키트인이 사다리와 줄을 이용하여 카르틴 성채를 등반한 후, 튀르크와 후라산인을 성채로 올려보냈다. 아침이 되었을 때 마흐무드 나피르치가 성채에서 피리를 불었고, 성채 안팎에서 전투가 발생했다. 결국 사힙키란의 군대가 문을 부수고 성채로 들어갔으며, 아흐레 만인 23일 일요일(8월 12일)에 성채를 점령했다. 사힙키란은 조지아의 하킴 타랄과 이교도들의 손과 목을 묶어 어전으로 끌고 갔으며, 무에진들로 하여금 교회의 지붕 위에서 기도를 읊게 했다. 이러한 일은 인도에서 사복테킨의 아들(마흐무드 가즈나비)에 의해서도 발생한 적 없는 승리였다.

　　　　모든 남자를 칼로 베고 여인과 아이를 포로로 잡았으며, 타랄의 부인을 시르반의 왈리인 셰이흐 이브라힘에게 사여했다. 투석기와 노포, 망루를 불태우고 오르도로 돌아와 여러 바하두르와 군대에게 위로금과 전리품을 사여한 후, 그 성채와 주변 지역을 후라산의 사령관이자 '부란 왕'으로 유명한 무함마드 투란에게 이크타로 사여했다.

　　　　이때 시라즈로 파견했던 마울라나 쿠틉 앗딘 쿠르미가 물자를 거두어 돌아왔으며, 핫지 무사피르는 아미르자다 루스탐의 어전에서, 호자 무자파르 나탄지는 이스파한에서 돌아와 현금과 보석, 말과 낙타, 의복과 천막, 기술자와 무기와 그릇 등을 바쳤다. 또한 키르만에 세금을 거두러 갔던 이드쿠 바룰라스와 아흐마드 다우드가 그곳의 징세관인 사이프 알물룩 핫지 압둘라와 함께 와서 선물을 바쳤다. 키르만의 대인인 셰이흐 쿠틉 앗딘도 사힙키란의 어전을 방문했는데, 그의 부친이자 사힙키란에 관해 기록한 사서 『흥분과 포효의 책』의 저자인 셰이흐 마흐무드 장기 아잠은 쿠라강의 다리에서 추락하여 사망했다. 야즈드

의 다루가였던 유수프 잘릴도 그곳의 세금을 거두러 갔던 기야
쓰 앗딘 살라르 심나니 및 그곳의 디반 담당자들과 함께 도착했
다. 후라산과 양(兩) 이라크와 나머지 모든 도시의 하킴과 실무
자들이 합류하여 사힙키란을 알현하고 선물과 물자를 바쳤다.

이란의 각 지역에 대한 조사와 바일라칸 건설

사힙키란은 카르틴을 차지한 후 쿠릴타이를 열고 압하즈로 가
기로 결정했다. 그는 아미르 셰이흐 누르 앗딘과 아미르 샤 말
릭을 먼저 파견하여 압하즈의 경계까지 진격하게 했다. 그들은
길을 만들면서 나아가 아르메니아인과 조지아인을 공격했으
며, 700개의 마을과 농장을 약탈하고 교회와 사원을 파괴했다.
1403년 라비 알아왈월 14일 월요일(10월 1일)에는 아미르들이
본대에 합류했고, 화요일과 금요일에 사냥을 한 후 압하즈로 진
격했다.

조지아 사령관에게 사힙키란의 출정을 전달받은 말릭
구르긴은 선물과 함께 근신을 어전으로 파견했다. 말릭 구르긴
의 사신은 사힙키란의 아미르들을 찾아가 말릭 구르긴이 복종
할 것이며, 매년 선물과 지즈야, 세금을 바치고 명령이 있을 때
는 정해진 수의 군대를 파병하겠다고 약속했다. 아미르들은 이
를 사힙키란에게 알리며 그의 안전을 보장하고 세금을 바치게
하는 것이 좋겠다고 보고했다. 그러나 사힙키란은 그의 요청을
거절했다. 이번에는 울라마와 무프티들이 나서서 샤리아에 따
라 항복한 이에게는 안전을 보장해야 한다고 이야기했다. 결국

사힙키란은 말릭 구르긴의 청원을 받아들여 사신을 돌려보내고, 그가 돌아올 때까지 1000개의 금으로 된 탕가를 사힙키란의 이름으로 주조했다. 말릭 구르긴은 1000마리의 말, 직물과 세금 및 물자, 특히 금과 은과 크리스탈로 만든 집기와 18미스칼짜리 루비를 바친 뒤, 계약을 통해 지즈야와 세금을 확정했다. 이후 사힙키란은 고삐를 틀어 티플리스로 가서 그 주변의 사원과 교회를 모두 파괴한 뒤 쿠라강을 건너 카라바그로 갔다. 사힙키란은 그곳에서 동영하고자 오랫동안 폐허로 남아 있던 바일라칸[62]을 재건하기로 결정하고, 야를릭을 반포하여 기술자와 건축가들에게 도시 설계를 명했다. 그곳에는 성벽과 해자와 네 바자르와 저택과 목욕탕과 집과 뜰과 정원 등을 짓기로 했다. 그 설계를 기초로 삼고 줄을 둘러 왕자와 아미르들에게 배분했으며, 구운 벽돌을 사용하여 한 달 만에 모든 건물을 완공했다.

사힙키란은 바일라칸과 바르다와 간자를 비롯한 모든 아란 및 아르메니아와 조지아 땅, 그리고 트라브존을 아미르자다 할릴 술탄에게 맡겼고, 잘릴 이슬람의 형제인 바흐람 샤에게 바일라칸을 맡겼다. 또한 건물과 도시의 축이자 삶의 핵심인 물을 위해 아라스강의 지류를 바일라칸으로 연결했다. 이 수로는 길이가 6파르상, 넓이는 15가즈-샤리아였다.

사힙키란이 바일라칸에 머무르고 있을 때, 이란과 투란의 대아얀과 대인들이 사방에서 찾아와 사힙키란을 알현했다. 이때 사힙키란은 울라마와 현자들에게 찬사와 찬양 대신 충

---

62 나흐츠반에서 동북쪽으로 약 200킬로미터 떨어진 곳에 있는 이란과 아제르바이잔 사이의 도시. 티무르가 건설한 성채는 바일라칸에서 서북쪽으로 약 22킬로미터 떨어진 외렌칼라이다.

고를 요구했으며, 특히 각지에서 온 이들에게 그곳의 상황과 다루가 및 디반 대리인들의 역할에 대해 아는 대로 보고하게 했다. 더 나아가 사힙키란은 지식인과 종교인을 각지로 보내서 백성과 주민의 상황을 조사하게 했다. 불의에 처한 사람들을 구제하고, 타인의 물자를 강제로 착취한 사람을 처벌함으로써 백성을 돌본 것이다. 사힙키란은 "지금까지는 세계정복을 위해 고심했으나, 이제부터는 왕국과 길의 번영과 안전 및 백성들의 복지에 마음을 둘 것"이라고 발표했다.

한편 힐라에서 조우한 아미르자다 루스탐과 아미르자다 아부 바크르는 유프라테스강을 건너 히트 마을 맞은편에 있는 힐라 하류의 가남수로에서 카라 유수프를 만났다. 이때 아미르자다의 군대는 3000명이 채 되지 않았다. 카라 유수프는 수많은 군대와 함께 맞은편에서 해자를 파고 전투를 준비하고 있었다. 얼마 후 두 아미르자다가 두 중군을 배치하여 적에게 진격하자, 카라 유수프의 형제 야르 알리가 전사하고 카라 유수프는 소수와 함께 탈출했다. 아미르자다의 군대는 10~15개의 천호 무리와 물자와 가축 등을 차지했고, 카라 유수프의 부인도 포로로 잡았다. 또한 사막에 사는 모든 아랍 부족의 하킴인 나이르 아랍과 그 지역의 다른 사령관들을 제압했다. 아미르자다 아부 바크르와 루스탐의 누케르들은 승리의 희소식을 보고했고, 아미르자다 아부 바크르는 바그다드 재건과 농경에 몰두했다.

1403년 주마다 알아왈월 초 금요일(11월 16일)에 사마르칸트에서 소환된 아미르자다 우마르 이븐 미란샤가 바일라칸에 도착했다. 또한 투만의 아들 누케르 체르케스가 니하반드에서 소루르의 하킴 사르 말릭 이븐 아즈 앗딘을 어전으로 데려왔다. 이때 마울라나 사아드가 시라즈로 파견된 샤흐나,[63] 마울라나 쿠툽 앗딘 쿠르미의 부정을 보고했다. 이에 사힙키란은 마울라나 쿠툽 앗딘 쿠르미를 철사로 묶고, 파르스 주민에게 빼앗은 30만 디나르-케베키는 주인에게 돌려주게 했다.

사힙키란은 바일라칸의 일을 끝마치고 카라바그로 향했으며, 그곳에 쿠리여를 마련하는 등 동영 준비를 갖췄다. 이때 아미르자다 루스탐이 사힙키란의 어전에 와 있었는데, 피루즈 쿠흐와 다마반드에 있던 이스칸다르 셰이하의 반란 소식을 들은 사힙키란이 그를 아미르 술레이만 샤와 함께 파견하여 그 일을 처리하게 했다. 또한 이라키 아랍에서는 술탄 아흐마드의 아들 누르 알와르드를 어전으로 데려왔다.

이때 키르만 디반의 서기였던 이드쿠 바룰라스의 부정 행위가 보고되어, 디반 알라의 대리인들이 그 상황을 조사했다. 결국 그는 100투만-케베키를 배상하기로 하고 키르만으로 돌아갔다. 또한 부얀 아가의 아들인 아누시르반을 타브리즈로 파견하여 아제르바이잔의 세금을 조사하게 했으며, 아미르자다 샤루흐의 아미르인 피르 무함마드 풀라드를 사리의 통치자로 파견했다. 이때 아미르자다 피르 무함마드 이븐 자항기르의 부인이었던 벡 말릭 아가가 세 자녀와 함께 어전을 방문하여 힌두스탄과 그 주변의 진귀한 직물을 바쳤다. 반면에 어전을 방문하지 않은 길란의 왕들에게는 아미르자다 샤루흐를 파견했다. 그는 키질 야가즈로 가서 길란의 하킴에게 지세를 받아냈으며, 다일

---

63 Shahna. 몽골제국과 그 이후의 튀르크계 정권에서 지방의 토착 지배층이 실무를 담당하는 경우 그들을 감시하기 위해 파견한 감관을 의미한다. 몽골어 다루가, 튀르크어 바스칵과 동의어로 사용된다.

람⁶⁴의 사이드 레자 키야와 아미르 무함마드 라슈티, 각 지역의 하킴도 선물을 가지고 샤자다를 방문했다. 이들에게 1만의 비단과 7000마리의 말, 3000마리의 소가 세금으로 부과되었는데, 그 중 3분의 2를 그에게 사여하고 거두지 않았다.

　동영 중에 사이드 베르케가 사망하자, 사힙키란은 그의 시신을 안드후드로 운반하게 했다. 또한 하마단과 니하반드와 부루지르드와 소루르의 통치는 아미르자다 이스칸다르에게 맡겼다. 마르딘의 술탄 말릭 이사가 아미르자다 아부 바크르의 약혼녀와 함께 왔고, 말릭 아즈 앗딘 시르도 바스탄에서 사힙키란의 어전을 방문했다. 사힙키란은 아제르바이잔과 이라키 아랍 지역에 거주하고 있는 훌레구울루스의 모든 아미르와 사령관들에게 아들이나 형제 하나를 가족과 함께 사마르칸트로 보내라고 명령했다. 그해 라마단에 사힙키란은 샤자다 무함마드 술탄의 1주기를 치렀고, 칸자다는 술타니야에 모신 샤자다의 시신을 사마르칸트로 옮겼다. 사힙키란은 말을 몰고 아라스강을 건너 아크탐 황야에서 사냥을 한 후 오르도로 귀환했다. 사마르칸트와 키시와 부하라 및 다른 마와라안나흐르 도시의 대인과 사이드와 울라마와 이맘들에게 룸과 프랑크 지역의 훌륭한 물자들, 금과 의복과 직물 등을 사여하고 귀환을 허가했다. 모든 일을 마무리한 후 사힙키란은 키타이를 다음 목표로 삼아 <u>원숭이해인 1404년 라마단월 14일 수요일(3월 26일)</u>에 사마르칸트로 출발했다.

64　카스피해 서남쪽 해안 지방인 길란의 남쪽에 있는 산악 지역. 이 지역에 거주하는 이란계 산악 유목민인 다일람인은 군사력으로 유명하며, 부이조를 비롯한 여러 지방 왕조를 건설했다.

7년 원정의 끝과 사마르칸트 귀환

사힙키란은 훌레구울루스의 지배를 아미르자다 우마르에게 사여하여, 아제르바이잔왕국을 비롯하여 룸과 이스탄불과 시리아와 이집트를 그의 명령 아래에 두었다. 파르스와 양 이라크 지역의 샤자다들이 그에게 복종했으며, 그의 부친인 미란샤의 아미르와 군사를 그에게 돌려주었다. 특히 사힙키란은 그에게 아미르 자한 샤를 비롯한 1만 명의 기병을 파견했는데, 사힙키란은 샤자다에게 자한 샤의 충고를 어기지 말라고 지시했다. 또한 여러 왕국의 하킴들을 예복과 허리띠로 위무한 뒤 아미르자다 우마르와 함께 알라탁의 하영지로 파견했다. 사힙키란은 사냥하며 여러 초지를 통과했고, 아글룩강에서 라마단의 끝인 이드를 맞이했다. 마울라나 니잠 앗딘 샨비[65]가 이드의 쿠트바를 낭독하고 의무 기도와 선택 기도를 했으며, 구휼과 사여를 위한 의식을 이끌었다.

      이때 이스칸다르 셰이하는 피루즈 쿠흐 성채를 견고히 하고 자기 아들과 친족을 그곳에 둔 후, 본인은 쿠히스탄과 질라운 정글 및 루스탐다르로 달아났다. 아미르자다 루스탐 등은 라이의 테헤란에서 20일간 머무르며 라이와 쿰과 카샨과 사바와 다르가진과 그 주변의 보병 2000명을 모아 이스칸다르를 추격했다. 그리고 루스탐다르의 누르 요새에서 이스칸다르에게 적의를 갖고 있었던 말릭 기유마르스를 붙잡아 그에게 파견했다. 그

---

65 동명의 『승전기』, 즉 야즈디 『승전기』의 저본(底本)을 저술한 니잠 앗딘 샤미이다.

러나 두 사람이 타협하여 함께 저항을 선언하자, 사힙키란은 후라산의 아미르 미즈랍에게 이스칸다르를 공격하게 했다. 또한 아미르자다 이스칸다르와 아미르 샤 말릭 등을 라이로 먼저 파견하여 카라흐 루드 지역에 있는 할라지[66]와 아랍 무리 중에서 군대를 모아 아미르자다 루스탐에게 합류하게 했다. 한편 사힙키란은 우니크에서 온 아미르 도올타이를 만나, 타직인인 아흐마드 잘라이르보다는 투르크멘인 카라 유수프에 주의를 기울이라고 충고하고는 1404년 샤왈월 20일(4월 30일)에 술타니야에 도착했다. 그곳에서 길란으로 간 징세관들이 가져온 현금과 말과 직물과 의복 등을 받고 22일 토요일에 카즈빈으로 갔다. 아미르자다 아부 바크르가 카즈빈으로 와서 그의 부친 샤자다 미란 샤와 바그다드에서 함께 지내게 해달라고 청원하니, 사힙키란은 이를 받아들였다. 그리고 그를 이스칸다르 추격 부대에 파견했다.

사힙키란은 1404년 둘까다월 초 일요일(5월 11일)에 라이의 정글로 들어갔다. 사룩 쿠미시 초지를 거쳐 다마반드 산자락의 굴한단 성채에 도착한 뒤 그곳을 석회와 돌로 재건했다. 그다음 주 월요일에 피루즈 쿠흐에 도착하여 전투 도구를 배치하고 화포를 쏘았으며 수원을 오염시켰다. 이스칸다르 셰이하의 아들이 밖으로 나와 성채를 양도했고, 사힙키란은 장기 투니를 그곳의 주둔군 수장으로 삼았다. 이때 카라타타르가 반란을 일으켜서 이들을 관리하던 아미르 샴스 앗딘과 아틸미쉬 등이 반

---

[66] 쿰의 할라지스탄에 살고 있던 무리. 몽골에서 기원한 튀르크인으로 알려져 있다.

란병 2000~3000명을 살해하는 일이 벌어졌다. 살아남은 반란병 가운데 일부는 아스타라바드로 달아났다. 사힙키란은 500명의 기병을 추격대로 파견했고, 그들은 바스탐을 건너 랑가루드산맥을 지나 쿨줌해변의 카라 투간까지 가서 1만 호의 타타르를 붙잡아 왔다.

사힙키란과 분리된 유수진이 바스탐에 이르렀을 때 샤루흐의 유수진은 니샤푸르 길을 통해 헤라트로 갔고, 사라이 말릭 하눔과 투만 아가는 대유수진과 함께 자자름과 이스파라인 방향으로 갔다. 사힙키란은 계속하여 이스칸다르 셰이하를 추격했는데, 아미르자다 샤루흐에게 병이 발생하자 그를 친위병과 함께 헤라트로 보내고 자신은 첼라브로 경로를 돌려 둘까다월 20일 금요일(5월 30일) 낮에 도착했다. 이스칸다르는 그곳에 머물다 강 위에 연결된 다리를 파괴하고 달아났다. 사힙키란은 다리를 다시 연결하고 사흘 뒤 그곳을 건너 산과 언덕을 지나갔다. 사방으로 정탐병을 파견했는데, 그중 일부가 26일 목요일(6월 5일)에 쿨줌해변 근처에서 이스칸다르에게 도달했다. 양측은 곧장 전투를 벌였고, 패배한 이스칸다르는 정글로 달아났다. 정탐병들은 적의 병영으로 가서 말과 당나귀와 직물과 금과 수많은 전리품을 차지한 뒤 추격을 재개했다. 또 다른 군대가 이스칸다르를 만나 전투를 벌였고, 이스칸다르는 이번에도 패배하여 길란으로 도주했다. 이후 그에 관한 소식은 전해지지 않았다. 사힙키란은 누르 성채 주변에 안착했으며, 모든 샤자다와 아미르가 귀환한 후에 킬라르다슈트 황야로 갔다. 그곳에서 이스칸다르의 오랜 적이었던 아미르 기야쓰 앗딘에게 아물왕국을 사여했다.

사힙키란은 사마르칸트로 돌아가기로 결정한 후, 양

이라크를 지배할 샤자다들과 사이드 아즈 앗딘 하자르가리, 사이드 알리 마잔다라니 등에게 각각 임명된 지역으로 출발하라고 명했다. 그곳을 출발한 군대는 라르[67]에 도착했고, 아르군 성이 있는 다마반드 산자락에 이르렀다. 1404년 둘힛자월 20일 일요일(6월 29일)에 출발하여 이틀 뒤 피루즈 쿠흐에 도착했으며, 아미르 술레이만 샤를 라이와 피루즈 쿠흐의 통치에 임명했다. 그리고 라이의 다루가였던 바얀 카우친에게 굴한단의 통치 및 세금 조사를 명했다. 24일 목요일(7월 3일)에는 바스탐에 이르러 바야지드 바스타미[68]의 성묘를 순례했으며, 타타르의 수령들을 포승줄로 묶어 사마르칸트로 압송시켰다. 사힙키란은 급히 나아가 1404년 라마단월 초 수요일(7월 9일)에 아쉬카바드에 안착했고, 금요일에는 잠의 성묘에 병영을 세웠다. 그곳에서 말을 달려 축추란강[69]에서 샤루흐를 만났고, 원정 중에 소동을 일으켰던 악크 부카와 카라 부카 자운쿠르바니 등을 처형했다. 그리고 호자 아흐마드 투시에게 후라산의 세금 및 사람을 조사하도록 명하여, 장인과 노동자들에게 40일 만에 200투만-케베키를 거두어들였다. 무르갑강에 도착했을 때는 치첵투의 다루가 아팍 탈바에 대한 불평을 듣고 그를 거꾸로 매달았다.

    이후 사힙키란이 통과하는 지역마다 주변의 여러 울루스와 부족의 다루가와 칼란타르들이 사방에서 말을 바쳤다. 이

67 테헤란 북동부, 엘부르즈산맥 자락에 자리하고 있으며 이 일대의 준봉인 해발 5768미터의 다마반드산 서부 지역을 의미한다.
68 9세기 후라산의 주요 수피이다. '신비주의자들의 왕'(Sultānal-Ārīfīn)이라는 별칭이 있다.
69 아프가니스탄과 이란의 변경 지역에 흐르는 하리루드의 지류로 보인다.

에 근신들은 지친 말을 남겨두고 새 말로 바꿔 급히 달려갔다. 안드후드를 거쳐 아무다리야강을 배로 건넜으며 티르미드에서 후다반드자다의 집에 머물렀다. 다시 카할카와 자그달릭을 거쳐 키시로 가서 악크 사라이에 머물렀으며, 샴스 앗딘 쿨라르의 마자르와 가족들의 무덤을 순례했다. 다시 정원과 왕궁을 거치면서 마중 나온 아미르자다와 부인들을 만났고, 1404년 무하람월 (7~8월)에 사마르칸트의 치나르 정원으로 들어갔다. 도시로 들어간 후에는 샤자다 무함마드 술탄의 마드라사를 방문했고, 마한과 메르브 길로 오고 있던 부인과 샤자다들을 독촉했다. 그들이 모두 도달했을 때 사힙키란은 일주일간 병석에 누웠으나 다시 회복하여 북쪽 정원에서 연회를 즐겼다.

  사힙키란은 무늬가 아름다운 대리석, 금과 라피스 라줄리로 샤자다 무함마드 술탄의 건물과 성묘, 칸까를 계속 짓도록 했고, 지하실에 매장 장소를 두었다. 그 후 대모스크로 향했는데 그 건물의 높이가 다소 낮아 보였으므로, 부수고 더 크고 높게 짓도록 했다. 그리고 모스크 건축 및 사마르칸트의 행정 업무의 책임자였던 대서기 마흐무드 다우드와 무함마드 잘라드의 죄를 물어 캉굴의 연회에서 목을 매달았다. 이때 이드쿠 우즈벡의 사신과 프랑크왕국의 사신이 도달하여 희귀한 선물을 바쳤는데, 그중에 겉에 화려한 그림이 그려진 장막도 있었다.

  한편 사힙키란은 일전에 북쪽 정원의 남측에 이집트와 시리아의 기술자들로 하여금 왕궁을 건설하게 한 적이 있었는데, 그 왕궁은 그들의 전통 방식에 따라 정교하게 다듬어진 대리석과 수로 파이프를 갖추었다. 사힙키란은 그곳에 프랑크 사신들을 소환하여 연회를 베풀었다.

에필로그
중국 정벌의 꿈과 사후의 혼란

키타이 원정을 계획한 이유와 티무르의 출정

사마르칸트로 돌아온 사힙키란은 키타이 이교도에 대한 성전을 재개하기 전에, 몇몇 샤자다를 위해 연회를 준비하고 쿠릴타이를 열었으며 하킴과 사령관, 귀족과 아얀들을 소환했다. 이때 칭기스 가문의 타이지 오글란과 바시 티무르 오글란이 쿠릴타이에 어떤 아미르자다를 소환할지 물었다. 사힙키란은 가즈니의 아미르자다 피르 무함마드는 부르되, 후라산에서 이라크와 아제르바이잔을 보호하고 있는 샤루흐는 부르지 말라고 했다.

　　　원숭이해인 1404년 라비 알아왈월 초 일요일(9월 7일)에 사힙키란은 캉굴로 향했고, 네 개의 오르도와 200개의 천막이 그곳에 펼쳐졌다. 겉을 일곱 색의 울로 덮고 안은 색색의 벨벳으로 장식한 12개의 차양을 세웠는데, 그 그림자에서 약 1만 명이 동시에 쉴 수 있었다. 샤자다와 노얀들도 각자 오르도와 천막을 세웠으며, 하킴과 대인들과 백성들이 사방에서 모여들었다.

　　　쿠릴타이에 참석한 이들 중에 말릭 알자히르 바르쿡

의 아미르인 멩글리 부카 하잡이 술탄 바르쿡의 아들 말릭 알나스르 파라즈의 사신으로 와서 기린과 아홉 마리의 타조 및 여러 진귀한 선물을 바쳤다. 또한 투르키스탄에 있던 아미르자다 할릴 술탄과 여러 아미르가 도착했으며, 아미르자다 피르 무함마드도 가즈니에서 이곳으로 왔다. 그는 금화를 뿌리고 조공 및 토쿠즈를 바치는 의식을 했으며, 검은 장례 의복 대신 금으로 장식된 예복을 입었다. 후라산에서 세금을 거두던 호자 아흐마드 투시도 돌아와 세금과 물품, 토쿠즈를 바쳤다. 쿠릴타이를 위해 금세공사와 보석 장인, 비단 상인들이 천막을 장식했으며, 그 아래에서는 악기 연주자들이 노래로 즐거움을 주었다. 네 개의 아치가 있는 천막을 100채가량 세웠고, 바구니에는 갖가지 과일을 준비했으며, 끈에 진주를 꿰어 장식하고 온갖 향을 피웠다. 동물 가죽을 가공하고 비단과 면을 짰으며, 광대들이 줄을 타며 곡예를 부렸다.

　　　　이때 아미르자다 울룩벡과 이브라힘 술탄과 이질 이븐 샤자다 미란샤, 그리고 샤자다 우마르 셰이흐의 자녀들 중 아미르자다 아흐마드와 사이디 아흐마드와 바이카라가 천문학자들이 하늘의 상태를 살펴 정한 행운의 날에 혼인했다. 당대의 이맘인 셰이흐 샴스 앗딘 무함마드 자지리가 혼인의 쿠트바를 낭독했고, 사마르칸트의 카디인 마울라나 살라흐 앗딘이 혼인 제안서를 승인하여 하나피 종파의 규정대로 계약을 맺었다. 사람들은 축하하며 금화를 뿌렸고, 부인과 아가들과 신부들은 보그탁으로 정수리를 장식했다. 사이드와 이맘과 주빈과 대아미르 및 세계 각지에서 온 사신들이 12개의 차양에 지위에 맞게 배정되었다. 각 왕국과 지역의 만호장과 천호장, 귀족들이 왕궁에서 말이 내달릴 만큼 멀리까지 가득 앉아 있었다. 금으로 된 유리잔과 은으로 된 칼을 차양 아래에 가지런히 쌓아놓았으며, 포도주와 쿠미즈와 꿀주와 증류주와 검은 아락주를 준비했다. 샤자다와 노얀들은 토라의 관례와 약속된 관습에 따라 와인을 술잔에 가득 채워 쿠시[1]와 카루[2] 의식을 반복했다. 특별한 이들을 위한 음료가 제공된 후, 일반인에게도 술을 제공했으며 아름다운 순배자들이 금으로 된 술잔을 돌렸다. 사힙키란은 모든 이에게 연회를 즐기라는 명령을 내렸고, 그 말에 따라 셰이흐부터 젊은이까지 모든 사람이 술에 취하고 악기 연주에 즐거워했다. 이때 가수와 음악가들은 튀르크 관례와 모굴 멜로디와 키타이 관습과 아랍 규칙과 파르스 방식과 아잠 체계에 따라 악기를 연주했는데, 특히 당대의 음악가인 호자 압둘 카디르가 쿠푸즈와 티간과 우드 같은 (페르시아 문화권의 전통 현악기로, 현대의 기타와 유사한) 타르류의 악기를 연주했다.

샤자다들은 정해진 방식에 따라 선물을 바치고, 은과 금과 루비와 보석을 던지는 의식을 행했다. 다음 날에는 사힙키란이 샤자다들의 집에 출석하여 금화를 던지는 의식을 행했고, 대인과 귀족들 역시 사치크 관습[3]에 따라 많은 돈을 뿌렸다. 당시 연회에 참석한 이집트와 유럽과 힌두스탄과 킵차크초원과 자타의 사신들에게도 예복과 사여를 내렸으며, 이런 연회가 두 달이나 계속됐다. 연회가 끝난 후 사힙키란은 왕국과 종교, 백성

1 Qūsh. '한 쌍'의 뜻을 지니고 있으며, 쌍으로 술을 마시는 것을 의미한다.
2 Qārū. 음주 연회에서 건배에 답을 하는 행동으로, '대답'이라는 의미에서 유래했다.
3 혼인 선물로 동전을 뿌리는 튀르크인의 관습이다.

을 위해 야를릭을 반포했다. 백성들에게 음주와 여러 금기를 지키도록 했고, 자신은 조용한 장소로 들어가 신에게 기도하며 필요한 것을 구했다.

사힙키란은 그간 여러 왕과 하킴의 갈등과 반목, 노상강도와 악당들의 선동으로 인해 혼돈에 빠진 이 세계를 바꾸고 치료하기 위해 여러 왕국을 정복했다. 이에 세계가 평안과 안정의 상태에 접어들어 동서간의 왕래가 편안하고 안전해졌다. 그러나 그 과정에서 여러 사람이 해를 입고 흩어졌다. 이에 그는 이교도의 땅인 중국으로 가서 불교 사찰과 조로아스터교 성전을 모스크로 대체하면 죄악을 용서받을 수 있으리라 판단했다. 성전을 알리는 야를릭이 반포되어 타바치들이 군사의 수를 천호별로 조사하고, 병력이 확장된 곳은 문서에 기록했다. 이후 모든 울루스의 아미르와 하킴에게 군대의 정비와 병사의 징집을 명령했다.

사힙키란은 먼저 캉굴로 가서 아미르자다 피르 무함마드 이븐 자항기르에게 왕관과 허리띠와 값비싼 말을 주고 그를 자불리스탄으로 파견했다. 또한 아미르자다 사이디 아흐마드 이븐 우마르 셰이흐는 칸다하르로 보냈다. 이집트 사신에게도 사여를 베풀어 귀환을 허가했고, 마울라나 압둘라 키시에게 장문의 서신을 주어 사신과 함께 보냈다. 거기에는 술탄 파라즈가 술탄 아흐마드와 카라 유수프에 관해 보고한 내용에 대한 대답이 있었는데, 그들에게 피난 중인 술탄 아흐마드 잘라이르를 가두고 카라 유수프의 머리를 베어 왕궁으로 보내라고 요구했다. 또한 프랑크와 초원과 자타와 그 밖의 땅에서 온 사신에게도 귀환을 허락했고, 부인들은 남편에게 돌려보냈다. 한편 타슈켄트와 사이람과 니키와 아시파라와 자타에서 키타이에 이르는 영역의 통치를 아미르자다 울룩벡에게 임명했고, 안디잔과 아호시켄드와 타라즈와 카슈가르에서 호탄까지는 이브라힘 술탄에게 사여했다. 그리고 일부 아미르를 타슈켄트로 부르고, 죄를 저지른 티무르 호자 이븐 악크 부카는 모굴리스탄의 이식쿨로 유배했다.

사힙키란은 중국 정벌을 결정한 후, 이스판드월[4]이 지나기 전에 병력을 점검했다. 조사를 행한 아미르 부룬둑은 마와라안나흐르와 투르키스탄과 호라즘과 발흐, 바닥샨과 후라산과 시스탄, 마잔다란과 룸에서 데려온 타타르 부족과 아제르바이잔 및 이라크에서 데려온 이란 군대 등 20만 명의 기병과 보병을 모았다고 보고했다. 사힙키란은 아미르자다 할릴 술탄 등을 타슈켄트와 샤루히야[5]와 사이람에서 동영하게 하고, 아미르자다 술탄 후세인은 좌익군과 함께 야시와 사브란에서 겨울을 지내게 했다. 사마르칸트의 지배는 아르군 샤에게 맡겼고, 창고는 셰이흐 추라에게 일임했다. 그러고는 <u>1404년 주마다 알아왈월 23일 목요일(11월 27일)</u>, 천문학자들이 택한 상서로운 날에 사마르칸트를 출발하여 여러 곳을 거쳐 아크수라트에 도착했다. 그곳에 이미 세워진 쿠리여와 건물에서 겨울을 보냈는데, 그 겨울은 유난히 춥고 눈이 많이 내렸다.

---

4   페르시아 태양력으로 열두 번째 달, 서력으로 2~3월이다.
5   우즈베키스탄 북부의 도시인 타슈켄트와 지자흐 사이에 위치한 도시. 타슈켄트 남서쪽으로 약 88킬로미터 떨어진 시르다리야강 우안에 위치한다.

티무르의 사망과 지배층의 이해관계

아미르자다 할릴 술탄은 사힙키란의 외조카 아미르자다 알리의 딸 자한 술탄과 부부였다. 그런데 아미르자다가 아미르 핫지 사이프 앗딘의 첩인 샤드말릭과 사랑에 빠져 몰래 혼인했고, 이를 안 그의 부인이 사힙키란에게 사실을 고했다. 사힙키란은 샤드말릭을 아크수라트로 데려와 살해하라고 명했으나, 사라이 말릭 하눔이 아미르자다를 염려하며 샤드말릭의 임신 사실을 고했다. 사힙키란은 그를 부얀 아가에게 맡기며, 출산한 후 굴람 중 하나에게 보내라고 명했다. 그리고 각국의 샤자다와 하킴과 다루가에게 정의롭게 행동하고 백성을 관대하게 대하라고 명하는 서신을 보냈다. 군대의 병참 수레와 마차를 끌고 각 지역으로 갔던 '디나르를 실은 말'이 오르도로 되돌아왔다. 사힙키란은 아미르 부룬둑을 타슈켄트로 파견하여 군량을 옮기고 전쟁 도구와 수천 더미의 곡식, 수천 마리의 임신한 낙타를 준비시켰다.

　　　아직 겨울이 끝나지 않았지만, 물병자리에서 목성과 토성이 같은 성좌에 위치하는 현상이 일어났다. 이에 사힙키란은 행군로를 탐색하고 강과 초지와 황야와 산맥의 상황을 조사했다. 그리고 아크수라트에서 출발하여 얼어붙은 시르다리야강을 건너 1405년 라잡월 12일 수요일(1월 14일)에 오트라르에 있는 비르디 벡의 거처에 도착했다. 사힙키란은 사람들을 파견하여 코끼리가 길을 통과할 수 있는지 조사하게 했는데, 아직 산 위에 눈이 쌓여 있어서 앞으로 나아갈 수 없다고 했다. 이때 황야를 떠돌던 톡타미쉬 칸의 누케르 카라 호자가 어전으로 왔다. 사힙키란은 디반하나에서 우구데이 칸의 후손인 타이지 오글란, 주치 칸의 후손인 바시 티무르 오글란과 자그라 오글란을 우측에 앉히고, 좌측에는 샤자다 울룩벡과 이브라힘 술탄과 이질을 앉힌 후 톡타미쉬 칸의 사신을 만났다. 톡타미쉬 칸은 용서를 구했고 사힙키란은 이번 원정이 끝나면 주치울루스를 해방하여 그에게 맡기겠다고 대답했다. 그리고 전송을 위해 오트라르에 와 있었던 여러 부인과 샤자다, 그리고 카라 호자에게 귀환을 허락했다.

　　　1405년 샤반월 10일 수요일(2월 11일), 사힙키란은 갑자기 열이 나더니 고통이 점점 심해졌다. 유능한 의사 마울라나 파즐 알라 타브리지가 진단과 치료를 위해 노력했으나, 하나를 치료하면 다른 하나가 악화되는 지경에 이르렀다. 사힙키란의 두뇌와 판단력은 여전히 뚜렷했기에, 그는 군대의 상황을 파악하고 질서를 수립했다. 그러나 결국 이 병을 치료할 수 없다는 판단을 내렸을 때, 부인들과 특수한 아미르들을 소환하여 유언을 남겼다. "곡을 하거나 울부짖지 말고 신에게 용서를 청하라. 피르 무함마드 이븐 자항기르를 나의 대리인이자 후계자로 삼아 사마르칸트의 왕좌에 앉혀라. 너희는 그에게 복종하고, 그를 지도하여 수년에 걸친 나의 노력이 수포가 되지 않게 하라. 너희가 한마음 한뜻을 가지고 있으면 어떤 이도 반항하거나 모반할 수 없을 것이다. 어전에 출석한 아미르와 대인들은 내 유언을 절대 어기지 않겠다고 맹세하라. 그리고 출석하지 않은 다른 아미르와 사령관들도 똑같이 맹세하게 하라." 아미르 셰이흐 누르 앗딘과 아미르 샤 말릭은 사힙키란의 말에 복종했으며, 아미르자다 할릴 술탄과 아미르들을 소환하여 유언을 직접 듣게 하겠다고 말했지만 사힙키란은 그럴 시간이 없다고 대답했다. 또한 자손들에게는 백성을 경시하지 말고, 이란과 투란을 적과 반란 세력에게서 지켜내며, 서로 적대심을 갖지 말라고 충고했다.

곧 증세가 악화되어 큰 고통이 발생하자, 마울라나 압둘라의 아들 마울라나 하비 알라에게 신의 말씀을 반복하여 읊게 했다. 그날 저녁과 밤 사이에 신과의 '합일'이란 단어를 여러 번 되뇐 후 사힙키란의 영혼은 신에게 돌아갔다. 그의 죽음은 잘랄리력으로 326년 이스판드월 14일에 해당하는 1405년 샤반월 17일 수요일(2월 17일)에 발생했다. 그의 나이는 71세였고, 독자적인 통치 기간은 36년이었으며 36명의 아들과 손자를 남겼다.

사힙키란이 이승에서 천국으로 이동했을 때, 부인과 아가들은 얼굴을 할퀴고 머리칼을 잘랐으며 아미르와 정부의 중진들은 옷깃을 찢고 먼지와 피를 뒤집어썼다. 아침이 되어 염을 했는데, 유언에 따라 힌두샤 하잔치가 몸을 닦았고 마울라나 쿠틉 앗딘 사드르는 기도와 쿠란 독송을 했다. 그 후 비르디 벡 이븐 사르 부카와 그의 형제인 셰이흐 누르 앗딘, 샤 말릭과 호자 유수프와 그 밖의 중요한 근신들은 사힙키란의 유언을 이루기 위해 한마음 한뜻으로 노력하기로 계약을 맺고 맹세했다. 그리고 성전에 대한 결정이 아직 취소되지 않았으므로, 그의 사망을 숨기고 부인들에게 의복을 바꾸거나 애도와 통곡을 드러내지 못하게 했다. 이후 아미르들은 부인들의 어전으로 가서 함께 상의했다.

타슈켄트에 있던 아미르자다 할릴 술탄에게 그의 죽음을 알렸고, 야시와 사브란의 아미르자다 술탄 후세인에게도 사람을 파견하여 급히 오도록 했다. 또한 히즈르 카우친을 서신과 함께 가즈니로 파견하여 아미르자다 피르 무함마드에게 사힙키란의 사망과 그에게 내려진 영토 및 지위에 관한 유언을 알려주고, 최대한 빨리 수도인 사마르칸트로 소환했다. 사방에 있던 나머지 샤자다와 하킴에게도 서신을 파견하여 각기 자기 왕국의 보호와 지배 의무를 다하고 경계하도록 했으며, 백성들에게는 모두 자기 분수를 깨달아 저항과 반항을 하지 말라고 경고했다. 셰이흐 티무르 카우친은 헤라트의 아미르자다 샤루흐에게, 알리 다르비시는 타브리즈의 아미르자다 우마르에게 갔고, 아라 티무르는 바그다드의 아미르자다 미란샤와 아미르자다 아부 바크르에게, 그리고 다른 이들은 파르스와 이라크로 갔다.

오트라르에 있었던 샤자다와 아가와 아미르들은 18일 목요일(2월 18일) 밤 기도 시간에 샤합키란의 관을 조용히 사마르칸트로 운반하기 시작했다. 밤에 시르다리야강의 얼음 위를 건너 강가에 있는 덤불 가운데로 들어간 후 일제히 비명을 지르며 애도했다. 아미르와 가신들, 카우친들은 자기 몸과 마음 전체를 흙과 재에 던졌고, 부인과 아가들은 머리칼을 뽑고 손톱으로 얼굴에 상처를 냈다. 곡과 울부짖음과 탄식을 충분히 한 후 아미르들은 부인들 앞에 모여 논의했다. 그들은 군대가 많고 도구와 무기도 풍부하므로 사힙키란의 사망 소식이 칼막과 키타이인에게 알려지더라도 전쟁에서 승리할 수 있을 것이라 생각했다. 하여 원래의 결정대로 키타이로 가서 성전을 이어가자고 주장했다. 모든 아가와 샤자다와 아미르와 정부의 중진들은 그 판단에 동조하여, 아미르들이 아미르자다 이브라힘 술탄과 함께 먼저 진군하면 타슈켄트에 있던 아미르자다 할릴 술탄과 아미르들이 합류하기로 했다. 무리 가운데 나이가 제일 많은 아미르자다 할릴 술탄에게 군주와 왕이라는 칭호를 부여하고, 키타이로 가서 이교도의 도시를 점령하고 우상 숭배자와 불을 숭배하는 자들을 처벌한 후에, 사마르칸트 왕좌로 돌아와 쿠릴타이를 열고 사힙키란의 유언을 집행하기로 한 것이다.

티무르의 관과 부인들은 사마르칸트로, 왕자들과 아미르들은 부하라로

바로 그날 아침에 아미르 호자 유수프와 알리 카우친 및 특수한 가신 여러 명이 사힙키란의 시신을 모신 평상을 사마르칸트로 가져갔다. 1405년 샤반월 22일 월요일(2월 22일) 밤에 샤리아에 의거하여 사마르칸트의 내부에 있는 성묘의 돔에 시신을 안치했다. 한편 아미르들은 악크 부카와 함께 후계 문제를 재차 상의했다. 이들은 칸다하르에서 군대를 이끌고 힌두 방향으로 간 아미르자다 피르 무함마드가 유언에 따라 왕좌를 이으려면 시간이 오래 걸릴 것이라고 판단했다. 또한 사힙키란의 왕국과 왕좌의 후계자는 샤리아로나 이성적으로나 아미르자다 샤루흐이며, 사힙키란도 그와 그의 자녀들을 누구보다 사랑했으므로 그가 마와라안나흐르의 도시로 들어와 왕국을 안정시켜야 한다고 했다.

그 후 사라이 말릭 하눔과 투만 아가와 다른 부인들은 아미르자다 울룩벡 및 다른 샤자다들과 함께 평상을 따라 사마르칸트로 왔고, 아미르자다 이브라힘 술탄과 아미르들은 키타이로 진격했다. 그들은 시르다리야강을 건너 오트라르의 동쪽 아르즈강 강변의 칼다르마 다리에 이르렀다. 그곳에서 타슈켄트와 샤루히야의 아미르자다 할릴 술탄과 대아미르들에게 사신을 파견했고, 사힙키란의 시신 처리 및 키타이 원정에 대해 설명했다. 또한 좌익의 아미르자다 술탄 후세인에게는 추 켈라크에서 만나자는 메시지를 보냈다.

이 소식이 아미르자다 술탄 후세인에게 전해졌을 때, 이전에도 여러 차례 전투 중에 소동을 일으켰던 그는 이번에도 잘못된 판단을 하여 좌익군 중 일부를 흩어버린 뒤 1000명의 병사를 데리고 시르다리야강을 건넜다. 그리고 카자크 길을 통해 사마르칸트로 가서 주민들을 속이고 도시로 들어가려 했다. 아미르 셰이흐 누르 앗딘과 아미르 샤 말릭은 사마르칸트를 맡고 있던 아미르 아르군 샤에게 서신을 보내 술탄 후세인의 모반을 알렸다. 그러면서 도시와 성채를 보호하되 술탄 후세인의 말을 믿지 말라고 경고했다. 부인들에게도 사신을 파견하여 그 자리에 머물게 했고, 호자 유수프에게는 최대한 빨리 관을 도시 안으로 옮기라고 했다. 아미르자다 할릴 술탄에게도 서신을 파견하여 목초지인 아크르로 돌아가서 사힙키란의 유언을 이행하자고 회유했다.

샤자다 이브라힘 술탄과 아미르 셰이흐 누르 앗딘과 아미르 샤 말릭 또한 곧장 사마르칸트로 출발하여, 밤새 달려 아침에 부인들과 합류했다. 그러나 아미르자다 할릴 술탄의 아미르들은 술탄 후세인의 소식을 듣고 즉시 자신들의 주군을 왕으로 추대했다. 이 소식이 부인과 샤자다, 아미르 셰이흐 누르 앗딘 등에게 전해지자, 그들은 유언을 어기지 말라는 질책을 서신으로 전달했다.

샤자다와 부인들, 아미르들이 아크수라트에 도달했을 때, 아미르 자한 샤의 아들 아미르 부룬둑이 타슈켄트 방면에서 와서 할릴 술탄 측의 행동이 안정과 평화를 위한 일이라는 변명을 늘어놓았다. 그러나 아미르 셰이흐 누르 앗딘 등은 아미르자다 할릴 술탄에게 복종하지 않겠다고 말했고, 부룬둑은 이를 받아들여 유언을 지키자는 조약에 맹세했다. 아미르 셰이흐 누르 앗딘은 후계자인 샤자다에게 복종의 계약서를 썼고, 부룬둑이 이를 받아서 돌아갔다.

샤자다와 부인들과 아미르들이 사마르칸트로 재차 출발했는데, 아미르자다 울룩벡은 아미르 샤 말릭과 함께 우익으로, 아미르자다 이브라힘 술탄은 아미르 셰이흐 누르 앗딘과 함께 좌익으로 나아갔다. 그들이 카르착이라는 곳에 이르렀을 때, 아미르 샤 말릭이 동료들에게 허락을 얻어 먼저 달려 나갔다. 그러나 그가 사마르칸트에 도착했을 때 아르군 샤는 이미 아미르자다 할릴 술탄의 서신을 받고 성채를 봉쇄한 상태였다. 아미르 샤 말릭은 아미르 호자 유수프와 아르군 샤 등이 있는 차하르 라하 대문으로 가서 이야기했으나, 아르군 샤는 사힙키란의 명령을 핑계로 대며 후계자인 아미르자다 피르 무함마드가 올 때까지 길을 열지 않겠다고 말했다. 아미르 샤 말릭은 되돌아와 그 상황을 보고했다. 부인들은 아미르 셰이흐 누르 앗딘이 사마르칸트로 가서 충고하면 허락할 것이라 생각했으므로, 1405년 라마단월 초 화요일(3월 3일) 낮에 그가 차하르 라하 대문으로 가서 재차 설명했다. 그러나 아무런 효과가 없었다.

한편 아미르 부룬둑은 타슈켄트로 돌아갔고, 그곳의 아미르들은 계약서를 쓰고 인장을 찍었다. 아틸미쉬가 이 문서를 먼저 셰이흐 누르 앗딘에게 전하고, 그다음에 샤자다에게 전하기로 했다. 그러나 아미르자다 할릴 술탄은 다른 마음을 품고 있었고, 일부 무리가 그의 머릿속에 통치권에 관한 망상을 심어 주었다. 결국 샤자다는 타슈켄트와 사이람의 개울에 묶어두었던 말과 나귀와 낙타를 모아 그와 뜻을 함께하는 이라크 출신 아미르들에게 사여했고, 그곳에 있던 다량의 현금과 직물과 갑옷과 무기와 전투 장비를 챙겨서 사마르칸트로 향했다. 여기에 반대한 아미르 부룬둑과 후다이다드, 샴스 앗딘 등은 샤자다의 통치를 벗어나 아치크 프린켄트로 가기로 했다. 할릴 술탄보다 먼저 출발한 아미르 부룬둑 등은 시르다리야강을 건넌 뒤 다리를 끊어 다른 사람들이 강을 건너지 못하게 하고 사마르칸트로 가서 부인들에게 합류했다. 아미르 후다이다드와 아미르 샴스 앗딘은 자기 군대와 함께 아치크 프린켄트로 향했다. 그러나 얼마 후 아미르 부룬둑은 아르군 샤의 소식을 듣고 태도를 바꾸어 아미르자다 할릴 술탄에게 합류했고, 아미르자다는 일전에 작성한 계약서를 파기하고 사마르칸트로 진격했다.

이 소식을 들은 아미르 셰이흐 누르 앗딘과 아미르 샤말릭은 부인들에게, 자신들은 울룩벡 등의 샤자다들과 함께 부하라로 갈 것이니 부인들은 사마르칸트로 들어간 후 아미르자다 피르 무함마드에게 가서 사힙키란의 유언을 전하자고 제안했다. 부인들은 이를 받아들였고, 아미르들은 사힙키란의 다른 가신들에게 아미르자다 피르 무함마드의 어전으로 갈 것이라고 전했다. 1405년 라마단월 3일 목요일(3월 5일)에 아미르자다 울룩벡과 이브라힘 술탄은 부인들과 작별하고, 사힙키란의 창고의 물자를 모두 가지고 알리아바드를 떠났다. 한편 부인들과 다른 샤자다들, 바이카라와 이질과 사아드 바카스와 소유르가트미쉬 등은 사힙키란의 깃발과 북, 유수진과 함께 사마르칸트로 향했다. 그러나 성에 있던 이들이 문을 열지 않았으므로, 일행은 대문 가까이에 있는 아미르자다 샤루흐의 정원에서 밤을 보냈다. 다음 날 그들은 도시로 들어갔고, (티무르가 매장된) 아미르자다 무함마드 술탄의 칸카로 가서 의복을 갈아입고 머리칼을 풀고 얼굴을 검게 했으며 목에 펠트를 감았다. 사마르칸트의 모든 주민이 바자르를 닫고 함께 슬퍼하며 통곡했다.

알리아바드에서 부하라로 향했던 아미르자다 울룩벡과 이브라힘 술탄은 라마단월 4일 금요일에 다부스 성채 근처에 도달했다. 그곳에서 사마르칸트를 지키는 호자 유수프와 아르군 샤가 파견한 바얀 티무르 하잔을 통해 서신을 받았는데, 그들은 아미르자다 피르 무함마드가 올 때까지 도시의 문을 열지 않겠다고 다짐했다. 아미르들은 그들의 결정을 칭찬하고 다른 생각을 하지 말라는 서신을 작성하여 사신을 돌려보냈다.

아미르자다 할릴 술탄의
사마르칸트 입성과 자손들의 동향

샤자다들과 아미르 셰이흐 누르 앗딘과 아미르 샤 말릭은 계속 부하라로 이동했다. 이삼일 후에 소식이 전해졌는데, 아미르자다 할릴 술탄이 사마르칸트 근처에 도착하자 아미르 호자 유수프가 금화를 던지고 조공을 바쳤으며 사마르칸트의 대인 및 귀족들과 함께 그를 마중했다고 했다. 샤자다가 쿠하크강 강변에 병영을 세우자, 아르군 샤는 도시와 성채, 창고와 보물의 열쇠를 샤자다에게 양도했다. 이 소식을 들은 아미르 셰이흐 누르 앗딘 등은 그를 질책하는 서신을 보낸 뒤 부하라로 나아갔다.

부하라의 하킴인 형제에게 먼저 갔던 루스탐 바룰라스가 샤자다들을 마중하러 도시 외곽으로 나왔다. 그들은 예언자 욥의 성묘를 방문했고, 아미르들과 조약을 갱신하고 맹세를 강화한 다음 부하라 성채로 들어가 방비를 단단히 했다. 부하라의 대문과 성채를 아미르자다 울룩벡과 이브라힘 술탄이 절반씩 소유하고, 루스탐 바룰라스와 그의 형제인 함자와 아틸미쉬와 타바콜 카르카라 등이 도시의 대문과 탑과 담벼락을 보호하기로 했다.

점성술사인 마울라나 바드르 앗딘이 선택한 때에 맞춰, 1405년 닭해인 라마단월 16일 수요일(3월 18일)에 아미르자다 할릴 술탄이 사마르칸트에 들어와 훌륭한 성채와 세계의 보물을 갖게 되었다. 그들은 사힙키란의 유언을 고려하여 아미르자다 무함마드 술탄의 아들이자 아미르자다 피르 무함마드의 조카인 아미르자다 무함마드 자항기르를 칸으로 지명했다. 관습적으로는 칸의 이름을 칙령과 명령 위에 기록했으나, 아미르자다 할릴 술탄은 독자적으로 업무를 행했고 동전과 쿠트바에도 그의 이름을 새겼다. 그는 입성 이틀 후에 아미르자다 무함마드 술탄의 칸까로 가서 애도를 재개했는데, 모두가 장례용 검은 의복과 검은 천을 갖추고 울부짖으며 들어갔다. 애도 후에 쿠란 독경과 자선 기도를 바치고, 사힙키란의 특수한 게우르카를 두드렸다. 사힙키란은 생전에 그의 무덤이 사이드 베르케의 발밑이 있기를 바랐으므로, 그의 관을 안드후드에서 옮겨 사힙키란의 칸까 테라스와 연결해놓은 돔에 매장했다. 또한 아미르자다 무함마드 술탄의 묘도 이곳으로 이장했다.

사마르칸트의 왕위를 계승한 아미르자다 할릴 술탄은 창고 문을 열어 아미르와 정부의 중진과 군사들에게 사여를 베풀었는데, 경제 상황을 제대로 고려하지 않고 과도한 금액을 남발했다. 당시 사마르칸트에는 세계 전역의 대인과 귀족과 울라마와 지식인과 예술인과 장인과 달변가들이 모여 있었고, 창고에는 현금과 보석과 직물과 의복과 그릇과 귀중품이 가득했다. 그것은 칼막에서 룸, 힌두스탄에서 시리아, 호라즘과 킵차크초원부터 러시아와 체르케스와 불가르와 프랑크에 이르기까지의 각 지역에서 얻은 전리품과, 36년 동안 매년 받은 지세와 물자를 모은 것이다. 그러나 할릴 술탄이 통치한 지 4년 만에 모든 창고가 텅 비어버렸는데, 그처럼 빠르게 사라진 이유는 샤드말릭이라는 여인 때문이다. 사마르칸트의 관리를 장악한 그는 빠르게 창고의 현금과 물자를 소진했는데, 대부분은 왕국의 파괴를 야기한 무리에게 주어졌으며 가난한 백성들에게는 전해지지 않았다. 이처럼 수많은 사여를 했으나 그에 대한 대가는 거의 없었다. 또한 할릴 술탄은 정부의 중진들을 멀리하고 미천한 외부인을 가까이하여 아미르와 군대 수장들의 분노를 샀다. 특히 지위가 낮은 샤드말릭이 사힙키란의 부인과 여종들을 아미르와 바하두르에게 주도록 할릴 술탄을 꾀었는데, 사여받은 이들은 관료의 지위조차 갖지 않은 이들이었다. 결국 백성과 군대가 그를 미워하여 마음을 돌렸고, 통치의 질서를 잃게 되었다.

사힙키란의 가계

이 『승전기』를 작성한 이유는 사힙키란의 영광과 인품, 신앙과 정의 중에 일부를 보고하여 그를 찬양하기 위함이다. 그의 아홉 번째 조상인 보돈차르 칸의 후에 툼비나 칸은 키야트 부족으로, 그 계보는 노아의 아들 야페스의 아들 투르크로 거슬러 올라간다. 그러나 사힙키란의 부친인 아미르 타라가이와 조부인 아미르 바르쿨은 울루스와 만호를 통치하고 지배하는 것을 거부하여 그것을 삼촌의 여러 아들과 공유했는데, 군주권의 관례를 새로이 하여 이 가문에 통치와 왕좌의 근간을 세운 이가 사힙키란이었다. 그는 25세에 출사하여 9년 동안 다양한 상황을 겪으며 훌륭한 판단력과 업무 처리 능력을 익혔다. 또한 전쟁을 통해, 차가타이 칸과 주치 칸과 훌레구 칸의 울루스 및 세계의 많은 도시와 왕국을 소유하고 정복했다. 이는 아랍어와 페르시아어 운문과 산문으로 완성된 대인들의 역사서를 통해 확인할 수 있다. 사힙키란은 세계정복을 위해 출정하여 각 지역을 하킴과 지방관리의 손아귀에서 해방하고, 그곳을 자기 자녀나 가신에게 맡겼다. 또한 다른 군주처럼 도시와 성채에서 승리를 거둔 후 왈리의 복종 선언과 선물 파견 정도로 만족하지 않고 더욱 강력하게 그곳을 장악했다.

　　　　사힙키란은 쿠릴타이와 논의의 방식을 사용했으나, 대부분은 운명의 계시에 따라 판단을 내리고 그대로 일을 처리했다. 그는 도시와 마을과 요새, 성채와 모스크와 사원, 대상소(Rabat, 카라반의 휴게소)와 다리 등 수많은 건물을 건설했다.

사힙키란의 자손 가운데 36명의 아들과 손자가 있었으니 다음과 같다.

첫째, 사망한 샤자다 자항기르의 자손은 11명이다.
사망한 무함마드 술탄은 세 아들을 남겼다. 무함마드 자항기르는 9세, 사이드 바카스는 6세, 야흐야는 5세였다.
아미르자다 피르 무함마드 자항기르는 29세로 일곱 아들이 있었다. 카이두는 9세, 할리드는 8세, 그리고 보돈차르, 사이드 바카스, 산자르, 카이사르, 자항기르 등이다.

둘째, 사망한 샤자다 우마르 셰이흐의 아들과 손자는 아홉 명이다.
피르 무함마드는 26세로 아들이 한 명 있었다. 우마르 셰이흐는 7세였다.
루스탐은 24세로 두 아들이 있었다. 우스만은 6세, 술탄 알리는 1세였다.
이스칸다르는 21세, 아흐마드는 18세, 사이드 아흐마드 15세, 바이카라는 12세였다.

셋째, 샤자다 미란샤는 38세로 그의 아들과 손자는 일곱 명이다.
아부 바크르는 23세로 두 아들이 있었다. 일나기르는 9세, 우스만 칠리(첼레비)는 4세였다.
우마르는 22세, 할릴 술탄은 21세, 이질은 10세, 소유르가트미쉬는 6세였다.

넷째, 샤자다 샤루흐는 28세로 일곱 명의 아들이 있었다.

울룩벡과 이브라힘 술탄은 11세, 바이송코르는 8세, 소유르가트미쉬는 6세, 무함마드 주키는 3세, 잔 오글란은 2세, 바루는 1세였다.

이렇게 36인의 샤자다가 사힙키란이 내세로 옮겨간 순간 현세에 있었다.

한편 딸과 손녀는 17명이 있었다. 술탄 바흐트 베이굼, 샤자다 우마르 셰이흐의 딸 세 명. 딸인 아미르자다 무함마드 술탄의 딸 세 명. 샤자다 미란샤의 딸 네 명. 샤루흐의 딸 한 명. 아미르자다 피르 무함마드 자항기르의 딸 세 명. 그리고 아미르자다 아부 바크르와 아미르자다 할릴 술탄에게 딸이 한 명씩 있었다.

그 밖에 사힙키란의 외손자인 아미르자다 술탄 후세인은 무함마드 벡 이븐 무사의 아들로, 이때 25세였다.

사힙키란의 가문의 행운은 샤자다 샤루흐로 이어질 것이니, 그의 장례식에 관해 서술한 후 다른 글에 샤자다의 업적과 상황, 행동 등을 기록할 것이다.

신과 군주와 세계와 신앙의 확증이신 분,
하늘에는 사힙키란의 인장의 무늬 외에는 없었다.
승리의 운명을 지닌 세계정복자 아불 파트흐.
그에게 태양과 하늘이 왕관과 왕좌를 주었다.
현세와 내세의 사람들은 덧없는 거품으로부터 왕의 안내를,
혼돈의 파도로부터 왕국과 신앙의 피신처를 얻었다.
온 세상이 그의 빛나는 은총으로 인해 밝아졌다.
평화와 전쟁이든, 좋든 나쁘든 그 안에서.
그의 전투는 한 순간도,
세계를 슬픔에 빠뜨리는 공포를 일으키지 않았다.
이 정결한 믿음을 지닌 왕이 영원히 머물러 계시어
번영이 늘어나기를 바랐다.
그의 정의로 온 세상이 장식되었고,
세상에서 나쁜 관습이 감소했다.
백성들은 그의 훌륭함으로 인해 편해졌다.
시공간은 그의 명령 아래에 있었다.

티무르왕조 계보도

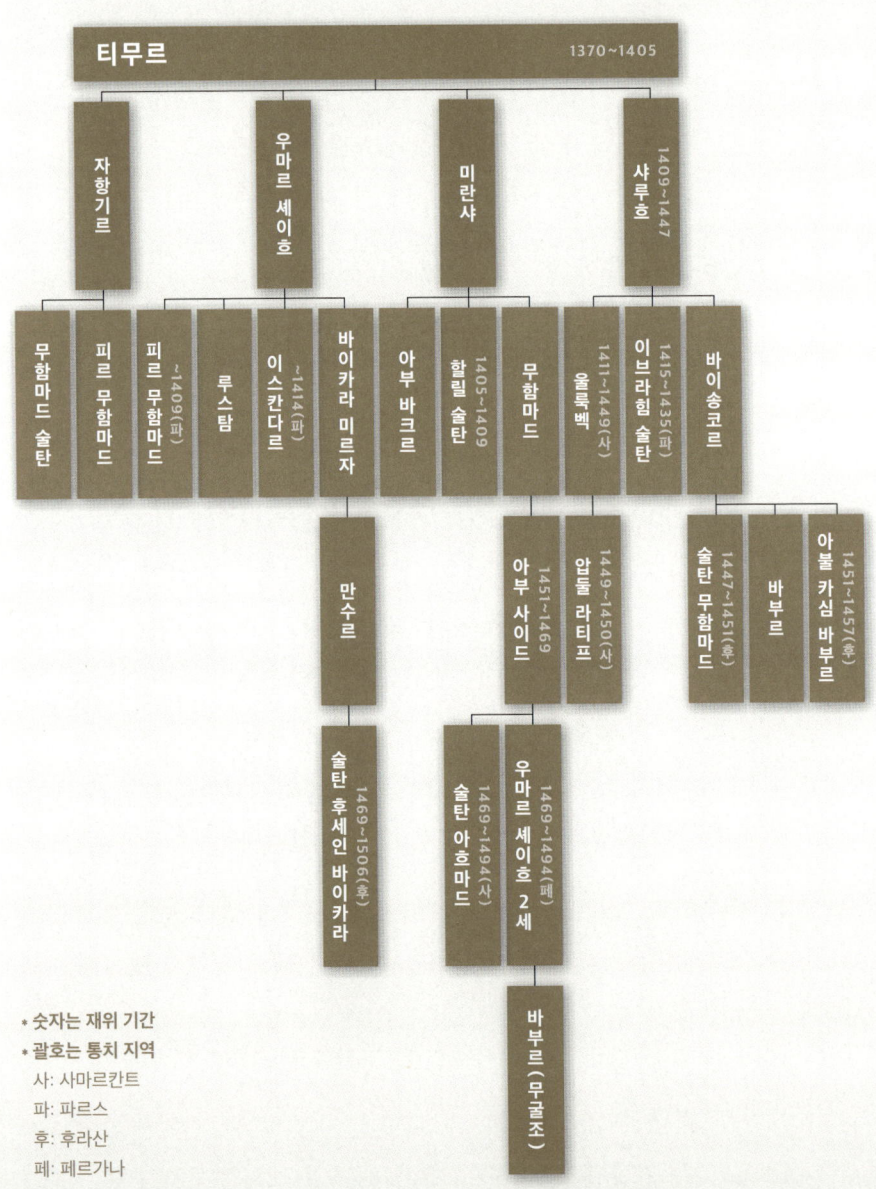

연대표

마와라안나흐르 통일, 1370년까지

이슬람력	서력	시기	내용
761	1360		투글룩 티무르 칸의 1차 침공, 티무르 출사
762	1361		투글룩 티무르 칸의 2차 침공
765	1364		카바 마탄전투(티무르·후세인 대 일야스 호자)
			쿠릴타이, 카불 샤 오글란 등극
766	1365		진흙탕 전투
	1366	봄	사마르칸트 탈환
767	1366	가을	티무르와 아미르 후세인 갈등, 티무르의 마한행
769	1368	봄	자타의 재침공, 아미르 후세인과 화해
770	1368	겨울	아미르 후세인이 티무르의 가신을 발흐로 소환
771	1369	가을	발흐로 진격, 아미르 후세인 살해, 소유르가트미쉬 칸 등극
	1370	봄	티무르 등극, 발흐에서 사마르칸트로 귀환

단기 원정의 시대, 1370~1386년

771	1370	여름	쿠릴타이

772	1370~1371		샤부르간 진다 히샴, 티르미드 사이드 공격
	1371		1차 자타 공격: 시르다리야강 너머 케벡 티무르
773	1371	초	2차 자타 공격, 호라즘 후세인 수피에게 사신 파견
	1372	봄	첫 번째 호라즘 공격 후 동영
774	1373	초	두 번째 호라즘 공격
776	1375	초	3차 자타 공격: 일리강 유역의 카마르 앗딘
777	1376	봄	세 번째 호라즘 공격 중 킵차크와 잘라이르의 반란으로 귀환
			카마르 앗딘의 안디잔 침입과 4차 자타 공격
778	1376	여름	5차 자타 공격: 이식쿨의 카마르 앗딘을 몰아냄
			톡타미쉬 귀부
			톡타미쉬를 시그나크로 파견
	1377	초	우루스 칸 공격
			톡타미쉬를 재차 시그나크로 파견
779	1377	8월	샤루흐 출생
780	1379	초	네 번째 호라즘 공격
		겨울	톡타미쉬가 티무르 말릭에게 승리하여 킵차크초원 장악
781	1380	봄	톡타미쉬가 사라이와 마마이 점령, 주치울루스 통일
782		가을	아미르자다 미란샤 후라산 파견
	1381	초봄	이란 후라산 원정 (케르트조)
783	1381	봄	헤라트 점령: 투스, 칼라트, 사르베다르 평정
784	1382	초(겨울)	이란으로 두 번째 진격
			칼라트 알리 벡, 마잔다란의 아미르 왈리 공격
	1382	가을	이란에서 귀환

785	1383		자타로 군대 파견	
		가을	시스탄 공격	
786	1384		이란 마잔다란, 마잔다란의 아미르 왈리 공격 후 일부 동영	
787	1385	초(겨울)	술타니야의 잘라이르 세력 격퇴	
		봄	술타니야, 루스탐다르, 마잔다란 원정 후 귀환	
788	1386	초(겨울)	톡타미쉬의 타브리즈 공격	

장기 원정의 시대, 1386~1399년

788	1386		이란 3년 원정 시작: 피루즈 쿠흐, 루리스탄, 아제르바이잔, 조지아까지 진격 후 동영	이란 3년 원정
789	1387	봄	데르벤드를 통과하여 아제르바이잔을 침공한 톡타미쉬를 몰아냄	
			아나톨리아 동부의 카라코윤루 공격, 쿠르디스탄 점령	
			시라즈의 무자파르조 자인 알아비딘 소환, 사신 억류	
		가을	이라크와 파르스 공격: 하마단, 이스파한, 시라즈 점령	
790	1388	초(겨울)	톡타미쉬와 엥케투라의 공격 소식으로 인해 사마르칸트로 귀환	
			무자파르조 여러 구성원에게 파르스 분봉	
			호라즘 공격, 주치울루스 잔존 세력 도망	
			무함마드 미르카와 보롤타이 반란 제압 후 동영	
		말(겨울)	톡타미쉬 세력의 남하	
791	1389	초(봄)	남하한 톡타미쉬 공격하여 알 쿠슌까지 진격	
			6차 자타 원정: 코박과 이밀의 엥케투라, 율두즈의 히즈르 호자 공격	

	792	1390	봄	자타로 군대 파견 : 카라탈의 엥케투라, 이르티시의 카마르 앗딘 공격
	793	1391	초(겨울)	킵차크초원 원정: 울룩탁, 우랄-볼가강, 콘두르차전투, 사라이 공격
	794		말	카불을 피르 무함마드 이븐 자항기르에게 사여
이란 5년 원정		1392	여름	이란 5년 원정 시작: 마잔다란 마라시왕조의 사리, 아물 공격
	795	1393	초	쿠르디스탄, 루리스탄, 후지스탄의 여러 토착 유목 세력 공격
				시라즈에서 무자파르조의 샤 만수르 살해, 셰이흐를 시라즈에 임명
				미란샤에게 아제르바이잔, 라이, 길란, 시르반, 룸 사여
			여름	아우라만산의 투르크멘 공격, 바그다드의 잘라이르조 사신 도달
				바그다드, 쿠르디스탄, 힐라, 바스라 장악
				이집트 맘루크 군주 술탄 바르쿡에게 사신 파견
	796		가을	타크리트 요새 점령, 이라크 남부 장악
		1394		디야르바크르 방면으로 진격, 루하, 마르딘, 자지라 등 공격
				우마르 셰이흐 사망
			봄	술타니야에서 울룩벡 탄생
				아나톨리아 동부 아미드, 알라탁, 알린작, 우니크에서 투르크멘 공격
			여름	조지아로 군대 파견
				카르스에서 이브라힘 술탄 탄생
				조지아 공격: 트빌리시, 샤키 등
				톡타미쉬가 남하하여 데르벤드 통과, 시르반 공격

797	1395	봄	티무르가 톡타미쉬를 따라 볼가강으로 진격, 카비르착을 칸으로 임명
			시라즈에 피르 무함마드 이븐 우마르 셰이흐 임명
			사마르칸트에 기야쓰 앗딘 타르칸 임명
			주치울루스 우익 및 러시아 공격: 드네프르강, 돈강, 아조프, 체르케스 등
		겨울	핫지 타르칸, 사라이 공격
798	1396	봄	귀환 시작, 술탄 후세인을 루리스탄 공격에 파견
		여름	티무르 하마단을 출발, 무함마드 술탄을 호르무즈 공격에 파견
			아미르 알라다드를 후라산에 임명
799	1397	봄	사마르칸트 정원 보수, 후라산에 샤루흐 파견, 호르무즈 공격에 파견된 무함마드 술탄이 귀환
800		말	투칼 하눔 도달, 중국 사신 도착
	1398	초(겨울)	아시파라(모굴리스탄 경계) 강화: 무함마드 술탄 파견
		봄	힌두스탄 원정 시작
			카불에 초원, 자타, 칼막 등 사방의 사신이 도달
		여름	카불 출발, 이르얍 성채 건설
801		가을	인더스강 도하, 자마드-체납강 도하, 바트니르 성채 점령
		겨울	델리 점령
	1399	초(겨울)	갠지스강 유역, 하르드와르, 시왈릭산 원정 후 귀환 결정
		봄	카슈미르 자브한을 경유하여 사마르칸트로 귀환
			사마르칸트에 금요 모스크 건설

세계정복의 시대, 1399~1405년

이란 7년 원정	802	1399	가을	이란 7년 원정 시작: 카라바그로 이동
				사이드 알리 샤키 아룰라트의 복종
				킵차크, 맘루크, 중국, 모굴칸국의 소식 입수
			겨울	조지아 공격 결정: 함샤계곡 공격 후 동영
				아미르자다 루스탐을 시라즈로 파견, 바그다드로 진격 명령
		1400	초(봄)	조지아 공격: 말릭 구르긴을 따라 압하즈까지 진격
			여름	프랑크의 사신과 오스만 술탄 무라드의 아들 방문
				술탄 아흐마드 잘라이르와 카라 유수프가 합류하여 룸으로 도망
				티무르가 오스만 술탄 바야지드에 사신 파견, 오스만의 선전 포고
	803			티무르가 시바스로 진격, 술탄 아흐마드와 카라 유수프, 술탄 바야지드에 합류
				소아시아 중부 말라티야로 진격하여 카라 우스만 투르크멘에 사여
				맘루크 술탄 바르쿡에 사신을 파견했으나 억류, 시리아로 선회
		1401	봄	다마스쿠스 점령 후 디야르바크르로 이동: 알레포, 루하, 마르딘 점령
	804		여름	조지아, 바그다드로 군대 파견
				티무르가 바그다드로 향함
				바그다드 점령 후 이라크 전역에 군대 파견
				아제르바이잔을 거쳐 조지아 진격, 말릭 구르긴의 항복, 카라바그 동영
			겨울	술탄 아흐마드가 바그다드로 귀환, 티무르가 이라크로 군대 파견

			카라 유수프 투르크멘이 룸으로 피신하자 술탄 바야지드에게 사신 파견
	1402	봄	카라바그에서 알라탁으로 이동하여 술탄 바야지드에게 사신 파견
		여름	앙카라전투에서 술탄 바야지드 생포, 아나톨리아 전역으로 군대 파견
805		겨울	이즈미르, 포카이아, 키오스섬의 유럽 세력 공격
	1403	봄	오스만 술탄 바야지드, 티무르의 후계자 무함마드 술탄 사망
			조지아 공격, 말릭 구르긴 재차 복종, 바그다드에 아부 바크르 파견
			피르 무함마드는 시라즈, 루스탐은 이스파한으로 파견
806		여름	조지아의 엘부르즈 산지 공격, 바일라칸 수로와 도시 재건
	1404	봄	아제르바이잔에 우마르 파견, 사마르칸트로 귀환 시작
			이스칸다르를 마잔다란의 셰이하 추격에 파견
807		여름	사마르칸트로 귀환, 킵차크초원 이드쿠 우즈벡의 사신과 프랑크 사신 도착
		가을	쿠릴타이 개최, 왕자들의 혼인, 사방의 사신 도착
	1405	초(겨울)	티무르의 중국 원정 결의, 출정 후 오트라르에서 사망
		봄	아미르자다 술탄 후세인 저항
			할릴 술탄이 사마르칸트 입성 후 왕좌 등극
			이후 4년간의 치세와 쇠퇴

해제

쿠레겐과 사힙키란,
티무르의 두 칭호

아미르 티무르 쿠레겐의 세계정복

1402년 어느 날, 프랑스의 샤를 6세(Charles VI, 재위 1380~1422)와 영국의 헨리 4세(Henry IV, 재위 1399~1413)는 아나톨리아의 앙카라에서 오스만의 바야지드 1세(Bayezid I, 재위 1389~1402)를 포로로 잡은 유목 정복자 티무르의 서신을 받았다. 바야지드 1세는 6년 전 1396년에 다뉴브강 강변의 니코폴리스(Nicopolis)에서 유럽 연합군을 쳐부수며 유럽 최대의 적으로 부상했다. 이후 유럽이 기독교의 성지로 여겼던 레반트와 아나톨리아 동북부에 위치한 비잔틴제국 및 유럽인들의 상업 거점을 차지하였을 뿐 아니라, 끊임없이 발칸반도를 위협했다.[1] 그런데 그보다

---

[1] 유럽의 여러 국가가 아나톨리아, 팔레스타인, 이집트 등 이슬람권으로 군대를 파견하여 벌인 십자군전쟁은 1095~1099년 사이에 교황 우르바노 2세(Urbanus II, 재위 1088~1099)의 명에 따라 비잔틴을 도와 아나톨리아의 셀주크튀르크를 공격하기 위해 시작됐다. 이후 10차례 가까이 다양한 규모로 십자군이 소집·파견되어 이슬람의 장기조·아이유브조·맘루크조 등과 전쟁을 벌이다가 1291년 맘루크조가 십자군의 마지막 보루였던 아크레를 함락하면서 막을 내린 것으로 알려져 있다. 다만 그 이후에도 교황은 십자군을 조직하여 이슬람 세력과 전쟁을 벌였다. 그러나 14세기 유럽 각국의 갈등이 심화되고 교황의 권위가 약화되면서 거대한 십자군은 조직되지 못하고, 제한된 목표를 위한 소규모의 십자군 소집 및 전쟁만 발생했다. 본문에서 언급한 니코폴리스전투는 발칸반도로 진출한 이슬람 세력을 물리치기 위해 소집된 유럽의 십자군과 오스만 사이의 전투였다(Peter Jackson, *The Mongols and the West, 1221~1410*, Edinburgh Gate: Pearson education Limited, 2005, p. 237).

더 동쪽에서 홀연히 새로운 유목 세력이 등장하여, 이토록 강력했던 술탄 바야지드를 단번에 생포한 것이다.

이 서신은 당대의 일반적인 페르시아어 서신과는 다르게 수사적 표현이 많지 않고 간결하게 기록된 편이다. 그러나 그 내용을 통해 당시 유럽과 오스만, 그리고 티무르의 관계에 대한 몇 가지 중요한 사실을 파악할 수 있다.

천수를 누리실 대아미르, 티무르 쿠레겐(께서)
왕 루이 드 프랑스에게
수없이 많은 축복과 애정을 이 사람의 친구(티무르)로부터 세상의 가치 있는 분에게(보냅니다.) 많은 기도를 바친 후에, 대아미르의 훌륭한 판단이 (이와 같이) 전합니다. 즉, 학자인 벗 프란시스(FRNSKS)가 이곳에 왕들의 서신들을 가지고 와서 대아미르의 훌륭한 명성과 위대함과 영광을 받아들였으니, (우리는) 매우 기뻤소. 그리하여 (대아미르께서) 말씀하시길, (우리의) 수많은 군대가 전능하신 신의 가호를 받으며 진군하여 우리와 당신들의 적을 무력화하고 제압하였다. 그다음에 술타니야의 장 마르히시야(JVĀN MĀRḤSĪĀ?)가 (당신으로부터) 파견되었고 그가 (우리의) 어전에서 이야기하기를 어떤 일이 발생하든 우리는 대아미르의 축복받은 서신이 오기를 기대하고 있으며, 대아미르의 건강을 기원하며 생각의 안정을 얻는다.
이제 당신이 상인들을 이쪽으로 보내면 (우리가) 그들을 반드시 환대하고 반길 것이오. 또한 우리의 상인을 그쪽으로 보내면 (너희도) 그들을 환대해야 하며 그들에게 어느 누구도 무력이나 강압을 행하지 않아야 하오. 세계는 상인들에게 많은 번영을 주시니 어찌 우리가 고집을 피우겠소. 행운이 있기를!

평화와 안녕을 바라며, 이슬람력 805년 무하람월 초(1402년 8월 초)에 씀.[2]

이 서신의 내용을 통해, 유럽과 티무르 사이에 일찍이 사신 왕래가 있었음을 알 수 있다. 상기 서신은 앙카라전투 이후에 작성되었지만, 서두에 앞서 파견한 사신을 언급했다. 이란으로 7년 원정을 떠나기 전인 1398~1399년경, 티무르는 자신의 영내에 있던 이란 술타니야[3]의 대주교와 수사들을 유럽으로 파견하였으며, 유럽 군주들은 이들 편에 답신과 더불어 오스만제국 무라드 1세(Murad Ⅰ, 재위 1383~1389)의 아들을 보냈다. 그리고 1400년에 그들이 티무르의 어전에 도달했다는 기록은 티무르조의 여러 사서에서 확인된다.[4] 상기 서신은 수사들을 다시

---

2 현재 이 서신은 프랑스 국립문서고(Les Archives nationales)의 AE III (외국문서박물관, Musée des documents étrangers) 204번으로 소장되어 있다. 해당 박물관에서 온라인에 공개한 사본을 번역했다. 한편 드 사시의 1822년 논문에는 페르시아어 원문과 술타니야의 장이 작성한 라틴어 번역문, 그리고 미란샤의 서신에 대한 라틴어 번역문까지 함께 수록되어 있다. Antoine-Isaac Silvestre de Sacy, "Méemoire sur une correspondance inéedite de Tamerlan avec Charles VI", *Histoire et mémoires de l'Institut royal de France* 6, 1822, pp. 470~522.

3 이란 북서부의 도시. 이곳에 훌레구울루스 시기부터 로마가톨릭교회의 대주교가 파견되었는데, 그 대주교좌는 15세기까지 명맥을 유지했다.

4 Sharaf al-Dīn ʿAlī Yazdī, *Ẓafar nāma*, Ed. Sayyīd Sʿaīd Mīr Muḥammad Ṣādiq, Tehran: Markaz-i Asnād Majlis, 1387 Sh./2008~9, p. 1025(앞으로 이 사료를 YZN/Ṣādiq으로 표기).

돌려보낼 때 작성한 것이다.

　　이 서신은 앙카라전투가 끝난 이슬람력 804년 둘힛자월 10일(1402년 7월 11일)로부터 약 20일이 지난 805년 무하람월 첫날 작성되었다. 따라서 서신에서 티무르가 제압했다는 적은 바로 앙카라전투에서 포로로 잡은 유럽의 적, 오스만의 바야지드 1세였다. 다만 원문인 페르시아어 서신은 적을 제압했다는 대목을 다소 관용적으로 서술하기에 그것이 바야지드 1세를 특정하는지 불분명하며, 사실상 특정 대상을 지칭한다기보다는 티무르의 뛰어난 전공을 과시하는 상투적 표현에 가깝다. 반면에 원문을 라틴어로 번역한 술타니야의 대주교 장(Jean of Sultaniyya)[5]은 바야지드 1세에 대한 티무르와 유럽의 적개심을 강조하

---

[5] 그는 오늘날 '술타니야의 장'으로 알려진 도미니크수도회의 수사로, 1388년에 나흐츠반에서 이란의 북서부에 위치한 술타니야의 대주교로 임명되었으며, 티무르가 유럽에 보낸 두 차례의 사신단에 모두 투입되었다. 그중 두 번째로 유럽으로 파견되어 1403년 파리에 도착했을 때 티무르에 관한 두 건의 기록을 남겼다. 하나는 1403년에 기록한 티무르에 관한 짧은 언급인데, 일부가 라틴어로 번역되어 1405~1429년 사이에 작성된 *Chronographia regum Francorum*에 수록되었다. 그리고 이보다 다소 긴 기록은 1404년에 작성된 *Libellus de notitia orbis*인데, 이를 1937년 그라츠대학교의 사서 안톤 케른이 발견했다(Peter Jackson, *The Mongols and the West, 1221~1410*, pp. 242~243).

그중 1403년 글에서 술타니야의 장은 티무르의 등장을 다음과 같이 설명한다. "유럽 동부에 키타이의 왕과 타타르의 왕이 있는데, 티무르는 기독교도이자 타타르의 적인 키타이의 왕에게 사람들에 대한 지배권을 부여받아, 타타르의 영역인 사마르칸트를 차지한 후 키타이 포로를 돌려보냈다."(Henri Moranvillé, "Mémoire sur Tamerlan et sa cour par un dominicain, en 1403", *Bibliothèque de l'école des chartes* 55, 1894, pp. 441~443). 이는 당시 유럽인의 동방 세계에 대한 인식을 고스란히 보여주고 있다. 중국의 왕이 기독교도라는 발상은 중세 유럽의 오랜 전설인 '프레스터 존'을 반영하고 있으며, 타타르의 왕이 키타이의 변경부터 유럽의 변경에 이르기까지 거대한 영역을 차지하고 있었다는 점은, 몽골제국에 관한 기억을 그대로 답습한 것으로 볼 수 있다. 즉, 술타니야의 장의 기록은 아시아의 실제 상황이라기보다는 유럽인의 당대 인식을 반영한 것이며, 장은 유럽의 선입견을 이용하여 자신과 티무르에 대

는 내용을 첨가했다. 유럽의 사정을 잘 아는 사신이 수신인들에게 환대를 받기 위해 서신의 원본에 수정을 가한 것이다.[6] 게다가 유럽에 도착한 술타니야의 장은 티무르제국에 관한 여러 저서를 집필했고, 그 결과 유럽에서는 티무르 본인이 생각지 못했던 새로운 반응이 등장하게 된다.

위의 서신을 보면 티무르는 샤를 6세에게 별다른 요구를 하지 않고, 다만 양측의 자유로운 무역을 요청하고 있다. 또한 헨리 4세가 보낸 답신을 볼 때 유럽은 티무르의 요청을 긍정적으로 받아들였다.[7] 그러나 서신에 적힌 것은 표면적 내용일 뿐이며, 사실 티무르가 상인들의 자유로운 왕래만을 위해 서신을 보내지는 않았을 것이다. 티무르가 오스만의 침공으로 어려움에 처한 샤를 6세에게 자신의 전공을 자랑하고 자유로운 상인 왕래를 요청한 날짜는 바야지드 1세를 생포한 지 얼마 되지 않은 시점이다. 이러한 무력 과시는 티무르의 세계정복 과정에 종종 동원된 '위협을 통한 무혈 목표 달성' 전략의 일환이다.

사실 유럽은 티무르의 서신 및 그의 승전 소식에 마냥 기뻐할 수 없는 상황이었다. 유럽을 공포에 떨게 한 오스만 술탄 바야지드보다 더욱 강력하면서도 미지에 싸인 유목 세력이 코앞에 등장했기 때문이다. 이러한 상황은 중동의 여러 이슬람 세력과 맞서다 갑자기 몽골제국의 파죽지세를 접했던 100여 년 전

한 긍정적인 인식을 유럽 내에 심고자 한 것이다.

6　Peter Jackson, *The Mongols and the West, 1221~1410*, p. 243.
7　Henry Ellis, *Original Letters, Illustrative of English History; Including Numerous Royal Letter: from Autographs in the British Museum 3-1*, London: R. Bentley, 1846, pp. 54~58.

을 떠올리기에 충분했다. 게다가 앙카라전투가 발생한 지 4개월 만에 티무르의 군대는 아나톨리아 서쪽 끝에 있던 구호기사단의 성채 이즈미르(İzmir, 스미르나)와 제노아의 식민도시 푸차(Fūcha, 포카이아)를 격파하고, 그 성채를 구원하러 온 유럽 선박에 푸른 눈을 가진 유럽인 포로의 머리를 날려 경고의 메시지를 보냈다.[8] 이러한 티무르의 행동으로 유럽의 여러 왕 사이에서 그가 기독교 세계에 우호적인지 아닌지에 대한 논란이 일어났는데, 이 역시 몽골제국과 유럽이 접촉한 13세기의 상황과 닮아 있었다.[9] 티무르가 스스로를 몽골제국의 부마를 의미하는 '쿠레

---

8 YZN/Ṣādiq, p. 1174.

9 유럽의 일부 왕들은 티무르가 기독교 세계에 적대적이라 주장했다. 한 예로 당시 비잔틴 황제 마누일 팔레올로고스(Manuel Palaeologos, 재위 1391~1425)는 앙카라전투로부터 수개월 지난 후인 1403년 초에 해외 망명 생활을 끝내고 귀국하면서 다르다넬스해협을 봉쇄하여 티무르를 차단하고자 했다. 또한 2년 후에는 교황 이노첸시오 7세(Innocentius VII, 재위 1404~1406)에게 서신을 보내 티무르의 목적은 단지 콘스탄티노플과 그 주변을 장악하는 것이 아니라, 전체 기독교 세계를 전복시키는 것이라 주장했다. 이에 교황은 비잔틴 황제에게 양시칠리아왕국과 헝가리, 발칸과 루마니아에서 티무르에 대항하는 십자군을 모집할 권리를 주었다(Peter Jackson, *The Mongols and the West, 1221~1410*, p. 239). 반면 다른 왕들은 술탄 바야지드 보다는 티무르에 더 우호적인 입장을 취했는데, 이는 티무르가 이전의 몇몇 전쟁에서 기독교도들을 학살하지 않고 살려두었다는 보고 때문이다. 그와 같은 생각을 가진 이 중에는 카스티야의 왕 엔리케 3세(Enrique III, 재위 1390~1406)가 대표적이다. 그는 일찍이 티무르에게 사신을 파견했고, 앙카라전투 당시에 카스티야의 사신인 드 소토마요르(Pelayo de Sotomayor)와 드 팔라주엘로스(Fernando de Palazuelos)가 티무르의 어전에 있었다고 한다. 그들은 귀국 길에 핫지 무함마드 알카디(Ḥāji Muḥammad al-Qāzī)라는 티무르 사신을 데리고 귀국했고, 그다음에 카스티야 측에서 보낸 사신이 바로 클라비호였다. 그는 스페인에서 사마르칸트까지 티무르제국을 횡단하고 여행기를 남겼다(Laurence Lockhart, "European Contacts with Persia, 1350~1736", *The Cambridge History of Iran 6*, Ed. Peter Jackson, Lawrence Lockhart, Cambridge: Cambridge University Press, 1986, p. 375). 그리고 이런 인식을 유럽에서 확대·재생산한 인물이 술타니야의 장이다.

겐'(Küregen)이라 칭한 것도, 유럽인의 기억에 강하게 남아 있는 몽골제국에 대한 인상을 이용한 전략이라 볼 수 있다.

  티무르가 15세기 초엽에 유럽에서 공포의 대상으로 급부상한 것은 결코 우연이나 갑작스러운 사고가 아니었다. 그는 1370년에 마와라안나흐르를 통일한 이후, 30년에 걸친 세력 확장을 통해 이슬람권 동부의 대부분을 차지했다. 티무르는 1336년 현 우즈베키스탄 중부의 도시 샤흐리사브즈(Shahr-i Sabz)에서 몽골제국 차가타이울루스의 유력 부족인 바룰라스부의 후예로 태어나, 차가타이울루스의 쇠퇴 이후 여러 차가타이 아미르들이 할거하던 마와라안나흐르를 통일했다. 이후 마와라안나흐르 동북부의 모굴리스탄초원과 그 남쪽 타림분지를 지배했던 모굴칸국[10]에 (여섯 차례 직접 공격을 비롯하여) 수차례 군대를 파견했고, 주치울루스의 남쪽 기지이자 쿵그라트부 수피 가문이 차지하고 있던 호라즘을 네 차례 원정했다. 또한 훌레구울루스와 차가타이울루스의 잔존 세력 및 토착 타직왕조와 종교 집단이 뒤섞여 있던 후라산과 마잔다란을 향해 세 차례 원정을 일으켰다. 근교 지역을 제압한 후 장기 원정이 이어졌는데, 이 원정은 대체로 마와라안나흐르를 떠나 3년, 5년, 혹은 7년 동안 아제르바이잔과 아나톨리아 일대의 옛 훌레구울루스 근거지에 머무르면서 사방의 세력을 동시다발적으로 공격하는 방식으로 진행되었다. 북인도의 델리술탄국과 킵차크초

---

10 차가타이 칸의 후예 투글룩 티무르 칸(Tūghluq Timūr khān, 재위 1347~1363)이 모굴리스탄초원에 세운 국가. 이 나라의 역사를 기록한 무함마드 하이다르 두글라트의 『라시드사』(*Tārīkh-i Rashīdī*)에 의하면, 모굴칸국은 1347년에 차가타이울루스 두아 칸의 손자인 투글룩 티무르 칸에 의해 모굴리스탄초원과 악수(현 중국 신장위구르자치구 아커쑤)를 거점으로 세워졌다.

원의 주치울루스도 침공했다. 이 장기 원정의 마지막이 바로 앙카라전투를 포함한 이란 7년 원정으로, 이 시기에 티무르는 오스만뿐 아니라, 아제르바이잔과 조지아, 이라크, 시리아 등지에서 할거하던 잘라이르조의 술탄 아흐마드(Sulṭān Aḥmad Shaykh Uways, 재위 1382~1410)와 카라코윤루 연맹의 카라 유수프(Qarā Yūsuf, 재위 1388~1420), 조지아의 기오르기 7세(George VII, 재위 1393~1407), 시리아와 이집트를 통치한 맘루크술탄국의 술탄 바르쿡(Malik al-Zāhir Barqūq, 재위 1382~1389; 1390~1399)을 모두 복속시켰다. 이로써 티무르는 유럽과 한층 가까워졌고, 티무르의 연전연승은 유럽에 직접적인 위협이 되었다.

한편 이란 7년 원정 후, 티무르는 곧바로 중국 원정을 계획했다. 티무르는 사방으로 단기 원정을 할 때, 마와라안나흐르 동쪽을 여러 차례 공격했다. 이때의 공격 목표는 차가타이울루스의 후예가 세운 모굴칸국을 비롯하여 모굴리스탄초원 및 타림분지의 오아시스에 퍼져 있던 옛 차가타이울루스 출신의 아미르들이었다. 티무르는 가까운 곳부터 점령하기 시작해서 점점 범위를 넓혀 끝내 이르티시강 너머까지 진격했는데, 이곳은 몽골리아초원 서부에 자리하며 북원(北元)의 계승 전쟁에 간여하고 있었던 오이라트[11]의 근거지와 멀지 않은 곳이었다. 이

---

11 바이칼호 서부, 몽골리아 서북부 산지에 거주한 몽골계 부족으로, 칭기스칸 가문과 빈번히 통혼했다. 오이라트는 원의 황제가 몽골리아초원으로 돌아간 14세기 후반에 그들과 가까운 칸 후보를 세우기 위해 동몽골 할하부와 끊임없이 전투했다. 15세기 전반에는 오이라트에서 에센 타이시(Esen taiš, 재위 1453~1454)라는 인물이 등장하여 스스로 칸의 자리에 올랐으며, 명의 정통제(正統帝, 재위 1435~1449; 1457~1464)를 포로로 잡는 '토목보의 변'(1449)을 일으키기도 했다. 에센타이시와 그 후손들은 서쪽으로는 모굴리스탄초원으로 진출하여 한때 세미레치에까지 장악했으며, 모굴칸국과 티

후 몽골리아초원의 칸 후보 중 한 사람인 타이지 오글란(Tāyzī Ughlān)이 오이라트를 탈출한 뒤 티무르에게 의탁하여 후일을 도모했고, 티무르는 그를 중국 원정에 대동하여[12] 향후 몽골리아 본토의 대칸 계승에도 영향을 끼쳤다.[13] 또한 티무르가 이제 막 경력을 시작할 무렵 마와라안나흐르를 수차례 공격하여 혼란에 빠뜨렸던 모굴칸국은 투글룩 티무르 칸 사후 아미르들의 불복종으로 계보가 단절될 위기에 빠졌는데, 티무르는 모굴칸국의 3대 칸 히즈르 호자(Khizr Khwāja)의 아들을 질자(質子)로 삼고 딸은 아내로 삼아 그들의 복속을 얻어냈다.

그런데 같은 시기에 모굴칸국과 경계를 마주하였던 샤릭위구르(撒里畏兀兒, Sārīgh Uyghūr)가 명(明)에 귀순했다. 히즈르 호자의 딸 투칼 하눔이 티무르의 부인이 된 것은 1397년인데, 그보다 2년 전에 샤릭위구르의 수장이 명의 서북 변경인 감주(甘州)로 가서 그곳을 지키고 있던 숙왕(肅王)에게 복속을 표했고, 다음 해에 홍무제(洪武帝, 재위 1368~1398)가 샤릭위구르에 사신을 파견하여 위소(衛所)를 설치했다.[14] 이로써 티무르와 명 홍무제의 영향력의 경계가 맞닿고 첨예한 갈등이 예견되었다.

『명실록』 홍무 27년(1394년) 기사에는 위의 두 사건이

무르조를 압박하기도 했다. 이 부족은 훗날 내륙아시아 최후의 유목제국인 준가르제국의 전신이 되는데, 사료에서는 이들을 칼막이라 부른다.

12 YZN/Ṣādiq, p. 879.

13 타이지 오글란은 미완으로 끝난 티무르의 중국 원정 이후 사마르칸트에서 베쉬발릭으로 나아갔다가, 몽골리아초원으로 귀환하여 북원의 칸이 되었다. 이에 관한 기록은 『명실록』에 등장한다(『太宗文皇帝實錄』 75, 台北: 中央研究院歷史言語研究所, 1962, p. 1030).

14 『太祖高皇帝實錄』洪武 29年/3月/25日.

발생하기 직전에 티무르가 보낸 것으로 알려진 서신 기록이 남아 있다.

> 사마르칸트 부마 티무르가 수장 질력필실(迭力必失)을 파견하여 표(表)를 바치고 내조(來朝)하였으며, 말 200필을 조공하였다. 표에서 말하기를, 대명 황제께서 하늘의 밝은 운명을 받으시고, 사해를 통일하시어, 인덕을 널리 반포하시며 (중략) 오늘날은 또한 특별히 먼 나라(遠國)에 은혜를 베푸심을 입어, 상가지인(商賈之人)으로서 중국에 온 모든 이들로 하여금 도읍성지(都邑城池)를 보게 하시니, 그 부귀함과 웅장함은 마치 혼암지중(昏暗之中)을 벗어나 홀연히 밝은 세상을 보게 된 것과 같아, 다행스러움이 이와 같습니다. 또한 칙서를 보내시어 위무하고 위로하시고 참역(站譯)으로 하여금 서로 통하게 하여 도로가 막힘이 없이 하시니, 먼 나라 사람이 모두 그 도움을 얻어 흠앙합니다. 성심(聖心)은 마치 '세계를 비추는 잔'(照世之杯)과 같아 신의 마음을 환히 밝힙니다. (후략)[15]

이번에도 티무르는 양국의 상인 왕래를 강조했다. 다만 『명실록』 속 티무르의 사신은 전형적인 조공 사신이며, 그가 보낸 서신은 '봉표'(奉表)라는 단어로 규정되었다. 그리하여 이 서신이 과연 티무르가 파견한 것인지에 대해서는 설왕설래가 있었다. 그런데 본문 중에 '세계를 비추는 잔'이라는 단어는 'Jām-i jam', 즉 불멸의 물약으로 채워져 있으며 이를 응시하면

---

15 『太祖高皇帝實錄』洪武 27年/9月/9日.

전 세계를 볼 수 있다는 페르시아의 전설적 영웅 '잠시드(Jamshīd)의 잔'을 떠올리게 한다. 이전의 중국 역사 기록에서는 이와 같은 개념을 찾아볼 수 없으며, 명대 중국인들은 이 개념이 사마르칸트의 티무르에게서 전해졌다고 인식하고 있었다.[16] 그러므로 위의 표(表)가 적어도 사마르칸트 혹은 페르시아-이슬람권 저자에 의해 작성된 것임을 알 수 있다. 그렇다면 이 표는 어떤 과정을 거쳐 홍무제에게 전달되었을까.

위의 표가 홍무제에게 전달된 1394년 당시, 티무르는 자신의 모든 오르도와 대다수의 병력을 이끌고 이란 5년 전쟁을 일으켜 아나톨리아반도와 캅카스산맥 등지에서 쿠르드와 조지아, 투르크멘 등의 토착 세력과 전투를 벌였고, 이듬해인 1395년에는 주치울루스 톡타미쉬 칸(Tūqtamish, 재위 1378~1406)의 거점인 볼가강 유역의 사라이와 그에 예속되어 있던 러시아 일대를 침공했다. 이 전쟁을 위해 티무르는 십수 년간 동방 경략의 전초 기지인 안디잔을 통치한 아들 우마르 셰이흐까지 서쪽으로 불러들였으므로, 취약한 동쪽 변방을 지키기 위해 중국과 평화를 유지하는 것은 필수적이었다. 그러나 이란 5년 전쟁이 막을 내린 1397년 이후에는 『명실록』에서 사마르칸트의 사신에 관한 기록을 찾아볼 수 없다. 중국 측 기록에 따르면 1395년과

---

16 중국에서 '세계를 비추는 잔'(照世之杯)이라는 개념은 명대 이후로 등장하는데, 16~17세기 명대의 저술가인 침덕부(沉德符)는 자신의 저서 『만력야획편』(萬曆野獲編)에서 설명하기를, 이것은 사마르칸트에서 생산된 신비의 잔으로 세상사를 밝힐 수 있다고 하였다(沉德符,『萬曆野獲編』,「補遺」4). 또한 주국정(朱國禎)은 『용당소품』(涌幢小品)에서, 사마르칸트는 서쪽 변경에 있고 그 국가에 '세상을 밝히는 잔'이 있는데, 그것에 비추어진 것으로 세계의 사건들을 알 수 있다고 서술했다(朱國禎,『湧幢小品』1).

1397년에 홍무제가 파견한 중국 사신 부안(傅安)과 진덕문(陳德文)은 티무르에게 귀환의 허락을 받지 못하고 티무르제국 전역을 떠돌았다.[17]

티무르가 갑자기 태도를 바꾼 이유에 대해 현재까지 여러 학자가 다양한 의견을 내놓았으나 정설은 없다.[18] 다만『명실록』에 기록된 사마르칸트의 사신은 사실상 중국 변경과 서역 일대에서 활약하던 무슬림 상인이고, 거대 제국을 통치하며 특히 이슬람권 서부 원정에 몰두한 티무르는 이 상인들이 어떤 방식으로 중국과 무역을 진행했는지 자세히 알지 못했던 것으로 보인다. 상인들은 당시 티무르조와 명나라 사이의 여러 오아시스 도시에서 그러했듯이, 명나라가 요구하는 조공 무역 방식에 따라 명에 복종을 표하고 변경을 드나들 수 있는 권한을 얻었다. 그러나 이 사신을 가장한 상인들이 순탄한 상업 활동을 위해 취한 '명에 대한 복종'을 티무르의 본의로 보기는 어렵다.

이 상황에서 1388년 북원 정벌 이후 명은 티무르가 큰 반감을 느낄 일련의 조치를 취했다. 홍무제는 1392년 2월에 변경 시장인 호시(互市)를 방문한 회회(回回)와 서번(西蕃)인 중에 오랫동안 서량(西凉, 지금의 간쑤성 서부)에 거주하며 본지로 돌아가지 않는 이들에게 장쑤성 양저우(揚州)로 이주하든 아니면 사

---

17 張文德,『明與帖木兒王朝關係史研究』, 北京: 中華書局, 2006, p. 35;『明史』322,「列傳 220卷, 西域 4, 撒馬兒罕」. 두 사신 중 한 명으로 추정되는 중국 사신의 도래가『승전기』에 기록되어 있으나 그를 억류했다는 내용은 없다. 그들을 알현한 후 티무르는 모굴리스탄과의 변경, 현재 타라즈 부근의 아시파라에 건물을 짓고 농경을 확충하는 지시를 내렸다(YZN/Ṣādiq, p. 863).

18 Ralph Kauz. *Politik und Handel zwischen Ming und Timuriden': China, Iran und Zentralasien im Spätmittelalter*, Wiesbaden: Reichert, 2005 참조.

마르칸트로 돌아가든 둘 중 하나를 선택하도록 강제했다.[19] 같은 해 12월에는 회회 군민 중 서역으로 돌아가기로 한 자들을 사마르칸트로 귀환시켰는데 그 수가 1236명에 달했다고 한다.[20] 북원 원정 과정에서 명군의 포로가 된 회회 상인들을 사마르칸트로 귀환시킨 사례도 있다.

명의 사서에서 '회회'란 종족을 불문하고 무슬림을 가리킨다. 이들은 중국 서북에 사는 한인이나 몽골인들과는 구분되는 외형과 관습을 갖고 있으며, 그들 간의 결속은 강한 편이나 타 종교에 대해서는 배타적이었다. 더군다나 종교를 매개로 명나라 서쪽의 여러 이슬람 정권(모굴칸국이나 티무르조 등)을 끌어들일 수 있다는 점에서 명에게 잠재적 위협이 되었다.[21] 특히 홍무제의 조치에 관한 기사를 보면, 그가 이주시키려 한 '회회'는 사마르칸트 출신으로 중국 변방에서 오랫동안 체류하며 무역에 종사한 이들이었다. 회회 상인의 활동 영역은 호시가 있던 중국 서북의 양주(良州)와 난주(蘭州)부터 모굴칸국이 자리한 베쉬발릭과 카라호자 및 그 너머의 오아시스 도시들까지, 동서로 수천 킬로미터에 달했다. 그들은 이슬람이라는 공통점 외에도 몽골제국에서 그 지역에 배치한 집단이라는 공통점을 가지고 있었다.

19 『太祖高皇帝實錄』洪武 25年/2月/12日.

20 『太祖高皇帝實錄』洪武 25年/12月/29日.

21 15세기에 중국 서북 지방에서 무슬림의 세력 확장을 다룬 기존의 연구를 보면, 회회의 세력 증대를 피해 점차 동쪽으로 귀부하는 비무슬림의 움직임을 볼 수 있다. 이 중에는 가깝게는 모굴칸국, 멀게는 마와라안나흐르 출신이 다수 있어, 이들이 서쪽의 이슬람권과 자유롭게 왕래하고 있었음을 알 수 있다(김호동, 「이슬람勢力의 東進과 하미王國의 沒落」, 『震檀學報』76, 1993, pp. 120~121).

그렇다보니 모굴 칸국이나 티무르조와 같이 옛 왕조인 원(元)과의 혈연을 주장하는 몽골제국 후예들이 무역을 빌미로 서북 변경의 회회와 정기 왕래하게 되면, 명에게는 커다란 위협이 될 것이었다.

그런데 홍무제의 조치는 티무르에게 중국 원정이라는 방책을 강구해야 할 만큼 치명적이었다. 그동안 티무르가 실행한 광범위한 원정의 중요한 목적은 아시아 중심부에 자리한 자국 강역의 상업 활성화와 그로 인한 경제적 이득 획득이었다. 이는 앞서 살펴본 여러 통의 서신에서도 확인할 수 있다. 이때 상업 활동을 실제로 수행한 이들은 예부터 중개 무역에 종사한 회회인들이다. 특히 중국과의 무역에 종사한 회회인들은 과거 원이 서북 일대에 파견한 종왕(宗王)들의 비호를 받으며 무역을 했는데, 서북 종왕은 몽골제국 시기부터 차가타이계가 다수를 차지했다. 그러므로 차가타이울루스의 계승을 표방하는 티무르에게 회회의 활동 영역은 자국의 잠재적인 영향권이었고, 따라서 홍무제의 조치는 월권이나 다름없었다.

명은 갈수록 서북 지역에 대한 영향력을 확대해나갔다. 홍무제 말에서 영락제(永樂帝, 재위 1402~1424) 초에는 가욕관(嘉峪關) 서쪽의 관서위소(關西衛所)를 부활시켜 베쉬발릭 이동(以東)의 영역을 모두 명의 지배 체제 안으로 편제했을 뿐 아니라, 티무르에게 조공을 요구하는 사신을 보내기도 했다.[22] 이

---

[22] 명은 1395년에 부안, 1397년에 진덕문, 1402년에는 축려(丑驢) 등을 파견했는데, 사신을 파견한 의도에 대한 기록은 없다. 다만 티무르조의 기록을 통해 간접적으로 의도를 파악할 수 있다. 『승전기』에 기록된 중국 원정의 전사(前史)를 나열해보면, 1398년에 이란 5년 원정이 끝난 직후 중국의 왕인 통쿠즈 칸의 사신이 처음으로 도착했다(진덕문으로 추정). 이 사신이 귀환

에 티무르는 클라비호(Ruy González de Clavijo)와 실트베르거(Johann Schiltberger)의 여행기에서 볼 수 있듯이, "내가 직접 미납 조공을 가지고 중국으로 가겠다"라는 『명실록』 속의 자못 공손한 표와는 정반대의 격양된 반응을 보이며 중국 원정을 준비했다.[23] 티무르의 원정 소식은 그들의 일거수일투족에 촉각을 곤두세우고 있던 영락제에게 곧바로 보고되었는데,[24] 만일 티무르가 중간에 사망하지 않아 양 군이 충돌하였다면 어떤 결과가 발생했을까.

이처럼 티무르는 14세기 말, 15세기 초에 유럽과 중국

한 후 티무르는 즉시 모굴칸국과의 변경인 아시파라로 군대를 파견하여 병참기지를 만들었다. 그리고 봄이 되자 티무르는 인도 원정을 떠났지만 이 인도 원정은 중국으로의 원정을 잠시 미루고 치른 원정이라 명시되어 있다. 즉, 이미 이 시점부터 중국 원정을 염두에 두고 있었음을 시사한다. 동일한 언급이 이란 7년 원정을 시작할 때도 등장하므로, 야즈디는 티무르가 1398년부터 중국 원정을 생각하고 있었다고 서술한 것이다. 이후 1404년 쿠릴타이에 도착한 중국 사신(축려 일행으로 보임)은 7년 동안 미납된 조공을 요구했다. 이 7년에 이란 7년 원정 및 인도로의 11개월 원정이 포함된다고 볼 때, 1398년에 온 사신 역시 조공을 요구했을 가능성이 크다.

23 Clavijo, *Embassy to Tamerlane 1403~1406*, London and New York: Routledge Curzon, 2006, pp. 117, 152; Johanan Schiltberger, *The Bondage and Travels of Johann Schiltberger, a Native of Bavaria, in Europe, Asia and Africa, 1396~1427*, Tr. J. Buchan Telfer, London: Hakluyt society, 1879, p. 28. 클라비호의 서술을 간단히 소개하면 다음과 같다. 1403년에 카스티야의 사신으로 티무르에게 파견된 클라비호는, 이란으로의 7년 원정을 마치고 사마르칸트로 돌아간 티무르를 따라 가서 1404년 쿠릴타이에 참석했다. 이때 중국의 황제가 파견한 사신이 도달했는데, 그들은 티무르에게 이와 같은 메시지를 전했다. "모든 이가 알고 있듯이 티무르는 중국의 봉토인 토지를 가지고 있었으며, 해마다 같은 양의 조공을 황제에게 바쳐야 했다. 그러나 7년간 어떤 조공도 바치지 않았으니 이제 그 전체를 한꺼번에 갚아야 할 것이다." 티무르는 "이것은 사실이며, 그는 자신의 의무를 행하고자 한다. 그러나 사신에게 짐을 주고 싶지 않아, 티무르 자신이 그것을 가지고 갈 것"이라 대답했다.

24 『太宗文皇帝實錄』 永樂 3年/2月/24日.

이라는 양극단의 세계에 커다란 파급을 일으켰으며, 그 사이의 거대한 영역을 직간접적 영향권에 포함했다. 당시 티무르가 정복한 최대 영역은, 동쪽으로는 현 중국 신장 카라호자와 이르티시강 유역, 서쪽으로는 아나톨리아 서단의 이즈미르, 북쪽으로는 모스크바와 키예프, 남쪽으로는 북인도 델리에 이른다. 놀라운 것은 이 광대한 영역이 티무르 생전에 전부 정복되었다는 점이다. 이렇게 광대한 영역을 차지한 후, 티무르는 여러 지식인에게 명을 내려 자신의 공적을 담은 사서를 저술하게 했다. 그의 후손들도 국가의 시조인 티무르의 승전을 담은 사서 저술을 후원했는데, 그중 하나가 바로 이 책, 샤라프 앗딘 알리 야즈디 (Sharaf al-Dīn 'Alī Yazdī)의 『승전기』(Ẓafar nāma)이다.

신의 가호를 받은 사힙키란의 세계정복사

티무르제국에 관한 사서가 너무 많은 게 문제가 될 것이라는 바르톨트의 말처럼,[25] 존속 기간이 150년이 채 되지 않는 티무르조에서 기록한 '연대기'(Tārīkh) 장르에 속하는 현존 사서만 10종 이상이다. 저자나 책 이름만 남아 있는 사서는 그보다 더 많고, 사서에 관한 정보는 없지만 존재 여부는 알 수 있는 경우까지 합치면, 티무르조 내내 역사 서술이 크게 성행하였음을 알 수 있다. 그렇다면 티무르조는 왜 이처럼 활발하게 역사를 기록했을까?

전술했듯이 티무르 자신이 사서 작성을 명했는데, 그

---

25 V. V. Bartold, *Sochineniia 2-2*, Moscow: Izd-vo *"Nauka"*, 1964, pp. 197~260.

결과 완성된 사서 중에 현존하는 제일 오래된 사서가 니잠 앗 딘 샤미(Nizām al-Dīn Shāmī)의 『승전기』(1404)이다. 티무르의 1395년 바그다드 공격 당시 투항한 샤미는 티무르의 명에 따라 그의 일생을 저술하게 되었다. 이때 티무르가 샤미에게 강조한 점은 자신의 뜻과 가신들의 행동 중에 '(신의) 영원한 행운'(Dawlat-i Abad)이 드러나는 바를 기록하되, 일반인도 쉽게 이해할 수 있어야 한다는 것이었다.[26] 이는 사서를 통해 군주적 정통성을 확립 및 선전하고자 했음을 시사한다. 특히 티무르가 보여주려 한 바는 본인이 많은 일을 해낸 유능한 군주일 뿐 아니라, 신이 부여한 행운으로 수많은 치적을 이루어냈다는 점이다.

티무르가 군주적 정통성을 선전하기 위해 노력한 모습은, 반대로 이전 군주들이 내세운 정통성의 근거를 통해서는 적법한 군주로 인정받기 어려운 상황이었음을 반증한다. 티무르조가 성립된 14세기 후반은 '칼리프가 임명한 군주'라는 이슬람적 정통성이나, '황금씨족의 후손'이라는 몽골제국의 정통성이 모두 쇠퇴하는 시점이다.[27] 바로 이때 칭기스 일족도 아니고 칼리프에게 승인받을 수도 없던 티무르가 내세운 새로운 유형의 정통성이 곧 '사힙키란'(Ṣāḥib Qirān)이다.

사힙키란은 본래 페르시아 문학에서 '세계정복자'인 주인공에게 붙는 별호였으며 그 기원은 이슬람 이전으로 거슬러 올라간다. 사힙키란 개념에 관해 선구적인 연구를 진행한 나인

26 Nizām al-Dīn Shāmī, *Ẓafar nāma*, Ed. Panāhī Simnānī, Tehrān: Intishārāt-i Bāmdād, 1363Sh./1984~5, pp. 10~11 (앞으로 이 사료를 SZN/Simnānī으로 표기).

27 Beatrice Forbes Manz, "Tamerlane and the symbolism of sovereignty", *Iranian Studies* 21(1-2), 1989, pp. 105~122.

딥 찬(Naindeep Singh Chann)은 페르시아 이슬람권 문학에서 사힙키란이라는 칭호를 사용한 사례로『함자 나마』(Hamza nāma)라는 유명한 작품을 들었다. 예언자 무함마드의 삼촌이자 성전사였던 아미르 함자에 관한 이 서사시는 사파비조 이전에 이슬람권에서 가장 널리 알려진 다섯 개의 이야기 중 하나였다. 이 작품에서 '사힙키란'으로 불린 아미르 함자는 성스러운 행성 간의 합(合)이 일어난 날 태어나, 용기와 무력으로 세계를 정복하여 이슬람을 널리 확산시키고 피지배민들에게도 정의를 실천한 관대한 인물로 묘사된다.[28]

13세기가 되자 이 칭호는 문학 작품뿐만 아니라 사서 속의 실제 인물, 특히 군주의 별호로 쓰이기 시작하였다. 티무르보다 먼저 '사힙키란' 칭호를 이용한 셀주크튀르크의 기야쓰 앗딘 카이쿠스라우 1세(Ghiyāth al-Din Kaykhusraw I, 재위 1191~1196), 맘루크조의 바이바르스 1세(Baybars I, 재위 1260~1277), 몽골제국의 뭉케 칸(Mongke Khan, 재위 1251~1259) 등의 공통점을 생각해보면, 이들은 비무슬림으로 인식되는 집단 출신으로 이슬람권을 무력으로 장악했다. 그러므로 이슬람권의 전통적인 방식으로는 정통성을 주장하기 어려웠다. 그러나 이들의 지배가 장기화되고 이슬람권의 통합과 평화가 이루어지면서, 이들의 지배를 받는 이슬람 지식인들은 통치를 정당화해야 할 필요가 생겼다. 이와 같은 시대의 요구로 인해 사힙키란으로 지칭되는 군주적 정통성이 점차 대두했다. 이것을 가장 효과적으로 사용하여 아예 자신의 고유명사로 전용(轉用)한 이가 바로 티

---

28 앞의 책, p. 96.

무르이다.

　　　　티무르는 페르시아 이슬람권에서 대중적으로 널리 알려진 관념을 이용하여 대중의 뇌리에 자신의 정통성을 효과적으로 각인하고자 했다. 특히 그의 정통성은 이슬람 정통 교리나 지식으로 보기 어려운 점성술, 수비학, 문자학 같은 이슬람 이전 근동의 지식, 메시아니즘 같은 이슬람 비주류 사상, 그리고 페르시아 문학 및 페르시아 군주 이론 같은 이슬람 이전의 페르시아 문화를 배경으로 했다. 이러한 지식, 사상, 문화는 종종 이단 취급을 받기는 했으나 대중의 큰 지지를 얻었고, 이를 바탕으로 이슬람 문화에 포함되었다.

　　　　티무르조의 사서 중에 사힙키란이란 칭호를 가장 먼저 이용한 책이 전술한 샤미의 『승전기』임은 주지의 사실이다. 그러나 그 책에는 사힙키란이라는 칭호가 가진 특수한 의미가 명확히 드러나지 않는다. 즉 합의 군주이자 세계정복자인 사힙키란이 과연 어떤 군주를 일컫는 것인지, 그리고 티무르의 어떤 면모가 사힙키란이라는 칭호에 부합하는지를 파악하기 어렵다.

　　　　물론 샤미의 『승전기』 속에도 신의 행운이 티무르를 돕고 있음을 보여주는 대목이 종종 등장한다. 예를 들면 티무르가 전쟁에서 곤경에 처해 있을 때, 적의 속임수에 걸려들지 않았던 일화를 서술하면서 "아미르 사힙키란은 신께서 도우시는 자(Muʻayyad min ʻAnd-allah)이며 운명은 그의 처리에 의거한다(Taqdīr Muvāfiq-i Tadbīr-i wū)"고 말했다.[29] 즉 티무르는 신이 임명한 군주이고, 티무르의 행동이 곧 신이 정해놓은 운명의 장부

29　SZN/Simnānī, p. 43.

에 기록된 바라는 뜻이다. 이어서 티무르가 꿈을 신의 계시로 해석한 내용이 이어진다. 어느 날 호젠트강이 범람하는 꿈을 꾸었는데, 그 꿈을 통해 구원을 부여하는 이는 신뿐임을 깨닫고 신이 바라는 대로 적과의 화해를 결심했다는 것이다.[30] 또한 샤미는 티무르와 모굴칸국의 일야스 호자 칸이 전투하기 전, 티무르의 귀에 형체 없는 소리가 찾아와 승리를 알려주었다고 기록했다.[31] 이처럼 꿈이나 형체 없는 소리 등은 이슬람권에서 신이 선택한 인간에게 내리는 계시의 한 종류로, 샤미는 계시에 관한 일화를 사서에 기록함으로써 티무르가 신의 계시를 받은 군주임을 보였다.

이탈리아의 학자 미켈레 베르나르디니(Michele Bernardini)는 샤미가 제한적이기는 하지만 『샤 나마』(Shāh nāma)의 영웅 기사를 인용하여 티무르의 영웅성을 부각했다고 보았다.[32] 다만 샤미의 『승전기』는 이 정도에 그칠 뿐, 사힙키란 개념이 가진 특수한 정통성의 근거를 상세히 제시하지는 않았다.[33]

---

30 앞의 책, p. 49.

31 "신께서 모든 일에서 아미르 사힙키란을 보호하시고, 나날이 그의 행운과 상서로움의 흔적이 드러났으므로, 그의 마음은 신의 가호로 강해지게 되었고 그의 믿음은 상서로움의 도움으로 인해 커져갔다. 어느 날 그가 생각에 잠겨 있을 때 어떤 소리가 그의 귀에 들려와, '기뻐하고 슬퍼하지 마라, 신께서 너에게 승리를 사여하실 것이다'라 하였다."(SZN/Simnānī, p. 26).

32 Michelle Bernardini, "The Shahnama in Timurid Historiography", Shahnama Studies III: The Reception of the Shahnama, Ed. Gabrielle R. van den Berg and Charles Melville, Leiden: Brill, 2017, pp. 162~163.

33 샤미의 『승전기』에서 티무르의 군주적 정통성을 증명하는 방식은 술타니야의 장이 작성한 라틴어 연대기 속의 그것과 사뭇 비슷하다. 술타니야의 장에 의하면, 티무르는 스스로 천사를 통해 천계(天界)와 직접 교통하고 타인의 동기와 계획을 꿰뚫어 보는 특수한 능력을 지녔다고 한다. 이와 비슷

반면에 샤미의 『승전기』를 저본(底本) 삼아 1424년에 완성된 야즈디의 『승전기』는 개별 사건 및 일화들, 그리고 사건들의 전개 과정은 그대로 이용했으나,[34] 사힙키란이라는 특수한 정통성을 보다 더 정교하게 덧붙여 티무르와 그 후손의 의도에 부합했다. 야즈디의 『승전기』에서 사힙키란인 티무르의 군주적 정통성을 입증하는 근거는 샤미의 『승전기』 및 여타 사서에서는 볼 수 없는 것으로, 야즈디의 『승전기』만이 지닌 특징이다.

한 서술이 당대의 아랍인 역사가 이븐 아랍샤(Ibn Arabshah)의 사서에도 등장하는데, 이처럼 '초월적 능력을 가진 군주'를 강조하는 방식은 샤미의 『승전기』에서 보이는 '타인의 생각을 꿰뚫어 보며 신과 직접 소통하는 군주상'과 유사하다. 이제 우리는 이러한 군주상이 티무르 재위 중 본인에 의해 주도적으로 구축되었음을 알 수 있다. 그러나 이 단계에서는 사힙키란이라는 페르시아 이슬람권의 특수한 캐릭터로 묘사되지 않았다. 베아트리스 만츠는 티무르가 주장한 군주상이 샤머니즘적 전통에서 유래한 것이라 했으나(Beatrice Forbes Manz, "Tamerlane and the symbolism of sovereignty", *Iranian Studies* 21-1/2, 1988, p. 118), 아즈파르 모인(Azfar Moin)은 아랍샤 및 이븐 할둔의 글을 인용하여, 티무르가 자신이 거느린 군사들로 하여금 본인을 이슬람의 수피 셰이흐 혹은 성자(聖者)로 여기게 했다고 주장했다(A. Azfar Moin, *The millennial sovereign : sacred kingship and sainthood in Islam*, New York: Columbia University Press, 2012, pp. 31~35). 즉 사힙키란이라는 개념은 엄연히 이슬람이라는 문화적 배경을 갖고 있는 것이다. 샤미의 『승전기』 속 티무르는 자기 군사에게 가르침을 주는 스승과 같은 존재, 혹은 스스로 쿠란을 가지고 점을 쳐서 앞일을 예언하는 존재, 군사들이 그에 대한 믿음 때문에 죽음을 불사하고 희생할 수 있는 대상으로 등장하며, 이러한 면모는 이후의 여러 사서에 답습되었다.

34 특정 시기를 선택하여 샤미의 『승전기』와 야즈디의 『승전기』, 그리고 15세기 전반의 사서인 『역사의 정수』를 비교해 보면 특정 사건의 전개, 즉 줄거리가 무서우리만큼 동일하다. 또한 사서의 유사성은 대화 혹은 등장인물의 생각에 대한 서술을 통해서도 확인할 수 있다. 예를 들면 전술한 티무르의 꿈에 관한 일화에서 "화해가 최선이라"는 쿠란 문구가 두 『승전기』와 『역사의 정수』에 동일하게 기록되어 있다(YZN/Ṣādiq, p. 367; ZT/Jawādī 1, p. 420). "형체 없는 소리"라는 표현도 야즈디의 『승전기』와 『역사의 정수』에 동일하게 등장한다(YZN/Ṣādiq, p. 302; ZT/Jawādī 1, p. 305).

야즈디가 그린
사힙키란 티무르

야즈디의 생애

지금부터 야즈디의 일생을 통해 15세기 페르시아 이슬람 문화권 지식인이 다양한 지식과 학문을 습득하는 과정을 알아보자.[35]

[35] 그의 생애에 관해 알 수 있는 사료를 간략하게 정리하면 다음과 같다. 그의 학문적 성취 및 그가 『승전기』를 저술했다는 내용을 담은 『시인들의 전기』(Dawlat shāh Samarqandī, *Tazkirat al-shu'arā*, Tehran: Asāṭīr, 1382 Sh./2003~2004, pp. 378~380), 티무르조의 정치가이자 시인인 알리 시르 나와이가 6세 때 그를 만났던 일화를 기록한 『나와이의 전기』('Alī Shīr Navā'ī, *Majālis al-nafāyis 1*, Ed. 'Alī Aṣghar Ḥikmat, Tehran: Manūchihrī, 1363Sh./1984~1985, p. 25), 그의 말년에 바이송코르의 아들 미르자 술탄 무함마드(Mīrza Sulṭān Muḥammad)의 반란에 가담했던 일화 및 젊은 시절의 학문 여행, 그리고 『승전기』와 그의 시에 관해 서술한 17세기 야즈드의 지방지인 『무피드의 찬집(纂集)』(Mustaufī Bāfqī, *Muḥammad Mufīd, Jāma'-i Mufīdī*, Tehran: Asāṭīr, 1385 Sh./2006~2007, pp. 299~304; pp. 938~942), 야즈드의 유명한 현판에 새겨진 그의 시 소개 및 그의 현조부부터 부친까지의 이름, 그들이 지은 건물, 그들의 정치적인 권위 등에 대해 간단히 서술한 15세기 야즈드의 지방지 『야즈드사』와 『신야즈드사』(*Ja'far b. Muḥammad b. Ḥasan Ja'farī*, Tarīkh-i Yazd, Tehran: Shirkat-i Intishārāt-i I'lmī wa Farhanghī, 1384 Sh./2005~2006; *Aḥmad b. Ḥusayn b. 'Alī Katib*, Tārīkh-i Jadīd-i Yazd, Tehran: Farhang-i Īrān Zamīn, 1357 Sh./1978~1979) 등이 있다. 대체로 그의 고향인 야즈드의 지방지 및 전기(傳記) 기록이다. 특히 전기 기록은 그의 생애 특정 사건을 일화의 형식으로 기록한 것이 대부분이어서 정확한 연대 기록이 없고, 심지어 그 일화의 진위조차 불분명하다. 보스워스(Bosworth)와 안도시로(安藤志朗), 우즈(Woods) 등이 단편적인 기록을 모으고 야즈디가 남긴 작품을 분석하여 그의 일생을 간략히 소개했다. 이 연구를 종합하고 사료들을 모아 상세하게 정리한 연구가 빈바쉬(Binbaş)의 박사논문 및 동명(同名)의 저서이다(C. E. Bosworth, "*Sharaf al-Dīn 'Alī Yazdī*", EI2 9, p. 315; John E. Woods, "The Rise of Tīmūrid

또한 이러한 지식과 학문이 배경이 되어 탄생한 '사힙키란' 정통성에 대해 자세히 살펴보자.

야즈디의 조상은 훌레구울루스의 재상이자 역사가인 라시드 앗딘(Rashīd al-Dīn)에게 의학 지식을 인정받아 후원받은 그의 고조부 샤라프 앗딘 알리(Sharaf al-Dīn ʿAlī) 시기부터 현 이란 중부의 도시인 야즈드(Yazd)에 거주했다. 야즈디의 출생 시점은 정확히 알려지지 않았으며, 사서를 저술하기 전 행적에 관한 유일한 기록은 그가 1390년대에 이스파한의 학자 사인 앗딘 투르카(Ṣāʾin al-Dīn Turka)와 함께 학문 여행을 떠났다는 것이다.[36] 이 여행에서 그들은 카이로에서 사이드 후세인 아흘라티(Sayyid Ḥusayn Akhlātī)[37]를, 이스파한 근교 쿠바난에서 샤

Historiography", *Journal of Near Eastern Studies* 46: 2, 1987, pp. 99~101; Shiro Ando, "Die timuridische Historiographie II", *Studia Iranica* 24: 2, (1995), pp. 235~243; Ilker Evrim Binbaş, "Sharaf al-Dīn ʿAli Yazd (ca. 770s~858/ca. 1370s~1454): Prophency, Politics, and Historiography in Late Medieval Islamic History, Ph.D diss", University of Chicago, 2009).

36 바프키(Bāfqī)는 셰이흐 아불 카심 카즈라니(Shaykh Abū al-Qāsim Kāzrānī)의 저서 『천국의 계단』(*Sullam al Samvāt*)에도 야즈디의 학문 여행 이야기가 기록되어 있다고 했다(Mustaufī Bāfqī, *Muḥammad Mufīd, Jāmaʾ-i Mufīdī*, pp. 302~304). 또한 알리 시르 나와이의 저서 『관대함의 향으로부터 나오는 사랑의 향기』(*Nisāyim al-Maḥabbi min Şimāyim al-Futuvve*)에 사인 앗딘 투르카가 야즈디의 첫 번째 멘토였다는 기록이 등장하며, 사인 앗딘 투르카 역시 저서에 야즈디와 함께 학문 여행을 떠났다고 기록했다(Binbaş, "Sharaf al-Dīn ʿAli Yazd", pp. 29~30).

37 그는 신비주의 과학 중 하나인 문자학의 대가로, 훗날 반란을 일으켜 샤루흐를 위협한 후루피야 집단과 긴밀한 관계를 갖고 있으며, '신(新)순결의 형제들'(Neo-Brethren of Purity, Neo-Ikhwān al-Ṣafā) 지식인 네트워크의 핵심이기도 했다(Matthew S. Melvin-Koushki, "The Occult Challenge to Philosophy and Messianism", *Unity in Diversity: Mysticism, Messianism and the Construction of Religious Authority in Islam*, Ed. Orkhan Mir-Kasimov, Brill, 2013, p, 272).

니마툴라 왈리 키르마니(Shāh Niʻmat Allāh Valī-yi Kirmānī)를 만났다.

이들 모두 당대의 유명한 이슬람 지식인들이다. 투르카는 이슬람 법학자이고 아흘라티와 니마툴라는 수피[38]인데, 이들은 수피즘과 긴밀한 관계를 맺으며 성행한 신비주의 과학(Occult Science)[39]에 해박했다. 투르카는 수비학(數祕學, Numerology, ʻIlm al-Aʼdād),[40] 아흘라트는 문자학(Lettrism, ʻIlm al-Ḥrūf)[41]으로 유명했고, 니마툴라는 이븐 아라비(Ibn Arabī)[42]의 철학적 신비주의를 받아들여 메시아니즘에 근거한 수피 종파 니마툴라히(Niʻmatullāhī)를 세웠다.[43] 특히 투르카는 수피와 신비주의 과

---

[38] 수피란 이슬람권에서 신과의 직접적인 영적 만남을 통한 신의 사랑을 체험하기 위해 다양한 방식으로 수행하는, 이슬람의 신비주의적 신앙 관행인 수피즘의 수행자이다. 초기에는 개인적인 수행자가 대부분이었으나 점차 특정 수행 방식과 사제 관계의 계보로 구분되는 교단이 발생했다.

[39] Christopher Markiewicz, "The Crisis of rule in late Medieval Islam: A Study of Idrīs Bidlīsī (861~926/1457~1520) and Kingship at the Turn of the Sixteenth Century", Ph.D diss., University of Chicago, 2015, p. 306.

[40] 숫자와 그것에 연관된 여러 사건 간의 신비하고 신성한 관계를 탐구하는 학문 또는 어떤 단어나 이름, 문구 등을 구성하는 문자들의 숫자값에 관한 연구 등을 의미한다. Leonard Rewisohn, "The Confessions of Ṣāʼin al-Dīn Turka Iṣfahānī", *Sufism and Theology*, Ed. Ayman Shihadeh, Edinburgh University Press, 2007, p. 64.

[41] 본래 문자학이란 단어는 문자와 관련된 다양한 움직임과 활동 등을 포괄했다. 이슬람권에서는 문자에 신성성 및 신비주의적 관념을 부여하여, 세계를 일종의 쓰일 수 있는 텍스트로 보는 신비주의 과학적 관념이 발전했다. Alexander Knysh, *Sufism: A New History of Islamic Mysticism*, Princeton University Press, 2017, pp. 53~54.

[42] 12~13세기 안달루시아 지방의 수피다. 아크바리야(Akbariyya) 교단의 교조이며 수피즘의 원리를 정립하는 데 크게 공헌하여 '대셰이흐'(Shaykh al-Akbar)로 불리기도 한다.

[43] İlker Evrim Binbaş, "Timurid Experimentation with Eschatological Abso-

학을 이단으로 규정하고 트집을 잡기 위해 혈안이 되어 있던 소위 '터번 쓴 자'(Ahl-i Dastār)들과, 오직 신비주의 과학에만 매달려 대중을 선동하던 가짜 수피들을 모두 비판하며 페르시아-순니적 수피즘 전통을 구축하기를 바랐다.[44]

투르카가 신비주의 과학에 관해 자신과 입장을 달리하는 여타 지식인들을 비판했다는 점으로 미루어 볼 때, 당시의 페르시아 이슬람권에는 신비주의 과학 및 메시아니즘에 관한 다양한 관점이 존재하였음을 알 수 있다. 야즈디는 신비주의 과학 및 메시아니즘에 해박하고, 그것을 어느 정도 옹호하면서 정통의 범주에 포함시키려 한 스승들을 만난 것이다. 스승들의 가르침을 바탕으로 『승전기』에 신비주의 과학적 지식을 충분히 활용하여 사힙키란이라는 개념과 티무르의 군주적 정통성을 정교하게 구축할 수 있었다.

그는 학문 여행에서 돌아온 후 파르스 지방의 지배자였던 티무르의 손자 이브라힘 술탄(Ībrāhīm Sulṭān)의 초청을 받아 시라즈로 향했다. 『승전기』의 서론인 「무깟디마」(Muqaddima 또는 Jahāngīr nāma)에 따르면 이브라힘 술탄이 그를 시라즈로 초청한 때는 이슬람력 822년(1419)이다. 이때부터 야즈디는 이브라힘 술탄이 사망한 이슬람력 838년(1435)까지 『승전기』 및 그 후속작의 저술 외에도 다양한 업무를 맡았는데, 단어 맞히기

lutism: Mirza Iskandar, Shāh Ni'mat allāh Walī, and Sayyn Sharīf Jurjānī in 815/1412", *Unity in Diversity: Mysticism, Messianism and the Construction of Religious Authority in Islam*, Ed. Orkhan Mir-Kasimov, Leiden and Boston: Brill, 2014, p. 289.

44　Leonard Rewisohn, "The Confessions of Ṣā'in al-Dīn Turka Iṣfahānī", pp. 67~70.

(Muʻammā)⁴⁵에 관한 책을 저술하거나 메카로 보내는 카바의 덮개를 제작하는⁴⁶ 독특한 업무를 제외하면 대부분 글을 짓고 역사서를 저술하는 일이었다.⁴⁷ 이 업무는 페르시아의 지식인들이 대대로 담당했던 서기(書記, Dabīr)직과 연결되는데, 이에 관해서는 다시 언급할 것이다.

이브라힘 술탄이 1435년 사망한 후 야즈디는 고향으로 돌아갔는데,⁴⁸ 이후 근 10년간 몇몇 야즈드의 건물에 남아 있는 현판 외에는 그에 관한 흔적을 찾을 수 없다. 그런데 1440년대에 그는 침묵을 깨고 샤루흐(Shāhruḥ, 재위 1409~1447)의 손

---

45 Logogriph. 사람의 이름에서 철자를 바꾼 어구를 만드는 일종의 수수께끼를 의미한다. 이 분야에 대한 야즈디의 저서가 『수수께끼 기술에서의 재단된 의복』(*Ḥulal-i muṭarraz dar fann-i muʻammā va lughaz*) 과 그에 대한 요약본인 『'재단된 의복'의 선집(選集)』(*Muntakhab-i Ḥulal-i muṭarraz*)이다(Binbaş, "Sharaf al-Dīn ʻAli Yazd", p. 46).

46 앞의 책, p. 63.

47 야즈디가 남긴 서신들을 모아놓은 『야즈디의 서한』(*Munshaʾāt-i Yazdī*)에는 데칸고원의 바흐만조 및 맘루크술탄국에 보낸 서신이 남아 있다(앞의 책, p. 44에서 재인용). 또한 그는 이브라힘 술탄의 군사 원정에 참여하여 그곳에서 발생한 사건을 기록하기도 하였다. 압둘 라자크 사마르칸디의 15세기 후반 사서 『양성의 상승과 두 바다의 만남』을 보면, '야즈디는 이브라힘 술탄의 등자에 동행'했다고 한다. 실제로 전투에 투입되었다기보다는 전쟁을 기록하기 위해 동행한 것으로 보인다. 그때 그가 남긴 1차 기록을 사마르칸디가 인용한 것이다(*Kamāl al-Dīn Abdālrazāq Samarqandī. Maṭlaʻ Saʻdayn wa Majmaʻ Baḥrayn 3*, Ed. ʻAbdal Ḥusayn Nawāī, Tehrān: Muʼasasa-yi Muṭāliʻāt wa Taḥqīqāt-i Farhangī, 1375Sh./1996~1997, p. 403. 앞으로 이 사료를 MSMB/Nawāī로 표기).

48 이브라힘 술탄이 사망한 후 샤루흐는 이브라힘 술탄의 아들 미르자 술탄 압둘라(Mīrzā Sulṭān ʻAbd-allah)를 파르스 총독으로 임명했다. 미르자 술탄 압둘라의 곁에서 권력을 장악한 셰이흐 무힙 앗딘 아불 하이르(Shaykh Muḥibb al-Dīn Abū al-Khayr)가 야즈디를 재차 초청하였음에도 불구하고 그는 야즈드에 머무르며 정계의 부름에 응하지 않았다(Binbaş, "Sharaf al-Dīn ʻAli Yazd", p. 62).

자 술탄 무함마드(Sulṭān Muḥammad)[49]의 반란을 부추겨 시라즈를 침공하게 했으나, 이 반란은 성공을 거두지 못했다.[50] 야즈디가 『승전기』에서 샤루흐에 대한 찬양을 아끼지 않았고, 샤루흐에 관한 별도의 사서를 저술하였음으로 미루어 볼 때[51] 그가 샤루흐에 대한 반란을 부추겨 조손(祖孫) 간의 전쟁을 야기한 것은 매우 놀라운 일이다. 이는 샤루흐 재위 말기에 이란 중서부의 토착 지식인들이 샤루흐에게 가지고 있던 반감을 보여주는 사건이다.

본래 야즈디를 포함한 이 지역 지식인들은 티무르 사망 이후 자신의 고향을 지배하는 티무르조 왕자들과 우호 관계를 맺었다. 야즈디의 스승인 투르카는 티무르의 아들 우마르 셰이흐의 아들인 피르 무함마드의 부름을 받아 그의 어전에 들었으며, 야즈디의 형제는 야즈드 토착 유지들을 대표하여 역시 우마르 셰이흐의 아들인 이스칸다르에게 서신을 보내 복속을 표시했다. 야즈디 역시 이브라힘 술탄의 요청을 수락하여 시라즈에서 근 15년간 그의 근신이 되었다. 그러나 15세기 전반 내내

49 술탄 무함마드는 샤루흐의 아들인 바이송코르의 아들이다. 본래는 이란 북부의 도시 쿰에 임명되었으나 1443년부터 이스파한과 시라즈에 진출하려는 의도를 보였다. 결국 1446년 그를 제압하고자 라이까지 온 샤루흐에 의해 쫓겨나 루리스탄으로 달아났다. 이후 샤루흐가 죽자 파르스 지방을 장악했고, 티무르조 전체를 장악하기 위해 경쟁자들과 싸움을 벌이다가 이복형제인 아불 카심 바부르에게 붙잡혀 살해된다.

50 Ghiyās al-Dīn Khwāndamīr, *Habibu's-siyar, Tome three. The reign of the Mongol and the Turk*, Tr. and Ed. W. M. Thackston, Cambridge: Dept. of Near Eastern Languages and Civilizations, Harvard University, 1994, 3:635(앞으로는 이 사료를 HS/Thackston으로 표기).

51 야즈디가 저술한 샤루흐 관련 사서에 대해서는 뒤에서 다시 언급할 것이다.

샤루흐는 후루피야(Ḥurūfiyya),[52] 무샤시야(Mushʻashʻīyya),[53] 누르바흐시(Nurbakhshī)[54] 등 메시아를 자임하는 극단적인 반정부 종교 집단의 위협에 시달렸다. 결국 재위 중반인 1430년대부터

[52] 신비주의 과학의 일종인 문자학에 기반하여 14~15세기 서이란과 아나톨리아 일대를 휩쓴 극단주의 수피 교단. 교조인 파즐 알라 아스타라바디(Fazl-allah Astarabadi)는 티무르의 아들 미란샤에 의해 붙잡혀 처형되었다. 이후 이 교단은 1427년경 샤루흐의 암살을 기도할 만큼 세력이 확장되었다(Beatrice Forbes Manz, *Power, Politics and Religion in Timurid Iran*, Cambridge: Cambridge University Press, 2007, p. 241). 파즐 알라 아스타라바디의 저서는 벡타쉬 교단에서 사용하여 널리 알려졌다(Hamid Algar, "HORUFISM", *Encyclopedia Iranica* XII, Fasc 5, pp. 483~490).

[53] 1436년 현재의 이란-이라크 변경에서 교조인 이븐 파라흐(Ibn Farah)가 스스로를 알리의 현신이자 마흐디라 주장하며 성립된 시아 계통의 극단주의적 이슬람 종파 중 하나. 이후 1441년 후지스탄의 도시 호바이자를 차지했고 이라크 방향으로 세력을 펼쳐나갔다.

[54] 후라산 남부 쿠히스탄의 도시 카인 출신의 수피 무함마드 누르바흐시 쿠히스타니(Muḥammad Nurbakhsh Quhistānī)를 메시아라 주장하는 시아 계통의 극단주의적 이슬람 종파 중 하나. 그의 스승인 사이드 이스학 알쿠틀라니(Sayyid Ishaq al-Khutlanī)는 시아 계열의 수피 종파인 쿠브라위야 수피인 미르 사이드 알리 하마다니(Mīr Sayyid ʻAlī Hamadānī)의 제자였는데, 꿈을 꾼 뒤 자신의 제자인 누르바흐시가 메시아라 주장하며 쿠틀란에서 군사행동을 시도했다가 1423년 쿠틀란의 티무르조 총독 바야지드에게 붙잡혀 투옥되었다. 쿠틀라니는 처형되었고, 누르바흐시는 샤루흐의 어전에 끌려갔다가 이브라힘 술탄의 어전인 시라즈로 가서 근교 도시 비바한에 투옥되었다가 풀려나 이라크와 쿠르디스탄 등지를 여행하였다. 이후 쿠르디스탄과 바크티야르 지역에서 다시금 세속적 주권을 주장했다가 샤루흐의 공격을 받고 붙잡혔다. 이후 풀려나 타브리즈, 시르반, 길란 등지를 떠돌다가 억류되었고, 샤루흐의 사망과 더불어 다시 풀려나 1464년 사망할 때까지 라이에 머물렀다. 이후 그의 교리는 여러 지역으로 확산되었으나, 카슈미르 등 순니화가 진행되던 곳에서는 누르바흐시계 유명 수피들이 살해되는 일도 발생했다. 현재는 발티스탄 지역에서 명맥을 유지하고 있다(N. Hanif, *Biographical Encyclopaedia of Sufis: Central Asia and Middle East*, New Delhi: Sarup Book Publishers (P) Ltd, 2002, pp. 363~364; Shahzad Bashir, *Messianic Hopes and Mystical Visions: The Nurbakhshiya between Medieval and Modern Islam*, Colombia: University of South Carolina, 2003; Devin DeWeese, "The Eclipse of the Kubraviyah in Central Asia", *Iranian Studies* 21, 1988, pp. 45~83).

토착 지식인 집단과 지방 왕자들 사이의 안정을 깨고 종교 지식인 집단을 보다 강하게 통제하려 하여 갈등을 빚었다. 이 과정에서 그는 종교 지도자는 살해하지 않는다는 튀르크-몽골계 군주의 오랜 불문율을 깨고 이스파한의 종교 지도자를 살해하여 지식인들을 분노케 한 것이다.[55]

위의 사건을 통해 수면 위로 떠오른 이란 파르스 및 그 주변 지역 출신의 지식인 연대에 대해서는 여러 선학들이 이미 지적한 바이다. 야즈디나 그의 스승인 니마툴라, 투르카, 아흘라티 등은 서로 주창하는 이론과 중시하는 학문 분야가 다름에도 서로의 지식에 대한 호의와 연대 의식을 갖고 있었다. 이들은 당대의 다양한 지식인 부류들, 즉 교조적인 성향을 지닌 법학자들이나 반란을 모색했던 반정부 종교 집단,[56] 신비주의 과학에 치중하여 대중들에게 인기가 많았던 일부 수피들, 샤리아를 철저히 준수하여 정권의 열렬한 후원을 받던 수피 교단[57]과는 구분

---

[55] 이러한 갈등은 주로 샤루흐 재위 후반부에 이루어졌던 것으로 보인다. 야즈디의 스승인 사인 앗 딘 투르카는 샤루흐가 야르구 법정을 없애고 샤리아에 따른 통치를 확립했음을 찬양했다. 반면 그의 조카인 아프잘 앗 딘 투르카(Afẓal al-Dīn Turkā)는 샤루흐가 이스파한의 종교인을 처형한 것에 반발하며 그를 저주했다(İlker Evrim Binbaş, "Sharaf al-Din 'Ali Yazdi", pp. 60~61).

[56] Shahzad Bashir, *Messianic Hopes and Mystical Visions: The Nurbakhshiya between Medieval and Modern Islam*, p. 31; B. S. Amoretti, "Religion in the Timurid and Safavid Periods", *The Cambridge History of Iran*, Ed. Peter Jackson, Cambridge: Cambridge University Press, 1986, pp. 610~655; Ahmet T. Karamustafa, *God's Unruly Friends*, Oxford: One world, 1994, pp. 13~23; 51~63.

[57] 티무르조의 열렬한 지지를 받은 수피 교단으로 가장 유명한 것이 낙시반디(Naqshbandi)이다. 이들의 영향에 대해서는 당대 낙시반디 수피들의 서신이나 성자전, 그리고 이를 바탕으로 한 다양한 연구를 통해 알 수 있다(Jo-Ann Gross, *The Letters of Khwajah 'Ubayd Allah Ahrar and His Associates*, Leiden: Brill,

되는 또 다른 지식인 집단이었다. 이들은 학문적으로도 중도의 입장이어서, 신비주의 과학에 해박하고 이를 박해하지 않았으나 완전히 매몰되는 것은 경계했다. 교조적인 이들을 비판하기도 했으나 기본적으로 이슬람 전통인 순나와 샤리아를 존중했다. 한편 정치적으로 그들은 파르스와 이라키 아잠(Irāq-i 'Azam)에 파견되어 토착 세력의 권익을 존중했던 티무르조 왕자들과 우호적인 관계를 맺었고, 그 왕자들과 자기 이익을 함께 달성하기 위해 노력했다. 반면에 토착 세력의 권익보다 중앙의 권익을 우선시하는 중앙 정권과는 대립하였다.[58] 그렇다 보니 샤루흐의 중앙집권적 지향이 그들의 반감을 산 것이다.

결국 야즈디는 샤루흐의 처분에 따라 이슬람력 850년 (1446)에 사마르칸트의 울룩벡 천문대로 강제 이주되어 그곳에서 3년간 거주했다.[59] 이는 그가 천문학에 해박했음을 방증하는 사건으로 『승전기』 속 무수한 천문학적 정보가 야즈디 본인의 지식임을 알 수 있다. 이후 샤루흐가 사망하고 티무르제국 전

2002; Mawlānā 'Alī ibn Ḥusain Ṣafī, *Beads of Dew from the Source of Life: Rashaḥāt 'Ain al-Ḥayāt*, Tr. Muhtar, Holland, Al~Baz Pub Inc, 2001; Jürgen Paul, "Forming a Faction: The Himayat System of Khwaja Ahrar", *International Journal of Middle East Studies* 23(4), 1991; Jürgen Paul, "The Rise of the Khwajagan-Naqshbandiyya Sufi Order in Timurid Herat", *Afghanistan's Islam*, Ed. Nile Green, University of California Press, 2017, pp. 71~86). 낙시반디의 영향력은 사방으로 확산되어 서쪽으로는 오스만, 동쪽으로는 중국 신장에서도 두드러지게 나타났다. 그러나 본문에서 다룰 티무르 재위 시기에는 낙시반디 수피의 영향보다는 쿠브라비야(*Qubraviyya*), 야사비야(*Yassaviyya*) 수피 교단의 영향이 눈에 띈다. 티무르는 부하라로 갈 때마다 쿠브라비야의 수피 바하르지(*Bakharzi*)의 성묘를 방문했으며, 야시에 있는 아흐마드 야사비(*Aḥmad Yasavī*)의 성묘를 증축하기도 했다.

58 Binbaş, *Sharaf al-Dīn 'Ali Yazdi*, p. 173.

59 Mustaufī Bāfqī, *Muḥammad Mufīd, Jāma'-i Mufīdī*, pp. 299~304.

역에서 여러 계승 후보자가 분립했을 때, 야즈디는 사마르칸트에서 풀려나 헤라트로 가서 술탄 무함마드를 만났다. 그러나 술탄 무함마드는 곧 티무르조 내의 계승 분쟁에서 패배하여 살해되었고 티무르조는 아부사이드 미르자(Abū Saʿīd Mīrzā)[60]의 차지가 되었다. 야즈디는 야즈드로 돌아가 한동안 머무르다가, 야즈드의 근교 도시 타프트(Ṭāft)로 갔다. 이 시기에 중앙아시아의 튀르크계 언어인 차가타이어 문학의 선구자이자 대표자인 알리 시르 나와이(ʿAlī Shīr Nawāʾī), 15세기 후반 낙시반디 교단의 유명 수피이자 시인인 압둘라흐만 자미(ʿAbd al-Raḥmān Jāmī)가 그를 만났다는 전기 기록이 남아 있다.[61] 또한 사서에 따르면, 이란 강역을 차지하고자 하는 여러 티무르조 왕자들이 그를 찾아왔다고 한다.[62] 그러나 1452년 아제르바이잔 일대에 거점을 두고 동진한 카라코윤루의 군주 술탄 자한 샤의 아들 피르 부다크(Pīr Budaq)가 이란 중부로 진입했을 때 그곳의 토착 지식인들은 피르 부다크를 반겼고, 야즈디 또한 그를 위해 시를 헌상했다. 그리고 2년 후인 1454년에 고향에서 사망했다.

60 아부사이드 미르자는 티무르의 아들 미란샤의 아들 무함마드 미르자의 아들이다. 샤루흐의 장기 집권이 이루어지던 15세기 전반에는 왕권으로부터 거리가 멀었으나, 사마르칸트의 군주이자 샤루흐의 장인인 울룩벡과 긴밀한 관계를 맺고 있었다. 울룩벡이 살해되고 티무르조의 여러 왕자가 분립했을 때, 시르다리야강 유역에 자리하고 있던 우즈벡의 군주 아불하이르 칸의 도움을 받아 1451년 사마르칸트를, 1459년 헤라트까지 장악하여 제국을 다시 통일했다. 그러나 1469년 카라바그전투에서 아크코윤루의 군주 우준하산에게 살해되었다.

61 ʿAlī Shīr Navāʾī, *Majālis al-nafāyis* 1, p. 25; ʿAbd al-Vāsiʿ Niẓāmī Bākharzī, *Maqāmāt-i Jāmī*, Tehran: Nashr-i Nay, 1371Sh./1992~1993, p. 106.

62 MSMB/Nawāī 3, pp. 725~726; Aḥmad b. Ḥusayn b. ʿAlī Katīb, *Tārīkh-i Jadīd-i Yazd*, p. 269; Binbaş, "Sharaf al-Dīn ʿAlī Yazdī", p. 74.

야즈디의 생애를 살펴보면, 그는 페르시아 문화권의 유서 깊은 지식과 사상을 학습했고, 그와 유사한 경향을 지닌 지식인들과 일종의 연대를 형성하고 있었다.『승전기』에 나타난 지식과 사상은 그를 둘러싼 지식인 연대가 공유한 당대의 학문적 경향이다. 그렇다면 야즈디는 자신이 지닌 지식과 사상을 이용하여 티무르의 '사힙키란'이라는 군주적 정통성을 어떠한 방식으로 구축했을까.

야즈디『승전기』속 군주적 정통성

『승전기』에서 티무르가 '사힙키란'이라는 근거를 직간접적으로 제시한 내용을 정리하면 다음과 같다. ①『승전기』의 주 내용인 광대한 영토 정복 그 자체, ② 천문학과 점성술, 수비학과 문자학, 메시아니즘 등 신비주의 과학에 기반한 근거, ③ '정의로운 군주상'에 부합하는 그의 정의로움과 공정함 등이다. 이 근거들이 반영하고 있는 여러 기저 학문과 사상은 페르시아 이슬람권의 유서 깊은 전통으로, 일부 지식인과 종교인의 비판 속에서도 당대에 큰 발전을 이루었다. 그러므로 야즈디의『승전기』는 당대의 지식 문화 수준을 엿볼 수 있는 중요한 자료이다.

우선 첫 번째 근거에 대해 살펴보자. 제목에서도 알 수 있듯이 티무르의 세계정복 과정이『승전기』의 주 내용이다.『승전기』의 원문은 336개의 작은 '이야기'(Dāstān 또는 Ẓikr)로 이루어져 있는데, 도입부나 말미의 티무르 사후에 관한 이야기를 제외하면 대부분 티무르의 원정과 전투, 영토 확장 과정을 시간순으로 서술했다. 즉 그의 놀라운 연전연승 및 그가 정복한 영역의 크기를 기록함으로써, 이처럼 놀라운 성과를 거둔 티무르는 신의 가호를 받는 세계정복자가 틀림없다고 주장한 것이다.

물론 티무르의 놀라운 업적은 다른 사서에서도 볼 수 있다. 그런데 타 사서와 비교할 때 야즈디『승전기』는 차가타이 울루스를 계승한 티무르가 신의 가호를 받은 원정을 통해 몽골제국의 기존 영토를 장악했다고 강조한다는 점이 특징이다.『승전기』와 후속 역사서를 아우르는 야즈디 역사서 모음의 서론인『무깟디마』에는 "칭기즈 칸이 마지막에 모든 튀르크 부족과 모굴 군대를 네 개의 중요한 울루스로 나눈 영역과, 그의 자녀와 후손들이 200여 년 동안 차지하였던 영역은 당시에 분열되어 있었다. 티무르는 신의 도우심과 '신의 군대는 정복할 것이니'라는 약속에 따라 한 울루스의 군대를 가지고 36년 만에 그곳을 모두 점령하고, 시리아나 힌두스탄과 같이 칭기즈 칸이 얻지 못한 곳도 얻었다"[63]라는 기록이 있다. 그가 신의 가호를 받으며 차가타이 울루스의 군대를 기반으로 몽골제국의 여러 울루스를 차지했다는 것이다.

> (티무르는) 34세에 통치와 명령의 왕좌에 올라 자신의 오랜 근거지를 수도로 세웠고, 이후 36년 동안 누누이 기록되어 있듯이 차가타이 칸과 주치 칸과 훌레구 칸의 모든 울루스 및 세계의 많은 도시와 왕국을 소유하고 정복하였다.[64]

63　YZN/Ṣādiq, p. 221.
64　YZN/Ṣādiq, p. 1338.

위의 인용구는 야즈디가 티무르의 인생을 간략히 정리하는『승전기』의 마지막 부분인데, 여기에도 야즈디의 고유한 관점이 투영되어 있다. 차가타이 아미르 중 하나였던 티무르의 근거지는 차가타이울루스의 안에 있었으며, 이곳을 수도로 삼아 다른 여러 울루스를 장악했다는 것이다. 야즈디는 티무르가 점령한 영역을 칭기스 칸의 네 울루스에 포함된 곳과 그렇지 않은 곳으로 다시 분류했다.[65]

티무르의 원정을 칭기스 칸의 네 울루스 장악 과정으로 보는 관점이『승전기』이곳저곳에 녹아 있다. 예를 들면『역사의 정수』는 "티무르가 아제르바이잔과 룸을 아들 미란샤(Mīrānshāh)에게 사여하였다"[66]고 했으나,『승전기』에는 "훌레구 칸의 왕좌를 미란샤에게 사여하였다"[67]고 설명한다. 미란샤가 아제르바이잔에 분봉을 받은 시점은 훌레구울루스의 아부사이드 칸이 사망하고 울루스가 분열된 지 60년이 지난 후이며, 그 사이에 아제르바이잔과 룸에서 수많은 후속 세력이 명멸했음에도 불구하고 훌레구울루스가 시간을 초월하여 티무르의 아들에게 계승됐다고 서술한 것이다. 한편 야즈디는 티무르가 1395년에 주치울루스를 원정하고 수도인 사라이를 불태운 사건에 대해서도 "톡타미쉬가 카잔 술탄 칸의 잔지르사라이(Janzīr-Sarāy)

---

65 티무르조에서 '칭기스 칸의 네 울루스'에 관한 개념은 샤루흐의 아들이자 사마르칸트의 지배자였던 울룩벡 휘하에서 발전하여, 울룩벡 본인이『네 울루스』(Ulus-i Arba')라는 역사서를 저술하기도 했다. 티무르조의 '네 울루스' 관념에 대해서는 川口琢司,『ティムール帝國支配層の研究』, 劄幌: 北海道大學圖書刊行會, 2007의 6장을 참조하자.

66 ZT/Jawādī 2, p. 763.

67 YZN/Ṣādiq, p. 724.

를 불태운 일에 대한 보복"이라 서술했다.[68] 그러나 『역사의 정수』는 톡타미쉬가 불태운 곳은 "나흐샤브(Nakhshab)와 카르시(Karshī)"라 하여 티무르의 사라이 공격을 카잔 술탄 칸과 연결 짓지 않았다. 즉 티무르가 사라이를 불태운 사건을 두고 티무르가 차가타이울루스를 대신하여 주치울루스를 응징했다는 식의 관점을 다른 사서에서는 볼 수 없다.

사실 잔지르사라이는 카잔 술탄 칸의 사라이(궁전이라는 뜻)이기도 하지만 티무르 본인의 동영지이기도 했다. 티무르는 1375년부터 1388년까지 원정 기간이 아닐 때는 이곳에서 겨울을 보냈다. 그리고 톡타미쉬가 잔지르사라이, 혹은 나흐샤브·카르시를 불태운 사건은 티무르가 이란 3년 원정으로 오랫동안 마와라안나흐르를 비웠을 때 주치울루스가 호라즘을 되찾기 위해 침공하면서 벌어졌다. 그리하여 티무르는 자신의 동영지를 망치고 자신의 근거지인 마와라안나흐르 전역을 쑥대밭으로 만든 톡타미쉬 칸에게 복수하고 그들이 재차 남하하는 것을 막기 위해, 킵차크초원을 관통하여 사라이를 공격하는 극단의 원정을 감행했다. 그렇다면 야즈디는 왜 이 원정을 굳이 차가타이울루스와 주치울루스의 대립 구도로 보았을까.

우선 문제의 발단이 된 잔지르사라이에 대해 살펴보자. 카잔 술탄 칸의 사라이이자 티무르의 동영지였던 잔지르사라이에 대한 기록 역시 타 사료에 비해 야즈디의 『승전기』에서 두드러진다. 이 또한 야즈디가 '차가타이울루스를 계승한 티무르조'라는 관념을 강조하는 것과 관련 있다. 야즈디는 잔지르사

---

68 앞의 책, p. 826.

라이를 "카르시에서 서쪽으로 두 역참 거리에 위치한", "카잔 술탄 칸의 사라이"라고 기록했다. 티무르가 잔지르사라이에서 동영했다는 기록도 여러 차례 등장한다. 그런데 이와 같은 내용이 샤미의 『승전기』에 전혀 언급되지 않았다. 사실 잔지르사라이에 대한 야즈디의 기록도 '잔지르사라이에서 동영하였다'는 정도가 대부분이므로 내용이 더 단출한 샤미의 『승전기』는 동영지에 관한 기록을 생략했다고 볼 수도 있다. 그런데 샤미의 사서에 비해 훨씬 상세한 내용을 수록하고 있으며 야즈디의 『승전기』와 상호 보완의 관계에 있는 『역사의 정수』의 경우, 야즈디가 잔지르사라이에서 동영했다고 기록한 해에 동영에 대한 명확한 기록을 남기지 않거나 다른 동영지를 제시했다.[69] 반면에 야즈디가 잔지르사라이가 아니라 부하라에서 동영했다고 기록한 때에(이슬람력 784년, 서력 1382년) 『역사의 정수』와 또 다른 역사서인 무인 앗딘 나탄지(Muʿīn al-Dīn Naṭanzī)의 『무인 선사』(*Muntakhab al-Tawārīkh-i Muʿīnī*)는 티무르가 잔지르라바트, 혹은 잔지르사라이에 동영했다고 기록했다. 그리고 두 사료 모두 잔지르사라이를

---

69 야즈디의 『승전기』에서 '잔지르사라이'가 등장한 것은 다음과 같이 다섯 차례이다. ㉮ 이슬람력 777년 겨울(1375~1376) (YZN/Ṣādiq, p. 446; ZT/Jawādī 1, p. 501), ㉯ 780년 겨울(1378~1379) (YZN/Ṣādiq, p. 477; ZT/Jawādī 2, p. 528), ㉰ 781년 겨울(1379~1380) (YZN/Ṣādiq, p. 483; ZT/Jawādī 2, p. 551), ㉱ 787년 겨울(1385~1386) (YZN/Ṣādiq, p. 557; ZT/Jawādī 2, p. 628), ㉲ 790년(1388) (YZN/Ṣādiq, p. 595; ZT/Jawādī 2, p. 674). 같은 시기를 다룬 『역사의 정수』의 기록과 비교하면 ㉮, ㉯, ㉰ 시기에 대해서 '그가 자리하던 곳'이라 하거나 아예 언급이 없으며, ㉱의 경우 사라이샬리(Sarāy-Shālī)에서 동영하였다고 하였다. 한편 ㉲의 경우 『승전기』에는 "톡타미쉬가 카잔 술탄 칸의 사라이인) 잔지르사라이를 불태웠다"고 적힌 반면 『역사의 정수』는 "나흐샤브와 카르시를 불태웠다"고 밝혔다.

'부하라의 근교 도시'라고 설명했다.[70] 15세기 후반의 역사가 압둘 라자크 사마르칸디('Abd al-Razzaq Samarqandī) 또한 톡타미쉬가 파괴한 곳을 '부하라 부근'의 잔지르사라이로 기록했다.[71]

최근 우즈베키스탄에서 잔지르사라이 유적이 발굴되었는데, 그 위치는 공교롭게도 카르시와 부하라의 중간이다.[72] 두 도시 사이의 거리는 약 150킬로미터 정도이므로, 75킬로미터는 야즈디가 언급한 '두 역참의 거리'에 부합한다. 즉 두 도시에서 같은 거리만큼 떨어진 곳에 있던 장소를 두고 야즈디는 카르시와, 하피즈 아브루(Ḥāfiẓ Abrū)[73]·나탄지·사마르칸디는 부하라와 연결하여 서술한 것이다.

당시 카르시와 부하라는 위상에 큰 차이가 있었다. 카르시는 티무르 재위 초반을 기준으로 길어야 50~60년의 역사를 지닌, 차가타이울루스의 케벡 칸이 '최근에' 지은 성채에 불과했다. 반면 부하라는 수천 년의 역사를 지닌 고대 오아시스 도시이다. 또한 야즈디가 카르시를 케벡 칸과 연결하여 설명했기 때문에 이곳이 마치 차가타이울루스의 중심지로 보이지만, 본래 차

---

70 Muʻīn al-Dīn Naṭanzī, *Muntakhab al-Tawārīkh Muʻīn-i*, Ed. Parvīn Istakharī, Tehrān: Asāṭīr, 1383Sh./2004~2005, p. 240. 같은 해에『승전기』는 티무르가 부하라에서 동영했다고 서술했다(YZN/Ṣādiq, p. 506).

71 MSMB/Nawāī 2, p. 719.

72 Kazim Abdullaev, "City walls and Nomads: Archaeological Parallels in the Post-Hellenistic and Medieval Periods", *Art-Sanat*, 2014. 1., p. 10.

73 티무르조 전기의 역사가. 본명은 압둘라 이븐 루트프알라 이븐 압둘라시드 비흐다디니('Abd-Allah ibn Lutf-Allah ibn 'Abd al-Rashīd Bihdadīnī)이다. 후라산에서 태어나 하마단에서 공부하였으며, 티무르 재위 시기에 여러 차례 원정에 동행했다. 이후 샤루흐, 그의 아들 바이송코르 등에게 명을 받아 여러 역사서를 저술했는데, 그중『역사의 정수』라는 사서가 그의 '정수'라 할 수 있다.

가타이울루스의 수도는 모굴리스탄초원의 알말릭이며, 케벡 칸은 마와라안나흐르를 관리할 목적으로 카르시에 방어용 성벽을 건설했을 뿐이다. 한편 타르마시린과 같이 모굴리스탄초원보다 마와라안나흐르 오아시스 지대를 중시했던 차가타이 칸들도 주로 사마르칸트에 머물렀다. 또는 카라우나스부의 꼭두각시 칸이었던 바얀 쿨리나, 이븐 바투타의 여행기 및 화폐에는 등장하지만 티무르조 사서에서는 흔적도 찾아볼 수 없는 할릴 아타처럼 부하라에 기반을 둔 차가타이 칸도 존재했다.[74] 그러므로 카르시가 실제로 칸의 거점이 된 것은 차가타이울루스의 말기인 카잔

74 『이븐 바투타 여행기』나 여러 낙시반디계 성자전의 기록을 보면, 차가타이 울루스의 왕자로 케벡 칸과 갈등을 빚었던 야사우르(Yasawr)의 아들 할릴 아타는 타르마시린 칸이 부잔(Būzān)에 의해 살해되자 그를 물리치고 마와라안나흐르의 군주로 등극했다. 그는 부하라에 거점을 두고 알말릭과 베쉬발릭, 카라호자에서 킵차크초원까지 세력을 뻗었다고 한다(이븐 바투타, 『이븐 바투타 여행기』 1, 정수일 옮김, 서울: 창비, 2001, 539~541쪽; Hamid Algar, "The Naqshbandī Order: A Preliminary Survey of Its History and Significance", *Studia Islamica* 44, 1976, p. 135; ZT/Jawādī 1, p. 182; H. Algar, "BAHĀ'-AL-DĪN NAQŠBAND", *Encyclopaedia Iranica* III/4, pp. 433~434).

토간이나 비란(Biran), 하니프(N. Hanif) 등의 학자가 이 할릴 아타가 카잔 술탄 칸과 동일한 인물일 가능성을 제기했다(M. Biran, "The Mongols in Central Asia from Chinggis Khan's Invasion to the Rise of Temür The Ogodeid and Chaghadaid Realm", *Cambridge History of Inner Asia*, Ed. B. Golden and N. Di Cosmo, Cambridge University Press; Reprint edition, 2015, p. 59; N. Hanif, *Biographical Encyclopaedia of Sufis: Central Asia and Middle East*, New Delhi: Sarup & Sons, 2002, p. 282). 그러나 최근의 화폐 연구에 따르면 두 칸의 이름이 같이 적힌 동전이 발견되었다. 화폐학자들은 이를 근거로 카잔 술탄 칸을 할릴 아타의 일종의 조정자(*Coordinate ruler*), 혹은 일부 지역의 공동 통치자(*Joint ruler*)로 보았다(Stephen Album, *Checklist of Islamic Coins*, California: Stephen Album Rare Coins Inc., 3rd Edition, 2011, p. 216).

한편 이슬람력 747년 카잔 술탄 칸이 아미르 카즈간에 의해 살해된 해부터 화폐에 두 사람의 이름이 사라지고 아미르 카즈간의 허수아비 칸인 다니시만드(사료에서는 다니시만드차Dānishmandcha Ughlān)의 이름이 등장한다.

술탄 칸 시대에 불과하며 이는 수많은 아미르 세력에 밀려 입지가 축소된 결과이다.

    그러므로 다른 역사가들, 특히 마와라안나흐르 출신인 사마르칸디의 언급처럼 잔지르사라이를 부하라의 근교 도시로 보는 것이 보편적인 시각이었을 것이다.[75] 그러나 야즈디는 잔지르사라이를, 카르시에서 마지막까지 반란 세력에 맞서다가 사망한 차가타이울루스의 카잔 술탄 칸과 연결했다. 이는 잔지르사라이가 주치울루스의 수도 사라이에 대응하는 차가타이울루스의 중심지인 것처럼 보이게 하여, 주치울루스를 공격하는 명분을 확보하기 위함이었다. 전술했듯이 주치울루스가 마와라안나흐르를 공격한 이유는, 본래 그들의 영역이었던 호라즘에서의 영향력을 회복하기 위해서였다. 야즈디는 티무르가 호라즘의 쿵그라트부를 공격한 사건을 기록할 때 "카트와 히바는 차가타이울루스에 예속되어 있었는데, 근래에 그곳에 주인이 없었으므로 (그대가) 소유하였다. 지금은 마땅히 그곳을 모든 예속민들 및 부속 지역과 더불어 우리 측의 대리인에게 되돌려주어야 한다"며 카트와 히바만 요구했다고 기록했다. 이는 쿵그라트부의 수도였던 코냐 우르겐치는 본래 차가타이울루스의 몫이 아니었음을 시사한다. 그럼에도 불구하고 티무르는 네 차례에 걸쳐 코냐 우르겐치를 공격하여 황폐화했고 많은 주민을 마와라안나

---

[75] 존 우즈가 제시한 티무르조 역사서들의 관계도에 따르면, 『역사의 정수』는 『무인 선사』를 참고했으나 『승전기』는 이를 참고하지 않았다. 반면에 『양성의 상승과 두 바다의 만남』은 야즈디의 『승전기』에서 큰 영향을 받았다. 그럼에도 불구하고 사마르칸디는 야즈디와는 달리 잔지르사라이를 부하라의 근교 도시로 보았는데, 이는 그가 사마르칸트 출신이기 때문일 것이다 (John E. Woods, "The Rise of Timurid Historiography", p. 86).

흐르로 이주시켰는데, 이는 주치울루스가 이 지역을 매개로 마와라안나흐르로 남하할 수 있기 때문이다. 실제로 티무르가 이란 3년 원정을 떠났을 때 톡타미쉬는 호라즘과 연합하여 마와라안나흐르를 공격했고, 티무르의 동영지인 잔지르사라이를 파괴했다. 이에 대한 보복으로 티무르는 이란 3년 원정 직후에 사마르칸트에서 직접 북상하여 한 차례, 그리고 곧이어 벌어진 이란 5년 원정에서 캅카스산맥을 넘어 반대쪽으로 다시 한번 주치울루스를 공격했다. 이처럼 티무르의 주치울루스 원정의 실질적 동기는 자신의 동영지를 파괴한 톡타미쉬에 대한 보복이었다.

그러나 군주의 통치 정통성을 중시하는 역사가의 입장에서 생각할 때, 주치울루스가 호라즘 때문에 전쟁을 일으킨 것은 본래 영토를 수복하고 복수를 감행하기 위함이므로, 그에 대해 재차 보복 전쟁을 일으키는 것은 정당화하기 어려운 일이었다. 또한 톡타미쉬 칸은 주치 칸의 후예이므로 황금씨족의 정통성으로 치자면 범접할 수 없는 존재였다. 그곳을 이미 몽골제국의 칸이 사라진 훌레구울루스의 이란 강역처럼 공격하기에는 위험 부담이 컸다. 그러므로 톡타미쉬 칸과 주치울루스 원정을 차가타이울루스에 대한 공격과 그에 대한 보복으로 포장해야 명분을 확보할 수 있었다.

물론 야즈디는 티무르를 차가타이울루스의 보복을 대신하는 부마, 혹은 장군(아미르)으로만 여기지 않았다. 티무르는 재위 내내 자신이 세운 황금씨족 출신의 허수아비 칸 이름을 빌려 그의 대아미르, 혹은 황금씨족의 쿠레겐임을 대외적으로 선전했는데,[76] 이는 티무르 본인을 비롯하여 동시대 세계 각국의 사람들이 몽골제국의 위상을 기억하고 있었기 때문이다. 그러나 티무르가 몽골제국에 버금가는 영역을 장악하게 되면서, 특히 티무르 사후 그의 후손들이 지배하는 시대에는 티무르가 몽골제국 및 차가타이울루스의 연장이라는 인상을 지우고 제국을 새로운 국가로 구분할 필요가 있었다. 티무르의 손자를 후원자로 둔 야즈디는 『승전기』에서 티무르를 몽골제국 허수아비 칸의 혈통적 권위를 빌려 통치하는 차가타이울루스의 아미르가 아니라 차가타이울루스를 대체하여 적국에 보복하는 계승국 군주로 그렸다. 야즈디의 『승전기』에 쿠레겐 칭호 및 허수아비 칸의 활약이 대폭 축소된 것이나,[77] 네 울루스를 차지한 티무르와 그의 후손들에 대해 상세히 서술한 것이 그 결과다. 사힙키란이란 정통성을 지닌 티무르는 더 이상 칭기스 칸 가문의 쿠레겐이 아니라 새로운 국가의 군주인 것이다.

[76] 티무르가 타국에 보낸 서신과 국내에 보낸 서신 모두 스스로를 쿠레겐이라 지칭했다. 예를 들어 1401년 우잔에서 손자인 무함마드 술탄 바하두르에게 보낸 문서(Sūzūmīz)를 보면, 발신자가 '아미르 티무르 쿠레겐'이다(L. Fekete, *Einführung in die persische Paläographie : 101 persische Dokumente*, Budapest: Akadēmīaī Kīadō, 1977, pp .71~76).

[77] 우즈는 이슬람력 771년(1370) 대관식에 관한 두 『승전기』의 기록을 비교하여 야즈디가 소유르가트미쉬 칸의 대관식을 티무르의 대관식으로 둔갑시켰다고 지적하고, 『승전기』와 『역사의 정수』의 차이를 비교하여 델리 정복 때 금요 모스크에서 읊은 쿠트바에서 술탄 마흐무드 칸의 존재가 사라졌음을 밝혔다. 이 기록들 중에 어느 쪽이 더 사실에 가까운지 보기 위해 1396년에 발행된 티무르조의 칙령을 보면, 발행자 이름으로 티무르의 아들 미란샤 쿠레겐 위에 술탄 마흐무드 칸이 기재되어 있었다. 즉 하피즈 아브루의 기록처럼 당시에 쿠트바를 부를 때 술탄 마흐무드 칸의 이름을 호명한 후 티무르의 이름을 불렀음을 알 수 있다(YZN/Ṣādiq, pp. 936~937; ZT/Jawādī 2, p. 853; L. Fekete, *Einführung in die persische Paläographie: 101 persische Dokumente*, pp. 63~64).

야즈디의 『승전기』에서 티무르가 사힙키란임을 보여주는 두 번째 근거는 수비학, 문자학, 천문학, 점성술 등 신비주의 과학에 기반한다. 전술했듯이 야즈디는 여러 스승의 영향을 받아 페르시아 이슬람권의 신비주의 과학에 해박했다. 야즈디가 티무르의 사힙키란적 정통성을 증명하기 위해 신비주의 과학을 동원한 예는 다음과 같다.

첫 번째로 문자학과 관련된 근거이다. 문자학의 일종인 '연대표시명'(Tārīkh)에 의하면, 티무르가 아미르 후세인을 격퇴하고 그가 임명한 칸을 죽인 후 발흐에서 왕좌에 올랐던 해인 이슬람력 771년(1370)은, 쿠란 제2장(Sūra al-Baqara')의 첫 네 개의 철자를 합한 수와 같다. 즉 네 철자가 각기 alif(1), lam(30), mim(40), zal(700)이므로 다 합치면 771년이 된다. 이와 같은 연대표시명 방식은 『승전기』에서 중요한 사건의 의의를 해석할 때마다 적용되어, 독자로 하여금 사건에 신비한 의의가 내재해 있음을 느끼게 한다.[78]

두 번째로 티무르가 즉위한 날에 수비학적 방법으로도

[78] 연대표시명이란 페르시아어 텍스트에서 연대를 숫자로 직접 표시하는 것이 아니라, 아랍 알파벳이 가진 숫자값(Abjad)을 이용하여 특정 문구나 문장으로 날짜를 은연중에 밝히는 방식을 일컫는다. 예를 들면 힌두스탄으로의 원정한 해를 야즈디는 "그 숫자가 바드르전투에 참전한 (예언자의) 동료들의 숫자와 일치하였던 범의 해(Pārs-yīl)이자, '임박한 승리'(Fatḥ Qarīb)라는 문구를 계산하여 알 수 있듯이 이슬람력 800년 라잡월이었다"(YZN/Ṣādiq, p. 867)고 서술했다. 바드르전투에서 예언자의 편에 섰던 동료들의 수는 313명이며, '범의 해'라는 단어를 헤아려 보면 313이라는 숫자가 나온다(2+1+200+60+10+10+30=313). 마찬가지로 '임박한 승리'라는 쿠란의 문구를 헤아려 보면 800이라는 숫자가 나오므로(80+400+8+100+200+10+2=800), 이 사건이 발생한 해가 800년이며 이 원정은 신의 가호를 받아 시작과 동시에 승리가 임박했다고 해석할 수 있다.

의미를 부여할 수 있다. 『승전기』의 기록에 따르면 티무르가 등극한 날짜는 우구데이의 후손이자 티무르의 허수아비 칸인 소유르가트미쉬(Suyūrghatmish)를 칸으로 삼은 날짜보다 다소 늦은 편이다. 즉 발흐를 공격하기 전에 먼저 소유르가트미쉬를 칸으로 칭하고, 발흐에서 아미르 후세인을 잡아 살해한 다음 이슬람력 771년 라마단월 12일 수요일에 티무르가 왕으로 등극하여 "그를 샤, 사힙키란이라 불렀다"[79]는 것이다. 그런데 이 날짜와 관련하여 야즈디는 "그분의 영광스러운 나이가 태양력으로 34세를 지나고 있었다"고 덧붙여 눈길을 끈다. 실제로 이날은 서력으로 1370년 4월 9일에 해당하는데, 『승전기』에 기록된 티무르의 생일 역시 율리우스력으로 1336년 4월 9일이기 때문에 태양의 공전 주기를 1년으로 삼는 태양력으로 보면 등극 날짜로 지목된 날은 정확히 그가 34세가 되는 때이다.

  야즈디의 『승전기』는 여타 사서와 비교했을 때 연대 기록이 많은 편이며, 특히 이슬람력과 튀르크의 12지 동물력 외에도 이슬람권 중세 사서에 많이 이용되지 않은 페르시아 태양력이 종종 등장한다. 그러나 사람의 나이를 태양력으로 헤아린 사례는 이 부분이 유일하며, 다른 부분에서는 누군가의 나이나 특정한 두 사건 사이의 기간을 언급할 때 주로 이슬람력을 기준으

---

[79] YZN/Ṣādiq, p. 403; 티무르가 왕으로 등극하였다거나 그를 '샤'로 불렀다는 야즈디의 서술이 과한 것으로 생각될 수 있다. 하지만 샤미의 『승전기』에 "(아미르 후세인을 물리친 후, 티무르가) 사힙키란이라는 소문이 세계에 확산되었다"거나, "왕국이 티무르의 지배에 놓이게 되었을 때" 등의 표현을 보면, 샤미 역시 티무르가 실질적인 지배자임을 숨기지 않고 표현했음을 알 수 있다(SZN/Simnānī, p. 61).

로 삼았다.[80] 본래 이슬람력과 페르시아 태양력은 1년의 길이가 약 11일 정도 차이 나기 때문에, 태양력으로 33년은 이슬람력으로 34년에 해당한다. 그러므로 어떤 달력으로 나이를 계산하는가에 따라 나이의 비정이 달라질 수 있어 주의해야 하며, 역법에 박식한 야즈디는 이 사실을 잘 알고 있었다. 그렇다면 야즈디는 왜 유독 즉위 시점만 티무르의 나이를 태양력으로 계산했을까.

이에 관해 매우 조심스러운 추측이기는 하나, 그가 이 시점부터 사람들에게 '사힙키란'이라 불리게 되었다는 기사에 주목할 필요가 있다.[81] 훌레구울루스의 역사가 아타 말릭 주베이니('Aṭa Malik Juvainī)는 사힙키란이라는 존재가 매 세대 존재한

---

[80] 『승전기』에서 티무르의 일생을 정리하는 마지막 이야기를 보면, 티무르는 25세에 출사(出師)하고 9년 동안 노력하여 이슬람력 771년에 34세의 나이로 등극했으며, 36년간 재위했다가 이슬람력 807년에 사망했다(YZN/Ṣādiq, p. 1338). 그런데 이 기사에서 34세의 나이로 등극하였다는 부분은 페르시아 태양력으로 계산한 나이이며, 그 뒤의 36년은 이슬람력이다. 또한 사망 당시의 나이인 71세도 이슬람력으로 계산한 결과이다(앞의 책, p. 1295). 만일 페르시아 태양력으로 재위 기간을 계산하였다면 771년 라마단 월은 1370년 4월이며, 그가 사망한 때는 1405년 2월이기 때문에 36년이 되지 않는다. 마찬가지로 그가 사망한 나이 역시 이슬람력 736년 샤반월을 0세로 했을 때, 807년 샤반월까지는 71세가 되므로 이슬람력으로 셈한 것임을 알 수 있다. 만일 태양력으로 계산했다면 1336년 4월에 태어난 티무르는 1405년 2월에 사망할 때 68세가 된다.

왜 이렇게 두 달력을 오가면서 나이를 복잡하게 계산했는지 생각해보면, 야즈디가 티무르의 일생에 나타난 몇몇 숫자에 신비주의적인 의미를 부여했음을 알 수 있다. "그 전하의 영광스러운 나이는 71세였는데, 쿠란의 훌륭한 장(Sura)의 첫 번째 문구였던 '나는 신을 알고 있다(Ālam)'와 그 수가 동일하다. 그리고 그 적수가 없는 통치자의 독자적인 통치 기간은 36년이었는데, 기도의 가장 훌륭한 부분인 "신 이외에 다른 신은 없다(Lā 'Allah Īlā Allah)의 세 배이다"(앞의 책, p.1295). 이처럼 야즈디는 그의 인생에 나타난 주요 숫자에 의미를 부여하고 그 숫자를 인위적으로 만들기 위해 이슬람력과 페르시아 태양력을 오갔다.

[81] SZN/Simnānī, p. 61; YZN/Ṣādiq, p. 403.

다고 기록했는데, 이 관념은 천년왕국 메시아사상에 영향을 받은 것이다. '사힙키란'의 사전적 의미인 목성과 토성의 합일 현상은 주기적으로 발생하며, 이 주기에 맞춰 신께서 임명한 인간이 마치 약속된 메시아처럼 세계를 정복한다는 것이 사힙키란 관념 속 천년왕국 메시아사상의 골자이다.

그렇다면 역사적으로 티무르 이전에도 사힙키란이라는 존재는 있었을 것이다. 실제로 티무르 이전에도 여러 군주가 스스로를 사힙키란이라 지칭했으나, 보편적으로 많은 사람이 '사힙키란'이라 여긴 이는 알렉산드로스와 예수였다.[82] 그런데 이 두 사람의 특징은 33세에 사망했다는 점이다. 알렉산드로스는

---

[82] 사힙키란이라는 칭호는 종교적인 정통성보다는 '신이 부여한 무력으로 세계를 정복한다'는 정통성을 지니고 있는데, 이슬람권에서 볼 때 최초의 세계정복자라 볼 수 있는 인물은 알렉산드로스이다. 그러므로 그는 쿠란을 위시하여 페르시아의 각종 문학 작품에 '세계정복자'의 대표로 등장한다. 이후 군주들이 스스로를 사힙키란이라 칭할 때 '두 번째 알렉산드로스'라는 수식어를 덧붙였다. 전술한 맘루크조의 바이바르스가 대표적이다(Naindeep Singh Chann, "Lord of the Auspicious Conjunction: Origins of the Ṣāḥib Qirān", p. 95). 야즈디의 『승전기』도 티무르가 '이스칸다르(알렉산드로스)의 방벽', '이스칸다르의 땅 끝', '이스칸다르의 해협' 등을 점령하고 헤쳐 나가는 장면을 기록하고 있고, 티무르를 "당대의 이스칸다르"라 칭하기도 했다(YZN/Ṣādiq, p. 862). 또한 티무르가 인도에서 카트와르와 시야호 푸샨을 원정할 때, "강력한 힘을 가진 어떠한 왕이나 심지어 이스칸다르 대왕조차도 그곳을 손에 넣지 못하였다"고 서술했다(앞의 책, p. 872). 한편 오스만의 술탄 술레이만의 서기 무스타파 알리는 당대 세계에는 세 명의 사힙키란이 있다고 기록했다. 그 셋은 이스칸다르와 칭기스 칸, 그리고 티무르이다(Naindeep Singh Chann, "Lord of the Auspicious Conjunction: Origins of the Ṣāḥib Qirān", p. 100).

예수의 경우는 그가 사힙키란이라는 직접적인 언급은 적은 편이다. 『승전기』에도 예수에 대한 언급은 많지 않다. 그러나 예수의 탄생 시점에 나타났던 별이 목성과 토성의 삼중합이라는 의견은 튀코 브라헤나 요하네스 케플러 등 16~17세기 유럽의 천문학자나 점성술사들에게 널리 알려진 사실이었다.

계획했던 아라비아 원정을 시작하지 못한 채 바빌론에서, 예수는 제자의 배신으로 골고다 언덕의 십자가에서 33세에 사망했다. 야즈디가 다른 사서에는 없는 '티무르의 왕좌 등극'이라는 사건을 만들어내고 그 시점을 티무르가 34세가 되는 때로 맞추었던 이유는, 과거에 사힙키란으로 널리 알려진 위인들을 뛰어넘는 티무르의 위대함을 강조하고자 했던 것 아닐까. 다만 마케도니아와 유대인은 태음력이 아닌 태음태양력을 사용했으므로, 역법에 능한 야즈디는 정확성을 기하기 위해 태양력으로 티무르가 34세가 되었던 날을 그의 등극 날짜로 설정한 것이다. 이 역시 수비학을 이용하여 '사힙키란' 정통성을 강조한 사례이다.[83]

그러나 『승전기』 속에서 가장 큰 분량을 차지하는 신비주의 과학은 단연 천문학과 점성술이다. 야즈디는 천문학 저서를 남기지는 않았으나 『승전기』 속에는 튀르크 12지 동물력(태음태양력)과 이슬람력(태음력)과 잘랄리력(페르시아 태양력)을 병용한 연대 기록이 누차 등장한다. 그리고 그 연대 기록을 환산하면 오차가 극히 드물고 정확하다. 이로 보아 그가 천문학·점성술·역법 등에 해박했음을 알 수 있다.[84]

> 83 고대 그리스와 이집트에 뿌리를 둔 근동의 수비학에서 33이라는 숫자가 지닌 특수한 의미는 현재 단편적이고 흥미 위주의 사례만 남아 있을 뿐이나 이를 통해서도 그 중요성을 짐작할 수 있다. 예를 들어 예수가 일으킨 기적이 33차례였다거나, 창세기에서 '하느님'이라는 단어가 나온 횟수가 33회였다거나, 심지어 요셉이 마리아와 혼인한 나이가 33세라는 것 등이다. 또한 쿠란에도 인간이 죽어 천국에 가거나 지옥에 갈 때 모든 이의 나이는 33세에 고정된다고 한다.
>
> 84 연대기에서 여러 역법의 병용은 페르시아 이슬람권의 타 사서에서도 종종 보이는 현상이다. 그러나 이처럼 전혀 다른 세 문화권의 역법을 병용하며 빈도도 잦은 것은 야즈디 『승전기』만의 특징이다. 튀르크 동물력과 잘랄리력의 병기 현상은 훗날 사파비조에 등장한 새로운 페르시아력의 형태를 암

야즈디가 천문학과 점성술을 이용하여 티무르가 사힙 키란임을 주장한 첫 사례는, 티무르의 8대 조상인 카출리 바하두르에 관한 일화이다. 『무깟디마』에 의하면, 카출리 바하두르는 꿈에서 자신의 주머니로부터 별이 하늘로 솟아오르는 것을 보았다. 그중에 여덟 번째 별이 세상을 환하게 비추었다. 이 꿈을 부친인 툼비나 칸에게 이야기하자, 툼비나 칸은 그의 8대손이 세계정복자가 될 것이라고 해몽했다.[85] 『승전기』의 도입부는 카출리와 툼비나 칸의 일화를 다시 한번 언급하면서 이를 티무르가 태어난 날의 천구 상황과 연결했다. 그 내용의 요지는 그가 탄생한 시점에 상승점의 성좌는 여덟 번째 천체인 토성을 주인으로 하는 염소자리이며, 그 시각에 천구의 정점에도 토성이 있었다는 것이다.[86] 그래서 티무르는 '토성의 왕'이라 칭해졌고, 점

시하기도 한다. 사파비조의 두 번째 군주인 타흐마스프 1세(Tahmāsp I, 재위 1524~1576)의 치세 후반부터 사용된 페르시아력은 기원(紀元)을 별도로 두지 않고, 튀르크 동물력처럼 12지 동물의 이름을 이용했다. 예를 들면 '이슬람력 1014년 무하람월 초이자 뱀의 해 호르다드월 1일, 태양이 금우궁(金牛宮)의 29도에 위치하였을 때(後藤裕加子, 「サファヴィー朝年代記とトルコ暦(十二支)の導入」, 『東洋史研究』 66(4), 2008, p. 646에서 재인용)' 같은 새로운 연대 기록 방식이 생겨난 것이다. 『승전기』의 잘랄리력은 이미 멸망한 셀주크 튀르크의 말릭 샤가 제정한 용례를 따랐기 때문에 이를 교체해야 할 필요성은 다분했지만, 튀르크 동물력을 이용한 연대 표기는 다소 독특한 선택이었다. 그러나 야즈디『승전기』에 두 역법이 병기되어 있음을 볼 때, 당대 페르시아 문화권 사람들은 이와 같은 방식에 익숙했음을 알 수 있다. 다만 티무르조에서 튀르크력과 잘랄리력의 연시(年始)는 입춘 근처와 춘분으로 달랐으나, 사파비조의 '뱀의 해'는 춘분을 연시로 하는 완벽한 페르시아 태양력이다. 이렇듯 야즈디의 『승전기』 속 기년법은 티무르조의 튀르크 몽골계 유목국가적 특징을 반영하는 한편, 후속 국가에서 나타날 새로운 기년법의 원형이 되었다.

85 YZN/Ṣādiq, p. 65.
86 고대 천문학에 의하면 토성은 일곱 개의 행성 중에 지구에서 가장 먼 일곱

성술에서 토성을 가리키는 '물병자리의 주인'(Arbāb-i Dūl)이란 단어 역시 티무르를 지칭한다. 점성술에서 토성은 본래 대흉성(大凶星)이나, 『승전기』 속 토성은 지구로부터 가장 멀리 있어 안정적이면서도 천구의 가장 높은 곳에 있어 세계를 장악할 수 있고, 무력까지 뛰어난 존재로 묘사된다.[87]

사실 『승전기』의 티무르 탄생에 관한 기사에는 사힙키란의 사전적 의미인 '목성과 토성의 합일 현상'이 보이지 않는다. 대신 티무르의 일생 중 다른 시점에 천체 합일 현상에 관한 기록이 나오는데, 그중에 설명이 가장 자세한 것이 바로 '공기의 삼궁(Muthalath-i Havāy)에서의 합일'[88]이다. 『승전기』에 의하면

번째 행성이자, 지구를 포함하면 여덟 번째 행성이다.

87 YZN/Ṣādiq, pp. 236~238.
88 공기의 삼궁(Muthalath)이란 12성좌를 세 개씩 묶어 각각에 네 원소의 특성을 부여하는 방식에서 유래한다. 점성학 이론에 따르면 양자리, 사자자리, 궁수자리는 '불의 삼각형', 소자리, 처녀자리, 염소자리는 '흙의 삼각형', 쌍둥이자리, 천칭자리, 물병자리는 '바람의 삼각형', 게자리, 전갈자리, 물고기자리가 '물의 삼각형'이다. 각각의 삼각형은 세 개의 별과 관련을 맺게 되는데 그중 두 개가 그 삼각형의 주인으로, 하나는 밤, 다른 하나는 낮을 관장한다. 그리고 나머지 하나는 조력자이다. 예를 들면 '물의 삼각형'의 경우 낮에는 금성이, 밤에는 화성이 주인이며, 조력자는 달이다. 본문의 '공기의 삼각형'은 '바람의 삼각형'의 이칭(異稱)이며, 낮에는 토성이, 밤에는 수성이 주인이며 조력자는 목성이다. 그리고 이 '바람의 삼각형'인 쌍둥이자리, 천칭자리, 물병자리에서 합일이 이루어지는 경우를 '바람의 합일'이라 부르는데, 보다 정확하게 표현하면 '바람의 삼각형의 합일'이다. 페르시아 점성술 용어에 관한 사전인 『별의 정보에 관한 사전』(Farhang-i Iṣṭilāḥāt-i Nuzūmī)은 바람의 삼각형에서 이루어지는 합일 중 이슬람력 582년에 나타난 합일을 소개하며, 이를 21번째 합일이라 하였다. 이처럼 합일마다 번호를 매기는 것은 프톨레마이오스가 다양한 합일 현상을 120가지로 정리하여 순번을 매긴 일에서 유래한다. 바람의 삼각형에서 합일이 이루어지면 이 원소의 본질에 따라 지상에서 바람이 맹렬하게 일어난다고 알려져 있다(Abū-l Fażl Muṣafī, Farhang-i Iṣṭilāḥāt-i Nuzūmī, Tabrīz: Intishārāt-i Muasasa-i Tārīkh wa Farhang-i Īrān 1357Sh./1978~1979, pp. 580~586).

이 합일은 티무르 생애에서 중요한 사건이 발생했을 때 나타났다. 그중 첫 번째가 모굴칸국의 군대를 대파한 진흙탕 전투이고, 두 번째가 7만 명의 이란인을 학살한 이스파한의 재앙, 세 번째가 티무르의 사망 사건이다. 그 외에도 다양한 천구의 현상, 즉 두세 행성이 서로 30도, 60도를 이룬다거나 혜성 출몰 등도 티무르의 상황과 함께 기록되어 있다. 야즈디는 이러한 현상에 대해 "(천구의 현상은) 사건을 완성하기 위해 기록되었을 뿐, 하늘의 상황을 증거로 삼고자 하는 의도는 아니다"[89]라며 조심스러운 입장을 취하면서도, 천구의 현상을 증거 삼아 티무르의 승전이 곧 신의 뜻임을 은연중에 피력했다.

야즈디의 『승전기』에서 티무르가 사힙키란임을 뒷받침하는 마지막 근거는 그의 정의로움이다. 주베이니는 뭉케 칸 이전의 사힙키란으로 사산조의 군주 호스로 1세(Khusraw 1)[90]와 하팀 알 타이(Hātim al-Ṭāiyy)[91] 등을 거론했는데, 이 두 사람의 공통점은 이슬람 이전의 이교도이면서 관대함과 정의로움을 펼

---

89 YZN/Ṣādiq, p. 317.

90 사산조의 군주 호스로 1세는 아누시르반(Anushirvan)이라는 이름으로 유명하다. 그는 페르시아 문화권에서 정의의 상징과도 같은 인물이다(Lisa Balabanlilar, *Imperial identity in the Mughal Empire: memory and dynastic politics in early modern South and Central Asia*, London; New York: I.B.Tauris, 2012, p. 145). 이슬람권의 사서는 군주의 정의로움을 선양(宣揚)하고자 할 때, "그 정의로움과 공정함이 마치 아누시르반과 같다"고 서술하곤 한다. 그 예시로 모굴칸국의 압둘 카림 칸에 관한 기록이 있다(Shah Mahmud Ibn Mirza Fazil Choras, *ХРОНИКА*, Ed. and Tr. О. Ф. Акцмушкцн, МОСКВА: 1976, pp. 14~17).

91 이슬람 이전인 6세기 아라비아반도 타이 부족 출신 시인이자 전사. 그의 미덕에 관한 시인 사디의 언급에 따르면, 그는 부유한 이들의 재산을 가난한 이들에게 분배하는 등 관용과 정의로움으로 유명했다고 한다.

쳤다는 점이다.[92] 군주의 덕목으로 '정의로움'이 다른 무엇보다 중요하다는 관념은 이슬람 이전 사산조 페르시아, 혹은 그 이전 아베스타까지 거슬러 올라간다. 이것이 알가잘리(Al-Ghazali)나 나시르 앗딘 투시(Naṣīr al-Dīn Ṭūsī) 등의 정교한 이론 수립을 통해 이슬람권의 군주권 이론에 편입되어, '정의로운 군주'가 이슬람권의 이상적인 군주상이 되었다.[93] 특히 14세기 이후 칼리프나 몽골제국의 후예 등 선천적으로 정통성을 지닌 이들이 군주의 자리에서 사라지고, 해당 정통성 모델이 점차 영향력을 상실하면서 정의로운 군주상이 이슬람권의 독보적인 정통성 모델로 부상했다.

야즈디는 『승전기』 곳곳에서 그의 정의로움을 강조했으며, 특히 그의 세계정복이 어느 정도 궤도에 올라섰을 때, 앞으로는 정의로운 군주로서 백성들을 위해 마음을 다하겠다고 엄중히 선언한다.

---

[92] 이에 관해서 하피즈의 말이 주목할 만하다. "왕은 1시간의 정의로움을 통해 100년간의 기도와 찬양보다 더 많은 것을 얻게 될 것이다." 이 문구는 『승전기』에서도 비슷하게 등장한다. "(신께서는 군주가) 일생 중에 정의 구현을 위해 소모한 단 한 시간의 결실을, 60~70년 동안의 기도보다 선호하시기 때문이다." 이 문구는 왕에게 정의로움이, 신에 대한 기도와 찬양보다 더 중요함을 의미한다(Lisa Balabanlilar, *Imperial identity in the Mughal Empire: memory and dynastic politics in early modern South and Central Asia*, p. 148; YZN/Ṣādiq, p. 458).

[93] Linda T Darling, *A History of Social Justice and Political Power in the Middle East: The Circle of Justice from Mesopotamia to Globalization*, Routledge, 2012; John E. Woods, *The Aqquyunlu : clan, confederation, empire: a study in 15th/9th century Turko-Iranian politics*, Minneapolis: Bibliotheca Islamica, 1976; A. K. S. Lambton, "Justice in the Medieval Persian Theory of Kingship", *Studia Islamica* 1, 1962, pp. 91~119.

(디반 알라로부터 파견된 지식인과 종교인들은) 상황을 조사한 다음 기록하고 돌아와 보고했고, (그분은) 무력과 부정(不正)의 습관들을 완전히 제거하여 창조주께서 맡기신 백성들이 편안하게 살아갈 수 있도록 하였다. 그리고 그 후에 보석을 뿌리는 혀로 말씀하셨다. "지금까지 (나는) 세계정복의 업무를 처리하는 것만을 생각했으나, 지금부터는 항상 (나의) 마음을, 왕국과 길의 번영과 안전 및 백성들의 복지에 둘 것이다. 이 말의 목적은 이와 같다. 나의 사람들은 이후에도 피하지 말고 상황을 나에게 고하여, 무슬림의 행복과 사악한 자들의 격퇴, 적들에게 상처를 입힘을 위한 것이라면 무엇이든 (나에게) 알리도록 하라."[94]

이 선언은 티무르가 신이 보내신 군주라는 점을 다양한 방식으로 강조했던 『승전기』 서사의 정점이라 해도 과언이 아니다. 이 기사 앞에도 종종 그의 정의로움을 드러내는 일화가 제시되었으나, 야즈디는 세계정복이 마무리 단계에 이르자 세계정복자인 티무르에게 '정의로운 군주'라는 새로운 지위를 부여한 후, 그가 군주의 지위를 이용하여 국가의 체제를 정비하고 백성을 위한 복지 향상을 모색했다고 주장했다.

정의로운 군주를 표방하는 이들이 해야 할 노력으로는 부정을 일삼는 관리의 숙청 및 조세의 투명한 징수 등이 있지만,[95]

[94] YZN/Ṣādiq, p. 1222.
[95] 이와 관련한 일화가 『승전기』 후반부에 여러 차례 등장한다. 예를 들면 시라즈에 '정의의 샤흐나'라는 명목으로 파견되어 징세 업무를 했던 마울라나 쿠톱 앗딘 쿠르미가 과도하게 징세한 부분을 바로잡고 그의 누케르를 처

무엇보다 중요한 것은 공정한 판결이다.[96] 특히 샤리아 법정에서 다루어지는 민사 사건이 아닌, 군주가 행정 및 형법 사안에 관해 직접 판결을 내리는 마달림 법정에서 지배층의 전횡으로부터 피지배민을 보호하는 일이야말로 정의의 표상이었다.

『승전기』에는 이와 같은 마달림 법정의 모습이 등장한다. 티무르의 아미르가 모종의 죄를 저질렀을 때 '마달림 디반'(Dīvān-i Mazālim)에 소환하여 노얀들과 야르구 아미르들이 그를 심문케 했다는 것이다.[97] 마달림 디반이라는 단어는 한 차례에 그치지만, 대디반에서 차가타이 아미르 및 티무르의 자손들을 심문하는 사례는 『승전기』에 여러 차례 등장한다.

대디반은 야르구 아미르들과 노얀들이 차가타이 아미르들을 심문한다는 점에서 튀르크 몽골 유목제국의 야르구 법정과 크게 다를 바 없어 보인다. 그러나 이 법정에서 종종 샤리아의 동해보복법 조항에 따라 판결을 내렸다는 기록이 주목할 만하다. 유목 군주인 티무르가 차가타이 아미르를 심문하는 법정에서 샤리아를 근거로 판결을 내렸다는 것이다.[98] 그동안 대디반의 야르구 아미르들이나 노얀들은 야사와 토라에 준거하여

형한다거나, 키르만의 서기였던 이드쿠 바룰라스가 세금을 빼돌렸을 때 적발하고 그에 상응하는 배상금을 부과하는 것 등이다. 한편 도시 및 농경지의 재건 역시 '백성들의 복지'를 위해 티무르가 취한 조치 중 하나였는데, 카불 근처에 수로를 만들어 황폐한 곳을 번성케 하는 조치 등이 그것이다. 이러한 조치로 백성을 과도하게 수탈하지 않으면서도, 보다 장기적이고 규칙적으로 징세하는 것이 곧 정의로운 군주가 이루어야 할 목표였다(Linda T. Darling, *A History of Social Justice and Political Power in the Middle East*, pp. 109~114).

96 앞의 책, p. 107.
97 YZN/Ṣādiq, p. 430.
98 川口琢司, 『ティムール帝國支配層の研究』의 5장을 참조하라.

판결했는데, 이 법정에서 샤리아를 판결의 근거로 삼는 군주의 모습은 무슬림 학자들이 지향하는 '정의로운 군주상'이라 할 만하다.

문제는 이런 판결에 관한 내용이 야즈디의 『승전기』에만 있다는 점이다. 사실 동해보복법은 피해자가 입은 손해와 같은 손해를 가해자에게 입히는 형벌로, 주로 한 사람이 살해되었을 때 그 피해자의 가족들이 가해자를 죽이는 방식이다. 『승전기』 속 티무르는 죄인을 처형할 때 과거에 그자에게 가족을 잃은 사람을 소환하여 동해보복법으로 처형하도록 했다. 이것은 엄밀히 말하면 동해보복법의 본래 취지와 다르다. 또한 처형된 자가 티무르에게 잘못한 일이 없다면 동해보복법은 이행되지 않았을 것이다.

더 나아가 같은 사건에 대한 기록을 비교하면, 샤미의 『승전기』나 타 사서에서는 '동해보복법'에 의거하여 처형했다고 하지 않고 '야사에 처했다'고만 기록되어 있다. 그러므로 야즈디가 동해보복법에 의거하여 처형되었다고 한 사람들은 사실상 야르구 법정에서 야사에 처해진 것이며, 그 안에는 어떠한 샤리아적 요소도 개입되지 않았을 것이다. 이는 지극히 튀르크-몽골식 관행이다.[99]

---

[99] 이와 관련하여 훌레구울루스의 재상이자 역사가인 라시드 앗딘이 기록한 칭기스 칸의 성훈 중에 'Qiṣāṣ wa Intiqām'이라는 문구가 있다. 이 문구가 등장한 맥락은 칭기스 칸이 알탄칸에게 살해된 조상의 복수를 위해 신에게 기도를 드리는 상황이다. "나는 그들이 흘린 피에 대한 복수를 하려는 것입니다"라는 대목에서 라시드 앗딘은 '복수'를 'Qiṣāṣ wa Intiqām'으로 기록했다. 이때 칭기스 칸이 이슬람의 동해보복법을 알았을 리는 만무하다. 이 단어의 뜻은 복수인데, 이때의 복수란 몽골리아 유목 부족 사이에 만연했던 피의 복수를 의미한다. 라시드 앗딘은 피의 복수 관습이 동해보복법과 유사함을

야즈디는 14세기 후반 티무르의 야르구 법정 장면에 샤리아적 요소를 삽입함으로써, 티무르가 샤리아를 따르는 정의로운 군주임을 보여주고자 한 것이다. 물론 이것은 사실이 아니었지만, 샤리아를 법정 판결에 적용한 티무르의 모습은 후대로 갈수록 '정의로운 군주상'을 표방하는 군주들에게 모범이 되었다. 그 외에도 야즈디는 티무르가 울라마의 중재와 무프티(Muftī)[100]의 파트와(Fatwā)를 받아들여 개종한 적장을 용서하는 모습을 기록함으로써 종교인의 의견을 받아들이는 장면도 강조했다.[101]

'정의로운 군주상' 모델은 티무르조를 기점으로 이전과는 다른 양상, 즉 종교가 정치에 종속되는 양상으로 발전했다. 티무르는 재위 기간 동안 와크프 관리 및 다양한 종교 업무를 행하는 종교 관직인 '사드르'(Ṣadr)[102]를 직접 임명했다. 또한 야즈디의 동시대 군주인 샤루흐는 15세기 상반기에 샤리아를 강화하고 야르구 법정을 폐지했으며[103] 샤리아가 규정한 적 없는 탐

감안하여 이같이 기록하지 않았을까 한다(라시드 앗딘, 『칭기스 칸기』, 김호동 역주, 파주: 사계절, 2003, 433쪽).

[100] 이슬람 법학자 중에 파트와, 즉 이슬람법상 쟁점이 될 만한 사안에 관한 의견서를 발부할 수 있는 공신력 있는 인물을 의미한다.

[101] YZN/Ṣādiq, p. 1217.

[102] 사드르의 시작은 11세기 트란스옥시아나로 거슬러 올라가지만, 14세기 티무르조에서 보다 명확한 뜻을 갖게 되었다. 즉 티무르조 시기의 사르드는 와크프의 운영을 감독하기 위해 국가에서 임명한 관료를 의미한다. 이들은 모스크나 마드라사 운영 및 타 종교 단체의 인사를 담당했으며 동시에 자선과 복지 업무도 처리했다고 한다(Andrew J. Newman, "Ṣadr", *Encyclopedia of Islam and the Muslim World*, 2018; Willem Floor, "Ṣadr", *Encyclopedia Iranica*, 2005).

[103] İlker Evrim Binbaş, *Intellectual Networks in Timurid Iran: Sharaf al-Dīn 'Alī Yazdī and the Islamicate Republic of Letters*, ambridge Studies in Islamic Civiliza-

가세(상세)를 폐지하여[104] 당대의 찬양을 받았다. 그러나 자신이 건설한 마드라사의 커리큘럼을 직접 정하거나 국가가 후원하는 교리를 설정하는 등, 이슬람권의 지식과 사상을 통제하고 자신의 편의에 맞게 설정하려는 면모도 보였다.[105]

　　티무르제국의 후속 국가에서도 이러한 경향이 이어졌다. 티무르조가 멸망한 직후인 1507년에 사마르칸트를 장악한 우즈벡 시반조의 무함마드 시바니 칸은 상속에 관한 법정 판결을 내릴 때, 샤리아 조항의 해석을 둘러싸고 울라마와 의견 대립이 있었다. 이때 울라마들은 무함마드 시바니 칸이 샤리아 조항을 자신에게 유리하게 해석하고 있으며, 그것은 오히려 유목 전통에 가깝다고 비난했다.[106] 무함마드 시바니 칸의 궁극적인 의도는 종교계에 개입하고 그들을 통제하기 위함이었는데, 이러한 경향성은 이미 티무르조에서 시작되었다.

　　마달림 법정 역시 티무르조의 후속 국가에서 발전 양상을 보인다. 16세기 후반 야르칸드의 모굴 칸인 압둘 카림 칸('Abd al-Karīm Khān)은 일주일 중 이틀 동안 마달림 법정을 친히 주재했는데, 그의 법정에는 카디와 무프티가 아미르들과 함께 배석했다. 청원자의 상황이 샤리아에 해당되면 카디와 무프

---

tion, Cambridge University Press, 2016, p. 204에서 재인용.

[104] Subtelny, Maria. *Timurids in Transition, Turko-Persian Politics and Acculturation in Medieval Iran*, Leiden: Brill, 2007, pp. 26~27.

[105] Maria Eva Subtelny and Anas B. Khalidov, "The Curriculum of Islamic Higher Learning in Timurid Iran in the Light of the Sunni Revival under Shāh-Rukh", *Journal of the American Oriental Society* 115(2), 1995, p. 236.

[106] Ken'ichi Isogai, "Yasa and Shari'a in Early 16th century-Central Asia", *Cahiers d'Asie centrale* [En ligne] 3/4, 1997, pp. 91~103.

티에게 사안을 배정했고, 토라에 해당되면 아미르에게 내어주었다고 한다.[107] 즉 이들은 토라를 버리고 샤리아를 따른 것이 아니라 토라의 영역은 별개로 둔 채로, 샤리아와 그를 관장하는 카디 및 무프티들, 그들을 양성하는 마드라사와 그 커리큘럼, 거기에 인적 자원을 제공하는 지식인 네트워크 일체를 군주 자신이 장악하고자 노력했다.

'정의로운 군주상' 모델은 티무르제국의 후속 국가에서 '법의 주인인 군주'(Ṣāḥib-i Qānūnī)라는 개념으로 발전했다.[108] 야즈디는 이 '정의로운 군주상'의 초기 모델이자 당시의 이상적인 군주상, 즉 '샤리아를 판결에 이용하는 군주상'을 티무르에게 투영함으로써 후속 국가에 새로운 군주적 정통성을 제안한 것이다.[109]

---

107 Shāh Mahmud Ibn Mirza Fazil Choras, ХРОНИКА, pp. 14~17.

108 코넬 플레이셔(Cornell Fleischer)의 연구에 따르면 오스만조는 다양한 시행착오를 거쳐 군주의 정치적 성공을 담보하는 정의의 도구인 여러 종류의 법률, 즉 몽골제국의 선례를 반영한 세속법과 샤리아라는 종교법의 균형 유지 및 적용 등을 통해 정의로운 군주가 되어 신의 승인을 받는 정통성 이론을 확립했다고 한다(Cornell H. Fleischer, *Bureaucrat and intellectual in the Ottoman Empire : the historian Mustafa Âli (1541~1600)*, New York: Princeton University Press, 1966). 한편 무굴제국에서 정의로운 군주란 '*Darshan*'이라는 힌두 국가의 오랜 전통에 따라 피지배민들의 청원을 직접 듣고 해결하는 군주였다(Lisa Balabanlilar, *Imperial identity in the Mughal Empire: memory and dynastic politics in early modern South and Central Asia*, p. 147).

109 안토니 블랙(Antony Black)은 이슬람 정치 사상을 통시적으로 다룬 저서에서 16세기 이후를 별도의 시기로 구분하였는데, 이 시기에 관해 '근세 국가들의 종교적 이념과 정치적 통제'라는 제목을 붙였고, 이 시기에 새로운 세계질서가 성립되었다고 했다(Antony Black, *The history of Islamic political thought: from the Prophet to the present*, Edinburgh: Edinburgh University Press, 2011, p. 197). 그에 따르면 16세기 이후 정치와 종교 권력은 구분된 채로 서로 공생하는 관계로 보이지만, 사실은 군주가 카디 등 종교직의 인선에 간여하여 직접

이처럼 티무르가 사힙키란임을 입증하기 위해 야즈디가 내세운 근거들을 살펴보면, 거기에 당대 페르시아 문화권 지식인들이 가지고 있던 다양한 지식과 사상이 반영되어 있음을 알 수 있다. 바로 이 점이 티무르를 단순히 '하늘의 가호를 받은 군주'로 묘사한 여타 사서들과 크게 다른 점이다. 그리고 이를 통해 이 책은 야즈디와 문화적 배경이 유사한 이들에게 큰 설득력을 얻었다. 티무르 이전과 이후의 여러 군주가 스스로를 '사힙키란'이라 칭했지만 결국 이 칭호는 티무르를 대표하는 칭호로 고착되었다. 후대의 군주들이 사힙키란이라는 칭호 및 그와 관련된 군주적 정통성을 이용하려 할 때 티무르의 선례에 기대거나 '티무르의 뒤를 잇는 제2의 사힙키란'을 표방했던 것도 야즈디의 노력에 따른 결과였다.

사람을 임명하고 감시했으며, 그들의 교육 과정까지 간여하고 때로는 세속 업무를 부여하기도 하면서 점차 성속(聖俗)의 모든 권위가 군주에게 집중되었다는 것이다. 이 과정을 통해 오스만 술탄은 셰이휼 이슬람을 뛰어넘는 자신의 종교적 권위를 주장했을 뿐만 아니라, 스스로를 대리인(칼리파)으로 주장하기에 이르렀다고 한다(앞의 책, p. 204). 한편 빈바쉬는 오스만 술탄 술레이만 1세가 주장했던 '세속 군주와 칼리프권의 합일'을 이미 야즈디가 『승전기』의 후속 사서 『두 번째 장』(*Maqāla-yi Thānī*)에서 구현하고자 했다고 주장했다(Binbaş, "Sharaf al-Dīn 'Ali Yazd", p. 11).

야즈디 『승전기』의
사료적 가치 재고

앞에서 야즈디의 『승전기』가 티무르의 통치 정통성을 입증하기 위해 저술된 사서 중에 가장 성공적인 작품임을 확인했다. 그러나 야즈디의 『승전기』는 샤미의 『승전기』 및 하피즈 아브루의 『역사의 정수』와 비교하여 사료의 객관성이 부족하다는 비판도 있다. 하여 지금부터 야즈디 『승전기』에 관한 기왕의 비판에 주목하여 사료적 가치를 재검토할 것이다.

문체와 분량 문제

야즈디 『승전기』의 첫 번째 단점으로 지적되는 바는, 이 책이 페르시아 문학의 특징인 다양한 수사(修辭)를 과도하게 이용하여 분량은 늘어났지만 실제로는 기존 사서의 내용 이상을 담지 못했다는 점이다. 화려한 수사 덕택에 전근대 페르시아 지식인들에게는 문예의 모범이 되었으나 근대 이후의 여러 역사 연구자에게는 혹평을 받았다.[110]

[110] 예를 들면 페르시아 사학사 연구의 거두인 에드워드 브라우니(Edward G. Browne)는 야즈디의 사서가 불필요하게 과장된 스타일을 가지고 있으며, 샤미의 『승전기』를 장식적으로 재차 서술했을 뿐이라고 했다. 이란의 사학자 아크바르 샤우키(Akbar Shawqi)는 더욱 부정적인 평가를 내렸는데, 야즈디가 미사여구와 장황한 설명을 통해 샤미의 『승전기』의 표절을 교묘히 감

태양이라는, 하늘처럼 영광스러우신 잠시드가 금성의 고귀한 왕궁(Sharaf Sarā-yi Nāhīd, 물고기자리)에서 출발하여 자신의 고귀한 집(Bayt al-Sharaf, 양자리)에 도달의 그림자를 드리웠고, 꽃이라는, 터키석 왕좌의 자하크(Żaḥāk)가, 풀과 바질이라는 군사들과 함께 정원의 주변을 안착을 위한 병영으로 삼았던 초봄에,

【시(Nazm)】 봄의 군사들이 초원의 사방을 장악하였으며, 보랏빛과 좋은 향기와 꽃의 모습을 취하였다.
정원을 덮은 바람은 사향을 뿌렸고, 부채 같은 가지를 지닌 나무는 은색 열매를 맺었다.[111]

이상의 기사는 결국 '초봄'이 되었다는 내용이다. 그러나 위의 기사를 이해하기 위해서는 잠시드와 자하크 등 페르시아 전설상의 인물에 관한 지식 및 점성술 이론에 해박해야 한다. 그렇지 않고서는 '금성의 고귀한 왕궁'이나 '태양의 고귀한 집'이 무엇을 의미하는지,[112] 자하크가 왜 터키석으로 된 왕좌에 앉아

추고자 하였을 뿐이라고 보았다(John E. Woods, "The Rise of Timurid Historiography", p. 100).

[111] YZN/Ṣādiq, p. 321.

[112] Sharaf Sarā, 또는 Bayt al-Sharaf는 페르시아 점성술에서 지구 주변을 공전하는 일곱 개의 천체가 각기 고양된 상태가 되는 성좌, 즉 '높은 지위'를 차지하는 성좌를 의미하며, 현대 점성술 용어로는 엑절테이션(exaltation)이라 한다. 이를 페르시아어로 'Sharaf'라 하는데, 야즈디는 이 단어를 넣어 금성의 '고귀한 왕궁'(Sharaf Sarā), 태양의 '고귀한 집'(Bayt al-Sharaf)이라 표현한 것이다. 점성술 이론에 따르면 본문의 내용은 태양이 금성의 높은 지위 성좌인 물고기자리를 지나 자신의 높은 지위 성좌인 양자리로 이동하였다

있는지 이해할 수 없기 때문이다.[113]

　　이처럼 길고 화려한 문체는 사실 15세기 페르시아 역사서의 전형적인 특징이다. 근대 역사학의 관점에서 페르시아 사학사 연구를 개척한 초기 학자들은 역사서 등 비운문 작품도 운문과 동일하게 '스타일'(Sabk)에 따라 분류했다. 이 분류 방식은 서술의 간결함/길이를 기준으로 분류하는 것인데, 서술이 간결할수록 훌륭한 사서이며 길고 화려할수록 군더더기가 많은 작품으로 여겼다. 이 방식에 따르면 『승전기』가 편찬된 15세기 초반은 왕조별 분류에서 네 번째 시기, 스타일별 분류에서 이라크 스타일(Sabk-i 'Arāq) 시기에 해당한다.[114] 이 시기의 사서들은 화려한 수사와 복잡한 아랍어 표현 및 전문 지식을 과도하게 사용하여 독자가 내용을 이해하기 어렵게 서술하는 경향이 두드러진다고 평가되었다. 이란의 페르시아 사학사 연구의 대가인 무함마드 바하르(Muḥammad Bahār)는 이 시기 대표적인 사서로 훌레구울루스의 사서 『와사프사』(Tārīkh-i Waṣṣaf)와 『세계정

　　는 뜻이다. 물고기자리와 양자리의 경계선이 곧 춘분선이므로, 본문의 문장은 천구상에서 태양이 춘분점을 지났음을 의미하며 페르시아 태양력에서 봄이 시작되고 새해(노루즈)가 되었다는 뜻이다.

113　페르시아 전설에서 악마 아흐리만의 아들, 혹은 악마의 꾐에 빠져 부친을 살해한 사악한 군주로 묘사되는 자하크에 관한 『샤 나마』 및 여타 일화에 따르면, 자하크의 왕좌는 아이보리와 터키석으로 되어 있으며 왕관 역시 터키석으로 되어 있다고 한다. 터키석은 이란에서 장식용으로 널리 사용되는 광석이며, 그 특유의 푸른색으로 인해 푸른 하늘을 상징하기도 한다.

114　무함마드 바하르의 '왕조에 따른 산문의 분류'에 의하면, 1. 사만조(~11세기 중반), 2. 가즈나조~셀주크조 초기(~12세기 중반) 3. 셀주크조 후기~호라즘조(~13세기 초반) 4. 훌레구울루스~아프샤르조(~18세기) 5. 카자르조(~19세기 후반), 6. 현대의 6단계로 구분하였다(Jan Rypka, "History of Persian Literature up to the Beginning of the 20th Century", *History of Iran Literature*, Dordrecht: Reidel Publishing Company, 1968, pp. 117~118).

복자사』(*Tarikh-i Jahangushāy*)를 거론하였으나,[115] 야즈디의 『승전기』는 『세계정복자사』보다 훨씬 화려한 수사를 자랑한다. 펠릭스 타우어(Felix Tauer) 또한 페르시아어 작품 중에 비문학 산문을 장르별로 구분하고, 그중에 역사서 장르에 관해서는 통사, 단대사, 지방지로 나누어 각 시기 대표적인 사서를 설명했다. 『승전기』가 속한 몽골과 티무르조 시기 사서의 특징으로 "화려한 수사가 성행했고, 역사 서술이 시의 형태로 기록되기도 했다"고 거론했다.[116] 한마디로 문학 작품에 더 가깝다는 뜻이다.

    그러나 최근에 페르시아 사학사를 연구하는 학자들은 이러한 문학적 경향을 페르시아 사서의 고유 특징으로 인정하고, 그 문학적 특성에서 의미를 찾고자 했다. 찰스 멜빌(Charles Melville)은 몽골과 티무르조 시기 사서의 문학적 특징 두 가지를 제시하였는데, 하나는 군주를 페르시아 영웅 서사시 속 영웅처럼 묘사하는 점, 그리고 다른 하나는 군주의 통치 정통성을 표방하는 선전물로 사서를 이용한다는 점이다.[117] 『승전기』를 예로 들면, 티무르가 시스탄을 공격할 때 그곳 출신으로 알려진 이란 전설의 영웅 루스탐의 일화를 서술에 반영하여 '루스탐보다도 훌륭한 티무르'를 강조했고, 아무다리야강을 넘어 이란을 공격할 때는 이란으로 진격하는 '투란의 왕인 티무르'를 묘사하는 시

---

[115] 앞의 책, p. 117.

[116] Felix Tauer, "Persian Learned Literature from its Beginning up to the end of the 18th Century", *History of Iran Literature*, Ed. Jan Rypka, Dordrecht: Reidel Publishing Company, 1968, pp. 443~444.

[117] Charles Melville, *A History of Persian Literature 10, Persian Historiography*, London; New York: I.B.Tauris, 2012, pp. 155~208.

구를 삽입했다.[118] 또한 고대 페르시아 아케메네스왕조의 명문이 남아 있기도 한 비소툰에 관해서는, 그곳을 배경으로 하는 페르시아 문학 작품의 주인공 호스로와 시린(Shīrīn) 이야기를 삽입했다. 그 외에도 티무르의 일생에 관한 이야기 곳곳에 페르시아 고전의 일화와 영웅들의 업적을 적절히 녹여냈다. 그 안에서 티무르는 루스탐이나 바흐람 구르(Bahrām Ghūr), 이스칸다르 등에 비유되며, 티무르의 군대는 항상 파리둔(Farīdūn)과 이스판디야르(Isfandiyār)의 군대로 등장한다. 태양은 잠시드나 아프라시압(Afrashyab)이나 마누체흐르(Manūchihr), 어둠은 자하크에 비정된다.[119]

[118] YZN/Ṣādiq, pp. 536~540. 야즈디는 시스탄의 중심 도시인 자란즈 원정에 대해 기록할 때, 시스탄군과 티무르군의 전투를 '이란과 투란의 전투'로 묘사했다. 즉 시스탄의 이란 군대가 시스탄 출신의 변경 장군이었던 루스탐에 대한 기억을 떠올리며 투란 왕의 공격에 맞섰으나, 결국은 투란의 왕인 티무르가 "이란이여, 보아라! 투란 땅의 용감한 발걸음을"이라는 시구의 내용처럼 승리했다고 설명한다. 특히 자란즈 원정이 완결된 후에 야즈디는 티무르가 "다스탄(Dastān)과 사마 사바르(Sāma Savār, 이상의 인물은 루스탐의 조상들)의 피난처에서 거대한 낙타가 짐을 날랐다"라는 시구처럼 시스탄의 물자를 획득했다고 기록했으며, 그 뒤 "왕이신 사힙키란에 비하면 루스탐은 무엇인가, 케이호스로(왕의 시기)부터 그와 같은 이는 나타나지 않았다"라는 시구를 기록했다. 이로써 페르시아 전설상의 최고 영웅인 시스탄의 루스탐조차도 티무르와는 견줄 수 없을 정도로, 티무르가 훌륭한 영웅임을 강조했다.

[119] 바흐람 구르는 5세기 사산조의 군주로, 페르시아 문학에서는 사냥에 능하고 전 세계를 여행하며 모험을 즐기기도 했지만 훗날 국가의 질서를 회복하는 인물로 그려진다. 이스칸다르는 알렉산드로스 대왕을 의미하며, 파리둔은 페르시아 신화의 왕이자 영웅으로 승리와 정의의 상징이다. 이스판디야르 역시 페르시아 전설의 영웅으로 루스탐과 전쟁을 벌여 패배하고 살해됐다. 아프라시압은 파리둔의 후손으로 투란 지역의 왕이었으며, 루스탐 같은 페르시아 영웅의 적대자였다. 마누체흐르 역시 파리둔의 후손으로 이란과 투란의 전쟁을 야기한 인물이다.

또한 『승전기』 본문에 포함된 상당량의 시는 기존의 유명한 시를 인용한 것인데, 그중 인용 빈도가 높은 작품은 페르도시(Ferdowsī)의 『샤 나마』, 아사디 투시(Asadī Ṭūsī)의 『가르샤스프 나마』(Garshasp nāma), 니자미(Niẓāmī)의 『함자』(Khamza), 『이스칸다르 나마』(Iskandar nāma) 등의 영웅 서사시들이다. 이러한 서술 방식 때문인지 『승전기』를 읽고 나면 티무르가 페르시아 전설의 영웅 반열에 있으며, 과거의 어떤 영웅보다도 훌륭한 영웅 군주로 느껴진다.[120] 이러한 문학적 장치는 다른 어떠한 학문적, 종교적 이론보다도 독자들에게 티무르의 군주적 정통성을 직관적으로 설득력 있게 제시한다.[121]

다만 최근의 페르시아 사학사 연구에서 주목하고 있는 이와 같은 '문학적 특징'은 야즈디의 『승전기』가 지닌 정치적 선전 기능에 초점을 맞춘 것이므로, 이와 같은 기능이 부각될수록 객관적 사실과 관계된 사료적 가치는 오히려 하락하는 것처럼 보인다. 그렇다면 야즈디의 『승전기』는 화려한 문체로 가득 찬 두꺼운 정치 선전물에 불과한가?

야즈디의 『승전기』를 자세히 살펴보면, 단순히 문학적

---

[120] 이런 식의 서술을 할 때 페르시아의 고대 영웅만을 이용하는 것은 아니다. 인도를 정복할 때는 차가타이울루스의 타르마시린과 사북 테킨(Sabuk Tigīn) 및 마흐무드 가즈나비(Maḥmūd Ghaznavī)보다 위대함을 강조하였고, 아제르바이잔을 공격할 때는 성전사의 이미지를 강조하여 예언자 무함마드의 일화를 삽입하기도 하였다. 이처럼 역사와 전설 속의 훌륭한 영웅들을 이용하여 티무르의 영웅성을 강조하는데, 이들의 출신 지역이나 시대는 제각각이지만 적어도 페르시아 이슬람 문화권에서 용인할 수 있는 영웅 군주라는 공통점이 있다.

[121] Lisa Balabanlilar, *Imperial Identity in the Mughal Empire: Memory and Dynastic Politics in Early Modern South and Central Asia*, p. 147.

특성 때문에 본문의 양이 늘어난 것이 아님을 알 수 있다. 앞에서 야즈디가 티무르의 정통성을 주장하기 위해 여러 신비주의적 과학 지식을 동원했음을 확인했는데, 그런 서술은 정통성 논의와 상관없이 야즈디 본인이 생각하기에 후대 사람들이 알아둘 만한 점을 기록할 때도 어김없이 등장한다. 즉 『승전기』 안에는 신비주의 과학을 비롯하여 당대를 특징짓는 지식과 문화의 산물들, 당대를 반영하는 다양한 정보가 수록되어 있다.

  우리는 이브라힘 술탄이 야즈디에게 『승전기』의 저술을 명했을 때 상세한 서술을 강조했음에 주목해야 한다. "그 원고에는 필수적으로 상황마다 상세한 내용, 심지어는 이동할 때 말에 올랐다가 내리는 이야기까지, 그리고 장소를 선정하고 그 장소나 역 사이의 거리를 측정한 것까지 모조리 기록하게 하였다."[122] 실제로 야즈디의 『승전기』를 샤미의 『승전기』와 비교하면, 샤미의 책을 저본 삼아 줄거리를 따라가지만 상황마다 상세한 내용을 더 부각했다. 예를 들면 전쟁을 묘사할 때 야즈디의 『승전기』에는 양측에 도열한 사령관 및 바하두르, 각 부대의 수장이 누구인지, 혹은 공성전을 벌여 사방에서 성벽 아래에 굴을 팔 때 그 담당자가 누구인지, 특히 주요 전투에서 전사자가 누구인지 등이 빠지지 않고 적혀 있다. 또한 원정길에 행군하며 지나간 장소의 이름과 그곳까지의 거리가 매우 상세히 기록되어 있다. 이를 통해 티무르제국의 지리적 상황에 대해서도 보다 자세히 파악할 수 있다.

---

122 YZN/Ṣādiq, p. 248.

다시 군대가 진격하여, 이슬람력 795년 라비알타니 25일 월요일(1393년 3월 10일), 닭의 해에 상서로이 시라즈 방향으로 향하였고 (중략) 사힙키란은 바로 그날 일찍 행운으로 말을 몰아 람-호르무즈강을 건너 안착하였고, 일요일에는 강에 도착해 자리하였다. 그리고 월요일에 자이잔에서 저녁 무렵 진군하여 자흐라 황야에 안착의 천막을 세웠다. 화요일에 쿠르디스탄과 아르가반강을 건너 비바한이 승리의 둥지인 병영이 되었다. 수요일에는 시린강을 건너, 아슈투르 황야에 안착하였고 목요일에 쿠제하바스를 통과하여 한-비닥강으로 들어서는 입구에 자리하였다. 금요일에 주라하 마을은 그들이 안착하는 은총을 얻어 세계 도시들의 질투를 받았다. 토요일에는 바쉬트와 샤아브강을 건너 슐 아미르의 영역에 안착하였고, 일요일에 하바란강을 건너 사피드 성채에 대해 조사한 뒤 나반잔 황야에 안착하였다. 그리고 10일 월요일에 군대를 정비하여 나반잔을 출발하여 성채의 아래에 이르렀는데, 그 끝이 불운할 '사아다트'라는 자가 샤 만수르의 허가하에 그 독보적인 성채의 수장이었다.[123]

위의 기사는 1393년 이란 5년 원정 당시, 티무르가 슈슈타르에서 시라즈로 이동한 과정을 기록한 것이다. 이 기록에 등장하는 지명의 상당수가 현재까지 남아 있는데, 그중에는 인구 1000명 이하의 소도시도 많다. 이처럼 야즈디의 『승전기』는 전쟁 도중에 거쳐간 장소에 관한 세세한 지명과 더불어 정확한

[123] YZN/Ṣādiq, pp. 707~708.

날짜까지 기록한 점이 특징이다. 게다가 이때의 기록을 샤미의 『승전기』와 비교하면, 샤미의 기록이 소략한 것도 있지만 지명이 조금씩 다른 점이 눈에 띈다. 이를 통해 야즈디가 샤미의 저본을 정확히 수정하고 증보했음을 알 수 있다.

그 외에도 야즈디의『승전기』에만 수록된 정보는 곳곳에서 찾을 수 있다. 예를 들면 야즈디는 티무르가 인도 원정에서 귀환하는 도중에 카슈미르의 자브한이라는 곳에 머물렀다고 기록한 다음 「카슈미르 상황에 관한 이야기」라는 소제목을 설정하여, 주요 독자인 당대 페르시아인에게는 다소 생소할 지리 정보를 자세히 수록했다. 특히 이 정보는 이슬람권에서 전통적으로 세계 지리에 관한 이해의 근간이 되었던 프톨레마이오스(Claudius Ptolemaeus)의 지리학 이론을 바탕으로 하고 있어, 당대의 지리학 지식 수준을 엿볼 수 있다.

> 카슈미르는 이와 같은 왕국이다. 대략 네 번째 기후대(Iqlīm-i Chahārum)의 중간에 있다. 왜냐하면 그 기후대의 처음은 위도가 33도 37분이며, 그 가운데는 그 위도가 36도 22분이고 그 끝은 38도 54분이기 때문이다.[124] 카슈미르의 카슈미르의

---

[124] 프톨레마이오스의 '일곱 기후대' 개념은 낮의 길이가 가장 긴 하지 때 각 지역에서 낮의 길이를 측정하여, 그 길이가 12시간인 적도부터 24시간인 극점까지를 39단계로 나누고 그중에서 낮의 길이가 13시간인 곳을 제1기후대, 13시간 30분인 곳을 제2기후대 (중략) 16시간인 곳을 제7기후대의 중심으로 지정한 것이다. 한편 적도부터 극점까지를 90도로 나누는 위도의 개념을 가지고 각 기후대의 위치를 비정하기도 했는데, 그에 따르면 네 번째 기후대의 중심은 낮의 길이가 14시간 30분인 위도 36도 00분으로, 이는 39단계 중 11단계에 해당한다. 한편 그 기후대의 처음과 끝은 프톨레마이오스가 구분한 39단계 중 11단계를 중심으로 10단계와 12단계, 33.18과 38.35라

위도는 적도선에서 35도였고, 경도는 '상서로운 섬'(Zajāyīr-i Sa'dā)에서 105도였다. 그 지역의 너비는 길게 펼쳐져 있었고 사방에서 라바사흐[125]산맥과 연결되어 있었다. 그 산자락 남쪽은 델리와 힌두 방면에, 북쪽은 바닥샨과 후라산에, 서쪽은 아프간 부족들의 거주지에, 동쪽은 티베트 초입과 맞닿아 있었다. 평평하고 너른 장소의 너비는 동쪽 경계에서 서쪽 끝까지 약 40파르상이고, 폭은 남쪽 방향에서 북쪽 경계까지 20파르상이다.[126]

낯선 지역의 지리 정보를 수록한 또 다른 사례로, 타림 분지와 그 동부에 관한 기록이 있다.

호탄에서 키타이의 수도인 칸발릭까지는 물의 길로 161개 역이 있었다. 왜냐하면 그곳으로부터 카라호자까지 35개 역이고, 카라호자에서 키타이의 경계인 투트카울[127]까지는 산과 산으로 벽이 둘러 있으며 대문이 있고 집과 역참들이 세워져 있고 어떤 무리들이 그곳에서 변경을 보호하고 있는데 (그곳까지) 31개 역이었다. 그곳으로부터 키타이의 도시

볼 수 있다. 본문에 등장한 수치와 약간 다른 것은, 야즈디가 프톨레마이오스의 개념을 발전시킨 후대 지리학자들의 수정 값을 반영하였기 때문으로 보인다(Otto Neugebauer, *A History of Ancient Mathematical Astronomy*, New York: Springer Verlag, 1975, pp. 43~45).

125 아랍어로 '세로'라는 뜻의 Rāsiyyat의 복수이다.
126 YZN/Ṣādiq, p. 976.
127 가욕관(嘉峪關)을 의미한다. 현재 중국 간쑤성(甘肅省) 주취안(酒泉)지구 자위관시(嘉峪關市)에 있는 만리장성 서쪽 끝 관문으로 명나라 소관이었다.

중에 하나인 섬서까지 55개 역이었고 그곳에서 칸발릭까지 40개 역이다. 한편 40개의 역 외에도 다른 길이 있어, 호탄에서 키타이의 경계까지 40일이면 갈 수 있다고 하였다. 그러나 그 길에는 어떠한 마을도 없고 모래가 많았다. 또한 그 황야에 판 우물은 아무리 빨리 물을 구한다 하더라도 대부분 독성이 있어서 어떤 동물이든 마시면 사망했다. 이상하게도 멀지 않은 곳에 있는 두 우물 중 하나는 죽음을 유발하고 하나는 맛 좋은 곳인 경우가 있었다. 호탄으로부터 카슈가르까지는 50일 거리였으며 카슈가르에서 사마르칸트까지는 25개의 역이 있었다. 호탄에는 두 강이 있어 그것을 우랑카시와 카라카시로 불렀다. 그 강의 돌 대다수는 옥이어서, 그곳에서 다른 왕국으로 운반되곤 하였다. 두 강의 물은 모두 카란구탁에서 흘렀다.[128]

생애 말기에 사마르칸트로 강제 이주한 때를 제외하고는 평생을 파르스 이서 지역에서만 거주한 야즈디에게, 사마르칸트에서 동쪽으로 1000킬로미터 이상 떨어진 호탄과 그 너머 도시들은 지극히 생소한 장소였다. 그럼에도 불구하고 저본에 없는 지리적 정보를 이처럼 자세하게 기록할 수 있었던 것은, 그가 『승전기』를 저술할 때 저본 외의 여러 자료를 확보했기 때문이다. 야즈디는 그것을 충분히 소화하여 적재적소에 배치했다.

야즈디가 타 사서에 비해 상세히 기록한 또 다른 분야는 주변 국가의 정세이다. 야즈디의 『승전기』에는 티무르가 주

---

128 YZN/Ṣādiq, p. 1004.

변 국가의 소식을 보고받거나, 주변국 사신이 그를 알현하는 기록이 자세하게 남아 있다. 예를 들면 티무르가 인도 원정을 시작하기 직전인 이슬람력 800년 라비 알아왈월(1397년 11~12월) 직후의 어느 날, 키타이의 퉁쿠즈 칸(Tunghūz Khān, 명 홍무제)이 보낸 사신이 그를 알현했다. 사신은 『명사』 및 『명실록』에서 홍무 30년(1397)에 사마르칸트 및 헤라트로 파견된 북평안찰사(北平按察使) 진덕문(陳德文)으로 추정되는데,[129] 이 사신에 관한 기록은 페르시아어 사료 중 야즈디의 『승전기』에서만 접할 수 있다. 저본인 샤미의 『승전기』를 보면, 이란 5년 원정이 끝난 1397년 11월에 티무르는 동영지로 가서 힌두스탄 원정을 준비했는데, 이때 후계자인 무함마드 술탄을 모굴리스탄으로 보내 변경을 지키는 동시에 농경과 건설을 명했다. 그리고 '우상 숭배자'의 절멸을 위해 키타이와 호탄 원정을 계획하고 있다고 설명을 부가했다. 이 맥락만 보면 티무르의 중국 원정은 다소 뜬금없는 계획처럼 보일 수 있다. 그러나 야즈디의 『승전기』에 중국 사신에 관한 기록이 부가되어 있다. 따라서 티무르가 진덕문의 알현을 계기로 중국 원정을 계획하였다면 그 맥락이 설득력을 갖게 된다. 또한 북원에서 탈출한 푼야스리(本雅失里, Tāyzī Ughlān)에 관한 기록도 야즈디의 『승전기』에만 남아 있다. 『승전기』는 푼야스리가 대유르트(Ulugh-Yūrt), 혹은 칼막(Qalmāq)에서 달아나 티무르조로 투항했음을 명확히 기록했다. 이는 티무르의 중국 원정이 단순히 명과의 세력 다툼 때문이 아니라 북원 중심

---

[129] 『明史』 332, 「列傳」 220, 西域 4, 「哈烈」. 그전에도 홍무제는 홍무 28년(1395)에 부안(傅安)이란 인물을 파견했지만, 그에 관한 기록은 티무르조 사료에서 찾을 수 없다.

부의 승계 분쟁과도 연관되어 있음을 알려준다.[130]

종합해 보면, 야즈디의 『승전기』는 화려한 문체로 인해 과도하게 비대해진 사서가 아니라, 저본인 샤미의 『승전기』 내용을 보충하고 타 사서에 빠진 내용을 수록한 증보판으로서 사료적 가치를 지닌다고 볼 수 있다.[131]

사서 편찬의 집단화와 정례화

야즈디의 『승전기』의 두 번째 단점으로 거론되는 바는, 티무르의 통치 정통성을 주장하기 위해 역사적 사실을 왜곡했다는 점이다. 이 인식은 이브라힘 술탄이 수집한 자료들을 검토하고 내용을 선별하여 기록했다는 야즈디 자신의 기록으로 인해 강화되었다.[132] 그렇다면 이브라힘 술탄은 『승전기』의 편찬 과정에 얼마나 개입했고, 그의 개입이 『승전기』에 어떤 영향을 미쳤을까. 그리고 그 개입은 과연 『승전기』만의 문제일까. 이를 검토하기 위해 『승전기』의 편찬 과정에 관한 기사를 자세히 살펴보도

---

130 YZN/Ṣādiq, p. 878.

131 이 점에 대해서는 우즈도 지적한 바 있다(John E. Woods, "The Rise of Timurid Historiography", p. 105).

132 앞의 책, p. 103; 한편 찰스 멜빌은 『승전기』의 여러 사본에 삽입된 삽화들을 비교하여, 이브라힘 술탄의 아들이 지배하던 시라즈에서 필사한 사본 및 바이송코르가 지배하던 헤라트에서 필사한 사본 속의 삽화가 본래의 줄거리와는 관계없이 왕자들을 위해 별도로 삽입되었음을 지적했다. 이처럼 사서 저술뿐 아니라 삽화조차 제작 및 후원을 담당한 군주들의 입김이 작용할 수밖에 없었다(Binbaş, "Sharaf al-Dīn 'Ali Yazd", pp. 175~220; Charles Melville, "Visualising Tamerlane: History and its Image", *Iran* 57(1), 2019, pp. 85~94).

록 하겠다.

야즈디가 도입부에 기록한 『승전기』의 편찬 과정은 세 단계로 구분할 수 있다. 첫 번째는 사건 발생 당시에 군주의 곁에 있던 이들이 사건 및 군주의 언행을 기록하는 단계이다.[133] 티무르가 항상 주변에 지식인들을 대동하고 있었음은 이븐 아랍샤(Ibn Arabshāh)와 같이 티무르에게 적대적 태도를 견지하고 있던 당대 아랍인 역사가의 글을 통해서도 알 수 있는데,[134] 그 지식인 중에 '위구르의 박시'와 '파르스의 서기'가 있어 국가의 여러 사건 및 그에 관한 티무르의 말과 행동을 사건 발생 즉시 기록했다. 이 단계의 기록은 주로 일지 형태의 기록일 것이라 추측되지만 현재에는 그 예시가 남아 있지 않다.

두 번째는 티무르 당대에 그 일지를 모으고 자료를 조사·연구하여 연대기를 작성하는 단계이다.

그렇게 그분의 훌륭한 지시로 그 유창한 화술과 뛰어난 지식을 지닌 벗들은 그것에 설명의 의복을 입혔고, 시와 산문의 형태로 저술의 길을 걷도록 하였는데, 그 조건은 기록으

---

[133] 이 단계에 관한 야즈디의 기록은 다음과 같다. "사힙키란께서는 여행 중에도, 도시에서도 줄곧 위대한 터번의 주인, 사이드들과 울라마들과 성직자들과 지식인들, 그리고 위구르의 박시들 및 파르스의 서기들을 동반하였고 그들 무리와 함께, 기억할 수 없는 명령에 따라 어떤 사건이 발생하였을 때마다, 그분의 말과 행동, 국가와 종교 및 정부의 중진들의 상황 등을 모두 조사하였으며, 최대한의 노력을 기울여 기록하였다."(YZN/Ṣādiq, p. 246)

[134] Ahmad Ibn 'Arabshah, *Tamerlane Or Timur: The Great Amir*, Tr. J. H. Sanders, London: Luzac & CO., 1936, pp. 298~299. 이븐 아랍샤는 다마스쿠스 출신으로 티무르의 시리아 침공 때 사마르칸트로 이주하여 아랍어 서적을 번역하는 임무를 맡았으며, 23년 만에 다마스쿠스로 귀환한 후 이집트로 이주하여 그곳에서 사망했다. 그의 사서는 티무르에 대한 반감으로 유명하다.

로 남긴 것을 여러 차례 훌륭한 모임에서 영광스러운 (그분의) 귀에 전하여, 모든 확인 절차를 온전히 거쳐야 한다는 것이었다. 이러한 식으로 '튀르크 시집'(Manẓūma-yi Turkī)과 '파르스의 찬집'(Muʻallaf-i Fārsī)이, 그분의 위대한 상황 하나하나를 모두 포함하도록 시와 저술의 펜으로 기록되었다. 그 외에도 세계의 피난처인 어전의 가신 중 일부가 그분의 연대기 집성을 담당하여, 그것을 위해 조사하고 연구하는 데에 큰 노력을 기울였으며, 이야기를 구성하는 학자들은 고려와 처리라는 그림자 아래에서 그것을 튀르크어와 페르시아어 산문과 운문으로 장식하고 완비하고 완성하였다.[135]

두 번째 단계에 관한 기록을 보면, 티무르는 주변의 지식인들을 동원하여 일지 형태로 되어 있는 기존 자료에 설명을 붙이고 글의 형태를 갖추게 한 다음, 완성된 원고를 자신의 어전에서 읊게 하여 확인했음을 알 수 있다. 이 단계에 해당하는 연대기 및 사서 역시 대부분 소실되었으나, 야즈디의 『승전기』나 하피즈 아브루의 『역사의 정수』, 기야쓰 앗딘 혼데미르(Ghiyas al-Din Khwandamir)의 『전기(傳記)들의 벗』(Habibu's-siyar) 같은 현존 사서에서 그 제목 및 인용구의 정보를 얻을 수 있다.[136] 예

---

[135] YZN/Ṣādiq, p. 246.

[136] 본문에서 예를 든 『홍분과 포효』외에도, 티무르가 니샤푸르를 공격하여 승리를 거둔 일을 서술한 마울라나 자이니(Mawlānā Zaynī)의 『니샤푸르의 승리사』(Tārīkh-i Futuḥ-i Nayshābūr) (ZT/Jawādī 2, p. 555), 이슬람력 793년 (1390~1391) 킵차크 공격에 관해 서술한 『토크막 군대 격퇴사』(Tārīkh i Shikastan i Lashikar i Tuqmāq) (ZT/Jawādī 2. p. 742), 5년 원정 중 아물 근처의 마하나사르 원정에 대해 기록할 때 현장에 있던 하피즈 아브루가 쓴 『마

를 들면 야즈디의 『승전기』에 인용된 『흥분과 포효』(*Jush wa Khurūsh*)라는 페르시아어 연대기의 저자인 셰이흐 마흐무드 장기 아잠(Shaykh Maḥmūd Janghī 'Aẓam)은 이란 7년 원정에 동행했다가 이슬람력 806년(1404~1405)에 사고로 사망한 티무르 당대의 역사가이다. 야즈디가 이 역사가의 사서를 인용한 부분은 이슬람력 771년(1370) 티무르가 카라우나스부의 아미르 후세인을 처단하고 마와라안나흐르의 패권을 장악했을 때의 기록으로, 장기 아잠의 원문은 시의 형태이며 연대표시명을 포함한다.[137]

이 두 번째 단계의 사서 중 현존하는 유일한 작품이 바로 샤미의 『승전기』이다.[138] 상기 인용문에 따르면 티무르 재위 당시에 그의 명으로 작성된 사서들 역시 티무르가 직접 듣고 검증하는 단계를 거쳤으며, 그와 같은 사서가 샤미의 저서 말고도 페르시아어와 튀르크어로 여러 권이 존재했음을 알 수 있다.

이렇게 두 번째 단계까지가 티무르의 재위 시기에 이루어졌다면, 세 번째 단계는 티무르가 세상을 떠난 뒤 후손들에

하나 성채 승리사』(*Tārīkh-i Futuḥ-i Qal'ih Māhānah*)(ZT/Jawādī 2, p. 749) 등이 있다. 한편 현존하지는 않으나 여러 기록을 통해 야즈디와 하피즈 아브루가 참고했으리라 추정되는 사서들을 전체적으로 나열한 목록이 John E. Woods, "The Rise of Timurid Historiography", p. 84; Thomas W. Lentz and Glenn D. Lowry, *Timur and the princely vision*: *Persian art and culture in the fifteenth century*, Los Angeles: Los Angeles County Museum of Art, 1989, 1장에 수록되어 있다.

137 YZN/Ṣādiq, pp. 403~404.
138 티무르조 현존 사료들의 작성 방식을 본문과 같이 세 단계로 정리한다면 샤미의 『승전기』는 티무르 당대에 저술된 두 번째 단계의 사서에 해당하며, 이것이 야즈디와 하피즈 아브루 사서의 저본이 되었다. 본래 샤미의 『승전기』는 하피즈 아브루가 저술한 통사 속에 그대로 삽입되었다가 1937년 집성된 것으로, 그 전에는 여타 사서들처럼 이름만 남아 있었다.

의해 이루어졌다. 이브라힘 술탄은 티무르 재위 시기에 작성된 옛 초고, 즉 '튀르크 시집'과 '파르스의 찬집' 등을 준비하는 한편, 읽는 자와 기록하는 자, 그리고 당대의 사실을 알고 있는 자들을 모았다. 그리고 그들에게 초고를 하나하나 읽어가며 교정하고, 거기에 사건마다 상세한 내용을 덧붙이게 했다.[139] 이렇게 수정·증보된 자료를 바탕으로 야즈디의 유려한 글솜씨에 의해 완성된 사서가 곧 『승전기』이다.

야즈디의 『승전기』 편찬 과정을 간략히 정리하면, 사건 발생 당시에 작성된 1차 기록과 티무르 재위 시기에 사실 검증 과정을 거쳐 저술된 2차 사서가 있었는데, 이것을 이브라힘 술탄 시기에 다시 한번 수집하여 비교·대조한 후, 재차 수정을 거쳐 3차 사서인 『승전기』를 완성한 것이다.[140]

---

[139] 앞의 책, p. 247.

[140] 물론 이 세 단계를 거친 과정이 티무르조 사서 편찬의 정석은 아니다. 예를 들어, 티무르조 후반의 사서인 『양성의 상승과 두 바다의 만남』은 훌레구울루스 아부사이드 칸 시기부터 티무르조의 술탄 아부사이드 미르자 시기까지를 담고 있는데, 전반부에는 『역사의 정수』와 『승전기』를 포함하여 이미 잘 알려진 훌레구울루스 말기부터 티무르조까지의 사서들을 많이 이용했다. 이 경우에는 『역사의 정수』 및 『승전기』가 2차 자료가 되는 셈이다. 반면에 『역사의 정수』가 끝나는 이슬람력 830년(1426) 이후의 사건은 주로 서기들의 1차 사료, 저자 개인의 경험과 조사 등을 바탕으로 기록되었으므로(C. P. Haase, "Abd al-Razzaq Samarqandi", *Encyclopædia Iranica* 1/2, 1982, pp. 158~160), 이 부분에는 1차 기록의 인용이 두드러지게 많은 편이다. 예를 들면 맘루크조와 주고받은 서신, 저자 사마르칸디가 인도로 파견되었을 때 작성한 보고서 등이다.
그런데 사마르칸디의 사서 역시 저자 혼자 만든 것이 아니라, 기왕의 여러 자료를 모으고 많은 이들의 검토를 통해 완성된 편찬 사서이다. 사마르칸디는 본문에 종종 카말 앗딘 니자미(Kamāl al-Dīn 'Abd al-Vāsi' Nizāmī)라는 인물의 시를 인용했다. 이 니자미에 관해 혼데미르는 그가 서신과 칙령을 쓰는 능력을 연마하는 데에 젊은 시절을 보냈으며, 후세인 바이카라(Husayn Bāyqarā)가 등극할 때 그의 전공에 관한 사서를 저술하기도 했으나, 너무 많

이와 같은 편찬 과정을 보면 야즈디의 『승전기』를 포함한 여러 티무르조 사서는, 저자 한 사람이 고뇌한 결과가 아니라 다수의 사람이 참여하여 완성한 것임을 알 수 있다. 이때 동원되었던 사람들, 즉 티무르 곁에서 항상 그의 말과 행동과 사건을 기록한 '위구르 박시와 페르시아 서기', 그리고 이브라힘 술탄에 의해 소집되어 기존 자료들을 수정하고 보완했던 '튀르크의 박시와 페르시아의 이야기꾼'의 존재는 페르시아의 오랜 서기 전통[141]과 몽골제국 내 식자 계층이던 위구르인의 활약을 동시에 떠올리게 한다. 행정 체계를 갖지 못한 아랍계 무슬림 지배자 정권에서 페르시아의 체계적 행정 시스템을 무기로 독보적 지위를 유지한 페르시아인 서기 계층과, 독자적 기록 체계가 없던 몽골인들을 대상으로 위구르문자 및 행정 능력을 이용하여 각종 실무를 담당했던 위구르 서기 계층, 아시아의 동과 서에서 '식자'(Men of Letter, Ahl-i Kalam)이자 문인(文人)이던 이들이 티무르제국이라는 국가 안에 공존하며 역사 기록을 담당

은 비유와 메타포를 삽입하여 바이카라가 다른 문인에게 그 작업을 다시 맡겼다고 했다(HS/Thackston, 4: 339). 즉 15세기 후반 티무르조 군주인 바이카라 역시 여러 서기에게 사서 제작 업무를 맡겼고, 니자미는 그런 서기 중 한 사람이었음을 알 수 있다. 사마르칸디 역시 니자미를 시인이자 서기라 소개했으며(MSMB/Nawāī 4, p. 1063), 사마르칸디가 인용한 니자미의 시는 연대표시명을 포함하고 있어 그가 사건 발생 당대에 사서를 기록했음을 알 수 있다. 즉, 사마르칸디는 자신의 경험뿐 아니라 서기인 니자미가 작성한 기록도 참고한 것이다. 더 나아가 사마르칸디는 서론에 자신의 30년 지기인 셰이흐 무이즈 앗딘 나쿠이(Shaykh Muʻizz al-Dīn Ḥusayn al-Naqūʼī)를 거론하면서, 그가 사서의 교정에 크게 기여했다고 했다(MSMB/Nawāī 1, p. 51). 결과적으로 사마르칸디의 사서 역시 당대 군주의 명을 받아, 다양한 1~2차 기록을 모으고 여러 사람의 노력을 투입하여 편찬된 것이라 할 수 있다.

141 Hashem Rajabzadeh, "Dabīr", *Encyclopaedia Iranica* VI, Fasc. 5, pp. 534~539.

한 것이다.[142]

이들은 앞서 제시된 세 단계 중 어느 하나에 국한되지 않고 다양한 역사 기록 작업에 종사했다. 예를 들면 하피즈 아브루는 『역사의 정수』와 같은 3차 사서뿐 아니라, 당대에 목격한 내용을 담은 1차 기록을 작성하기도 했다.[143] 이는 야즈디도

[142] 페르시아의 사학사적 흐름을 살펴볼 때 서기(Dabīr) 집단은 이슬람 이전부터 존재한 계층으로, 기록과 관계된 국가 행정 전반에 간여하였다. 이후 페르시아권을 다스리게 된 아랍인들이 이들을 이용함으로써 페르시아의 서기 전통이 이슬람권으로 이어져, 이슬람화 이후에 페르시아 역사서를 기록한 이들 중 많은 수가 서기 출신이었다. 『샤 나마』의 저자 페르도시가 중세 페르시아어로 된 왕실 서기들이 남긴 기록을 이용하여 과거의 역사를 기록했다는 사실은 익히 알려져 있거니와, 페르시아 역사서의 전범인 가즈나조의 『베이하키사』(Tārīkh-i Bayhaqī)의 저자 아불 파즐 베이하키('Abu al-Fazl Bayhaqī) 역시 다비르, 혹은 카팁(Kātib)이라는 칭호를 가지고 있다. 특히 셀주크조에는 다양한 종류의 서기가 존재했는데, 그중에 일지서기(Dabīr-i Ruznāma)라는 계층이 있다. 현재는 'Ruznāma'가 페르시아어로 신문을 가리키는 단어이지만, 본래의 의미는 '매일의 사건을 기록한 글'이기 때문에 이 서기는 본문에서 언급된 티무르가 대동하고 있는 위구르인 박시나 파르스 서기와 마찬가지로 군주의 말과 행동 및 그를 둘러싼 사건의 경과 등을 기록하는 사람이라 볼 수 있다. 이러한 매일의 정보들이 훗날 2차, 3차 사서를 기록할 때 근거 자료가 되는 것이다.

훌레구울루스에서는 페르시아의 사서 편찬 전통에 위구르-북중국의 전통이 중첩되었다. 라시드 앗딘의 『집사』가 중국에서 온 볼라드 칭상(Bolad Chingsang)의 '알탄 다프타르'를 사용하여 저술된 것은 유명한 사실이다. 특히 『집사』 저술 과정을 보면, 그는 기존 자료를 단순히 참고하는 것만이 아니라 하위 서기 여럿을 곁에 두어 조직적으로 자료를 정리하고 기록할 내용을 취사 선택하며, 초고를 작성하고 이를 다시 다듬는 과정을 거쳤다. 『울제이투사』(Tārīkh-i Üljaytū)를 기록한 카샤니('Abd-Allah ibn 'Alī Kāshānī)가 『집사』의 저술에 자신의 기여가 컸음을 주장한 것은 이러한 맥락에서 이해할 수 있다. 『승전기』를 서술할 때 이브라힘 술탄이 모은 '튀르크의 박시와 페르시아의 이야기꾼'은 바로 이와 같은 중간 역할을 위해 투입된 하위 서기들이었을 것이다(A. SH. Shahbazi, "Historiography ii. Pre-Islamic Period", *Encyclopaedia Iranica* XII, Fasc. 3, 2003, pp. 325~330).

[143] Maria Eva Subtelny and Charles Melville, "ḤĀFEẒ-E ABRU", *Encyclopadia Iranica* XI, Fasc. 5, pp. 507~509.

마찬가지였는데, 그는 선대 군주에 관한 3차 사서인 『승전기』를 작성하는 한편으로 이브라힘 술탄을 따라다니며 그에 관한 1차 기록을 남기기도 했다. 실제로 사마르칸디와 혼데미르는 이브라힘 술탄의 출정을 서술하면서 "야즈디가 이브라힘 술탄의 등자(鐙子)에 동행하였는데, 말씀하시기를"이라는 설명과 함께 야즈디가 당대 사건을 기록한 두 사구시(Rubāʿī)를 인용했다.[144]

이처럼 각 단계의 역사 기록마다 서기 여럿이 투입되어 공동 작업을 했다면, 이들을 관할하는 왕실 기구도 존재했을 가능성이 크다. 하피즈 아브루는 『역사의 정수』에서 아나톨리아의 반 성채 정복에 관해 서술할 때, '카르하나'(Kār-Khāna, 작업장)에 있는 호자 마지드 앗딘의 아들 호자 알리라는 인물이 그 성채를 정복한 날짜를 (아래와 같은) 훌륭한 사구시로 읊었다는 기록을 남겼다. 호자 알리의 사구시는 『승전기』나 『역사의 정수』에서 종종 찾을 수 있는, 연대표시명을 지닌 2차 사서의 기록과 그 형태가 유사하다. 즉 호자 알리는 티무르 재위 시기에 역사 기록을 담당한 서기인데, 그가 '카르하나'라는 곳에 속해 있다는 의미이다. 이처럼 역사 기록 업무가 이루어진 카르하나의 존재는 훌레구울루스에서 라시드 앗딘의 후원 아래 『집사』 등을 제작했던 '라비 라시디야'(Rab-i Rashidiyya)를 연상케 한다. 티무르조에도 정확한 명칭을 찾을 수는 없지만 유사한 기구가 있었음을 짐작할 수 있다.

왕실이 후원하여 다양한 예술 작업을 행하던 기관이라는 의미로 '카르하나'라는 단어를 사용한 사례는 훌레구울루스

---

144 MSMB/Nawāī 3, p. 403.

이전 사료에는 보이지 않다가 훌레구울루스의 사료부터 종종 등장한다. 이는 주로 장인들이 모여 있는 곳을 뜻하는데, 장인들은 그림을 그리거나 천막을 만들거나 정원을 짓거나 옷을 제작하는 등의 다양한 예술과 학문 분야에 종사했다. 그러므로 '카르하나'는 단어의 의미 그대로 다양한 분야의 장인과 예술가들이 모여서 지배층의 후원을 받으며 작업을 하는 곳이다. 그중의 수장(Asātizih)은 군주가 선발하고 관리했다.[145] 즉 호자 알리가 속한 카르하나는 역사 기록을 담당하는 서기들이 모여서 일하는 왕실 주관 작업장이며, 티무르와 이브라힘 술탄이 역사 기록 및 검증을 위해 소집한 서기들 역시 이 '카르하나'와 같은 기구 소속이었을 것이다.

티무르의 후예가 통치하던 시대에는 이와 유사한 기구를 '키탑하나'(Kitāb-Khāna, 혹은 Kutub-Khāna, 도서관)라 불렀다. 가장 대표적인 사례는 각종 예술 작업의 후원자였던 샤루흐의 아들 바이송코르의 키탑하나이다. 다울라트 샤 사마르칸디(Dawlat Shāh Samarqandī)는 바이송코르의 키탑하나에 "자파르 타브리지(Ẓa'far Tabrīzī) 휘하에 40인의 필사"가 있다고 했고, 바이송코르 시기에 제작된 삽화 앨범에는 바로 그 자파르 타브리지가 왕실 키탑하나(Kutubkhāna-yi Humayun)에 소속된 여러 예술가의 업무를 보고한 보고서('Arẓadāsht)가 수록되어 있다.[146]

---

[145] Ala al-Din Ata-Malik Jūvaynī, *Tārīkh-i Jahānghushā-yi Jūvaynī*, Tehrān: Dunyā-i Kitāb, 1382Sh./2003~2004), p. 104; *'Abd-Allah ibn 'Alī Kāshānī, Tārīkh-i Ūljaytū*, Tehran: Shirkat-i Intishārāt-i 'Ilmī wa Farhangī, 1384Sh./2005~2006, p. 121.

[146] Thomas W. Lentz and Glenn D. Lowry, *Timur and the princely vision : Persian art and culture in the fifteenth century*, 4장; W. M. Thackston, *Album prefaces and*

한편 우마르 셰이흐의 아들 이스칸다르도 키탑하나를 보유하고 있었는데, 그곳에 소속된 마울라나 마루프 하타트 바그다디 (Mawlānā Ma'rūf Khaṭāt Baghdādī)를 위해 차양과 왕의 천막을 세우고 곁에 펜을 다듬는 이를 제공하여 하루에 500구씩 필사시켰다고 한다. 바그다디는 이스칸다르 사망 이후 샤루흐의 어전으로 옮겨 이전과 같은 업무에 종사하며 페르시아 고전 중 하나인『함자』의 필사를 맡았다.[147] 사실 이스칸다르가 이란 서부를 차지했던 기간은 길지 않지만, 그 사이에 다양한 예술 작품을 완성하고 과학적 성과를 이루었다. 사서 방면에서는 나탄지의『무인 선사』가 그의 시대에 저술되었는데, 이러한 작업 또한 왕실 키탑하나에서 이루어졌다고 볼 수 있다.[148] 한편 이브라힘 술탄의 키탑하나에 대한 직접적인 기록은 없지만,『승전기』편찬 당시 이브라힘 술탄이 확인 절차를 거치기 위해 양쪽 언어의 서기 및 목격자를 소집한 '모임' 등은 이 키탑하나에서 이루어졌을 것이다.

티무르조의 사서 편찬은 이처럼 집단적인 동시에 정례적이었다. 앞서 사서 편찬의 두 번째, 세 번째 단계를 잘 살펴보면 각 단계에서 사서를 작성할 때 처리하는 과정이 유사함을 알 수 있다. 기왕의 정보를 수집하고 선별하여 그 내용을 한 사람의

other documents on the history of calligraphers and painters, köln: Brill, 2001, pp. 43~46.

147 MSMB/Nawāī 3, pp. 383~384.
148 이 사서는 두 가지 버전이 있는데, 하나는 이스칸다르에게 바친 버전이며, 다른 하나는 샤루흐에게 바친 버전이다. 이는 후원 군주가 누구냐에 따라 책의 내용이 바뀐 대표적인 사례이다. 자세한 내용은 川口琢司,『ティムール帝國支配層の研究』, 札幌: 北海道大學圖書刊行會, 2007의 4장 참고.

손으로 기록하게 한 다음, 여러 서기가 왕의 어전에서 이를 검토하고 보충하는 것이 사서를 작성하는 일반적인 순서였다.

두 번째 단계에 해당하는 샤미의『승전기』도 위와 같은 과정을 거쳤다면, 이 책 역시 티무르가 검토한 뒤 사실과 다르게 작성되었다고 주장할 수 있다. 기존의 '몽골제국의 쿠레겐이자 대아미르'라는 통치 정통성을 대체하는 '사힙키란' 칭호는 샤미의『승전기』에서 최초로 등장했다. 이는 티무르가 통치 말기에 샤미의『승전기』를 통해 자신의 새로운 통치 정통성을 구축하고자 했음을 보여준다. 이를 위해 샤미는 꿈이나 형태 없는 소리의 계시 일화를 삽입하기도 했다. 이렇듯 샤미의『승전기』 또한 야즈디의『승전기』와 마찬가지로 '사힙키란'이라는 통치 정통성을 선양할 목적의 역사서이므로, 티무르의 개입으로 인해 사실이 변형되었을 가능성은 충분하다.

두『승전기』모두 사실에 대한 의도적 왜곡의 가능성을 갖고 있다면, 이 점을 염두에 두고 당대의 사실이 무엇이었는지 파악하는 것이 후대 역사가의 역할이다. 그렇다면 두 사서의 사료적 가치를 비교할 필요가 있다. 기왕의 연구를 진행한 학자들은 허수아비 칸의 존재나 티무르의 등극 기사 등을 근거로 야즈디의『승전기』가 역사적 사실을 왜곡했다고 주장했다. 그러나 과연 야즈디의『승전기』가 모든 분야에서 사실을 왜곡하고 있을까. 앞에서 설명한 것처럼 야즈디의『승전기』는 샤미의『승전기』를 저본으로 삼으면서도 그 외의 다양한 사료와 자료를 참고했다. 샤미의『승전기』역시 기왕의 자료를 참고했으나,[149] 야즈

149　John E. Woods, "The Rise of Timurid Historiography", p. 86.

디가 샤미보다 더 많은 자료를 수집했던 것은 사실이다. 그렇다면 티무르 재위 당대에 기록된 샤미의 『승전기』와 후대에 기록되었으나 당대의 여러 자료를 더욱 많이 수집한 야즈디의 『승전기』중 어떤 사서가 역사적 사실을 더 정확하게 기록하고 있을까.[150]

이에 관한 예시 하나를 살펴보자. 아래는 야즈디의 『승전기』 기사인데, 이란 7년 원정 중 시리아 바알벡 성에 도착한 때를 묘사하고 있다.

승리를 상징하는 깃발이 바알벡에 이르렀을 때, 그 도시 성벽을 살피던 자들이 경악했다. 왜냐하면 그것을 매우 큰 돌로 세웠기 때문이다. 요새의 벽 한구석에 돌 하나가 정원 방향으로 굳건히 서 있었는데 한 면이 (가즈-샤리아로) 28가즈였고 다른 쪽은 16가즈였으며 높이는 7가즈였다.[151]

똑같은 상황을 샤미는 "성채에 둘러 있는 돌 중에 하나는 25가즈, 높이는 9가즈, 폭은 벽에 있으므로 그 크기가 얼마인지는 신만이 아실 것이다"[152]라고 기록했다. 이를 비교하면 야즈

---

150 그 외에도 샤미의 『승전기』의 내용을 후대 사서의 역사가가 수정하고 보완한 사례가 많다. 샤미의 『승전기』는 연대 기록에 많은 오류가 있으며, 야즈디가 그것을 바로잡은 점을 들 수 있다. 그에 관해서는 다음의 연구가 있다 (Charles Melville, "The Chinese-Uighur Animal Calendar in Persian Historiography of the Mongol Period", *Iran* 32, 1994; 諫早庸一, 「ペルシア語文化圏における十二支の年始變容について - ティムール朝十二支考-」, 『史林』 91(3), 2008).

151 YZN/Ṣādiq, p. 1063.

152 SZN/Simnānī, p. 229.

디가 저본인 샤미의 기록을 똑같이 따르지 않았음을 알 수 있다. 그렇다면 야즈디는 어떤 자료에 의거하여 내용을 바꾸었을까. 『역사의 정수』에서 동일한 사건을 다룬 기사를 살펴보자.

> 이 책의 저자는 아미르 잘랄 이슬람과 마울라나 시합 앗딘 압둘라 리산【그들의 먼지가 향기롭기를!】과 함께 그 성채 아래에 이르렀는데, 도시의 바깥 방향에 정원에 속하는 하나의 큰 돌이 요새 구석에 있었다. 아미르 잘랄은 명을 내려 줄을 가져와 그 돌을 감싸서 몇 가즈인지 측정하도록 하였다. 한쪽 면이 28가즈였고 다른 쪽은 16가즈였으며 높이가 7가즈였다.[153]

여기에 따르면 하피즈 아브루는 대비틱치인 잘랄 이슬람[154]의 명에 따라 돌의 크기를 측정했다. 야즈디 또한 '도시 성벽을 살피던 자'들을 거론했으므로, 야즈디는 성채의 실제 목격자인 하피즈 아브루의 의견에 따라 샤미의 기록을 수정했음을 알 수 있다. 그런데 문제는 『승전기』는 이슬람력 828년(1424)에, 『역사의 정수』는 이슬람력 830년(1426)에 완성되었다는 사실이다. 더군다나 두 사람은 각각 샤루흐의 두 이복 아들인 이브라힘 술탄과 바이송코르의 어전, 즉 시라즈와 헤라트에서 활동했으므

---

[153] ZT/Jawādī 2, p. 916.

[154] Jalāl Islam. 야즈디에 따르면 그는 델리 도시로 들어가 디반 알라의 아미르들과 함께 세금을 거두었다. 또한 그는 다마스쿠스를 정복하였을 때 투입된 '디반 알라의 아미르들과 비틱치들' 중에 가장 앞에 이름이 거론되는 대비틱치였다. 그러므로 하피즈 아브루는 대비틱치와 함께 다니며 기록한 하위 서기였음을 알 수 있다(YZN/Ṣādiq, p. 1077).

로 서로의 작업을 모르는 상태였다.[155] 그렇다면 야즈디는 하피즈 아브루가 기록한 내용을 어떻게 알게 되었을까.

그 단서는 전술한 세 단계의 편찬 과정에 있다. 티무르의 이란 7년 원정에 동행한 하피즈 아브루는 자신이 본 내용을 1차 기록으로 남겼는데, 이후 이브라힘 술탄이 각지의 자료를 모을 때 이 기록이 전해졌고, 야즈디는 그것을 보고 저본을 수정한 것이다. 한편 하피즈 아브루 역시 수십 년 후에 3차 사서인 『역사의 정수』를 저술할 때 본인의 옛 기록을 참고했다. 그 결과 두 사서가 동일한 내용을 수록하게 되었다.[156]

이 외에도 샤미의 『승전기』의 오류를 야즈디가 바로잡은 다수의 예가 있다. 샤미의 『승전기』는 "아미르 카즈간 시기에 왕위는 다니시만드차 오글란과 바얀 쿨리에게 있었는데, 아미르 카즈간이 사망하고 그의 아들 압둘라가 득세했을 때 바얀 쿨리가 부친을 쳐부수었고, 파디샤가 바얀 쿨리를 왕좌에서 끌어내린 후 티무르 샤를 왕위에 앉혔다"고 기록했다.[157] 이것은 매우 모호한 기록이다. 앞에서 '왕위'(Pādishāhī)가 다니시만드차 오글란과 바얀 쿨리에게 있었다는 기록과 파디샤가 바얀쿨리를 살해했다는 설명은 서로 모순이며, 바얀 쿨리의 부친은 왕좌에 등

---

155 John E. Woods, "The Rise of Timurid Historiography", p. 106.
156 하피즈 아브루가 티무르 재위 시기에 1차 기록을 작성한 서기였고, 그의 기록을 야즈디가 인용했음은 인도 원정에 관한 기사에 보다 명확하게 나타난다. 『역사의 정수』에는 "이 책의 저자는 이 (인도로의) 여행에 동행하였는데, 이 사건에 대해 연대표시명을 기록하였다"고 하며, 이슬람력 801년을 시사하는 연대표시명을 포함한 시를 기록하였다(ZT/Jawādī 2, pp. 852~853). 그런데 이 시와 동일한 연대표시명 및 시구 일부가 『승전기』에 고스란히 기록되어 있다(YZN/Ṣādiq, p. 936).
157 SZN/Simnānī, p. 15.

극한 적이 없으므로 바얀쿨리가 갑자기 부친을 살해한 까닭을 이해할 수 없다.158 결국 이 기록은 야즈디와 하피즈 아브루, 나탄지 등에 의해 부정된다. 세 사람은 샤미보다 당대의 상황을 정확히 묘사했다. 다니시만드차 오글란은 차가타이계 군주가 아니라는 이유로 아미르 카즈간에 의해 살해되었으며, 차가타이계인 바얀 쿨리의 사망은 압둘라에 의한 것이라고 하였다.159 이처럼 샤미의 사서에서는 역사적 사건의 인과 관계를 정확히 파악하지 못한 부분이 여럿 발견되는데, 야즈디는 『승전기』에 그 내용을 수정·보완했다.

위의 여러 사례들을 검토할 때, 야즈디의 『승전기』는 티무르 재위 당시의 사서는 아니지만, 다양한 당대 자료들을 수집하여 저본을 보완했음을 알 수 있다. 특히 두 『승전기』의 내용은 차가타이울루스의 말기인 14세기 초반까지 거슬러 올라가므로, 이 시기는 샤미나 야즈디 모두에게 익숙하지 않은 과거이다. 과거를 정확히 서술하기 위해서는 다양한 자료를 수집하여 비교·대조하고 논리적으로 진실에 가까운 내용을 찾는 것이 중요하다. 이를 위해 많은 자료를 수집해야 하는데, 이러한 측면에서 야즈디가 샤미의 저본을 뛰어넘었다고 볼 수 있다.

정리하자면 야즈디의 사서에 수록된 페르시아 이슬람

---

158 샤미에 의하면 바얀 쿨리의 부친은 수르가누(Sūrghānū)인데, 그는 어떤 차가타이울루스의 계보에도 군주로 거론된 적이 없다(앞의 책, p. 13).

159 바얀 쿨리가 살해된 이유에 관해 야즈디는 카라우나스부의 아미르 압둘라가 바얀 쿨리의 부인에게 흑심을 품고 있어 그를 살해했다고 설명했다. 한편 나탄지나 하피즈 아브루는 바얀 쿨리 사망의 원인을 밝히지 않았다 (Muʿīn al-Dīn Naṭanzī. *Muntakhab al-Tawārīkh Muʿīn-i*, p. 83; ZT/Jawādī 1, p. 317).

권의 지식·사상은 오랜 전통의 일부분이므로 그 자체로 문화사·지식사적 의의를 갖는다. 한편 미사여구와 부차적인 정보들을 차치하고 '당대의 사실'을 얼마나 정확하게 반영하고 있는지를 기준으로 야즈디『승전기』를 평가한다면, 다양한 자료를 수집하여 저본인 샤미의『승전기』가 소략한 부분을 상세히 보강하고 오류는 수정했다고 말할 수 있다. 그러므로 야즈디의『승전기』가 타 사서에 비해 사료적 가치가 떨어진다는 주장은 재고되어야 한다.

번역에 이용한 사본과
기왕의 연구

사본 소개

야즈디의 『승전기』는 당대인에게 티무르의 정통성을 효과적으로 제시했을 뿐 아니라, 사힙키란이라는 개념을 유행시켜 후대의 군주들이 너도나도 사용할 수 있도록 했다. 티무르조가 멸망한 후 중앙아시아·서아시아를 차지한 여러 국가의 군주들은 티무르의 선례를 따라 자신의 정통성을 강조했다. 스스로 '두 번째 사힙키란'을 칭한다거나,[160] 티무르와 관련된 신비한 사건이 자

---

[160] 아크코윤루의 우준 하산은 스스로를 사힙키란이라 칭했으나, 티무르를 지칭할 때도 사힙키란이라 부르며 경의를 표했다. 그러나 자신이 티무르보다 훌륭한 군주라고 주장했다(Abū Bakr Ṭīhrānī Iṣfahānī, *Kitāb-i Diyārbakriyya*, Ankara: Turk Tarih kurumu Basimevi, 1964, p. 547). 한편 무굴제국의 샤 자한은 동전에 스스로를 '두 번째 사힙키란'이라 칭했다. 또한 그의 시기에 발견된 『티무르 자서전』(*Mulfuzāt-i Tīmūrī*)을 열심히 읽고, 그 속의 오류를 야즈디 『승전기』 내용에 맞게 고치도록 했는데, 이 역시 그가 조상인 티무르의 통치 정통성을 이용한 예로 볼 수 있다(Ruby Lal, "Settled, Sacred and All-Powerful: Making of New Genealogies and Traditions of Empire under Akbar", *Economic and Political Weekly* 36(11), 2001, pp. 941~958; Irfan Habib, "Timur in the Political Tradition and Historiography of Mughal India", pp. 307~308). 또한 오스만의 셀림 1세와 그의 아들 술탄 술레이만이 사용한 다양한 칭호 중에 '일곱 기후대의 사힙키란'이 있는데, 이슬람의 첫 번째 1000년 전환기인 이슬람력 990년경, 이교도인 유럽 세력과 첨예한 갈등을 겪고 있던 오스만 군주들이 티무르의 사힙키란 모델을 보다 더 정교하게 완성했다는 평가를 받는다(Cornell H. Fleischer, "Mahdi and Millennium: Messianic Dimensions in the development of Ottoman imperial Ideology", *The Great Ottoman, Turkish Civilisation 3-Philosophy, Science and Institution*, Ankara: Balkan Ciltevi, 2000, p. 46; Pınar

신에게 발생했다고 주장하기도 했다.[161]

  이 중에 가장 최신의 사례는 1901년에 사망한 아프가니스탄의 지배자 압둘라흐만 칸(Abd al-Raḥman Khān)이다. 그는 아프가니스탄 동부 누리스탄(Nuristan, 옛 카피리스탄)의 쿤룬 성채에서 티무르의 비석을 발견했다고 공표했다. 그의 서기인 미르 문시 술탄 메흐메드 칸(Mir Munshi Sultan Mehmed Khan)에 의하면 비석에 "티무르가 이 야만인들의 국가를 침공한 첫 번째 무슬림 정복자이지만 쿤룬은 차지하지 못했다"고 기록되어 있었다고 한다. 이에 압둘라흐만 칸이 그 비석 하단에 "성전사 압둘라흐만 칸이 카피리스탄을 정복하여 이슬람화했다"고 덧붙였

  Emiralioğlu, "Cartography and the Ottoman Imperial Project in the Sixteenth Century", *Imperial Geographies in Byzantine and Ottoman Space*, Ed. Sahar Bazzaz, Dimiter Angelov and Yota Batsaki, Cambridge, Massachusetts: Center for Hellenic Studies, Harvard University Press, 2013, pp. 69~91; S. Subrahmanyam, "Connected Histories — Notes towards a Reconfiguration of Early Modern Eurasia", *Modern Asian Studies* 31(33), 1997, pp. 751~752).

161 아프샤르조 나디르 샤의 경우 칼라트 성채에서 티무르의 명문(銘文)을 발견했다고 주장했다. 해당 명문은 "이 명문을 발견하는 자는 이 시대의 희귀한 자(Nādir-ī Dūlān)이며 사힙키란이다. 사람들은 나를 티무르 쿠레겐이라 부른다"는 내용이라고 한다. 그의 역사가 무함마드 카짐 마르비(Muhammad Kazim Marvi)는 이 명문을 근거로 "나디르 샤가 신에게 승리를 구하고 사파비의 재건을 위해 힘쓰는 이상, 승리할 것"이라 선언했다(Ernest Tucker, "Explaining Nadir Shah: Kingship and Royal Legitimacy in Muhammad Kazim Marvi's "Tārīkh-i ʿālam-ārā-yi Nādirī"", *Iranian Studies* 26(1~2), 1993, p. 104). 사파비 후기의 군주 샤 사피 역시 호르무즈 총독인 이맘 쿨리 칸에게서 티무르의 칼을 선물 받았는데, 이 사건에 관해 기록한 연대기 역사가는 "이것은 샤 사피의 세계정복 성공을 암시한다"라고 서술했다. 한편 17세기 압바스 1세 시기의 세 사료에 기록된 티무르 관련 언급을 보면, 이슬람력 1000년이 지나면서 사파비 교단의 셰이흐라는 정통성, 마흐디의 대리인이라는 정통성 등이 쇠퇴하자, 사파비조 군주는 새로운 통치 정통성을 티무르조에서 찾았다고 한다(Sholeh A. Quinn, "Notes on Timurid legitimacy in three Safavid chronicles", *Iranian Studies* 31(2), 1998, pp. 157~158).

다는 것이다.[162] 압둘라흐만 칸이 발견했다는 비석은 현존하지 않아 그것을 실제 티무르가 세웠는지 확인하기 어렵지만, 그의 서기가 이렇게 기록한 데는 역사적 근거가 있다. 야즈디의 『승전기』를 보면 티무르가 이슬람력 800년 라마단월에 카피리스탄의 하와크 길을 통과하면서 비석을 세우고 글을 새겼다고 했으므로, 술탄 메흐메드 칸은 이 기사를 이용하여 압둘라흐만 칸이 티무르의 비석을 발견했다고 주장한 것이다.[163] 실제로 티무르는 킵차크 원정 도중 울룩탁(Ūlugh-Tāq)에 비석을 세웠는데 그 실물이 1936년에 발견되었으므로, 카피리스탄에도 비석을 세웠을 가능성은 충분하다.

이 비석은 샤미의 『승전기』나 하피즈 아브루의 『역사의 정수』에는 등장하지 않으므로, 압둘라흐만 칸이 티무르의 비석에 관해 알게 된 것은 야즈디의 『승전기』를 통해서였다. 이처럼 야즈디의 『승전기』는 수백 년간 페르시아 이슬람 문화권에서 널리 읽혔다. 그런 만큼 사본도 무척 많은 편이다. 각 기관의 카탈로그에 수록된 사본만 해도 전 세계에 약 200여 권이 존재하며,[164] 사본의 필사 시기는 야즈디의 생전인 이슬람력 840년(1436~1437)부터 19세기 말에 걸쳐 있다. 필사 장소 역시 야즈디가 활동한 시라즈뿐 아니라 사마르칸트와 부하라, 아나톨리

---

162 John Davidson, *Notes on the Bashgalī (Kāfir) Language*, Journal of the Asiatic Society of Bengal 71(1), 1902, p. viii; Abd al-Rahman Khan, *The Life of Abdur Rahman: Amir of Afghanistan*, Ed. Mir Munshi Sultan Mohamed Khan, London: John Murray, Albemarle Street, 1900, pp. 291~292.

163 YZN/Ṣādiq, p. 872.

164 Charles Melville, "Visualising Tamerlane: History and its Image", p. 84.

아와 인도 등 과거 티무르조의 영역 전역에 걸쳐 있다. 그러므로 유효한 사본을 모두 확보해 번역하기란 불가능하다는 점을 전제로, 실제 이 작업에서 이용한 사본 및 출판본을 간략히 소개하겠다.

『승전기』는 페르시아어로 네 차례 출판되었는데, 가장 일찍 출판된 것은 1887~1888년이고, 가장 최근의 것은 2004~2005년이며 판본마다 출판 지역도 각자 다르다. 그중에 하나는 사본을 그대로 촬영하여 출판한 것이며, 나머지 세 권은 여러 사본을 조합한 편집·교감본이다. 이 '한국어판'에서는 가장 최근에 이란에서 출판된 것을 저본으로 삼았고, 그 외에 세 개의 출판본과 몇몇 사본을 참고했다. 그 출판본과 사본은 아래와 같다.

① 캘커타본(Sharaf al-Dīn ʿAlī Yazdi, *Ẓafar-Nāma Taimurī*, Ed. Mūlavī Muḥammad al-Hadād, Calcutta: Asiatic Society, 1887). 인도 최초의 페르시아어 출판물(전 2권)이다.

② 이란본 I (Yazdī, Sharaf al-Dīn ʿAlī, *Ẓafar nāma*, Ed. Abbas, Tehrān: Amīr Kabir, 1336Sh./1957~1958). 이란에서는 『승전기』가 두 차례 출간되었는데, 이 책은 그중 첫 번째 출판본이다. 서문에 기록된 참고 사본을 보면 다음의 세 가지 이상의 사본을 이용했을 알 수 있다.

가) 편집자 개인 소장본: 작성 연대가 기록되어 있지 않으나 서체 및 철자 등의 여러 특징 등을 살펴볼 때 15세기, 즉 야즈디 생전에 작성된 것으로 보인다. 심지어 야즈디 자신이 쓴

원문일 가능성도 있다. 이란본 I은 바로 이 개인 소장 사본을 저본으로 두고, 다른 사본과 비교하는 식으로 교정했다.

나) 이란 국회도서관에 소장된 36782번 사본: 이 사본은 '이슬람력 840년 사본'[165] 중 하나로, 가) 사본과 더불어 야즈디 생전에 작성된 사본이다.[166] 이 사본은 아름다운 서체로 유명하다. 다만 현재 이란 국회도서관이 사본을 공개하지 않고 있다.

다) 이란 국회도서관 소장 36773번 사본: 이 사본은 이슬람력 1037년(1627~1628)에 작성된 필사본으로, 인도 무굴제국의 왕자이 티무르의 후예인 샤 자한이 작성한 사본이라고 한다. 역시 사본을 공개하지 않고 있다.

라) 캘커타 본 : 상기 ㉮의 출판본이다.

---

[165] 이슬람력 840년에 시라즈 혹은 아바르쿠흐에서 필사된 사본은 현재까지 네 종이 발견되었다. 1) 테헤란 국회도서관 36872번 사본, 2) 테헤란 국회도서관 14189번 사본, 3) 이스탄불 술라이마니예도서관 Kara çelebezade 275 사본, 4) 타슈켄트 4472번 사본(타슈켄트본)이다. 바르톨트는 이 시점에 야즈디의 『승전기』가 대량 필사되었다고 주장했다(Binbaş, "Sharaf al-Dīn 'Ali Yazd", p. 302). 실제로 필자가 확인한 결과 테헤란 국회도서관 14189번 사본과 타슈켄트본은 본문이 끝난 다음 "이 위대한 '승리의 책'(Futuḥ nāma)이 끝을 맺었다"(Tamām shud Kitāb-i Futuḥ nāma-yi Mu'āyūn)는 문구로 시작되는 콜로폰을 공통으로 포함하고 있어, 『승전기』의 페르시아어 제목이 'Ẓafar Nāma'로 확정되기 전에 필사된 사본의 특징을 보여주는 동시에 이들이 일괄적으로 필사되었을 가능성을 보여준다.

[166] Sharaf al-Dīn 'Alī Yazdī, Ẓafar nāma, Ed. A. Urunbayeb, Tashkent: 1972, p. 16.

③ 타슈켄트본(Sharaf al-Dīn 'Alī Yazdī, *Zafar nāma*, Ed. A. Urunbayeb, Tashkent: 1972). 우즈베키스탄 타슈켄트에 소장된 사본을 마이크로필름으로 만든 뒤 인화하여 출판한 책이다. 편집자 우룬바예브(A. Urunbayeb)의 서문을 보면 사본은 우즈베키스탄 타슈켄트 구소련 동방학연구소의 4472번 사본인데, 이 사본은 1899년 투르키스탄 고고학 연구를 위한 위원회(Протоколы ЗАСЕДАНИЙ И СООБЩЕНИЯ членов туркестанского кружка любителей археологии, 1899)에서 말릿스키(N. K. Malitski)라는 인물에 의해 처음 소개되었고, 당시 소장자는 타슈켄트의 카디인 무히 앗딘 호자(Muḥī al-Dīn Khwaja)였다. 그 사본은 표지에 기록된 내용으로 미루어 볼 때 코칸드칸국의 후다야르 칸[167]의 도서관에 소장되어 있던 것인데, 이것이 호자 무히 앗딘의 손에 들어갔다가 그의 사망 이후 잠시 사라졌고, 1939년경에 무히 앗딘의 유산을 이어받은 이가 소련령 투르키스탄 공공도서관으로 사본을 넘겼다고 한다. 이후 1943년 동방학연구소로 들어갔고, 1967년 카탈로그에 수록되었다.

이 사본은 사마르칸트 종이에 사마르칸트식 나스탈리크(Nasta'līq)체로 작성되었으며, 열두 장의 삽화가 있다. 이 사본의 삽화를 분석한 학자 세메노프(A. A. Cemenob)에 의하면 사마르칸트인에 의해 17세기 초반에 제작되었다고 한다.

---

[167] 1844년에 등극하여 1875년에 국가의 멸망과 함께 폐위, 1886년에 사망한 코칸드칸국의 마지막 칸이다. 부하라 아미르국에서 망쿠트부에 의해 허수아비 칸으로 등극한 그는 임기 동안 세 차례 폐위되었고, 국가가 멸망한 뒤에는 러시아의 오렌부르크로 달아나 그곳에서 수감된 채 사망했다고 한다.

이 사본의 『무깟디마』 뒷부분에는 "이슬람력 1038년 라마단 월(1629년 4월)에 필사되었다"는 콜로폰(책이나 출판물의 출판 정보를 정리해 책의 마지막에 덧붙인 문장)이 존재한다. 한편 본문의 콜로폰은 현재 사라졌지만, 바르톨트가 1902년에 그 내용을 기록해두었다. 이에 따르면 본문은 이슬람력 840년 라마단월 9일 일요일(1437년 3월 17일)에 필사되었다고 한다. 다만 편집자인 우룬바에브는 『무깟디마』와 본문의 서체가 동일하므로, 바르톨트가 제시한 '840년'은 이 사본의 저본의 필사 시점, 혹은 야즈디가 승전기를 최종적으로 완성한 시점이라 보았다. 현재 대부분의 학자가 바르톨트의 언급에 따라 이 사본을 '이슬람력 840년 사본' 중 하나로 보고 있다.

④ 이란본 II(Yazdī. Sharaf al-Dīn 'Alī, *Ẓafar nāma*, Ed. Sayyīd S'aīd Mīr Muḥammad Ṣādiq, Tehran: Markaz-i Asnād Majlis, 1387Sh./2004~2005). 이 출판본은 이란에서 출간된 두 번째 출판본이다. 이 책은 이란 공공도서관 문서고에 있는 사본(도서 코드 2787852번)을 이용했는데, 이 사본에 남아 있는 두 개의 콜로폰을 통해 필사 역사를 알 수 있다. 그 콜로폰은 ㉠ 알리 이븐 무함마드 아민 샴스 앗딘 카리야티 타바시 ('Alī b. Muḥammad Amīn Shams al-Dīn al-Karīyatī al-Ṭabasī)가 이슬람력 979년(1571~1572) 샤왈월 중순에 필사했다는 내용과, ㉡ 무함마드 바키르 이븐 무함마드 나시르 알투르시지 (Muḥammad Bāqir b. Muḥammad Naṣīr al-Turshīzī)가 이슬람력 1227년(1811~1812)에 필사했다는 내용이다. 즉 16세기 후반에 필사된 첫 번째 필사본을 19세기에 다시 필사한 것이다.

두 필사가의 니스바[168]를 통해 『승전기』 필사본이 다량 제작된 시라즈나 아바르쿠흐 등 파르스 지방의 사본이 아니라 후라산 남부의 사본임을 알 수 있다. 다만 이란본 Ⅱ는 테헤란 국회도서관 65060번 이슬람력 867년(1462~1463) 사본의 콜로폰으로 대체했다. 또한 이 출판본은 기존의 세 출판본을 이용하여 교감했으므로, 한국어판은 이 책을 저본으로 삼았다.

현재까지 출판된 네 개의 출판본은 야즈디 생전에 필사되었다고 하는 현존 최고(最古)의 사본을 비롯한 여러 사본을 저본으로 삼아 제작되었다. 한편 캘커타본은 인도, 타슈켄트본은 우즈베키스탄, 이란본 I은 이란 서남부 파르스, 이란본 II는 이란 동북부 후라산 사본을 이용했으므로, 나는 네 출판본을 비교하는 과정에서 야즈디의 『승전기』의 필사가 이루어진 페르시아 이슬람권 각지의 사본을 비교할 수 있었다. 결과적으로 야즈디 『승전기』의 여러 사본은 필사된 지역이 서로 멀거나, 혹은 필사 시점이 다르더라도 주요 내용이 큰 차이를 보이지 않는다.

한국어판은 위에 제시된 네 개의 출판본 외에도 여러 사본을 참조했다. 내가 구한 것들은 대체로 이란의 사본인데, 이란의 몇몇 고문헌 소장 도서관이 사본의 PDF 파일을 공개하고 있어 가능했다. 현재 확보한 사본은 20여 개이며, 그중 번역에 주로 이용한 것은 필사 시점이 비교적 이른 사본이다.

---

[168] 이슬람권에는 이름에 출신 지역명을 붙이는 관습이 있다. 예를 들어 호라즘 출신은 이름에 '호라즈미'를, 이스파한 출신은 '이스파하니'를 붙인다.

⑤ 테헤란 국회도서관 14189번 사본(이슬람력 840년 사본): 이 사본은 이슬람력 840년 샤반월 13일 화요일(1437년 2월 19일)에 아바르쿠흐에서 필사된 것으로, 바르톨트가 언급한 '이슬람력 840년 사본' 중 하나이다. 다른 사본은 화려한 장식과 삽화가 특징인 데 반해 이 사본은 별다른 장식 요소가 없다. 또한 앞뒤에 다양한 수기, 콜로폰 부분에 10여 개의 인장이 남아 있어서 최고위 지배층의 소장용이라기보다는 독서용 사본으로 추측된다.

⑥ 테헤란 국회도서관 65050번 사본(이슬람력 867년 사본): 이 사본은 이슬람력 867년 샤왈월 26일(1463년 7월 12일)에 필사되었다. 필사 장소에 관한 기록은 없으나 필사자인 무함마드 이븐 핫지 하산 이븐 살구르 샤(Muḥammad b. Ḥājj Ḥassan b. Salghur Shāh)의 이름으로 볼 때, 이란의 시라즈 혹은 호르무즈에서 필사된 것으로 추측된다.

⑦ 테헤란 공공도서관 2787852번 사본(이슬람력 979년 사본): 이 사본은 이란본 Ⅱ의 저본이다.

이와 같이 한글 번역에 사용된 출판본 및 사본에 대해 살펴보았다. 마지막으로 이제까지 세계 각지에서 작성된 『승전기』 번역본 및 『승전기』를 사용한 연구를 소개하겠다.

번역과 연구 소개

『승전기』는 현존 사본 수가 많고 16개국에 소장되어 있음에도 불구하고, 번역본은 많지 않은 편이다. 우선 페르시아 외의 언어로는 튀르크어(차가타이어) 번역이 가장 빨리 이루어졌다. 오스만이나 우즈벡 등 튀르크어를 사용하는 이들이 티무르조 멸망 직후 그 강역의 일부를 차지했기 때문이다. 현존하는 차가타이어 번역본 중에 가장 이른 시기의 것은 우즈벡 시반조의 쾨치퀸지 무함마드 칸(Köchkünji Muḥammad Khān)[169]을 위해 만들어진 무함마드 알리 부하리(of Muḥammad 'Alī b. Darvīsh 'Alī Bukhārī)의 1510년대 번역이며,[170] 두 번째는 야락 이븐 쿵그라트(Yārāk b. Qongrat)의 1550년 번역,[171] 세 번째는 후다이비르디(Khudāy-birdī b. Qush-Muḥammad Ṣūfī al-Khīvakī)의 1822~1823년 번역이다.[172] 한편 중국에서 출간된 현대 위구르어 번역서도 있다.[173]

비이슬람권의 첫 번째 번역서는 17~18세기 프랑수아 P. 드 라 크루아(François P. de La Croix)가 프랑스어로 번역하여 1722년에 출간됐다. 이듬해에는 존 다비(John Darby)가 이것을 영어로 번역했다.[174] 두 권 모두 전역은 아니지만 발췌본이라고

---

[169] 우즈벡칸국의 시조인 아불하이르 칸의 아들이자 우즈벡 시반조 3대 칸이다. 1512~1531년에 재위했다.

[170] 현재 튀르키예 누르오스마니예박물관에 소장되어 있는 Ms. 4286 사본이다.

[171] 이것이 튀르키예 톱카프궁전박물관에 소장된 TSMK B. 281 사본이다.

[172] Binbaş, "Sharaf al-Dīn 'Ali Yazd", pp. 259~260.

[173] 雅孜迪 著, 『聖武記』, 托合提 提拉 譯, 北京: 民族出版社, 2007.

[174] Sharaf al-Dīn Alī Yazdī, *The History Of Timur-bec: Known By The Name Of Tamerlain The Great, Emperor Of The Moguls And Tartars: Being An Historical*

하기에는 그 분량이 상당하며, 번역하지 않은 부분은 시나 수사, 혹은 종교적인 설명 등이다. 이 책들은 현재까지도 티무르조 연구에서 빠질 수 없는 중요한 자료이다.

프랑스어 역자인 드 라 크루아는 '오리엔탈리스트' 혹은 동양학 학자로 일컬어지지만, 본래는 당대의 정치가 콜버트 경(Jean-Baptiste Colbert)에 의해 1670년 16세의 나이로 알레포로 파견된 외교관이었다. 그는 알레포에서 아랍어를 배웠고, 루이 14세의 대중동 업무에 투입되어 여러 서류를 현지어로 번역하는 업무를 담당했다. 그 과정에서 중동의 주요 유물과 사료 등을 '사냥'하라는 명을 받고[175] 수집했다.

그가 중동에서 획득한 사본들로 구축한 '프랑수아 사본'(Manuscripts François) 카탈로그에는 1만 557권의 책이 수록되어 있는데, 그중에 800권이 소위 '동양어', 5000여 권은 헬라어, 1000여 권은 라틴어, 나머지는 현대 유럽어 자료이다. 이 800권의 '동양어' 사본 중에서 야즈디『승전기』가 그가 번역한 유일한 페르시아어 사료이다. 그가 야즈디의『승전기』를 번역한 까닭은 이스파한에서 교류한 '학식 있는 이들'과의 모임에서 추천받았기 때문이다.[176] 루이 14세의 외교관 자격으로 사파비조의 수도인 이스파한에 간 그가 만난 '학식 있는 이들'은, 어전의

Journal Of His Conquests In Asia And Europe 1~2, Tr. John Darby, London: Printed for J. Darby [etc.], 1723.

175 Paul Sebag, "Sur deux orientalistes français du XVIIe sièecle: F. Pétis de la Croix et le sieur de la Croix", *Revue de l'Occident musulman et de la Méediterranéee* 25, 1978, p. 89.

176 Alexandre Louis Marie Pétis de La Croix, *Avertissement placé en tête de l'Histoire de Timur-Bec*, Paris, 1722, T. I, pp. 38~39.

지식인이었을 것이다. 그들이 외국인에게 야즈디의 『승전기』를 추천했다는 사실은, 17세기 후반 사파비 지식인 사이에서 이 책의 위상을 단적으로 보여준다. 프랑스어 번역서는 1722년 출간되어 루이 14세에게 헌상되었고, 영어 번역서는 영국의 프레더릭 왕자(Prince Frederick)에게 헌상되었다. 드 라 크루아는 『승전기』의 서론, 즉 『무깟디마』의 존재에 대해 알았으나 손에 넣지는 못한 것으로 보인다.

한편 영미권의 두 번째 번역본은 2008년에 1권이 출간되고, 2권은 2014년에 출간되었으나 널리 유통되지 못했다.[177] 이 번역본은 각주가 없고, 역시 시와 수사 부분을 생략했다.

한편 러시아어 번역본은 타슈켄트에서 발간됐다.[178] '이슬람력 840년 사본' 중 하나인 타슈켄트본을 저본으로 삼았고, 사본의 페이지 수를 함께 기재했다(그러나 실제와는 다소 차이가 있다). 또한 시구 번역은 생략한 것으로 보인다.

기왕의 출판본과 번역본에 대해 간략히 소개했으니, 이번에는 『승전기』에 관한 연구 혹은 그것을 이용한 연구, 그리고 티무르조에 관한 중요한 연구들을 간단히 살펴보겠다. 티무르조에 관한 연구는 현재까지 많이 이루어지지 않았다. 사실 티무르조, 혹은 14~15세기 페르시아 이슬람권을 전문으로 연구하는 학자가 등장한 게 40년이 채 되지 않는다.

---

177 Molana Sharf-ud-din Ali Yezdi, *Amir Timur Beg 1336~1396: English Rendering of Molana Sharf-ud-din Ali Yezdi's Persian Zafarnamah 1*, Ed. H. A. Qureshi and Prof. Khan M. Atif, Lucknow: New Royal Book Company, 2008.

178 Шараф ад-Дин Али Йазди, *Зафар-наме*, Tr. *Ашраф Ахмедов*, Tashkent: Издательство журнала "San'at", 2008.

먼저 사본에 관한 연구를 살펴보자. 『승전기』 사본을 소장하고 있는 16개국 중 영미권이나 인도, 튀르키예 소장본에 관한 조사는 19세기~20세기 초에는 각 박물관 단위로 이루어졌다. 이후 20세기 전반에 찰스 스토리(Charles A. Storey)가 각 기관에 소장된 『승전기』 사본을 종합 정리했다.[179] 이 카탈로그에 200개에 가까운 『승전기』 사본의 소재가 작성되었다(이후 여러 학자가 '『승전기』 사본은 200개에 가깝다'라고 서술하는 근거가 되었다).

그로부터 40년 후, 엘리너 심스(Eleanor G. Sims)가 새로운 사본 연구를 진행했다.[180] 그의 1973년 박사논문은 지금도 『승전기』 사본 연구의 교본이나 다름없다. 그는 미국 볼티모어 월터스아트갤러리(The Walters Art Gallery)에 소장된 개릿(Garrett) 사본의 삽화를 미술사적으로 연구했는데, 1장에 15~16세기에 필사된 『승전기』 사본 목록을 수록했다. 특히 스토리의 카탈로그에는 없던 이란 사본에 관한 정보와, 일부 사본의 상태까지 간략히 기록했다. 다만 17세기 이후의 사본에 관해서는 기록하지 않았다.

심스의 연구 이후 『승전기』 사본 전체에 관한 연구는 없지만 개별 사본, 특히 삽화가 포함된 사본에 관한 미술사적 연구는 다양하게 이루어졌다. 또한 이란은 소장 사본들을 온라인에 공개했고, 영미권에서도 온라인 카탈로그를 제작하면서

---

[179] Charles A. Storey, *Persian Literature: A Bio-Bibliographical Survey. Section II*, London: Luzac & Co., 1936. 이 책은 『승전기』뿐 아니라 다양한 장르의 비운문 작품 사본을 정리한 종합 카탈로그의 일부이다.

[180] Eleanor G. Sims, "The Garrett Manuscript of Zafarnama: a Study in Fifteenth Century Timurid Patronage", Ph.D diss., New York University, 1973.

100여 년 전 카탈로그에는 누락된 사본이 발견되기도 했다.

이어서 『승전기』를 이용한 학자들의 연구를 살펴보자. 프랑스어와 영어 번역본이 출간된 직후인 1740년에 제작된 코벤스앤드모르티에(Covens & Mortier)사의 세계 지도를 보면, 마와라안나흐르와 타림분지, 킵차크초원 등이 『승전기』 번역본의 지명과 동일하게 표시됐다.[181] 『승전기』가 중앙아시아에 관한 지리 정보를 제공한 것이다.

한편 서양에서 몽골제국에 대한 최초의 본격적 연구로 알려진 아브라함 콘스탄틴 무라지아 도손(Baron Abraham Constantin Mouradgea d'Ohsson)의 책(*Histoire des Mongols, depuis Tchinguiz-Khan jusqu'à Timour Bey, ou Tamerlan*)이 1824년에 파리에서 출판되었는데, 제목에서 볼 수 있듯이 티무르 시기까지 다루었다.

『승전기』를 적극적으로 연구한 대표적인 인물은 20세기 초 러시아 학자인 바실리 바르톨트이다. "티무르조의 연구는 사료가 부족한 게 아니라 사료가 너무 많은 게 문제다"라는 그의 말은, 티무르조의 특징을 정확히 짚어낸다. 티무르조에 관한 그의 연구는 『연결』(*СОЧИНЕНИЯ*)이라는 제목의 방대한 전집

---

[181] 코벤스앤드모르티에(1685~1866)는 지도 제작으로 유명한 네덜란드 암스테르담 소재의 회사이다. 본문에서 언급한 1740년 지도는 본래 1700년에 기욤 드릴(Guliaume Delisle)이 제작한 지도를 복사한 것이라 알려졌다. 그러나 두 지도를 비교하면, 일부 지명이 1740년에만 등장한다. 예를 들면 마와라안나흐르에서 킵차크초원으로 향할 때 티무르가 거쳐간 빌란주크, 알쿠순 등의 지명, 악수와 하미 사이의 율두즈초원, 아트바시와 사마르칸트 사이의 아르파야지 황야 등이 새로 등장했다(*Report of the Special Commission Appointed by the President January 4, 1896, to Examine and Report Upon the True Divisional Line Between the Republic of Venezuela and British Guiana: Transmitted by the President to the Senate on January 21, 1898, with Reports from the Secretary of State and the Acting Secretary of the Treasury 2*, Washington: Government Printing Office, 1898, p. 415).

및 세 권으로 된 『중앙아시아 역사에 관한 네 개의 연구들』(*Four Studies on the History of Central Asia*)을 통해 확인할 수 있다.

한편 독일 학자 월터 힌츠(Walther Hinz)는 20세기 전반에 걸쳐 활동을 했는데, 특히 경력 초반에 페르시아권의 이슬람화 이후 역사를 연구하면서 티무르조를 다루었다.[182] 힌츠의 영향을 받아 20세기 중반과 후반에 동양학을 연구한 독일 학자 한스 뢰머(Hans B. Roemer)는 티무르조를 포함하여 이슬람권 역사 연구의 공백으로 남아 있던 시기로 관심을 확대했고, 『케임브리지 이란사』(*The Cambridge History of Iran*) 제6권의 여러 장을 집필했다.[183] 한편 프랑스 학자인 장 오뱅(Jean Aubin)도 티무르뿐 아니라 코윤루, 사파비 등 이슬람권의 몽골제국 후속 국가들을 연구했다. 그중에 티무르조와 『승전기』에 대한 중요한 연구가 있으니, 『승전기』가 티무르의 '신정 주권' 모델을 제시했다는 것이다.[184] 한편 튀르키예의 학자 제키 벨리디 토간(Zeki Velidi Togan) 역시 이슬람권 전반을 연구하면서, 티무르조에 관해서는 주로 샤루흐 시대의 극단적 종교운동을 다루었다.[185]

존 우즈(John E. Woods)는 티무르조를 전문으로 연구한 학자이다. 티무르조의 역사 서술에 관한 그의 논문은 페르시

---

[182] Walther Hinz, "Quellenstudien zur Geschichte der Timuriden", *Zeitschrift der Deutschen Morgenländischen Gesellschaft* 90(2), 1936.

[183] Peter Jackson and Lawrence Lockhart, *The Cambridge History of Iran: The Timurid and Safavid Periods*, Cambridge University Press, 1986.

[184] Jean Aubin, "Note sur quelques documents Aq Qoyunlu", *Mélanges Louis Massignon 1*, Damascus: Institut Français de Damas, 1956, p. 145.

[185] Zeki Velidi Togan, "Büyük Türk hükümdarı Şahruh", TDed 3, 1948~1949, pp. 519~538.

아 사학사의 흐름 속에서 티무르조와 『승전기』에 관한 기본 관점을 정리했다.[186] 일본 학자인 안도 시로(安藤志朗)는 독일에서 수학하며 독일어로 여러 논문을 썼다. 그의 관심은 주로 샤루흐 시기 아미르와 지식인에게 맞추어져 있었으며,[187] 그 연장선상에서 『승전기』를 연구했다. 그 결과 야즈디를 위시한 이란 서부 지식인의 네트워크를 처음으로 지적했다.

안도 시로가 영미권에서 큰 영향력을 발휘하였다면, 일본 학계에서는 비슷한 시기에 마노 에이지(間野英二)가 티무르조에 관한 연구를 진행했다. 그는 페르시아어보다 차가타이어에 능했기 때문에 『승전기』 연구와 다소 거리가 있었지만, 영어로 번역된 페르시아어 사료들 및 『바부르 나마』(Babur nāma) 등을 통해 티무르조를 탐구했다. 이후 티무르조 성립 과정에 관한 개설 연구를 진행한 가토 가즈히데(加藤和秀)[188]와, 보다 학문적으로 티무르조 관련 연구 성과를 소개한 가와구치 다쿠시(川口琢司) 등의 활동이 이어졌다.[189]

다시 영미권의 연구를 살펴보면, 현재 활발히 활동하고 있는 베아트리스 만츠(Beatrice Forbes Manz)는 티무르 시기와 샤루흐 시기를 거쳐, 여러 유목제국으로 관심을 확장했다.

---

186 John E. Woods, "The Rise of Timurid Historiography", pp. 81~108.

187 Ando Shiro. "Die timuridische Historiographie II – Šaraf al-Dīn 'Alī Yazdī –", Studia Iranica 24, 1995, pp. 219~246; "Zum timuridischen Staatswesen: Eine Interpretation des Miniaturentwurfs in Diez A. Fol. 74", Ẓafar nāme. Memorial Volume of Felix Tauer, Eds. Rudolf Veselý and eduard Gombár, Prague: Enigma, 1996, pp. 17~33.

188 加藤和秀, 『ティームール朝成立史の研究』, 北海道: 北海道大學出版會, 1999.

189 川口琢司, 『ティムール帝国支配層の研究』, 北海道: 北海道大學圖書刊行會, 2007.

티무르조에 관해 다룬 그의 첫 저서인『티무르의 성장과 지배』(The Rise and Rule of Tamerlane)에서 그는 티무르가 차가타이울루스를 장악하고 휘하의 다양한 군사 집단을 조율하여 마와라안나흐르의 권력을 쟁취하는 과정을 살펴보았다.[190]

마리아 섭텔니(Maria Subtelny)[191]는 후세인 바이카라 시기의 문화적 번영과 정치적 작동 원리에 초점을 맞추었으며, 티무르조가 후속 국가에 미친 영향도 연구했다. 데빈 드위스(Devin Deweese)는 티무르조의 종교사 및 종교사상을 조사하며 낙시반디 교단뿐 아니라 쿠브라위야, 야사비 등 3대 중앙아시아 교단에 관한 훌륭한 연구를 발표했다.[192]

나의 연구에 가장 큰 영향을 미친 빈바쉬(Binbaş)는 야즈디의 여러 사서와 그를 둘러싼 서이란의 지식 문화를 주제로 박사논문과 동명의 저서를 출간했다.[193] 그 외에도 최근에는 지성사 분야에서 티무르조 지식인들의 사상과 학문적 경향, 그리고 네트워크에 관한 연구가 활발히 이루어지고 있다.

마지막으로 야즈디가 본래 계획했던『승전기』를 포함한 방대한 사서 전집에 관해 간략히 소개하고, 내가 한국어판에서 설정한 장절에 대해 설명하겠다.『승전기』의 도입 부분을 보

---

190 Beatrice Forbes Manz, *The Rise and Rule of Tamerlane*, Cambridge: Cambridge University Press, 1989.

191 Maria subtelny, *Timurids in Transition*, Leiden: Brill Academic Pub, 2007.

192 Devin Deweese, "The Eclipse of the Kubravīyah in Central Asia", *Iranian Studies* 21(1~2), 1988, pp. 45~83; 'Ubayd Allāh ibn Maḥmūd Aḥrār, Alisher Navoiĭ, *The Letters of Khwāja 'Ubayd Allāh Aḥrār and his Associates*, Trs. Devin Deweese and Asam Urunbaev, Leiden: Brill, 2002.

193 Binbaş, "Sharaf al-Din 'Ali Yazdi".

면 '첫 번째 장'(Maqāla)이라는 표현이 등장한다. 이는 『승전기』가 본래 '여러 장' 중에 첫 번째 장임을 의미한다. 『승전기』 원문의 세 번째 이야기(이 책에서는 프롤로그 부분에 해당)를 보면 첫 번째 장인 『승전기』 이후 두 번째와 세 번째 장에서 다룰 내용을 설명하며, 본문 곳곳에 "이에 관해서는 두 번째 장에서 서술할 것이다", "세 번째 장에서 서술할 것이다" 같은 서술이 보인다.

본래 야즈디는 티무르 시대를 다루는 『승전기』 외에도, 샤 루흐에 관한 두 번째 장, 그리고 이브라힘 술탄에 관한 세 번째 장을 계획했다. 그리고 이 세 장으로 이루어진 사서의 서론이 바로 『무깟디마』이다. 나머지 두 장도 완성되었으나 『승전기』에 비해서는 널리 알려지지 않았고, 사본도 거의 남아 있지 않다. 두 번째 장은 마슈하드에 사본 한 부가 남아 있으며 세 번째 장은 바르톨트가 보았다는 기록만 있을 뿐, 현존하지 않는다.[194]

나는 이 책에서 『승전기』를 구성하는 336개 이야기를 프롤로그와 에필로그 및 여섯 장으로 분류했다. 이는 원문에는 없는 편의적 구분이다. 프롤로그로 분류한 부분은 본격적으로 역사적 사실이 전개되기 전, 야즈디 본인이 구상하였던 세 개 장(Maqāla)에 대한 설명과 티무르의 탄생, 『승전기』의 특징 등에 대한 개괄로, 전반부 네 개의 이야기를 여기에 배치했다. 이 부분의 특징은 페르시아 장편시의 서론에 해당하는 두 항목, 즉 무틀라(Muṭlaʻ)와 타슈빕(Tashbīb) 형식이라는 점이다.[195] 일반적

---

194 Binbaş. "Sharaf al-Dīn 'Ali Yazd", p. 257; pp. 267~268.
195 페르시아 장편시의 전체 구조는 여섯 단계로 이루어져 있다. 그중에 1, 2단계가 서론, 5~6단계가 결말에 해당하며, 3~4단계가 본론이다. 서론의 1단계는 사람들의 흥미를 끌기 위한 두 반구의 도입 문구를 의미하며, 2단계는

으로 페르시아의 영웅 서사시는 장편시 형태로 기록되었으므로, 이 부분 역시 『승전기』를 하나의 영웅 서사시처럼 보이게 만드는 장치라 할 수 있다.

　　　　한편 본격적으로 티무르의 승전을 다루는 본론은 여섯 장으로 나누었다. 1장은 차가타이 아미르들이 마와라안나흐르의 각 도시에 할거하는 상황에서, 티무르가 그들을 하나하나 제압하고 마와라안나흐르 전역을 차지한 1370년까지이다. 2장은 주변 지역으로 1년 미만의 단기 원정을 다닌 시기이며, 3장은 본격적으로 이란 서부에 진출하여 장기 원정을 시작한 이란 3년 원정 및 킵차크원정 시기를 다루었다. 4장은 이란 남부와 이라크, 러시아 등지를 원정한 이란 5년 원정 시기를, 그리고 5장은 인도 원정 시기를 다루었다. 6장에서는 이란 7년 원정을 다루며, 마지막으로 티무르가 키타이 원정에 나섰다가 사망하고 그의 후계자들이 사마르칸트를 차지하기 위해 경쟁했던 이야기를 에필로그로 묶었다.

　　　　이처럼 프롤로그와 본문, 에필로그를 임의로 설정했을 때 『승전기』 전체의 흐름을 보다 직관적으로 파악할 수 있다. 이 책이 페르시아-이슬람권에 커다란 파급을 가져온 튀르크 몽골계 유목군주 티무르를 이해하는 데 일말의 보탬이 된다면 더할 나위 없는 보람이 될 것이다.

　　　　시의 대상이 되는 자에 대한 찬양, 자연 등에 관해 짧게 서술하는 부분이다. 『승전기』는 산문이지만, 이처럼 페르시아 장편시 구조를 일부 차용했다.

『승전기』의 주요 등장인물

1장. 혼란의 중앙아시아, 티무르의 등장

카잔 술탄 칸	Qazān Sulṭān Khān	차가타이울루스의 마지막 칸
아미르 카즈간	Amīr Qazghan	카라우나스부 수장
말릭 (무이즈 앗딘) 후세인	Malik muʿiz al-Dīn Ḥusayīn	헤라트의 케르트조 군주[말릭]
바얀 술두스	bayān Suldūz	아미르, 샤드만의 술두스부 수장
핫지 바룰라스	ḥājī barlās	아미르, 키시의 바룰라스부 수장
바야지드 잘라이르	Bāyazīd Jalāyir	아미르, 호젠트의 잘라이르부 수장
아미르 후세인	Amīr Ḥusayn	카라우나스부 수장, 아미르 카즈간의 손자
카이쿠스라우 쿠틀라니	Kaykhusraw Khutlānī	쿠틀란의 차간 바룰라스부 수장
울제이투 이븐 아파르디	Ūljāytū Ibn Apardī	아미르, 아르항의 나이만부 수장
히즈르 야사우리	khiżr Yasawrī	아미르, 야사우르인의 수장
투글룩 티무르 칸	Tūghluq Timūr khān	모굴칸국의 1대 칸
자쿠 바룰라스	Jākū barlās	아미르, 티무르의 가신
진다 히샴	Jinda ḥisham	이븐 무함마드 호자 이븐 아파르디, 샤부르간의 나이만부 수장
투만	Tūmān	갸름시르의 네구데르 천호장
시르 바흐람	Shīr Bahrām	쿠틀란의 차간 바룰라스부
무와야드 아룰라트	Muvayyad Arulāt	아미르, 안드후드의 아룰라트부, 티무르의 누이 시린 벡 아가의 남편
아미르 무사	Amīr Mūsā	가나치 천호, 티무르의 처외삼촌·사돈·장인
바흐람 잘라이르	Bahrām Jalāyir	잘라이르부 수장

2장. 중앙아시아를 넘어 주변 지역으로

우츠 카라 바하두르	Ūch Qarā Bahādur	티무르의 가신
셰이흐 무함마드	Shaykh Muḥammad	이븐 바얀 술두스, 티무르의 가신
아미르 압바스 바하두르	ʿAbbās Bahādur	킵차크부, 티무르의 가신
마흐무드 샤 부하리	Maḥmūd Shāh Bukhārī	티무르의 가신
악 티무르 바하두르	Āq Timūr Bahādur	티무르의 가신, 술두스 투만 지배
사르 부카	Sārbūghā	아미르, 잘라이르부, 티무르의 가신
악 부카 바하두르	Āq Bughā Bahādur	아미르, 나이만부, 티무르의 가신, 헤라트 통치
카마르 앗딘 두글라트	Qamar al-Dīn Dūghlāt	모굴칸국의 찬탈자
다우드	Dāwud	아미르, 두글라트부, 티무르의 가신, 사마르칸트의 다루가이자 디반의 수장
핫지 사이프 앗딘	Ḥājjī Saīf al-Dīn	아미르, 누쿠즈부, 티무르의 가신
셰이흐 알리 바하두르	Shaykh ʿali Bahādur	아미르, 티무르의 가신
사이드 베르케	Sayyid Birka	티무르의 종교 스승
소유르가트미쉬 오글란	Suyūrghatmish Ūghlān	티무르의 꼭두각시 칸
아부 알마알리	Abū al-Maʿālī	티르미드의 토착 지배층, 후다반드자다
말릭 기야쓰 앗딘 피르 알리	Malik Ghiyath al-Dīn Pīr ʿAlī	이븐 말릭 무이즈 앗딘 후세인, 케르트조 군주
기야쓰 앗딘 타르칸	Ghiyath al-Dīn Tarkān	타르칸부, 티무르의 가신
유수프 수피	Yūsuf Ṣūfī	쿵그라트부 수피 가문 수장, 호라즘
무함마드 미르카	Muḥammad Mīrka	이븐 시르 바흐람, 쿠틀란 투만장, 티무르의 딸 바흐트 베이굼의 남편
야디가르 바룰라스	Yādgār Barlās	아미르, 바룰라스부, 티무르의 가신
무함마드 벡	Muḥammad Bīk	이븐 아미르 무사, 가나치 천호, 티무르의 딸 아카 베키의 남편
우루스 칸	Urūs Khān	주치울루스 칸
자한 샤	Jahānshāh	이븐 자쿠, 아미르, 티무르의 가신
알리 벡	ʿAlī Bīk	이븐 아르군 샤, 칼라트의 자운쿠르바니 수장

호자 알리 무와야드 사르베다르 사브제바리	Khwāja ʻalī Muvayyad Sarbadāl Sabzawārī	사브제와르의 사르베다르 수장
아미르 왈리	Amīr Walī	마잔다란 동부의 베수트부 수장
잘랄 앗딘 샤 슈자	Jalāl al-Dīn Shāh Shujāʼ	파르스의 무자파르조 술탄
샤 샤한 타즈 앗딘 시스타니	Shāh Shāhān Tāj al-Dīn Sīstānī	티무르가 임명한 시스탄의 미흐라반조 샤
라크만 파디샤	Laqmān Pādishāh	아스타라바드의 훌레구울루스 타가이 티무르 칸의 아들

3장. 아제르바이잔을 놓고 패권 경쟁을 시작한 3년 원정

술탄 아흐마드	Sulṭān Aḥmad	이븐 셰이흐 우와이스, 잘라이르조 술탄
술레이만 샤	Sulaymān Shāh	이븐 아미르 다우드 두글라트, 아미르, 티무르의 딸 바흐트 베이굼의 남편
말릭 아즈 앗딘 후세인	Malik ʻAz al-Dīn Ḥusayīn	부루지르드, 후람아바드의 소루르 하킴(말릭 아즈 앗딘 시르와 다름)
셰이흐 이브라힘	Shaykh Ibrāhīm	아미르, 시르반의 왈리
타하르탄	Ṭahartan	에르진잔의 왈리
술탄 자인 알아비딘	Sulṭān Zain al-ʻĀbadīn	이븐 샤 슈자, 시라즈의 무자파르조 술탄
술탄 만수르	Sulṭān Manṣūr	슈슈타르의 무자파르조 술탄
티무르 호자	Tīmūr Khwāja	이븐 악크 부카 나이만, 티무르의 가신
엥케투라	Inkātūrā	올쿠누트부, 모굴 칸국의 아미르
술탄 마흐무드 칸	Sulṭān Maḥmūd Khān	이븐 소유르가트미쉬 칸, 티무르의 꼭두각시 칸
샤 잘랄 앗딘	Shāh Jalāl al-Dīn	바닥샨의 샤
히즈르 호자 오글란/칸	Khizr Khwāja Ūghlan/Khān	모굴칸국의 3대 칸
후다이다드 후세이니	Khudādād Ḥūsaynī	티무르의 가신
비르디 벡	Bīrdī-Bīg	이븐 사르 부카, 아미르, 잘라이르부, 티무르의 가신
툭타미쉬	Tūqtamish	오글란/칸, 티무르가 처음 내세운 주치울루스 칸

| 티무르 쿠틀룩 | Tīmūr Qutluq | 오글란/칸, 우루스 칸의 손자, 킵착 원정에서 티무르의 길잡이 |
| 이드쿠 우즈벡 | Iīdkū Ūzbik | 망쿠트부, 주치울루스의 아미르 |

4장. 이란 남서부와 이라크, 캅카스를 넘은 5년 원정

사이드 카말 앗딘	Saīd Kamāl al-Dīn	마잔다란 사리의 마라시조 군주
호자 마스우드 사브제바리	Khwāja Mas'ūd Sabzawārī	5년 원정에 참전한 사브제바르군의 수장
압둘 카디르	'Abdul-Qādir	바그다드 출신의 음악가, 5년 원정에서 사마르칸트로 이주
술탄 말릭 알자히르 바르쿡	Sulṭān Malik al-Ẓāhir Barqūq	맘루크 술탄
술탄 이사	Sulṭān I'sa	마르딘의 왈리
샴스 앗딘 쿨라르	Shams al-Dīn Kulār	티무르 부친 타라가이의 스승
이드쿠 바룰라스 이븐 기야쓰 앗딘	Iīdkū barlās Ibn Ghiyath al-Dīn	아미르, 바룰라스부, 티무르의 가신
마울라나 우베이둘라 사드르	Mawlānā 'Abaydullah Ṣadr	티무르의 종교 관료 '사드르'
퉁쿠즈 칸/홍무제	Tunghūz Khān/洪武帝	중국 명 초대 황제

5장. 인더스강을 넘어 델리와 갠지스강까지, 인도 원정

사랑	Sārang	칸, 델리술탄국의 장군
말루	Mallū	칸, 델리술탄국의 장군
술탄 마흐무드 샤	Sulṭān Maḥmūd Shāh	델리술탄국의 술탄
부르한	Burhān	오글란, 키야트부, 티무르의 가신
셰이하 코카리	Shaykh Kūkarī	펀자브 코카르부의 수장

타이지	Tāyzī	오글란, 울룩 유르트[북원]의 카안 후보자, 푼야스리
알라다드	Allahdād	아미르, 후다이다드 후세이니의 형제, 티무르의 가신
힌두샤 하잔치	Hindū Shāh Khazānchī	티무르의 종교 관료

6장. 이슬람권의 왕좌를 차지하기 위한 결전, 7년 원정

사이드 알리 샤키 아룰라트	Sayyid 'Alī Shakkī Arulāt	아제르바이잔 샤키 인근의 유목 세력
술탄 타히르	Sulṭān Ṭāhir	이븐 술탄 아흐마드, 잘라이르조의 왕자
잘랄 이슬람	Jalāl Islam	디반 알라의 대비틱치
말릭 구르긴	Malik Gugīn	조지아 바그라티오니조 기오르기 7세
카라 유수프 투르크멘	Qarā Yūsuf Turkmān	이븐 카라 무함마드, 카라코윤루의 수장
카라 우스만 투르크멘	Qarā U'thmān Turkmān	아크코윤루의 수장
이을드름 바야지드	Yıldırım Bāyazīd	오스만튀르크의 술탄/카이사르, 바야지드 1세
아틸미쉬 카우친	Atilmish Qauchīn	티무르의 가신
술탄 말릭 알나스르 파라즈	Sulṭān Malik al-Nāṣir Faraj	이븐 바르쿡, 맘루크술탄국의 술탄
슈둔	Shudūn	다마스쿠스의 말릭 올우마라
샤 말릭	Shāh Malik	이븐 칼자가이, 아미르, 티무르의 인장 관리자
셰이흐 누르 앗딘	Shaykh Nūr al-Dīn	이븐 사르 부카 잘라이르, 아미르, 티무르의 가신
호자 마스우드 심나니	Khwāja Mas'ūd Simnānī	디반 알라의 대비틱치
마울라나 쿠틉 앗딘 쿠르미	Mawlānā Quṭb al-Dīn Qurmī	티무르의 종교 관료 '사드르'
부룬둑 이븐 자한샤	Burunduq ibn Jahānshāh	이븐 자쿠 바룰라스, 아미르, 티무르의 가신
마흐누스	Māhnūs	이즈미르 구호기사단의 기욤 드 몽테
사바	Sāva	주스티니아니가, 키오스섬의 왕
이스칸다르 셰이하	Iskandar Shaykhī	마잔다란 아프라시얍 왕조의 후예
아르군 샤	Arghūn Shāh	아미르, 티무르의 가신
호자 유수프	Khwāza Yūsuf	아미르, 티무르의 가신

티무르왕조의 여성들

티무르의 주요 부인

울제이 타르칸 아가	Ūljāy Tarkān Aghā	아미르 후세인의 남매
사라이 말릭 하눔	Sarāy Malik Khānum	카잔 술탄 칸의 딸, 아미르 무사의 조카
딜샤드 아가	Dilshād Aghā	아미르 샴스 앗딘 두글라트의 딸
투만 아가	Tūmān Aghā	아미르 무사의 딸
투칼 하눔	Tukal Khānum	히즈르 호자 칸의 딸
출판 말릭 아가	Chulpān Malik Āghā	자타 핫지 벡 올쿠누트의 딸

티무르의 며느리/손자 며느리

칸자다 세빈 벡	Khānzada Sevīn Bīg	우즈벡 칸의 외손녀, 쿵그라트부 아크 수피의 딸, 자항기르와 미란샤의 부인
말라카트 아가	Malikat Āghā	차가타이울루스의 후예, 우마르 셰이흐와 샤루흐의 부인
루키야 카니카	Ruqya Khānīka	이순 티무르 칸의 외손녀, 카이쿠스라우의 딸, 자항기르의 부인
샤드말릭	Shādmalik	아미르자다 할릴 술탄의 첩

티무르의 남매와 자녀

쿠틀룩 타르칸 아가	Qutlugh Tarkān Aghā	티무르의 손위 누이
시린 벡 아가	Shīrīnbeg Aghā	티무르의 누이, 아미르 무와야드 아룰라트의 부인
술탄 바흐트 베이굼	Sulṭān Bakht Bayghum	티무르의 딸, 무함마드 미르카와 술레이만 샤의 부인
아카 베키 타가이 샤	Aka Bīghī Taghay Shāh	티무르의 딸, 무함마드 벡 이븐 아미르 무사의 부인
빅시 술탄	Bīksī Sulṭān	아미르자다 미란샤의 딸, 아미르자다 이스칸다르의 부인

지명 찾아보기

(ㄱ)

가나안 Kana'ān 237, 243, 244
가리안 Gharīyān 218
가브카라시 Ghāvkarash 102
가자 Ghaza 237
가즈닉 Ghaznīk 119, 218
가지스탄 Gazistān 158
갠지스강 Ganges 203, 206, 209~211, 213, 214
갸름시르 Gharmsīr 38, 39, 98
구난 Ghūnān 192
구르 Ghūr 29, 75, 91
귀젤 히사르 Ghuzal ḥiṣār 262
기르드 쿠흐 Ghird-i Kūh 103
기브 Ghīv 148
길란 Ghīlān 117, 258, 277, 278, 280

(ㄴ)

나가르 Naghar 196
나가르(스리나가르) Naghar 216, 217
나르기스 Narghis 178
나막자르 Namakzār 112
나브크 Nabk 245
나사프 Nasaf 46
나스핀 Naspīn 267
나흐츠반 Nakhijiwān 112, 115~117, 179, 225, 250, 275, 317
니사 Nisā 102, 104
니샤푸르 Nishapur 90, 92, 95, 226, 281, 386
니시빈(누사이빈) Nuṣaybīn 247
니하반드 Nihāvand 112, 148, 180, 272, 276, 278

(ㄷ)

다랍지르드 Dārābjird 183
다르가진 Darghazīn 179, 279
다르크루 Darklū 178
다마스쿠스 Damascus 136, 222, 237~242, 244, 310, 384, 395
다울라트하나 Dawlat-Khāna 249
단다나강 Dandāna 215~217
담간 Dāmghān 103
델리 Delhi 8, 123, 191, 196, 199, 202~207, 213, 215, 309, 329, 354, 380, 395
돈강 Don 175, 309
두르지 Durzī 60
드네프르강 Dnepr 174, 175, 309
디발푸르 Dīval-pūr 199, 201, 202
디야르바크르 Dīyārbakr 159, 160, 162, 164, 233, 244, 271, 308, 310
디즈풀 Dizfūl 149, 229, 251

(ㄹ)

라드칸 Rādkān 96
라란다 Lāranda 261
라르 Lar 119, 184, 282
라마크 Rāmak 217
라믈라 Ramla 237
라바트 물크 Labāt Mulk 55
라비강 Rāvi 198, 214, 216
라이 Ray 103, 104, 117, 150, 153, 182, 188, 226, 279, 280, 282, 308, 340, 341
라잡푸르 Razabpūr 202
라호르 Lahāwar 198, 214
라흐마트강 Raḥmat 53
람-호르무즈 Rām-iHurmuz 151, 379
러시아 Rūs 40, 124, 129, 130, 172, 175, 178, 299, 309, 324, 404, 410, 413, 417
로니 Lūnī 203, 204
루르 Lur 111, 148, 152, 152, 229, 276, 284
루리스탄 Luristān 111, 149, 152, 180, 184, 251, 307~309, 340
루스탐다르 Rustamdār 103, 104, 279, 307
룸 Rūm 153, 175, 179, 215, 230~233, 235, 252, 254, 259, 264, 267, 269, 271, 278, 279, 288, 299, 347

(ㅁ)

마누잔 Manūjān 184
마라가 Marāgha 117, 249, 252
마란드 Marand 112, 115, 165
마르딘 Mārdīn 161, 163, 164, 167, 180, 246, 270, 271, 278, 308, 310
마와라안나흐르 Māvarā'al-Nahr 24, 28, 30, 32, 35, 36, 43, 50, 52, 59, 61, 96, 108, 111, 120, 121, 248, 269, 278, 320~322, 326, 348, 351~353, 386, 412, 415, 417
마자르 Mājar 160, 162, 178, 226, 248
마잔다란 Māzandarān 66, 92~96, 98, 103, 105, 140, 143, 145~147, 157, 182, 183, 189, 226, 258, 288, 306~308, 311, 320
마크란 Makrān 101, 184
마하나사르 Māhāna-sar 144, 145, 386
마한 Mākhān 37, 49~52, 93, 144, 146, 186, 249, 305
마흐무드아바드 Maḥmūd-Ābād 170
마흐무디 Mahmūdī 37
만기르만(키예프) Manghirman 174
만달리 Mandalī 229, 246, 251
말루스 Malūs 150
맘카투 Mamqatū 101, 177
망굴 Mīnak Ghūl 168, 169, 232, 270
메르브 Merv 37, 51, 90, 92, 283
메소포타미아 Mesopotamia 140, 162

모굴리스탄 Moghulistan 25, 32, 79, 108, 120, 126, 186, 228, 244, 288, 309, 320~322, 325, 351, 382
모술 Mosul 158, 160, 161, 163, 247
모스크바 Muskū 175, 178, 329
무간 Mūghān 227
무르갑강 Murghāb 90, 97, 98, 102, 282
무크란 Muqrān 231
무크스 Muks 124
문크 Mūnk 30, 40
물탄 Mūltān 188, 191, 193, 196~198, 215, 216, 219
미나 Mīnā 184
미루트 Mīrut 208
미카 Mīkā 178
미할리즈 Mikhālij 260

(ㅂ)

바그다드 Baghdad 71, 100, 112, 147, 153~158, 160, 222, 226, 229, 235, 244, 246~249, 251, 271, 272, 276, 280, 292, 308, 310, 311, 330
바글란 Baqlān 31, 39, 46, 75, 123, 124, 144, 191, 192
바기부트 Bāgh-i But 208
바닥샨 Badakhshān 27, 30~32, 34, 40, 56, 58, 59, 62, 69, 94, 124, 216, 258, 288, 380
바담강 Badam 44
바드기스 Bādghīs 30, 89
바드르아바드 Badr Ābād 99
바르다 Barda 114, 230, 250, 275
바르타즈 Bartāz 170
바쉬키르트 Bāshqird 124, 178

바스라 Baṣra 156, 160, 271, 308
바스탄 Vastān 117, 278
바스탐 Basṭām 181, 226, 281, 282
바일라 Bāyīla 213
바트니르 Batnīr 199, 200, 309
바흐라 Bahra 212
바흐르아바드 Baḥr Ābād 125
바흐시강 Vakhsh 31, 36, 40, 122
반누 Bānū 196, 217
발주안 Baljauān 40
발참칸 Bāl-Jamkīn 175
발흐 Balkh 29, 31, 39, 45, 46, 58, 61~64, 69, 70, 72, 89, 102, 124, 226, 288, 305, 355, 356
베르케 구리안 Birka Ghūriyān 79
베이루트 Bayrūt 239, 240
볼가강 Volga 86, 108, 124, 137, 140, 173, 177, 308, 309, 324
부루지르드 Vurūjird 111, 148, 149, 184, 271, 272, 278
부르야 Burrya 160
부하라 Bukhārā 38, 46, 50~52, 84, 86, 93, 121, 123, 128, 143, 249, 278, 293, 297, 298, 343, 349, 350~352, 401, 404
불가르 Bulghār 124, 225, 299
불룬구르 Bulunghūr 55
비시켄트 Bīshkent 177
비야 Biyā 62
비틀리스 Bitlīs 165
비히스니 Bihisnī 236
빌란주크강 Bīlānjūq 130, 412

(ㅅ)

사가르즈 Sagharj 53, 54
사그즈 Sāghz 37

사룩 카미시 Sāruq Qamish 117
사르사티(시르사) Sarsaṭī 201
사리풀 Saripūl 32
사마르칸트 Samarqand 30~32, 35, 36, 38, 43, 45~48, 53~55, 57, 58, 61, 62, 70, 71, 75, 77~83, 85~88, 93, 96~98, 101, 102, 108, 111, 112, 115, 116, 120~122, 124, 126, 128, 129, 138, 140, 143, 144, 146, 152, 162, 167, 169, 171, 174, 176, 181, 182, 184, 185, 191, 195, 206, 207, 214, 215, 217~219, 222, 225, 226, 228, 243, 245, 246, 249, 250, 258, 268, 270, 278, 279, 281~285, 288, 290, 292~299, 305, 307, 309, 311, 317, 320, 322~326, 328, 339, 343, 344, 347, 351~353, 368, 381, 382, 384, 387, 401, 404, 412, 417
사만칸 Samangān 191, 218
사무르강 Samūr 171, 172
사바니야트 Sawāniyat 231
사브란 Ṣabrān 83, 120, 125, 130, 137, 288, 291
사브제바르 Sabzavār 36, 93, 96, 98, 99, 125, 160, 249
사이람 Sayrām 56, 73, 78, 120, 185, 288, 296
산카즈 야가즈 Sankaz Yaghāj 82
살라르불락 Sālārbulāq 54
살라실 Salāsil 119
살리사라이 Sālī Sarāy 27, 30, 43, 45, 46, 50, 51, 59
살마스 Salmās 117
삼삼 Samsam 176
샤 나바즈 Shāh Navāz 198

샤드만 Shādmān 30, 34, 57, 146
샤마히 Shamākhī 179
샤밀 Shāmīl 184
샤부르간 Shibirghān 29, 31, 58, 72, 74, 89, 306
샤브란 Shāburān 179
샤스만 Shāsmān 95, 146, 147
샤크사르 사바 Shaqsār-Sāva 212
샤키 Shakī 113, 170, 227, 228, 308
샤흐르 누(양기 샤흐르) Shahr-i Nū 259~261
샤흐르 마나 Shahr-i Māna 260
샤흐발 Sahwāl 199
샨베 가잔 Shanb-i Ghazān 112
샴쿠르 Shamkūr 252
소그드 Sughd 53
송코르 Sunqur 147
수르크 Surkh 101
수르흐 Surkh 114
수리 히사르 Sūrī Ḥiṣār 258
수잔가란 Sūjangharān 55
수크불락 Sūqbulāq 179
수프계곡 Ṣūf 39
술타니야 Sulṭāniyya 104, 147, 155, 163~165, 167, 170, 171, 174, 180, 227, 233, 234, 253, 258, 268, 270, 278, 280, 307, 308, 315~318, 320, 334
술탄 아르투즈 Sultan Artūz 181, 183, 184
쉠켄트 Chimkent 56
슈슈타르 Tustar 119, 148, 149, 151, 180, 229, 251, 378
시그나크 Sighnāq 83~85, 120, 306
시그즈 Sighz 38, 39

시누잔 Shinūzān 196, 217
시돈 Ṣīda 239, 240
시르다리야강 Syr Dar'ya 28, 42, 44, 55, 57, 60, 72, 80, 82~84, 120, 124, 125, 128, 129, 137, 138, 185, 186, 288, 289, 292~294, 296, 306, 344
시르반 Shirvān 105, 114, 153, 170, 179, 227, 272, 273, 277, 308, 341, 362
시르잔 Sīrzān 121, 150, 162, 179
시르켄트 Shīrkent 50
시리아 Syria 157, 158, 162, 215, 217, 222, 227, 235~238, 240, 241, 243, 244, 246, 248, 269, 271, 279, 283, 299, 310, 321, 346, 384, 394
시바르투 Shibartū 46
시스탄 Sīstān 38, 75, 93, 99~101, 179, 181, 183, 258, 288, 307, 374, 375
시왈릭산 Sivālik 211
신드 Sind 123, 188
심난 Simnān 125

(ㅇ)

아달리야(안탈리야) 'Adālīyya 258, 261, 262
아달주즈 'Ādal-jūz 117, 165
아라스강 Āb-i Aras 113, 114, 227, 250, 275, 278
아룰라트 Arulāt 29, 61, 69, 71, 80, 170, 225, 227, 310
아르다빌 Ardabīl 174, 180, 227, 250
아르빌 Arbīl 158, 160, 272
아르사프 Arṣaf 39
아르즈강 Arj 125

아르파야지 Arpa-yāzī 79, 413
아르항/아르항사라이 Arhang/
　Arhang Sarāy 30, 31, 40,
　56, 60
아무다리야강 Amu Dar'ya
　27~31, 33, 36, 38, 41, 45, 46,
　50~52, 59, 60, 62, 66, 70~72,
　75, 89, 90, 93, 105, 143~146,
　181, 191, 218, 283, 374
아무야 Amūyah 28, 51, 52, 121,
　143, 144, 145
아미드 Āmid 164, 308
아바 Āvih 148
아바사 Abāsa 176
아바카사라이 Abāqā Sarāy 117
아바하르 Avahar 177, 178
아비바르드 Abīvard 94, 102
아쉬마 Ashmā 165
아스라야카 Asrra-Yaqa 175,
　258, 259, 262, 266
아스타라바드 Astarābād 91, 92,
　103, 104, 125, 144, 148, 186,
　229, 281
아시파라 Āshpara 186, 219,
　288, 309, 325, 328
아야즈룩 Ayāzluq 266
아이딘 Aydīn 116, 165, 167
아이샤카툰강 Ab-i 'Āyishakhātūn
아제르바이잔 Azerbaijan 105,
　108, 111~116, 140, 153, 157,
　172, 174, 179, 188, 219, 222,
　225, 226, 248, 249, 258, 272,
　277~279, 288, 307, 308, 310,
　311, 321, 344, 347, 376
아조프 Āzāq 124, 175, 178, 309
아주단 Ājūdan 199, 200
아추크 지르누크 Achūk-zirnūq
　124

아치크 프리켄트 Āchīq Frikent
　296
악크 셰히르 Āq Shihr 258, 267,
　268
아크레 Acre 244, 314
아크불락 Āq-bulāq 154
아크사카 Āqsaqā 168
아크탐 Āqtām 179, 227, 250,
　278
아키야르 Āqār 35, 43, 44, 124,
　132, 138
아타캄 Atāqam 82
아트라크쿨 Atrāk-Ghūl 129
아트바시 Āt-bāshī 79, 413
아파르디 Apardī 29, 31, 43, 55,
　69
아항가란 Āhangharān 56
아흐루니 Ahrūnī 202
아흐시카트강 Akhsīkat 120
아흘라트 Akhlāṭ 117, 165, 166,
　338
악크 지야라트 Āq Jīyārat 248
악크 사라이 Āq Sarāy 88, 123,
　181, 219, 261, 283
안기단 Anghidān 153
안다라브 Andarab 31, 192
안드후드 Andkhūd 27, 39, 62,
　90, 278, 283, 298
안디잔 Andkān 81, 96, 97, 120,
　121, 124, 127, 226, 228, 288,
　306, 324
안타키야 Anṭākiyya 237, 245
안테프 'Antāb 236, 237
알라 셰히르 Ala-Shahir 266
알라야(알란야) 'Alāya 258, 261
알라이산맥 Ālay 60
알라탁 Ala-Tāq 116, 117,
　164~166, 168, 174, 252, 279,

308, 311
알란 Ālān 124, 178
알말릭 Almaliq 66, 218, 352
알물크 다리 Ziyā'al-Mulk 215
알쿠슌 Āl-Qūshūn 125, 126, 412
알쿤 타시 Alqūn Tāsh 261
알툰 쿠프루크 Altūn Kūprūk
　247
압하즈 Abkhāz 231, 274, 310
앙카라 Ankara 222, 254~256,
　258, 259, 264, 311, 314, 316,
　317, 319, 321
야시 Yassī 80, 95, 125, 130, 185,
　186, 288, 291, 344
야즈드 Yazd 119, 149, 150, 152,
　179~181, 273, 335, 336, 339,
　340, 344
양기 Yanghī 73
에기르디르 Agri-dir 260, 267
에람바시 Iramvash 218
에르주룸 Irzurūm 116, 233, 253
에르진잔 Arzanjān 116, 166,
　167, 233~235, 270
에스키 오쿠즈 Iski Okūz 86
엥케투라 Inkātūrā 120, 121,
　126, 129, 307, 308
예루살렘 Qudus 237, 264
예티 쿠두크 Yetī Quduq 55
옛 델리 Dehlī-i Kuhna 204, 207
오굴자투 Oghūljātū 92
오트라르 Utrār 56, 60, 61, 84,
　120, 137, 289~293, 311
우니크 Unīk 116, 166, 167, 179,
　234, 253, 268, 270, 280, 308
우르미야 Urumiyya 117, 248
우쉬쿠자 Ushkūja 178
우잔 Ūzān 130, 249, 354
우차 Ūja 197, 216

우치 파르만 Ūj-Farmān 79
우케크 Ūkek 173, 178
올라주 Ūlājū 39
울룩탁 Ūrtāq 126, 130, 308, 401
유프라테스강 Euphrates 155, 160, 162, 245, 251, 276
율루쿨룩-우주쿨룩 Yūlūqulūq-Ūjūqlūq 174
이구르 Īghur 231
이라크 Iraq 108, 117, 125, 130, 140, 147, 148, 152, 153, 157, 162, 182, 244, 274, 279, 282, 284, 288, 292, 296, 307, 308, 310, 321, 341, 373, 417
이라키 아랍 Iraq-i Arab 157, 160, 235, 251, 253, 258, 271, 277, 278
이란 Iran 8, 19, 25, 28, 29, 33, 37, 38, 52, 66, 75, 86, 89~91, 93, 95, 96, 99, 101~105, 108, 111, 113, 114, 116, 118, 124, 125, 130, 131, 140, 143, 147, 149, 152, 156, 157, 168, 171, 184, 192, 225, 226, 236, 244, 248, 255, 258, 269, 274, 275, 278, 282, 288, 291, 306~310, 316, 317, 321, 324, 325, 328, 336, 340~342, 344, 348, 353, 371, 373~375, 378, 382, 386, 392, 394, 396, 402, 403, 405~407, 411~413, 417
이르티시강 Irtīsh 126, 129, 308, 321, 328
이바니 Īvānī 232
이스칸다리야 Iskandariyya 262
이스파라인 Isfarāyīn 281
이스파한 Iṣfahān 92, 99, 100, 118, 119, 121, 149, 150, 152,

153, 180, 252, 271, 273, 307, 311, 335, 340, 342, 362, 406, 409, 410
이스판지 Ispanj 163
이식쿨 Issyk-Kul 34, 83, 98, 128, 288, 306
이즈니크 Iznik 259
이즈미르 Izmir 232, 263~266, 311, 319, 328
이파크강 Īpak 133, 134
인더스강 Indus 123, 138, 188, 191, 193, 196, 202, 213, 215~217
일리강 Īly 79, 127, 129, 306

(ㅈ)

자그달릭 Jaghdālīk 41, 90, 283
자그로스산맥 Zagros 140
자낙 불락 Janāqbulāq 33
자라가란 Jarahgharān 178
자룸 Zahrum 184
자르강 Zar 143
자리야트 Zarīya 231
자한파나 Jahānpanā 204~207
잔잔 Janjān 198, 199
잔지르사라이 Zanjīr Sarāy 86, 87, 105, 121, 348~350, 352, 353
잘랄리 Jalālī 197, 217
잠무 Jammū 212~214
조지아 Georgia 108, 111, 113, 140, 167~169, 172, 175, 222, 228~232, 235, 236, 346, 250, 253, 269, 270, 272~275, 307, 308, 310, 311, 321, 324
주디산 Jūd 197, 217
주르바다칸 Jurbādaqān 118
주르바즈 Jurvaz 150

주르잔강 Jurjān 103, 144
주름산맥 Zurm 59
주베인 Jūvayīn 36, 125
주투르 Jūtūr 177
지루프트 Jīruft 184
지말릭 Jīmalik 163
질라운 Jīlāwun 146

(ㅊ)

차가나 Chaghānā 49
차간강 Chaghān 62
차카르 불락 Chaqar-Bulagh 260
차하르단가강 Chahārdāngha 149
참치말 Chamchamāl 147, 251
체납강 JNAVH 197, 214~216, 309
체르케스 Chirkis 124, 157, 175, 178, 260, 276, 299, 309
치나스 Jīnās 44, 56, 129, 185
치첵투 Chīchaktū 183, 282

(ㅋ)

카라누르 Qarānūr 30
카라다 Karāda 259
카라다라 Qarādara 174
카라바그 Qarābāgh 114, 179, 229, 230, 248, 250, 252, 275, 277, 310, 311, 344
카라바그-수르캅 Qarābāgh-Surkhāb 114
카라불락 Qarābulāq 218
카라수만 Qarāsumān 129
카라차키야 Qarāchaqiyā 164
카라카스막 Qarāqasmāq 79
카라칼칸릭 Qarāqalqānliq 169
카라크 Karak 240
카라타우 Qarātaū 82

카라흐루드 Karahrūd 148, 280
카르니 Karnī 113
카르발라 Karbalā 156
카르스 Qārs 113, 168, 271, 308
카르시 Qarshī 27, 33, 46,
　49~52, 75, 77, 80, 121, 128,
　348~352
카르진 Kārzīn 183
카르카스 Karkas 59
카르틴 Kartīn 273, 274
카마흐 Kamākh 252~254
카바 마탄 Qaba Matan 42, 75,
　305
카부드 자메 Kabūd Jāma 95
카불 Kabul 29, 31, 34, 58, 75,
　123, 138, 188, 191, 193, 196,
　217, 218, 258, 308, 309, 365
카샨 Kāshān 148, 279
카슈미르 Kashmīr 188, 196,
　209, 213, 215, 216, 341, 379,
　380
카이나르 샤크샤르 Qaynārsh-
　aqshār 57
카이세리 Qayṣariyya 234, 267,
　270, 271
카자크 Qazāq 177, 294
카타 Kata 208
카트 Kāt 74, 75, 77, 78, 81
카트와르 Katwar 192, 193, 358
카파 Kafa 124
카피리스탄 Kāfiristān 121, 192,
　401, 402
카할카 Qahlgha 34, 46, 48, 127,
　218, 283
카흐카하 Qahqaha 94
칸다르 Kandar 212
칸다하르 Qandahār 38, 66, 101,
　138, 191, 287, 293

칸바투르 Kanbatūr 155
칼라우칸 Kalāvkān 59
칼라트 Kalāt 92~96, 125, 196,
　3006, 401
캉굴 Kānghul 47, 138, 184, 185,
　283, 284, 287
코냐 Konya 258, 260, 261, 263,
　267
코냐 우르겐치 Konya-Urgench
　76, 353, 354
코룩 콜 Quriq-ghūl 133, 134
콘스탄티니야(이스탄불)
　Qonsṭanṭaniyya 262, 272
쿵그라트 Ghūnkirāt 74, 114
콸랏 Qalāt 101
퀵세탁 Kūsi-Ṭāq 116, 166
퀵 투페 Ghūk-tūpe 79, 98, 128
쿠라강 Qūra 114, 170, 172, 173,
　179, 227, 228, 231, 273, 275
쿠르디스탄 Kurdistān 117, 140,
　147, 153, 154, 165, 162, 253,
　271, 307, 308, 342, 379
쿠르발 Kurbāl 150
쿠르주반 Kurjuvān 80
쿠반 Qūbān 175, 178
쿠비칸 야가즈 Qūbiqān Yaghaj
　123
쿠쉬카크 Kūshkak 184
쿠스비야 Kūsviyyah 90
쿠이틴 Kūytin 121
쿠지 만다크 Qūzī Mandāq 52
쿠축바를락 Kuchuk Barlagh
　262, 263
쿠칼다르 아치기 Kūkaldar
　Āchīghī 54
쿠타흐야 Kūtāhiyya 232, 258,
　260, 261, 267
쿠틀라 Kūtla 208

쿠틀란 Khutlān 31, 48, 61, 77,
　122, 123, 125, 341
쿠히스탄 Kūhistān 75, 146, 279,
　341
쿡체 텡기즈 Ghūghcha-Tinghīz
　115, 250
쿤두즈 Qunduz 36, 40, 58, 59,
　62, 123, 124, 144, 191
쿤두즈차 Qunduzja 135
쿨라 Kūlā 176
쿨라기 Qūlāghī 153, 154, 162,
　248
쿨름 Khulm 39, 58, 62, 191, 218
쿨줌(카스피해) Qulzum 145,
　171, 172, 178, 281
키르 셰히르 Qirrah Shihr 254,
　255
키르만 Kirmān 75, 119, 121,
　150, 152, 180, 184, 258, 273,
　277, 365
키르티킨 Qīrtikīn 60
키시 Kish 17, 31, 33, 35, 36, 41,
　45, 53, 54, 58, 60, 61, 70, 72,
　75, 82, 84, 87, 98, 123, 128,
　162, 181, 186, 218, 219, 226,
　278, 283, 287
키오스섬 Chios 266, 311
키즈 Kīj 101, 184, 258
켈라크 Jūkilak 120, 122
킵차크초원 Kipchak 81, 84, 86,
　108, 115, 121, 129, 143, 171,
　174, 215, 236, 286, 305, 308,
　311, 321, 348, 351, 412

(ㅌ)

타르키 Tarqī 172, 178
타바리스탄 Ṭabaristān 157
타부스 Ṭāvus 176

타브리즈 Tabriz 104, 105, 108,
　　112, 165, 174, 181, 184, 185,
　　214, 215, 226, 233, 247~249,
　　277, 292, 307, 341
타슈켄트 Tāshkent 33, 42, 44,
　　54, 56, 59, 60, 82, 97, 120,
　　128, 129, 146, 287, 288, 289,
　　291~296, 403, 404, 406, 410
타이부드 Tāybud 90
타이칸 Ṭāykhān 40
타지안 Tāzīyān 184
타트켄트 Tātkent 32
탕기진단 Tang-i Zindān 184
탕 하람 Tang-i ḥaram 49
테레크강 Tirik 172, 173
테헤란 Ṭihrān 104, 118, 279,
　　282, 403, 406, 407
토볼강 Tūbul 132
통쿠즈룩 Tunghūzlugh
　　261~263, 266, 267
투글룩푸르 Tughluqpūr 203,
　　209
투르시즈 Turshīz 95
투르키스탄 Turkistan 28, 43, 71,
　　83, 95, 125, 186, 217, 258,
　　285, 288, 404
투스 Ṭūs 37, 92, 125, 249, 306
토카트 Tūqāt 254
투흐나 Tūhna 202
툴라스 Tūlas 129
툴람바 Tulamb 197, 198
툼강 Āb-i Tūm 54
트리폴리 Ṭrābulus 237, 239
티그리스강 Tigris 154, 155, 157,
　　158, 160, 162, 164, 230, 246,
　　247
티르미드 Tirmid 35, 39, 58, 61,
　　62, 69, 72, 87, 98, 122, 191,
　　208, 226, 283, 306
티르미드-쿠흐나 Tirmid-i Kuhna
　　35
티지르크 Tizirk 184
티플리스(트빌리시) Taflīs 113,
　　170, 231, 275, 308

(ㅍ)

파니파트 Pānīpat 203
파라한 Parāhān 148, 153
파르스 Fārs 19, 95, 102, 117,
　　119, 130, 147, 152, 157, 162,
　　180, 182, 188, 194, 215, 219,
　　258, 277, 279, 286, 292, 307,
　　338~340, 342, 343, 381, 384,
　　385, 387, 389, 406
파르신 Pārsīn 129, 137
파리안 Parīyān 192
파사 Pasā 150
파이얍(파리얍) Pāyāb 37
파트흐아바드 Fatiḥ Ābād 122,
　　201, 202
판즈디흐 Panjdih 97
팔 Fāl 183
푸샨지 Pūshanj 90, 91
푸차(포카이아) Fūcha 266, 319
프린켄트 Frinkent 53, 296
피루즈 누르 Pīrūz-nūr 209
피루즈 쿠흐 Fīrūz-Kūh 111, 182,
　　277, 279, 280, 282, 307

(ㅎ)

하마 Ḥamā 237, 239, 245
하마단 Hamadān 118, 153, 157,
　　179, 180, 181, 225, 272, 278,
　　307, 309, 350
하미드부 Qūm-i Ḥamīd 260
하와크 Khāwak 31, 188, 192,
　　193, 401
하우즈 카스 Ḥauz-i Khāṣ 205,
　　206
하자르-파즈 Hazār-paz 101
핫지 타르한(아스트라한) Ḥājjī
　　Tarkhān 177, 178
헤라트 Harāt 28~30, 50, 52, 75,
　　88~93, 97~99, 102, 123, 125,
　　137, 144, 183, 184, 218, 249,
　　281, 292, 306, 344, 383, 396
호라즘 Khorezm 66, 74~78, 80,
　　86, 87, 121~123, 146, 157,
　　196, 198, 236, 248, 258, 288,
　　299, 306, 307, 320, 348, 352,
　　353, 373, 406
호르마투 Khurmātū 162
호르무즈 Hurmūz 140, 176, 180,
　　183, 184, 309, 401, 408
호바이자 Ḥubayja 149, 251, 342
호젠트 Khujand 31, 34, 47, 56,
　　60, 120, 129
호탄 Khutan 157, 228, 258, 288,
　　380~382
홈스 Ḥumṣ 237, 245
후라산 Khurasan 28, 33, 35, 37,
　　50, 51, 58, 66, 75, 88~93, 96,
　　120, 121, 124, 125, 129, 148,
　　157, 179~183, 188, 193, 196,
　　212, 216, 231, 258, 272~274,
　　280, 282, 284, 285, 288, 306,
　　309, 320, 341, 350, 380, 406
후라샤 Khūrāsha 36, 92
후람아바드 Khuram Ābād 111,
　　148
후자르 Khuzār 33, 41, 49, 52, 61,
　　121
후자업강 Ḥūz-i Āb 201
후지스탄 Khūzistān 184, 251,

308, 342
홈라크 Khumrak 55
흑해 Qirim 124, 140, 231, 262, 264
히르만 Hīrman 38, 101
히바 Khiyūq 37, 74, 248, 352

히자즈 Ḥijāz 74, 82, 86, 111, 116, 160, 251, 271
힌다완 Hindawān 58, 60, 62, 64
힌두스탄 Hindustan 38, 45, 64, 123, 188, 191, 193~195, 198, 199, 207, 214, 216, 218, 219,

226, 236, 256, 286, 299, 309, 346, 355, 382
힌두쿠시 Hindūkush 4, 29, 36, 58, 123, 188, 193, 216
힐라 Ḥila 155, 156, 248, 251, 271, 272, 276, 308

티무르 승전기

2025년 12월 5일 1판 1쇄

지은이	**옮기고 엮은이**	
샤라프 앗딘 알리 야즈디	이주연	
편집	**디자인**	
이진, 이창연, 장윤호	조정은	
제작	**마케팅**	**홍보**
박흥기	김수진, 이태린, 이예지	조민희
인쇄	**제책**	
천일문화사	J&D바인텍	
펴낸이	**펴낸곳**	**등록**
강맑실	(주)사계절출판사	제406-2003-034호
주소		**전화**
(-우-)10881 경기도 파주시 회동길 252		031)955-8588, 8558
전송		
마케팅부 031)955-8595, 편집부 031)955-8596		
홈페이지	**전자우편**	
www.sakyejul.net	skj@sakyejul.com	
블로그	**페이스북**	**트위터**
blog.naver.com/skjmail	facebook.com/sakyejul	twitter.com/sakyejul

ⓒ 이주연, 2025

값은 뒤표지에 적혀 있습니다. 잘못 만든 책은 서점에서 바꾸어드립니다.
사계절출판사는 성장의 의미를 생각합니다.
사계절출판사는 독자 여러분의 의견에 늘 귀 기울이고 있습니다.
이 책은 저작권법에 따라 보호받는 저작물이므로 무단 전재와 무단 복제를 금합니다.

ISBN 979-11-6981-401-0 03900